V&R

Hans-Helmar Auel / Bernhard Giesecke

Bibel und Evangelisches Gesangbuch

Eine Konkordanz

Mit einem elektronischen Additum
zur individuellen Optimierung

Vandenhoeck & Ruprecht

Bibliografische Information der Deutschen Nationalbibliothek
Die Deutsche Nationalbibliothek verzeichnet diese Publikation in der
Deutschen Nationalbibliografie; detaillierte bibliografische Daten sind
im Internet über http://dnb.d-nb.de abrufbar.

ISBN 978-3-525-57048-7

Weitere Ausgaben und Online-Angebote sind erhältlich unter: www.v-r.de

© 2017, Vandenhoeck & Ruprecht GmbH & Co. KG, Theaterstraße 13, D-37073 Göttingen/
Vandenhoeck & Ruprecht LLC, Bristol, CT, U.S.A.
www.v-r.de
Alle Rechte vorbehalten. Das Werk und seine Teile sind urheberrechtlich geschützt.
Jede Verwertung in anderen als den gesetzlich zugelassenen Fällen bedarf der
vorherigen schriftlichen Einwilligung des Verlages.
Printed in Germany.
Druck und Bindung: Hubert & Co GmbH & Co. KG, Robert-Bosch-Breite 6, D-37079 Göttingen

Gedruckt auf alterungsbeständigem Papier

Inhalt

Vorwort 7

„Wes Brot ich ess …" 9
Hans-Helmar Auel

Bücher der Bibel – Lieder des EG 15
Hans-Helmar Auel / Bernhard Giesecke

    Altes Testament 15
    Apokryphen 158
    Neues Testament 159

„… die nach glatten Dingen suchen"!
Verkürzte Psalmen und Lieder im EG 295
Hans-Helmar Auel

Literatur 301

Code für Downloadmaterial 302

Vorwort

Verstehen wir die Lieder unseres Gesangbuches als gesungene Antwort des Glaubens auf Gottes erfahrenes Handeln in der Botschaft der Bibel, so finden wir uns in unserer christlichen Tradition auf einem spannenden Weg wieder, auf dem Bibeltexte die Lieder erhellen und Liedtexte die Bibelverse. Wir begegnen Menschen, die ihren Glauben ausdrücken, indem sie das Vergangene stetig vergegenwärtigen und ihrer Zeit eine auch melodiöse Stimme verleihen. In Erinnerung gebracht werden der ganze Reichtum, der in den Liedern unseres Gesangbuches schlummert, und die ganze Tiefe von Bibelstellen im gereimten Ausdruck der Menschen in den Jahrhunderten. Erstaunt hören und sehen wir, in welchem Maße Geschichten der Bibel und theologische Aussagen, religiöse Bilder, Symbole und Worte aus der Bibel aufgenommen werden und in der religiösen Deutung Eingang finden in die Verse der Lieder. Lob Gottes und Klage vor Gott, Anklage Gottes und anbetendes Schweigen werden in Dur und Moll hörbar und steigen auf bis in den Himmel. Unsere Gottesdienste sind nicht stumm. In ihnen erklingen alte Worte in neuem Gewand, umspielt von zu Herzen gehenden und fremd bleibenden Melodien.

Auf der Grundlage der sorgfältigen Vorarbeiten von Helmut Krause (†) für das EKG (Bibel und Kirchenlied. Dienst am Wort 30, 5. Auflage 1988, vergriffen) und der Überarbeitung für das Evangelische Gesangbuch von Hans-Helmar Auel und Bernhard Giesecke (Bibel im Kirchenlied. Eine Konkordanz zum Evangelischen Gesangbuch. Dienst am Wort 91, 2001, vergriffen) haben die beiden Letztgenannten in jahrelanger gründlicher Arbeit die Lieder des Gesangbuches und die Bibelstellen sorgfältig auf Zitate, Motive und Anspielungen überprüft (EG 1–200 Giesecke; EG 201–535 Auel).

Dabei ging es uns nicht nur um tatsächliche Zitationen, sondern auch um Wortgleichheiten, wobei wir verstärkt auf den Kontext geachtet und die ganze Palette der wörtlichen und sinngemäßen Bezüge zwischen Bibeltext und Kirchenlied herausgearbeitet haben. Wenn ich predige, bin ich auf Worte angewiesen, Worte, die Bibel und Kirchenlied verbinden. Unserer Arbeitsweise in diesem Buch ist zunächst der Nachweis wörtlicher Zitate. Aber in den Kirchenliedern geht es buchstäblich auch um Anklänge auf Bibelverse, um den Nachweis gleicher Worte, die doch im Kirchenlied oft genug in eine andere Richtung weisen als die Bibelverse. Wir erweitern damit das Bedeutungsspektrum und öffnen es der religiösen Deutung in den Zeiten und für morgen. Wir laden ein, den Spuren zu folgen, wie theologische Aussagen ihren Widerhall in der jeweiligen religiösen

Deutung finden und weiten damit den Blick, der eingeschränkt würde durch allein den Nachweis eines tatsächlichen Zitates. Auch Vorwort (Einführung) und Nachwort (Ausblicke) weisen auf einen nochmals anderen Umgang mit Bibel und Kirchenlied hin.

Unser Dank gilt Pfr. i. R. Friedrich Delius (Berlin), der seine umfangreiche Materialsammlung zur Verfügung stellte. Sie wurde eingearbeitet (Auel). Wir danken auch Herrn Jörg Persch und Herrn Christoph Spill vom Verlag Vandenhoeck & Ruprecht für die vertrauensvolle Zusammenarbeit.

Nun liegt die neue Konkordanz vor, erheblich erweitert, in zweifacher Weise geordnet nach Bibelbüchern und auch nach Gesangbuchliedern. Hinter diesem sichtbar nüchternen Zahlenwerk schlummert eine Glaubenswelt voller Lyrik und Melodik. Sie erwacht im Gesang der Gemeinde.

Harle und Garz auf Rügen, am 20. März 2016 (Palmarum)
Hans-Helmar Auel   Bernhard Giesecke

„Wes' Brot ich ess' …"[1]

Mit Liedern predigen

„Ich fühle mich fremd in der vertrauten Sprache, eben auch in der meiner eigenen Lieder" – das ist das Fazit von Otmar Schulz in seinen offenen autobiographischen Anmerkungen, die unter dem Titel *Fremd in vertrauter Sprache*[2] veröffentlicht wurden. Von ihm sind in unserem Gesangbuch die Lieder EG 210 und 267 (Text und Melodie) und zwei Übertragungen aus dem Englischen (EG 19 und 410). Sein Mitgefühl gilt all denen, die Sonntag um Sonntag Lieder suchen, die „der Gemeinde noch einigermaßen zuzumuten sind!" Nicht in erster Linie gehe es um neue Melodien, „sondern es geht um Texte, um Inhalte!" Er fährt fort:

„Und es hilft auch nichts, wenn ein Gospelchor seine englischen Lieder begeistert in die Kirche schmettert. Und ich behaupte keck, viel an der Begeisterung komme lediglich von den Melodien und Rhythmen, nicht von den Texten, die viele der Singenden nicht einmal übersetzen können, geschweige denn verstehen!"

Es könnten „unter anderem die konsequente historisch-kritische Arbeit und die Beschäftigung mit den zeitgenössischen Naturwissenschaften sein, die uns zu diesem ‚Fremdsein in vertrauter Sprache' geführt haben!" Hilft da nur noch ein Ansingen gegen diese erlebte Wirklichkeit?

Otmar Schulz geht es in erster Linie um ein Verstehen der Worte. Zu den Grenzen menschlicher Sprache schreibt Thomas Krüger[3], ausgehend von Koh 1,8 („Alle Worte sind erschöpft, kein Mensch kann etwas genau benennen"): „Weil es weniger Wörter gibt als Dinge, müssen die Wörter immer wieder zur Beschreibung ganz unterschiedlicher Sachverhalte gebraucht werden. Davon sind sie so ‚müde' und ‚erschöpft', dass sie sich nicht für eine präzise und eindeutige Darstellung der Wirklichkeit eignen!" Dazu verweist er auf die berühmte Klage des ägyptischen Weisen Chacheperreseneb[4]:

„Hätte ich noch unbekannte Reden, / fremdartige Sprüche, / neue Worte, noch nie gebraucht / und frei von Wiederholungen, / nicht die Sprüche der Vergangenheit, /

---

[1] Teilweise veröffentlicht unter dem Titel: Mit Liedern predigen, in: Pastoralblätter 2/2015, S. 157ff.; hier jetzt überarbeitet. Die Herkunft des Sprichwortes ist nicht befriedigend geklärt.
[2] Deutsches Pfarrblatt 7/2014, S. 408–410, die folgenden Zitate dort.
[3] Thomas Krüger, Wahrnehmungen und Deutungen der Zeit im Buch Kohelet, JBTh 28/2013, S. 24.
[4] Nach E. Hornung, Altägyptische Dichtung, 1996, S. 95, bei Krüger a.a.O.

welche die Vorfahren schon brauchten ... Wiederholung ist alles, was man sagt, und alles Gesagte ist (schon einmal) gesagt ...!"

Nun kommen die Worte der Lieder in Tönen zu uns. Melodien umgeben uns, werden manchmal zu Ohrwürmern. Wenn ich mit Liedern predige oder vielleicht durch Lieder predige, muss ich dann neben den Worten und ihrer Erklärung nicht auch die Melodien buchstäblich zu Gehör bringen? Manchmal reichte es schon, die Walzermelodien der Choräle (beispielsweise EG 317 und EG 398) entsprechend schwungvoll zu spielen; und wie anders wirken doch die Worte von Dietrich Bonhoeffer (*Von guten Mächten*) in den Vertonungen von Otto Abel und Siegfried Fietz. Auch die Musik hat eine Sprache, die nicht von jedem zu jeder Zeit verstanden wird, wovon selbst Johann Sebastian Bach ein Lied singen konnte. Nähern wir uns den Liedern durch einen Blick zurück.

Ein Lied – gestern und heute

Unser Gesangbuch bietet eine Liedgeschichte im Überblick und stellt dabei gleich eingangs fest: „Die christliche Kirche war von Anfang an eine singende Kirche"[5], auch wenn wir dabei immer die Einschränkung mithören sollten, dass „die Anfänge des christlichen Gesangs kaum hinreichend zu erhellen sind."[6] Hinreichend deutlich wird von Anfang an, dass „die Frage nach Musik und Gesang eine Kernfrage des jungen Christentums ist"[7], einmal nach innen als Suche nach einer ‚Christus–gemäßen' Liturgie und Frömmigkeit, und dann aber auch nach außen, um die Stellung der christlichen Gemeinden in und zur heidnischen Umwelt im Sinne von Abgrenzung und Werbung zu markieren. Zu einem großen Teil hat sich die „junge Kirche ihren Sieg ersungen."[8] In einer multireligiösen Umwelt tragen die Christen eine scharfe Kritik an der heidnischen (Theater–)Musik vor und singen voller Stolz ihre eigenen Lieder. Die Geschichte des Kirchenliedes über Glanzzeiten und durch Niederungen aber, so Karl Barth, zeigt uns die „innere Säkularisierung, die sich da vollzogen hat"[9], und dieser Weg ist bis heute noch lange nicht zu Ende gegangen, dieses Lied sozusagen noch lange nicht ausgesungen.

Alexander Völker benennt die Schwierigkeit, mit dem Gesangbuch pastoral und seelsorgerlich verantwortlich umzugehen. Er beklagt den weitgehenden Ausfall des gemeinsamen Singens[10], und seit der Einführung des EG im Jahre 1993

---

[5] EG 956.
[6] Ansgar Franz bei Christian Möller, Kirchenlied und Gesangbuch, S. 1.
[7] Ebd., S. 1.
[8] Zitat nach Carl Schneider bei Ansgar Franz, a.a.O., S. 1.
[9] Zitat nach Heinrich Riehm in Christian Möller a.a.O., S. 292.
[10] Alexander Völker, Kirchenlied, S. 563.

verstummt die Kritik nicht, dass das EG „eine große Tradition und eine bescheidene Gegenwart"[11] präsentiert: Die meisten Lieder stammen aus der Zeit vor 1900, wobei ein „fühlbarer Mangel an Modernität"[12] beklagt wird, was immer auch damit gemeint ist.

Es sei wegen wahrscheinlicher „Akzeptanzprobleme" der Jugendlichen und „Erschließungsproblemen" der älteren Generation „die Gefahr da, dass hier ein „Museum des Protestantismus entstanden sein könnte."[13] Gelänge aber eine Verlebendigung, – wie die aussehen soll, bleibt leider offen –, dann öffneten sich ganze Welten neu. Dann bewahrheitete sich die Einsicht von Martin Rößler, dass das gottesdienstliche Singen keine „museale Denkmalspflege" ist, sondern dankende und lobpreisende Antwort auf Gottes Handeln. „Denn" – so Martin Luther[14] – „wer das erfahren hat, der kanns nicht lassen, er muss fröhlich und mit Lust davon singen und sagen, dass es andere auch hören und herzukommen."

Singen und Sagen[15]

Wie weit sind wir wohl etwa fünfzehn Jahre nach den Einsichten von Hermann Kurzke[16] auf dem Weg der Verlebendigung des Kirchenliedes gekommen? In einer Zeit der Propagierung der *Civil Religion*, „dem kirchen- und jedenfalls bekenntnisfernen Typus von Religiosität",[17] in der die „Kirchen ihren Monopolanspruch auf die religiöse Deutung der Wirklichkeit eingebüßt haben"[18], Bibel und Gesangbuch mit den „Do–it–yourself–Lebenshilfen" und „den übrigen Esoterikern" konkurrieren und „der eine Gott" in „die vielen kleinen Hausgötter" zersprungen ist, in der unsere Kirchen sich leeren, „aber das Angebot für den religiösen Hobbykeller wächst"[19], wird auch in unserer Kirche der Ruf lauter, das „symbolische Verständnis der Glaubensinhalte zu vermitteln, sie zu religiösen Selbstdeutungsangeboten zu machen"[20]; das sei die entscheidende Aufgabe der Predigt als religiöser Rede. Deutlich wird: „Die Menschen bewegen sich heute in einem offenen kulturellen Raum sowohl der Kommunikation *über* Religion wie der Kommunikation *von* Religion."[21] Deutlich wird jedoch auch: „Aber dem Glauben ergeht es schlecht, wenn man nicht mehr aus ihm, sondern über ihn

---

[11] Hermann Kurzke bei Christian Möller a.a.O., S. 323.
[12] Ebd., S. 324.
[13] Ebd., S. 324.
[14] WA 35,477.
[15] Siehe Martin Luther EG 24,1.
[16] S. Anm. 11.
[17] Andreas Marti, Kirchenlied, Sp. 1224.
[18] Ebd., Sp. 1224.
[19] Rüdiger Safranski in: Der Spiegel 3/2010, S. 120.
[20] Wilhelm Gräb, Predigtlehre, S. 17.
[21] Ebd., S. 63.

spricht, wenn man ihm also von außen zusieht, ihn beobachtet und analysiert."[22] Esther Maria Magnis[23] beschreibt es so:

„Und weil alles, was in den Predigten gesagt wurde, genauso, wenn auch mit anderen Worten, in Talkshows und sonst wo propagiert wurde, schlich sich leise, leise der Gedanke bei mir ein, dass es wirklich vollkommen überflüssig ist, sonntags in die Messe zu gehen. Moral gibt es genug in der Welt. Die bekamen wir überall um die Ohren gepfeffert."

Michael Klessmann[24] hat es auf den Punkt gebracht:

„Jetzt ist ein haltgebender Rahmen weitgehend zerbröckelt; die Diskrepanz zwischen der ‚Sprache der Tatsachen' und der ‚Sprache der Verheißung' (wie es Ernst Lange genannt hat) hat sich enorm zugespitzt – und die kirchliche Predigt nimmt diese Spannung nach meinem Eindruck nicht ernst genug: Verkündigung wird zu einem unambivalenten, vorhersehbaren und deswegen langweiligen ‚Gott liebt dich', ‚Gott nimmt dich an'; Gerichtserfahrungen – bleibendes Scheitern, Schuld, Krankheit, Tod, Rat– und Hilflosigkeit angesichts von Unfällen und Naturkatastrophen – werden gestreift, aber nicht wirklich als Erfahrungen tiefer Anfechtung ernst genommen."

Wir gehen Gott mit unserer ausdifferenzierten Sprache nicht mehr auf den Geist und ringen (EG 414,4) nicht mit ihm wie etwa Jakob oder der Beter des Psalms 44 (nicht in das Gesangbuch aufgenommen – auch nicht mehr das Lied *Ringe recht, wenn Gottes Gnade ...* von J.J. Winckler) besonders in den Versen 24–27 – dazu Jesu Schlussfolgerung nach Lk 11,8 –, es sei denn, wir gingen mit dieser ausdifferenzierten Kirchensprache Gott nur noch auf die Nerven. Nicht zuletzt zeigt es sich in dem Fehlen ‚zeitgenössischer' Klagelieder in unserem Gesangbuch und in der damit zusammenhängenden kirchlich nicht gepflegten ‚Kunst der Klage', hörbar werdend in der stereotypen Antwort auf die Frage nach dem Ergehen: „Ich kann nicht klagen." Wir können es tatsächlich nicht mehr und üben es auch kaum noch in unseren Gottesdiensten, weder im Singen noch im Sagen. Dabei ist „Klagen" doch die Kraft und die Ohnmacht auszudrücken, was sich tief in uns eingedrückt hat, und in Worte zu fassen, was uns fassungslos macht, wofür uns jedoch die Worte fehlen und wir angesichts des Unsagbaren sprachlos und stumm sind (vgl. aber etwa Hiob 3; Klgl 2; Jer 20,7–18; Ps 88).

Gehört zur Auslegung der Bibel die Predigt als Handwerk, so gehört zum Singen der Lieder ein freudiges Mundwerk. Die Geschichte des Kirchenliedes zeigt hinreichend, wessen Brot die Kirche jeweils gegessen hat. Wir haben aber nicht mehr genug Puste zum Singen, wenn wir jedem Trend hinterherlaufen. „Von Massenbewegungen fasziniert, unterschlägt der intellektuelle Götzendienst vor dem Populären die banale Erfahrung, dass diese Anrufung, immer der Quote nach,

---

22 Rüdiger Safranski, in: Der Spiegel, S. 119.
23 Esther Maria Magnis, Gott braucht dich nicht, S. 27.
24 Michael Klessmann, Aufbrechen oder Bewahren? In: Pastoraltheologie 2009/1, S. 1.

stete Anpassung nach unten verlangt."[25] Wessen Lieder und Lieder für wen singen wir heute in der Kirche? Reicht uns noch das Brot Gottes, das harte, oder reicht es uns nicht mehr, weil wir daran zu lange zu kauen haben und es nicht mehr schnell genug klein kriegen und so die Worte und Töne nicht mehr über unsere Lippen bringen? Auf die Frage, was denn ein Lied unbrauchbar mache, antwortete 1998 der Musiker und Komponist Peter Janssens: „Beliebigkeit!"[26] Nach Andreas Marti[27] entstanden im 19. Jahrhundert Lieder mit allgemeinen Bildern und Begriffen, die bei Rezeption beliebig füllbar waren. Er nennt u.a. *Harre, meine Seele, So nimm denn meine Hände, Der Mond ist aufgegangen*, und aus dem 20. Jahrhundert *Von guten Mächten*. Im Sinne von Wilhelm Gräb[28] bedeutet „beliebig" positiv, sie zu religiösen Selbstdeutungsangeboten zu machen.

Mit Liedern und durch Lieder predigen

Otmar Schulz kommt es darauf an, „christliche Grundbedarfstexte" zu verstehen, um sie wieder sprechen (und wohl auch singen) zu können. Nachdenklich stimmt die Zusammenfassung der Gedanken Bonhoeffers von Ulrich H.J. Körtner[29]:

„Aufgrund der eigenen Schuld einer Kirche, die nur um ihren Selbsterhalt besorgt sei, würden die alten Worte der christlichen Überlieferung kraftlos und verstummen, so dass bestenfalls eine Ahnung davon bliebe, dass in diesen Worten etwas ganz Neues und Umwälzendes zur Sprache komme."

Körtner zitiert Bonhoeffer (Widerstand und Ergebung, S. 436):

„Es ist nicht unsere Sache, den Tag vorauszusagen – aber der Tag wird kommen –, an dem wieder Menschen berufen werden, das Wort Gottes so auszusprechen, dass sich die Welt darunter verändert und erneuert ... Bis dahin wird die Sache der Christen eine stille und verborgene sein; aber es wird Menschen geben, die beten und das Gerechte tun und auf Gottes Zeit warten."

Wenn ich mit Liedern predige, tue ich es mit Worten, um durch Lieder predigen zu können. Wenn ich mit Liedern predige, wie schaffe ich es, auch mit Tönen zu predigen, um durch Lieder zu predigen? Welche Bedeutung kommt dabei den Melodien und der Kirchenmusik zu? Wer Lieder predigt, darf die Melodien nicht außer Acht lassen. Die Verknüpfung von Text und Melodie in der Predigt ist für mich die Herausforderung, und vielleicht können uns die bei Worten und Tönen entstehenden Abwehrreflexe zur Selbstreflexion verhelfen.

---

[25] Botho Strauß, Der Plurimi-Faktor. Anmerkungen zum Außenseiter, in: Der Spiegel 31/2013, S. 106.
[26] Zitat bei Christian Möller, a.a.O., S. 329.
[27] Andreas Marti, Kirchenlied, Sp. 1224.
[28] Wilhelm Gräb, Predigtlehre, S. 17.
[29] Ulrich H.J. Körtner, Die letzten Dinge, S. 268.

Bücher der Bibel – Lieder des EG

Biblisches Buch	von Kapitel, Vers	bis Kapitel, Vers	Lied, Strophe (ggf.)
Altes Testament			
Gen	1, 1	2, 4a	24,9 | 27,3 | 66,1 | 67,4 | 99 | 108 | 178,4 | 179 | 183 | 184 | 191 | 199,1.5 | 211,1 | 284,3 | 288,2 | 300,3 | 301,1–5 | 302,4 | 303,4 | 304,5 | 305 | 306 | 324,3.4 | 326,2.3 | 327,2 | 383,3.4 | 408,1.2 | 409,2 | 429,4 | 431 | 452,2 | 454,1–3 | 455 | 476,2 | 485,1 | 503 | 504 | 506 | 509 | 513,3 | 514 | 515
Gen	1, 2b		137,1.9
Gen	1, 3		37,3 | 40 | 74,1 | 101,6 | 110,5 | 125,2 | 129,1 | 130,1 | 131,4 | 136,1 | 158,1 | 178,6 | 184,3 | 199,1–5 | 383,3 | 440,3 | 515,2
Gen	1, 3	1, 4	162,1
Gen	1, 3	1, 5	431,3 | 455,1
Gen	1, 3	1, 6	452,2
Gen	1, 4		65,5
Gen	1, 4	1, 5	437 | 440 | 449,4 | 450,1.2 | 455 | 467 | 470 | 472
Gen	1, 5		301,5 | 515,2
Gen	1, 7	1, 8	429,4
Gen	1, 9	1, 25	503 | 504
Gen	1, 11		513
Gen	1, 11	1, 12	514,4
Gen	1, 11	1, 16	512,4
Gen	1, 14		525,2
Gen	1, 14	1, 16	515,2
Gen	1, 14	1, 19	3,1 | 301,3–5 | 305,1 | 306,1 | 327,2 | 379,2 | 445,1 | 506,2
Gen	1, 16		3,1 | 301,5 | 431,1 | 507,1 | 508,3.4 | 511,1 | 515,1
Gen	1, 20		509,2
Gen	1, 24		509,1
Gen	1, 24	1, 26	424,3
Gen	1, 26		432,1 | 515,6
Gen	1, 26	2, 3	183 | 191 | 270,4 | 288 | 325 | 326 | 401 | 503
Gen	1, 27		370,2.3 | 415,4 | 515,6

Biblisches Buch	von Kapitel, Vers	bis Kapitel, Vers	Lied, Strophe (ggf.)
Gen	1, 27	1, 28	270,4–6
Gen	1, 28		271,4.5 | 325,6 | 360 | 432
Gen	1, 29		514,4
Gen	1, 30		227,2
Gen	1, 31		284,3 | 285,2 | 432,2 | 512
Gen	2, 1	2, 3	440
Gen	2, 2	2, 3	492
Gen	2, 3	2, 4	515,1
Gen	2, 4b	2, 25	27 | 345 | 365 | 369 | 370,2.3 | 424,1
Gen	2, 7		212,1 | 370,2.3 | 382,3 | 395,2 | 424,1 | 432,1 | 506,5 | 520,2
Gen	2, 8		73,8 | 455,3
Gen	2, 9		96,1 | 514,4
Gen	2, 15		455,3
Gen	2, 15	3, 24	27
Gen	2, 17		92,2 | 101,2 | 382,1
Gen	2, 18		238 | 239 | 240
Gen	2, 19		509,1.2 | 515,4
Gen	2, 19	2, 20	424,3
Gen	2, 24		238
Gen	3, 1		106,2 | 113,2
Gen	3, 1	3, 24	92 | 138 | 202,7 | 299 | 341,2 | 347 | 362 | 379,1 | 452,2
Gen	3, 4		106,3 | 382,1
Gen	3, 8		20,2 | 379,1 | 455,2
Gen	3, 9		315,7 | 392
Gen	3, 13		106,2
Gen	3, 15		16,3 | 39,5 | 106,2 | 111,9 | 113,2 | 362,3
Gen	3, 19		382 | 407,1 | 513,4 | 520,2 | 529
Gen	3, 22		97,1
Gen	3, 23		534,1
Gen	3, 24		27,6 | 41,4 | 73,8 | 347
Gen	4, 1	4, 8	378,3
Gen	4, 1	4, 16	14 | 343 | 389 | 412
Gen	4, 5		394,1.5
Gen	4, 7		389 | 394,1.5 | 425,2 | 453,2 | 488,3
Gen	4, 10		354,4
Gen	4, 13		232,2
Gen	4, 13	4, 16	299
Gen	5, 24		150,5
Gen	6, 5		146,2 | 404,5–7 | 481,3
Gen	6, 5	8, 22	99

Biblisches Buch	*von Kapitel, Vers*	*bis Kapitel, Vers*	*Lied, Strophe (ggf.)*
Gen	6, 8		325,10
Gen	6, 9	6, 22	346 | 428,1
Gen	6, 12		273,1
Gen	6, 17		424,1 | 432,1
Gen	6, 21		325,6
Gen	6, 22		494
Gen	7, 1	7, 10	246
Gen	7, 11	7, 24	233 | 299 | 343 | 347
Gen	7, 22		424,1 | 432,1
Gen	7, 23	7, 24	232
Gen	8, 1		3,2 | 325,8 | 506,3 | 508,4
Gen	8, 1	8, 22	70 | 72 | 234 | 244 | 346 | 361
Gen	8, 15	8, 22	321 | 326 | 329 | 354 | 361 | 502
Gen	8, 18	8, 22	295
Gen	8, 20	8, 22	161,2
Gen	8, 21		404,7
Gen	8, 21	8, 22	326,3 | 409,2 | 432,2 | 454,3
Gen	8, 22		427,1 | 445,1 | 508,1 | 512,3
Gen	9, 3		325,6 | 502,4
Gen	9, 8	9, 17	289
Gen	9, 12	9, 17	320 | 395,1
Gen	9, 26		323,2
Gen	11, 1	11, 9	125 | 129 | 273 | 281 | 360,3 | 428,3
Gen	11, 4		297,2
Gen	11, 7		432,2
Gen	11, 8		309,3
Gen	12, 1	12, 9	311
Gen	12, 1	12, 4a	12,1–3 | 66,8 | 73,2 | 137,3 | 245,1 | 274 | 308,9.10 | 352,1 | 380,5 | 395,1
Gen	12, 2		58,11 | 163 | 170 | 171 | 203,5 | 214,3 | 239,1.2 | 252,7 | 281,3 | 294,4 | 311,2.3 | 316,4 | 317,4 | 330,5 | 347,4 | 348 | 352,1 | 361,4 | 369,7 | 374,3 | 394,2 | 395,2 | 446,9 | 451,5 | 457,4–10 | 494,1–3 | 496 | 497,1 | 503,13
Gen	12, 3		311,2
Gen	12, 4	12, 9	290,3
Gen	13, 1	13, 4	241 | 245
Gen	13, 7	13, 18	130,6 | 251 | 273 | 377 | 384 | 393,6 | 413 | 495
Gen	14, 17	14, 20	215 | 222 | 347 | 366
Gen	14, 18		244
Gen	14, 19		515,1
Gen	14, 20		183,1 | 331,1
Gen	14, 22		515,1

Biblisches Buch	von Kapitel, Vers	bis Kapitel, Vers	Lied, Strophe (ggf.)
Gen	15, 1		112,7 | 198,1 | 275,4 | 282,5.6 | 324,14 | 494,4
Gen	15, 1	15, 6	12,3 | 137,3 | 308,9.10 | 320 | 363 | 364
Gen	15, 5		3,1 | 489,2 | 507,1 | 511,1
Gen	15, 6		137,3 | 342 | 351,2 | 357
Gen	15, 7		136,1
Gen	15, 13		393,5
Gen	15, 18		290
Gen	15, 26		123,7
Gen	16, 7		143
Gen	16, 11		520,4
Gen	16, 13		273,4
Gen	16, 13	16, 15	5,4
Gen	16, 14		171,1 | 399 | 407,1
Gen	17, 1		295 | 333,3
Gen	17, 1	17, 8	60 | 171,1 | 290 | 309,4
Gen	17, 4	17, 5	311,1
Gen	17, 16		311,2
Gen	17, 17		443,7
Gen	17, 19		12,1–3
Gen	18, 1	18, 15	369 | 371 | 378,3 | 462
Gen	18, 12	18, 15	495,3
Gen	18, 18		309,4 | 311,2 | 395,2
Gen	18, 20	18, 21	233,2 | 234
Gen	18, 20	18, 33	76 | 275
Gen	18, 22		393,5
Gen	18, 25		1,2 | 5,7.8 | 91,4 | 184,4 | 371,11
Gen	19, 11		440,3
Gen	19, 12	19, 29	149 | 343 | 366 | 394,2 | 431,1.3 | 518
Gen	19, 15		444,1
Gen	19, 24	19, 25	281,1 | 302,7
Gen	19, 29		325,8
Gen	20, 1		393,5
Gen	20, 7		393,4
Gen	20, 13		395,1
Gen	20, 15		395,3
Gen	21, 6		298,1
Gen	21, 16		243,3
Gen	21, 19		453,2
Gen	22, 1		386,10
Gen	22, 1	22, 13	190
Gen	22, 1	22, 19	76 | 83 | 99 | 137,3 | 357 | 361 | 365 | 370,3.4 | 371 |

Gen 22,1 – Gen 28,15

Biblisches Buch	von Kapitel, Vers	bis Kapitel, Vers	Lied, Strophe (ggf.)
			372 | 374 | 391 | 397
Gen	22, 8		11,5
Gen	22, 10		364,1.2 | 371,5 | 372,5
Gen	22, 12		325
Gen	22, 17		3,1 | 507,1 | 511,1
Gen	22, 18		311,2 | 395,2
Gen	22, 24		311 | 352 | 368
Gen	24, 1		58,11 | 163 | 170 | 171 | 173 | 174 | 175 | 203,4 | 214,3 | 239,1.2 | 252,7 | 281,3 | 294,4 | 311,2.3 | 316,4 | 317,4 | 330,5 | 347,4 | 348 | 352,1 | 361,4 | 369,7 | 374,3 | 394,2 | 395,2 | 446,9 | 451,5 | 457,4–10 | 494,1–3 | 496 | 497,1 | 503,13
Gen	24, 14		144,3
Gen	24, 26		333,5
Gen	24, 27		329,2 | 444,3 | 512,3
Gen	24, 35		170,1.4
Gen	24, 48		333,5
Gen	26, 2	26, 5	12,1.2
Gen	26, 2	26, 11	347,4
Gen	26, 3		58,11 | 64,1 | 84,5 | 140,1 | 163 | 170 | 171 | 203,5 | 214,3 | 239,1.2 | 252,7 | 281,3 | 294,4 | 311,2.3 | 316,4 | 317,4 | 330,5 | 347,4 | 348 | 352,1 | 361,4 | 369,7 | 374,3 | 394,2 | 395,2 | 446,9 | 451,5 | 457,4–10 | 494,1–3 | 496 | 497,1 | 503,13
Gen	26, 4		395,2 | 507,1 | 511,1
Gen	26, 12		352 | 457,4–7 | 508
Gen	26, 24		58,11 | 64,1 | 84,5 | 140,1 | 163 | 170 | 171 | 203,5 | 214,3 | 239,1.2 | 252,7 | 281,3 | 294,4 | 311,2.3 | 316,4 | 317,4 | 330,5 | 347,4 | 348 | 352,1 | 361,4 | 369,7 | 374,3 | 394,2 | 395,2 | 446,9 | 451,5 | 457,4–10 | 494,1–3 | 496 | 497,1 | 503,13
Gen	27, 1	27, 29	404
Gen	27, 28		383,3 | 489,1 | 508,2.3
Gen	27, 36		382,1
Gen	27, 37		508,3
Gen	27, 39		489,1 | 508,2
Gen	28, 3		170,1.4 | 333,3
Gen	28, 10		395,1
Gen	28, 10	28, 19	12 | 65 | 70 | 296 | 302 | 365 | 368
Gen	28, 11		467 | 469 | 471 | 474 | 476
Gen	28, 12		143,1
Gen	28, 14		311,2 | 395,2 | 507,2
Gen	28, 15		65 | 311,1 | 378,1

Biblisches Buch	von Kapitel, Vers	bis Kapitel, Vers	Lied, Strophe (ggf.)
Gen	28, 16	28, 17	165,1
Gen	28, 17		41,4 | 68,4 | 73,8 | 112,8 | 133,6 | 150,3 | 166,1 | 501,3
Gen	28, 20		311,1 | 407,1
Gen	29, 32		341,4
Gen	29, 35		325,1
Gen	30, 6		328,5
Gen	30, 22		325,8
Gen	31, 42		341,4
Gen	31, 49		324,7 | 325,7 | 408,3 | 480,2 | 486,2 | 487,1.4
Gen	32, 2		143,1
Gen	32, 10	32, 13	371
Gen	32, 13		395,1
Gen	32, 23	32, 32	299 | 346 | 361,9.10 | 402 | 414
Gen	32, 25		450
Gen	32, 25	32, 27	444,1
Gen	32, 27		365,1
Gen	33, 1	33, 6	318 | 343 | 413
Gen	35, 3		414,3 | 520,4
Gen	35, 11		333,3
Gen	35, 12		290,3
Gen	37, 1	37, 11	388
Gen	37, 9		499,2
Gen	37, 12	37, 36	364
Gen	37, 28		391
Gen	39, 1	39, 6	374 | 496
Gen	39, 7	39, 18	389
Gen	39, 9		231,7
Gen	39, 15		59,4
Gen	39, 23		322,6
Gen	40, 1	40, 23	369 | 371
Gen	41, 37	41, 46	355
Gen	41, 38	41, 39	134,2 | 386,5 | 389,4
Gen	41, 40		308
Gen	41, 51		324,15 | 394,2
Gen	43, 14		345
Gen	43, 23		324,13
Gen	45, 1	45, 28	296,6 | 302 | 361 | 413
Gen	45, 24		393,6
Gen	47, 9		7,6 | 529
Gen	47, 30		495,7
Gen	48, 3	48, 5	58,11 | 163 | 170 | 171 | 203,5 | 214,3 | 239,1.2 | 252,7 |

Biblisches Buch	von Kapitel, Vers	bis Kapitel, Vers	Lied, Strophe (ggf.)
			281,3 | 294,4 | 311,2.3 | 316,4 | 317,4 | 330,5 | 347,4 | 348 | 352,1 | 361,4 | 369,7 | 374,3 | 394,2 | 395,2 | 446,9 | 451,5 | 457,4–10 | 494,7.8 | 496 | 497,1 | 503,13
Gen	48, 15		274 | 370,11.12
Gen	49, 1	49, 28	370,7.8
Gen	49, 9		114,6
Gen	49, 10		1 | 2 | 10,1 | 11 | 12,3 | 14,6 | 55,2 | 73,1
Gen	49, 18		6,2 | 12,3 | 65,2 | 70,7 | 152 | 209,2 | 299,4 | 442,7
Gen	49, 29	49, 33	495
Gen	50, 15	50, 20	128
Gen	50, 15	50, 21	343 | 344,6 | 413 | 428 | 495
Gen	50, 20		303,5.7 | 374,4 | 380,6 | 414,4
Ex	1, 6	1, 22	244 | 248 | 249
Ex	2, 1	2, 10	25 | 34 | 361 | 369 | 371
Ex	2, 2		279,5
Ex	2, 11	2, 15	368,1 | 497
Ex	2, 23	2, 25	247 | 248 | 273 | 366 | 377,3
Ex	3, 1	3, 5	379,1
Ex	3, 1	3, 10	68,2
Ex	3, 1	3, 12	301,10
Ex	3, 1	3, 19	67
Ex	3, 2		431,1.2
Ex	3, 4		315,7 | 452,2
Ex	3, 5		165,1 | 166,3
Ex	3, 6		73,6
Ex	3, 7	3, 8	273
Ex	3, 11		256,5
Ex	3, 13	3, 15	270,1
Ex	3, 14		139 | 264,3 | 303,8 | 344,2 | 470,1.3
Ex	3, 15		16,3
Ex	3, 17		418,1.2
Ex	4, 10	4, 17	256,2.5
Ex	4, 11		389,3.4
Ex	4, 12		160 | 495,3
Ex	4, 18		433 | 434
Ex	4, 31		333,5
Ex	5, 1	5, 23	297
Ex	6, 2		185
Ex	6, 2	6, 3	231,2 | 344,2
Ex	6, 4	6, 8	290
Ex	6, 6		486,3
Ex	6, 9		369,2

Biblisches Buch	von Kapitel, Vers	bis Kapitel, Vers	Lied, Strophe (ggf.)
Ex	8, 6		123,3
Ex	8, 15		126,4
Ex	8, 26		137,4
Ex	9, 29		408,1 | 409,1.8
Ex	10, 19		508,4
Ex	11, 4	11, 10	392
Ex	12, 1	12, 14	99 | 222 | 223 | 498
Ex	12, 1	12, 28	101,5
Ex	12, 3	12, 20	101,7
Ex	12, 4	12, 10	392
Ex	12, 7		498
Ex	12, 15		354,4
Ex	12, 21	12, 28	87
Ex	12, 23		101,5
Ex	12, 37		333,5 | 395,1
Ex	12, 42		296,4 | 471,2 | 474,1
Ex	13, 3		380,6
Ex	13, 9		207
Ex	13, 17	13, 22	58 | 409 | 498
Ex	13, 17	14, 31	301,6.7
Ex	13, 18		301,8
Ex	13, 20		301,8
Ex	13, 20	13, 22	59 | 64
Ex	13, 21	13, 22	165 | 274 | 290 | 391,1.4 | 393,5.6 | 409,3 | 498
Ex	14, 8		301,8
Ex	14, 8	14, 31	66,2.3 | 99 | 191 | 200 | 244 | 259 | 279,3 | 321 | 329 | 346 | 377 | 421
Ex	14, 10	14, 14	422
Ex	14, 14		362,2 | 376,2 | 377 | 380,3 | 421
Ex	14, 19	14, 20	281,1 | 498
Ex	14, 24		409,3
Ex	14, 25		421
Ex	15, 1		287,1 | 324,1 | 328,1 | 349,1 | 429
Ex	15, 1	15, 21	191 | 279 | 286 | 297 | 301,7 | 302 | 303 | 316 | 317 | 321 | 327,3 | 329 | 330
Ex	15, 2		2 | 65 | 69,4 | 110 | 113,4 | 193 | 195,1 | 324,14 | 331,1 | 399,6 | 407,2 | 414,2 | 486,10 | 515,9 | 533,1
Ex	15, 3		362,2
Ex	15, 3	15, 10	248,6
Ex	15, 6		146,5 | 301,3 | 323,2
Ex	15, 10		508,4
Ex	15, 11		123,3 | 142,2

Biblisches Buch	von Kapitel, Vers	bis Kapitel, Vers	Lied, Strophe (ggf.)
Ex	15, 13		144,3 | 172
Ex	15, 18		13,1 | 327,1
Ex	15, 19		143
Ex	15, 21		328,1
Ex	15, 22	15, 27	83,6 | 344,5
Ex	15, 26		58,13 | 123,7 | 145,3 | 320,4 | 372,3 | 383,1 | 423,9 | 471,4
Ex	16, 2	16, 3	221 | 302,5 | 326 | 344,5 | 369 | 372 | 374 | 502
Ex	16, 4		171,1 | 227,2 | 407,1 | 464
Ex	16, 10		409,3
Ex	16, 11	16, 15	290,5 | 325 | 464,1
Ex	16, 11	16, 18	221 | 302,4 | 326 | 344,5 | 369 | 372 | 374 | 502
Ex	16, 13	16, 14	383,3
Ex	16, 14	16, 15	407,1
Ex	16, 15		70,2 | 83,6
Ex	16, 16	16, 21	361 | 371,7–9
Ex	16, 27	16, 28	369
Ex	17, 1	17, 7	369 | 498
Ex	17, 4		232,1
Ex	17, 6		290,5
Ex	17, 7		72,5
Ex	17, 8	17, 16	133 | 138 | 259 | 297 | 344 | 347 | 366 | 377
Ex	18, 4		324,14
Ex	18, 11		333,4
Ex	18, 13	18, 27	423,4
Ex	18, 16		324,1
Ex	18, 23		170,3
Ex	19, 3	19, 8	124 | 128 | 138 | 139 | 245 | 250
Ex	19, 4		316,2 | 317,2 | 325,2
Ex	19, 5		32,1 | 34,3 | 37,2 | 83,4 | 133,4 | 165,3 | 200,3 | 204 | 220 | 256,1 | 290,1 | 309,4 | 389,5 | 408,2 | 445,6 | 485,3
Ex	19, 6		133,2.4
Ex	19, 8		176
Ex	19, 9		409,3
Ex	19, 16		409,3
Ex	19, 16	19, 25	281
Ex	19, 18		136,1
Ex	20, 1	20, 17	5 | 231 | 295 | 397 | 494 | 495
Ex	20, 2		301,6
Ex	20, 3	20, 5	326,8
Ex	20, 5		91,4
Ex	20, 6		289,4 | 318,3.6

Biblisches Buch	von Kapitel, Vers	bis Kapitel, Vers	Lied, Strophe (ggf.)
Ex	20, 7		333,5 | 344,2
Ex	20, 14		389 | 404,7
Ex	20, 17		419,2
Ex	20, 18	20, 21	281
Ex	20, 20		231 | 386,10
Ex	20, 21		16,5
Ex	20, 24		58,11 | 163 | 170 | 171 | 214,3 | 239,1.2 | 281,3 | 294,4 | 316,4 | 317,4 | 330,5 | 347,4 | 348 | 352 | 369 | 395 | 446,9 | 451,5 | 457,4–10 | 496 | 497,1 | 503,13
Ex	21, 12		231,6
Ex	21, 18		441,6
Ex	21, 19		386,10
Ex	22, 20	22, 26	302,7 | 303,6 | 451,7–10
Ex	22, 21		58,12 | 221,2
Ex	22, 22		63,1 | 64 | 371,3 | 471,4
Ex	22, 24		231,8
Ex	22, 25	22, 26	413,3
Ex	22, 28		428,2
Ex	23, 1		231,9 | 495,4
Ex	23, 2a		171,3
Ex	23, 4	23, 5	253,4 | 412,3
Ex	23, 15		382,1
Ex	23, 20		437,2
Ex	23, 20	23, 22	143 | 445,7 | 468,2 | 498,2.3
Ex	23, 25		5,3 | 67,3 | 133,2 | 207,2 | 288,1 | 337
Ex	24, 1	24, 11	147,3
Ex	24, 1	24, 18	67 | 165 | 262 | 263
Ex	24, 3		176
Ex	24, 3	24, 11	223
Ex	24, 4	24, 8	191 | 321
Ex	24, 9	24, 11	150
Ex	24, 12	24, 18	67
Ex	24, 15	24, 18	409,3
Ex	24, 17		431,1
Ex	25, 17	25, 22	38
Ex	26, 38	36, 39	409,3
Ex	29, 34		447,1
Ex	29, 38	29, 39	439,5.6 | 446,5 | 447,1 | 449,3
Ex	29, 45		9
Ex	31, 2		199,2
Ex	31, 3		134,2 | 194,3 | 386,5 | 389,4 | 497,4
Ex	31, 12	31, 17	231,4

Biblisches Buch	von Kapitel, Vers	bis Kapitel, Vers	Lied, Strophe (ggf.)
Ex	31, 18		126,4
Ex	32, 1	32, 6	76
Ex	32, 1	32, 20	384
Ex	32, 1	32, 29	82
Ex	32, 7	32, 14	133 | 234 | 344,6
Ex	32, 11		301,8
Ex	32, 11	32, 14	137,4
Ex	32, 13		380,5 | 507,1 | 508,3 | 511,1
Ex	32, 14		283
Ex	32, 15	32, 34	76 | 232 | 233
Ex	32, 16		3,1
Ex	32, 30	32, 32	137,4
Ex	32, 32		149,5
Ex	32, 32	32, 33	207,1
Ex	32, 32a		146,1
Ex	32, 33	32, 34	234
Ex	32, 34		79 | 273
Ex	33, 7	33, 11	409,3
Ex	33, 12		199,2
Ex	33, 12	33, 23	165 | 355 | 384
Ex	33, 13		155,1
Ex	33, 14		140,3
Ex	33, 14	33, 15	210,5 | 325,7 | 450,4.5
Ex	33, 17		199,2
Ex	33, 17b	33, 23	5 | 165 | 355 | 384 | 398
Ex	33, 18		4 | 8 | 33,1 | 38,3 | 41,3.4 | 45,4 | 262,6 | 263,6
Ex	33, 19		192 | 376,2
Ex	33, 20	33, 23	379,1 | 382,2
Ex	34, 1	34, 2	231
Ex	34, 4	34, 10	165 | 231 | 320
Ex	34, 5		409,3
Ex	34, 6		58,7 | 129,3 | 140,3 | 154,4 | 186 | 187 | 188
Ex	34, 6	34, 7	97,4 | 146,2 | 243,4 | 258 | 318,3.6 | 533,2
Ex	34, 9		146,1
Ex	34, 9a		427,5
Ex	34, 10		176 | 200,4
Ex	34, 20		382,1
Ex	34, 29	34, 35	38,3 | 67
Ex	35, 21		321,1
Ex	40, 34		127 | 136,1
Ex	40, 34	40, 35	409,3

Biblisches Buch	von Kapitel, Vers	bis Kapitel, Vers	Lied, Strophe (ggf.)
Ex	40, 34	40, 38	165
Ex	40, 36	40, 37	274 | 290,5 | 368 | 392,6 | 393,5 | 498
Ex	40, 38		409,3
Lev	2, 1	2, 10	23
Lev	2, 11	2, 15	497
Lev	3, 5		166,3
Lev	3, 8		20,7
Lev	4, 12		495,3
Lev	9, 22		58,11 | 140
Lev	9, 24		127,1 | 136
Lev	10, 9b	10, 10	389
Lev	11, 45		139,5
Lev	15, 26		58,13
Lev	16, 2		409,3
Lev	16, 15		38,1 | 190
Lev	16, 32	16, 34	355
Lev	17, 7c		122,1
Lev	17, 8	17, 13	138
Lev	18, 18		412,2
Lev	18, 22	18, 23	441
Lev	19, 1	19, 3	82,7
Lev	19, 1	19, 18	251 | 273 | 377 | 397,2 | 413
Lev	19, 2		139,5 | 344,2 | 389 | 390
Lev	19, 3		231,4.5
Lev	19, 3	19, 8	138
Lev	19, 5		25
Lev	19, 9	19, 10	344,5
Lev	19, 11	19, 12	231,8.9
Lev	19, 12		145,5 | 344,2
Lev	19, 13	19, 18	82,7
Lev	19, 16		231,9 | 495,3
Lev	19, 18		130,6 | 131,2 | 186 | 187 | 188 | 417
Lev	19, 22		190
Lev	20, 1	20, 17	5
Lev	20, 7		139,5
Lev	20, 10		231,7
Lev	22, 21		58,12
Lev	25, 7		325,6
Lev	25, 23		168,1
Lev	26, 1	26, 39	145
Lev	26, 3	26, 4	500 | 508,2

Biblisches Buch	von Kapitel, Vers	bis Kapitel, Vers	Lied, Strophe (ggf.)
Lev	26, 4		515,3
Lev	26, 6		20,3 | 166,2 | 421 | 425 | 430,1 | 435 | 436
Lev	26, 11		165,8
Lev	26, 11	26, 12	62 | 166,2
Lev	26, 12		15,6 | 39,1 | 125,1 | 150,4 | 156 | 193 | 200,1.4 | 257,4 | 275,3 | 282,4 | 286,2 | 288,3 | 341,7 | 345,4 | 370,11.12 | 377,1 | 393,1 | 473,1
Lev	26, 18	26, 19	428,1
Lev	26, 31		9
Lev	26, 44	26, 46	281,4
Lev	26, 46		231,1
Lev	27, 34		231,1
Num	6, 22	6, 24	163 | 168,4 | 170 | 171 | 214,3 | 228,3 | 258 | 294,4 | 330,5 | 348 | 351,7 | 352,1 | 369,7 | 389,4 | 395,2 | 445,5 | 451,5 | 457,4–10 | 496 | 497,1 | 502,2 | 503,13 | 508,2
Num	6, 22	6, 27	58,11 | 126 | 138 | 139 | 140 | 248 | 280,1.3 | 347 | 438,6 | 481,1
Num	6, 24		170,1.4 | 171 | 173 | 174 | 175 | 309,4 | 446,9
Num	6, 24	6, 25	167,2
Num	6, 24	6, 26	379,1 | 421 | 425 | 434
Num	6, 24	6, 27	163
Num	6, 25		165,6 | 166,1 | 280,1 | 470,1
Num	6, 26		18 | 26 | 47,4 | 48,3 | 140,4 | 179,1 | 421 | 430,1 | 433 | 434
Num	7, 89		38,1
Num	9, 10		311,1
Num	9, 15	9, 23	125 | 165 | 274 | 290,5 | 368 | 393,5.6 | 409,3 | 498
Num	9, 16	9, 23	126 | 130 | 134
Num	10, 13		135,6
Num	10, 31		74,4 | 131,6
Num	10, 35		281 | 377
Num	11, 2		137,4
Num	11, 11		418,1.2
Num	11, 11	11, 12	286,2
Num	11, 11	11, 25	124 | 125 | 126 | 128 | 134
Num	11, 23		299,5
Num	11, 25		409,3
Num	11, 26	11, 30	125 | 126 | 128 | 130 | 134 | 136 | 429,5
Num	11, 29		135,4
Num	12, 11		137,4
Num	13, 1	14, 45	38 | 58 | 62
Num	14, 11	14, 20	234,7

Biblisches Buch	von Kapitel, Vers	bis Kapitel, Vers	Lied, Strophe (ggf.)
Num	14, 14		409,3
Num	14, 17		133,2
Num	14, 19		129,2 | 144,1
Num	14, 21		185,1–3 | 262,6 | 263,6 | 270,1 | 333,4 | 409,1
Num	14, 24		389,3 | 390,2
Num	14, 31		136,6
Num	15, 30		234,4
Num	15, 37	15, 41	207,2
Num	16, 19	16, 35	281,1
Num	17, 7		409,3
Num	17, 27	17, 28	248,2
Num	18, 15		212,1.2
Num	18, 20		324,14 | 523,2
Num	20, 2		369 | 498
Num	20, 2	20, 13	352,2 | 368 | 391,2.3
Num	20, 6		232
Num	20, 11		290,5
Num	21, 4		87
Num	21, 4	21, 9	75 | 76 | 84 | 89 | 90 | 146 | 321
Num	21, 7		137,4
Num	21, 8		78,4.10
Num	21, 16		140,1.4
Num	22, 6		58,11 | 140,1 | 163 | 170 | 171 | 174 | 214,3 | 239,1.2 | 280,1 | 281,3 | 294,4 | 311,2.3 | 316,4 | 317,4 | 330,5 | 347,4 | 348 | 352,1 | 361,4 | 369,8 | 374,3 | 389,4 | 395,2 | 446,9 | 451,5 | 457,4–10 | 494,1–3 | 496 | 497,1 | 502,4 | 503,13 | 508,2
Num	22, 21	22, 35	314,2
Num	22, 22		143
Num	22, 31		142,6 | 143 | 453,2
Num	23, 9		248,6.7
Num	23, 10		507,2
Num	23, 19		115,2 | 361,5 | 372,2 | 452,2 | 473,3 | 517,6
Num	24, 1	24, 16	453,2
Num	24, 15	24, 19	70 | 71
Num	24, 17		10,1 | 12 | 39,5 | 52,6 | 55,2 | 70,1 | 73,1.2 | 407,1 | 442,2
Num	30, 6		390
Num	33, 3		301,8
Num	33, 38	33, 39	517 | 521 | 522
Dtn	1, 4	1, 13	138 | 139
Dtn	1, 6	1, 8	259 | 377

Biblisches Buch	von Kapitel, Vers	bis Kapitel, Vers	Lied, Strophe (ggf.)
Dtn	1, 10		3,1 | 507,1 | 511,1
Dtn	1, 11		170,1.4
Dtn	1, 30		362,2 | 377 | 421 | 498
Dtn	1, 31		171 | 311,2 | 325,2
Dtn	3, 22		362,2 | 377 | 421
Dtn	3, 24		67,4 | 123,4 | 183,2 | 279,3 | 281,5 | 302,3 | 326,8 | 328,1 | 333,3 | 406,2 | 451,4 | 454,3 | 506,3
Dtn	3, 26		328,5
Dtn	3, 28		65,7
Dtn	4, 6		426,1
Dtn	4, 7		168,4 | 379,2 | 452,4
Dtn	4, 9		125,2 | 139,1 | 513,1
Dtn	4, 10		169,2
Dtn	4, 12		431,1
Dtn	4, 19		301,4
Dtn	4, 24		91,4
Dtn	4, 25	4, 40	273
Dtn	4, 29		125,2 | 176 | 182,3 | 194 | 246,7 | 258 | 290,1.2 | 346 | 400
Dtn	4, 29	4, 31	129,2
Dtn	4, 31		427,2 | 531,3
Dtn	4, 34		486,3
Dtn	5, 6		301,6
Dtn	5, 6	5, 21	231
Dtn	5, 15		486,3
Dtn	5, 21		419,2
Dtn	5, 22		409,3 | 480,3
Dtn	5, 23	5, 33	289
Dtn	5, 24		431,3
Dtn	5, 27		169,2
Dtn	5, 29		389,3.4
Dtn	6, 1		145,4
Dtn	6, 1	6, 3	157 | 193 | 196,1.2
Dtn	6, 4		88,6 | 123,3 | 184 | 399,4
Dtn	6, 4	6, 5	129,3 | 131,2 | 222,3 | 231,2 | 295,1 | 404,6
Dtn	6, 4	6, 9	124 | 138 | 139 | 179 | 397 | 400
Dtn	6, 5		186 | 187 | 188
Dtn	6, 6	6, 7	194
Dtn	6, 6	6, 9	207,2
Dtn	6, 12		70,2 | 135,7 | 169,4 | 284,4 | 316,5 | 317,5 | 333,2 | 399,4 | 513,1
Dtn	6, 13		5,3 | 11,2 | 67,3 | 84,7 | 107,2 | 125,3 | 133,3 | 135,7 |

Biblisches Buch	von Kapitel, Vers	bis Kapitel, Vers	Lied, Strophe (ggf.)
			159 | 165,4 | 166,3 | 198,2 | 205,4 | 207,2 | 269,5 | 288,1 | 290,7 | 499,3 | 503,15 | 506,6
Dtn	6, 13	6, 14	137,6
Dtn	6, 14	6, 15	427,5
Dtn	6, 18	6, 20	207,2
Dtn	6, 20	6, 25	138
Dtn	6, 21	6, 23	259,2
Dtn	6, 22		301,7
Dtn	7, 6		37,2 | 83,4 | 165,3 | 204 | 220 | 256,1 | 290,1 | 309,4 | 389,5 | 408,2 | 445,6 | 469,6 | 485,3
Dtn	7, 6	7, 11	200 | 243 | 264,2 | 318
Dtn	7, 7	7, 8	145 | 257,4
Dtn	7, 9		289,4 | 290,3 | 325,1
Dtn	7, 15		76,1
Dtn	7, 18		301,7
Dtn	7, 19		486,3
Dtn	7, 21		411 | 427,5
Dtn	8, 1	8, 10	326,5.6 | 502
Dtn	8, 2		311,1 | 380,6 | 386,10
Dtn	8, 2	8, 3	98 | 396
Dtn	8, 3		70,2 | 83,6 | 195,1 | 197,2 | 198,1 | 279,4 | 290,5 | 346,4 | 358,2 | 458
Dtn	8, 5		287,4
Dtn	8, 6	8, 10	324
Dtn	8, 11		70,2 | 135,7 | 169,4 | 284,4 | 316,5 | 317,5 | 333,2 | 399,4 | 513,1
Dtn	8, 11	8, 20	136 | 302 | 400
Dtn	8, 15		301,8
Dtn	8, 15	8, 16	326,6
Dtn	8, 18		305,4 | 306,4
Dtn	9, 3		249 | 259,2 | 351,1 | 431,3
Dtn	9, 10		126,4
Dtn	9, 27b		366,2.5
Dtn	9, 29		486,3
Dtn	10, 12		5,3 | 11,2 | 67,3 | 84,7 | 107,2 | 125,3 | 131,2 | 133,2 | 135,7 | 159,1 | 165,4 | 171 | 179 | 195,1 | 198 | 205 | 207,2 | 269,5 | 288,1 | 290,7 | 337 | 503,15 | 505,5
Dtn	10, 12	10, 21	296
Dtn	10, 14		408,1 | 409,1.8 | 464,1
Dtn	10, 16	10, 20	281,2 | 302,7 | 303,6 | 423,7 | 461
Dtn	10, 17		9,1 | 193,2 | 411
Dtn	10, 20		166,3
Dtn	10, 21		485,3

Biblisches Buch	von Kapitel, Vers	bis Kapitel, Vers	Lied, Strophe (ggf.)
Dtn	11, 1		176
Dtn	11, 1	11, 32	62
Dtn	11, 2		486,3
Dtn	11, 3		301,7
Dtn	11, 11		508,2
Dtn	11, 13		169,2
Dtn	11, 13	11, 17	505
Dtn	11, 14		508,2
Dtn	11, 17		508,2
Dtn	11, 18	11, 19	194
Dtn	11, 21		427,1
Dtn	11, 26	11, 32	58,11 | 163 | 170 | 171 | 174 | 203,4 | 214,3 | 239,1.2 | 294,4 | 330,5 | 347,4 | 348 | 352,1 | 369,7 | 374,3 | 395,2 | 451,5 | 457,4–10 | 496 | 497,1 | 503,113 | 508,2
Dtn	12, 1		427,1
Dtn	12, 7		169
Dtn	12, 12		169,1.5
Dtn	13, 2		72,2
Dtn	13, 7	13, 9	386,10
Dtn	13, 18		178 | 192 | 376,2
Dtn	14, 1a		104,3
Dtn	14, 2		37,2 | 83,4 | 165,3 | 200,3 | 204 | 220 | 256,1 | 264,2 | 290,1 | 309,4 | 389,5 | 408,2 | 445,6 | 469,6 | 485,3
Dtn	14, 26		169,1.5
Dtn	14, 29		170,1.4
Dtn	15, 7		126,3 | 149,4
Dtn	15, 7	15, 8	397,2 | 413
Dtn	15, 11		412,2 | 418,1 | 428,1.2 | 464,1 | 513,5
Dtn	16, 11		169,1.5 | 505
Dtn	16, 15		169
Dtn	16, 17		170
Dtn	18, 15		67,1.2 | 141
Dtn	18, 15	18, 19	4 | 7 | 9 | 10,1 | 12 | 16,3 | 274
Dtn	19, 18	19, 19	231,9
Dtn	20, 1	20, 14	247,3 | 249 | 259 | 362 | 377
Dtn	20, 4		362,2 | 377 | 419,1.5 | 421
Dtn	21, 23		77,6 | 91,3
Dtn	22, 3		253,5
Dtn	23, 10		171,3
Dtn	24, 10	24, 22	413
Dtn	24, 20		231,8
Dtn	25, 19		424,3

Biblisches Buch	*von Kapitel, Vers*	*bis Kapitel, Vers*	*Lied, Strophe (ggf.)*
Dtn	25, 19	25, 22	513,5
Dtn	26, 5	26, 9	299 | 301,5 | 405
Dtn	26, 7		171,2 | 418,3
Dtn	26, 8		486,3
Dtn	26, 11		169 | 414,3
Dtn	26, 15		4 | 140,2 | 163 | 170,1.4 | 172
Dtn	27, 11	27, 26	441
Dtn	28, 1	28, 12	457 | 494,4
Dtn	28, 3	28, 6	496
Dtn	28, 6		163 | 168 | 171 | 173 | 174 | 175 | 184,5 | 258
Dtn	28, 8		170
Dtn	28, 12		508,2
Dtn	28, 28		254,4
Dtn	28, 29		233,1 | 467,1
Dtn	28, 58		333,5
Dtn	29, 3		129,3 | 145,5 | 161,3 | 166,3.6 | 168,2.3 | 196,2 | 236,1 | 277,2.3 | 392 | 432,2
Dtn	29, 28		129,2 | 486,6
Dtn	29, 30		129,2
Dtn	30, 1	30, 10	233
Dtn	30, 1	30, 20	155 | 196 | 197 | 204 | 210 | 397
Dtn	30, 3		178 | 192 | 283 | 376,2
Dtn	30, 6		389 | 390
Dtn	30, 9		322,6 | 334,3 | 414,3 | 452,3
Dtn	30, 11	30, 14	482,4.5
Dtn	30, 11	30, 20	155 | 196 | 197 | 397
Dtn	30, 14		379,2
Dtn	31, 6	31, 7	65,7
Dtn	31, 8		531,3
Dtn	31, 12		169,2
Dtn	31, 22	31, 30	99
Dtn	32, 1	32, 7	326
Dtn	32, 3	32, 4	157 | 179 | 180,4 | 324,8
Dtn	32, 3		69,4 | 177 | 197,3 | 301,2 | 322,1 | 323,3 | 326,8 | 331,10 | 410,4 | 489,1 | 505,7
Dtn	32, 4		275,4 | 372 | 374,2.3 | 378,1 | 452,2 | 454
Dtn	32, 6		4 | 37,2 | 125,2 | 129,2 | 328,4
Dtn	32, 7		380,5.6
Dtn	32, 10		437,2
Dtn	32, 10	32, 14	464
Dtn	32, 11		316,2.3 | 317,2.3 | 325,2 | 351,2
Dtn	32, 13		325,6

Biblisches Buch	von Kapitel, Vers	bis Kapitel, Vers	Lied, Strophe (ggf.)
Dtn	32, 19	32, 43	325,8–10
Dtn	32, 35		249,2
Dtn	32, 36		178 | 192
Dtn	32, 39		37,3 | 346,3
Dtn	32, 46	32, 47	194 | 295 | 358,2
Dtn	32, 47		159,1
Dtn	33, 3		198,2 | 481,2.3
Dtn	33, 13		489,1 | 508,2
Dtn	33, 13	33, 14	444,1
Dtn	33, 16		126,1
Dtn	33, 27		325,2 | 486,3
Dtn	33, 28		178,6 | 429,5
Dtn	33, 29		324,14
Dtn	34, 1	34, 10	63
Dtn	34, 11		301,7
Jos	1, 1	1, 9	59 | 61 | 62 | 64 | 65 | 249 | 259 | 281 | 297,4 | 351 | 370,7 | 374,2 | 377 | 391 | 446,3 | 498
Jos	1, 5		427,2 | 444,3 | 531,3
Jos	1, 6	1, 7	65,7
Jos	1, 8		365,5
Jos	2, 19		324,5
Jos	2, 23		324,4
Jos	3, 1	3, 17	361 | 498
Jos	3, 5		323,2
Jos	3, 5	3, 11	68 | 441
Jos	3, 16		244,2
Jos	3, 17		68 | 441
Jos	5, 13	5, 15	143
Jos	5, 14		73,6 | 333,5
Jos	5, 15		165,1 | 166,3
Jos	6, 15		444,1
Jos	6, 20		281,1
Jos	6, 22	6, 25	378,3
Jos	7, 6	7, 26	146
Jos	7, 13		385,3.4
Jos	7, 18		326,1
Jos	7, 19		177 | 180 | 301,2 | 322,1
Jos	10, 12	10, 13	455,3 | 499,2
Jos	10, 14		362 | 377 | 412
Jos	21, 43		290,3
Jos	22, 1	22, 6	378,1

Biblisches Buch	von Kapitel, Vers	bis Kapitel, Vers	Lied, Strophe (ggf.)
Jos	23, 3		362,2 | 377 | 421
Jos	23, 10		362,2 | 377 | 421
Jos	24, 1	24, 2	138 | 179 | 326 | 341 | 351 | 363,6.7 | 497
Jos	24, 13	24, 25	138 | 179 | 326 | 341 | 351 | 363,6.7 | 497
Jos	24, 14	24, 15	5,3 | 11,2 | 67,3 | 84,7 | 107,2 | 125,3 | 133,2 | 135,7 | 159,2 | 198,2
Jos	24, 14	24, 16	250 | 264
Jos	24, 15		61 | 137,6 | 428,4 | 496
Jos	24, 16		365,1
Jos	24, 17		311,1
Jos	24, 24		165,4
Jos	24, 25		176
Ri	2, 22		386,10
Ri	3, 9		43,3
Ri	5, 3		104,1 | 167 | 169,4 | 324,1 | 328,1 | 349,1
Ri	5, 10		314,2
Ri	5, 31		444,1 | 459,1 | 510,3.4
Ri	6, 9		301,10
Ri	6, 15	6, 16	256,5
Ri	6, 22		142,6
Ri	6, 23		485,6
Ri	6, 25	6, 32	193 | 241 | 326 | 351 | 377
Ri	7, 1	7, 25	249
Ri	7, 15		333,5
Ri	10, 6	10, 18	146 | 234 | 423
Ri	10, 15		365,3 | 367,1
Ri	13, 5	13, 7	322,3
Ri	13, 9		328,5
Ri	13, 22		382,2
Ri	15, 18		322,6
Ri	16, 17		322,3
Ri	16, 23	16, 31	111,11
Ri	16, 26	16, 30	378,1
Ri	18, 5		167,3
Ri	18, 5	18, 6	376,2
Ri	18, 6		258 | 326 | 433 | 434
Ri	19, 20		485,6
Ri	19, 25		444,1
Rut	1, 16	1, 17	326,6
Rut	2, 4		140,2 | 170,1.4
Rut	2, 20		163 | 171

Biblisches Buch	von Kapitel, Vers	bis Kapitel, Vers	Lied, Strophe (ggf.)
Rut	4, 17		12,1–3 | 70,1
Rut	4, 17	4, 22	30,1 | 31
1Sam	1, 1	1, 28	361 | 365 | 371
1Sam	1, 3		333,5
1Sam	1, 10		10,3
1Sam	1, 16		169,3
1Sam	1, 17		434
1Sam	1, 19		333,5
1Sam	1, 27		11,4 | 231,8
1Sam	1, 28		333,5
1Sam	2, 1		36,1 | 65,2 | 334,3 | 349,1 | 414,3
1Sam	2, 1	2, 8	100,3 | 101 | 106 | 112,8 | 113,3.4 | 369,5.6
1Sam	2, 1	2, 10	111,15 | 289 | 308 | 309 | 310 | 365
1Sam	2, 2		275,4 | 407,1
1Sam	2, 3	2, 4	248,6
1Sam	2, 6		37,3 | 341,3.4
1Sam	2, 7		371,5.6
1Sam	2, 8		9,5 | 110,1.6 | 112,8 | 309,3 | 315,3 | 369,2
1Sam	2, 9		248,5.7 | 309,4 | 437,2
1Sam	2, 27	2, 30	424,2
1Sam	2, 18a		108
1Sam	3, 1	3, 17	125 | 129 | 277,4 | 315,7 | 347 | 452
1Sam	3, 1	3, 21	72 | 161 | 166 | 168 | 197
1Sam	3, 6		168,1
1Sam	3, 10		166,6 | 392,8
1Sam	3, 18		364 | 365,3 | 368 | 372
1Sam	4, 3		325,8
1Sam	6, 5		301,2
1Sam	7, 8		419,1.5
1Sam	7, 12		58 | 329,1 | 352,2 | 419,1.5
1Sam	9, 15		432,2
1Sam	9, 21		10,3
1Sam	9, 26		444,1
1Sam	10, 18		301,10
1Sam	10, 19		321,2 | 326,4 | 418,3
1Sam	11, 13		322,6
1Sam	12, 2		324,16
1Sam	12, 23		444,4
1Sam	14, 45		322,6
1Sam	15, 17		10,3
1Sam	15, 22		195,1 | 344,4 | 437,3

Biblisches Buch	von Kapitel, Vers	bis Kapitel, Vers	Lied, Strophe (ggf.)
1Sam	15, 25		146,1
1Sam	15, 29		361,5 | 372,2 | 452,2 | 473,3 | 485,3
1Sam	16, 1		30,1 | 31
1Sam	16, 1	16, 13	70 | 342 | 390 | 409
1Sam	16, 6	16, 11	31
1Sam	16, 7		386,10 | 413,2 | 446,6
1Sam	16, 14	16, 23	58,13.14 | 133,11
1Sam	17, 36	17, 51	137 | 138 | 275,7 | 299 | 494
1Sam	17, 45		137,5
1Sam	17, 47		258,6
1Sam	18, 5		137,5
1Sam	18, 30		137,5
1Sam	19, 5		322,6
1Sam	20, 3		518 | 528 | 530
1Sam	20, 42		433 | 434
1Sam	22, 2		407,1
1Sam	22, 32		407,1
1Sam	22, 47		407,1
1Sam	23, 8		137,5
1Sam	24, 5		137,5
1Sam	24, 13		249,1
1Sam	25, 6		433 | 434 | 485,6
1Sam	25, 29		523
1Sam	25, 35		433 | 434
1Sam	25, 38		325,8
1Sam	26, 4	26, 25	134 | 397,2 | 413 | 495
1Sam	26, 8		137,5
1Sam	26, 24		148,4 | 321,2 | 326,4 | 394,2 | 408,4
1Sam	29, 7		433 | 434
1Sam	30, 23		437
2Sam	1, 17	1, 27	532 | 533
2Sam	2, 1		368
2Sam	6, 1		9,1
2Sam	6, 16		341,1
2Sam	7, 4	7, 6	4 | 30,1
2Sam	7, 4	7, 7	6,1 | 31 | 36 | 39 | 41 | 42
2Sam	7, 4	7, 14	27
2Sam	7, 4	7, 16	23
2Sam	7, 12		42,5
2Sam	7, 12	7, 16	4 | 6 | 30,1 | 31 | 36 | 39 | 41
2Sam	7, 13		13,3 | 20,7

Biblisches Buch	von Kapitel, Vers	bis Kapitel, Vers	Lied, Strophe (ggf.)
2Sam	7, 14		427,1
2Sam	7, 14	7, 15	444
2Sam	7, 15		533,2
2Sam	7, 16		13,3
2Sam	7, 17	7, 29	302	326	502,1.5
2Sam	7, 18		329,1
2Sam	7, 22		168,2	231,2	333,4	408,5	411	432,2
2Sam	7, 26		323,3	408,5
2Sam	7, 27		129,3	161,3	166	168	196,2	236,1	277,3.4	352	392	432,2
2Sam	7, 29		170,1	171	174	248	352
2Sam	9, 1	9, 13	343	413,5
2Sam	10, 12		249	259	351,1	377
2Sam	11, 4		231,7
2Sam	11, 15		231,6
2Sam	11, 25		137,5
2Sam	12, 1	12, 13	107
2Sam	12, 1	12, 14	232	234	297	299
2Sam	12, 9		231,6.7
2Sam	12, 13		233	344,6
2Sam	12, 15	12, 24	476
2Sam	15, 1	15, 12	373,2–4
2Sam	15, 9		433	434
2Sam	15, 26		364,3	365,3	367,1	368	372	374,3	443,5	449,9.11
2Sam	16, 2		314,2
2Sam	18, 29		485,6
2Sam	18, 36		327,1
2Sam	20, 9		485,6
2Sam	22, 2		275,3.4
2Sam	22, 2	22, 4	444,1
2Sam	22, 3		62,5	172	309,1	324,14	329,3	345,1	380,1.2	408,3	487,3	488,4	531,1
2Sam	22, 5	22, 7	345	366	374	382	518
2Sam	22, 7		168,2	248	326,4	486,2
2Sam	22, 8	22, 16	281,1
2Sam	22, 9		431,2
2Sam	22, 12		383,3
2Sam	22, 14	22, 15	504,4	529,3
2Sam	22, 17	22, 20	247	248	374
2Sam	22, 19		383,2	488,3
2Sam	22, 21		295,3

Biblisches Buch	von Kapitel, Vers	bis Kapitel, Vers	Lied, Strophe (ggf.)
2Sam	22, 23		305,4
2Sam	22, 28		10,3 | 428,1
2Sam	22, 28	22, 33	110 | 158 | 275 | 369
2Sam	22, 29		65,5 | 69,4 | 161,2 | 196,5 | 279,8 | 444,1 | 467,1 | 475,3
2Sam	22, 30		326,9 | 341,1
2Sam	22, 31		112,7 | 488,4
2Sam	22, 32		326,8
2Sam	22, 33		58,1 | 115,5 | 130,3 | 136,3 | 139,3 | 286,1 | 302,3 | 306,4 | 325,5 | 327,1 | 328,1 | 383,1 | 393,1 | 395,1 | 407,2 | 534,1
2Sam	22, 36		408,4 | 415,2 | 486,8
2Sam	22, 37		394,1.5
2Sam	22, 41		164
2Sam	22, 41	22, 42	249
2Sam	22, 47		2 | 115 | 139,5 | 275
2Sam	22, 50		288 | 318 | 321 | 322 | 325 | 326 | 330 | 333,6
2Sam	23, 2		159,1 | 452,1
2Sam	23, 2	23, 4	383,3
2Sam	23, 3	23, 5	455,3 | 459,1
2Sam	24, 10		344,6
2Sam	24, 14		244,9 | 377,4 | 533,1
2Sam	24, 16		3
1Kön	1, 29		321,2 | 326,4
1Kön	2, 3		368
1Kön	3, 4		437,3
1Kön	3, 5	3, 15	204 | 210 | 328,7 | 367 | 368,1.5 | 422,3 | 444,4 | 449,10.11 | 495 | 497
1Kön	3, 9		434,3 | 451,7–10
1Kön	3, 13		494,3
1Kön	3, 16	3, 28	423,1.4 | 497
1Kön	3, 22		231,9
1Kön	3, 26		243,3
1Kön	5, 9	5, 19	397,2
1Kön	6, 13		427,2
1Kön	8, 12		16,5 | 301,5 | 344 | 480,3 | 515,1
1Kön	8, 12	8, 30	140 | 165 | 166 | 300
1Kön	8, 22	8, 28	119,4 | 120 | 121 | 123,3
1Kön	8, 23		129,2
1Kön	8, 26		198,1
1Kön	8, 27		379,3 | 531,1
1Kön	8, 29		496
1Kön	8, 30		172

Biblisches Buch	von Kapitel, Vers	bis Kapitel, Vers	Lied, Strophe (ggf.)
1Kön	8, 33		134,4
1Kön	8, 34		190
1Kön	8, 36		190
1Kön	8, 39		446,6
1Kön	8, 42		486,3
1Kön	8, 46		404,7
1Kön	8, 46	8, 51	299,1–3
1Kön	8, 50		178 | 192
1Kön	8, 52	8, 53	264,2
1Kön	8, 54	8, 61	246 | 295 | 327 | 347
1Kön	8, 57		259,2 | 377
1Kön	8, 62	8, 66	159 | 165
1Kön	9, 1	9, 9	259 | 295
1Kön	9, 6	9, 9	136,6 | 145
1Kön	10, 1		498
1Kön	10, 1	10, 9	70
1Kön	13, 1	13, 10	136,4
1Kön	17, 1		361,3
1Kön	17, 1	17, 6	512,2
1Kön	17, 5		168,2.5
1Kön	17, 6		365,1
1Kön	17, 7	17, 16	110 | 218,4 | 274 | 345 | 361 | 369
1Kön	17, 14		324,5
1Kön	17, 17	17, 24	115 | 372 | 518
1Kön	17, 23		102,3
1Kön	17, 24		277,5
1Kön	18, 1	18, 19	137,6
1Kön	18, 21		134,6 | 137,6
1Kön	18, 21	18, 39	136 | 193 | 247 | 248 | 249 | 259 | 281,4 | 326,8 | 328,5–7 | 341 | 346,2 | 351 | 362 | 377
1Kön	18, 24		127,1
1Kön	18, 38		127,1 | 136,1
1Kön	19, 1	19, 8	71 | 275 | 361,4 | 370 | 384 | 497,9–11
1Kön	19, 1	19, 13a	82 | 96 | 228
1Kön	19, 5	19, 8	383,1
1Kön	19, 8	19, 18	165 | 259 | 273 | 275 | 297 | 323
1Kön	19, 10		246,6 | 249,2
1Kön	19, 12		136,1
1Kön	19, 12	19, 13	428,3 | 480,3
1Kön	19, 19	19, 21	241 | 245
1Kön	21, 1	21, 16	231 | 495,5

Biblisches Buch	von Kapitel, Vers	bis Kapitel, Vers	Lied, Strophe (ggf.)
1Kön	21, 27	21, 29	234
1Kön	22, 1	22, 28	136,1–4 | 351
1Kön	22, 13		144,6
1Kön	22, 19		110,2 | 142,2 | 143,3 | 165,1.2
2Kön	1, 3		137,6
2Kön	2, 1	2, 14	119 | 120 | 122
2Kön	2, 11		150,5
2Kön	4, 33	4, 35	374,2.3
2Kön	5, 1	5, 19	66 | 72 | 293
2Kön	5, 17		346
2Kön	5, 17	5, 19	73,7
2Kön	5, 19		433 | 434
2Kön	6, 8	6, 23	249 | 259 | 297 | 377
2Kön	6, 16		351
2Kön	6, 17		176
2Kön	6, 20		176
2Kön	9, 13		314,4
2Kön	13, 4	13, 5	377,2.3
2Kön	13, 23		341,4 | 376,2
2Kön	17, 13		171,3
2Kön	17, 36		486,3
2Kön	18, 1	18, 12	344,4
2Kön	18, 17	18, 37	138
2Kön	19, 7		249 | 259 | 297 | 377
2Kön	19, 15	19, 19	179 | 180
2Kön	19, 30		30
2Kön	20, 1	20, 7	289 | 368,5–7 | 518 | 528 | 530
2Kön	20, 5		371
2Kön	22, 19		324,11
2Kön	22, 20		397,3
2Kön	23, 1	23, 3	64 | 65
2Kön	23, 1	23, 28	146
2Kön	23, 3		176
2Kön	23, 25		131,2
2Kön	25, 8	25, 12	138 | 146 | 193 | 209 | 273
1Chr	4, 10		134,5
1Chr	6, 16		104,1
1Chr	12, 18		433
1Chr	14, 16	14, 22	380,6
1Chr	15, 16		2,2

Biblisches Buch	von Kapitel, Vers	bis Kapitel, Vers	Lied, Strophe (ggf.)
1Chr	16, 7	16, 36	67,4 | 169,4 | 183,2 | 286 | 288 | 289 | 290 | 300 | 302,3 | 324 | 333 | 346,2 | 434
1Chr	16, 8		2,3 | 169,4 | 425,3 | 506,6
1Chr	16, 8	16, 13	376,9
1Chr	16, 9		301,3 | 325,1 | 326,1
1Chr	16, 10		323,2 | 333,4 | 506,5
1Chr	16, 11		182,2 | 346,2 | 376,3 | 431,1 | 454,3
1Chr	16, 12	16, 15	380,6
1Chr	16, 14		22 | 280,2
1Chr	16, 16		331,1
1Chr	16, 21		128,5
1Chr	16, 23		127,1 | 142,1
1Chr	16, 23	16, 28	451,1.4
1Chr	16, 24	16, 25	269,2 | 272 | 302,8 | 303,8
1Chr	16, 28		38,1 | 67,4 | 123,4 | 183,2 | 279,3 | 302,3 | 322,1 | 333,3 | 406,2 | 431,1 | 454,3 | 506,3
1Chr	16, 28	16, 29	177 | 180
1Chr	16, 28	16, 30	281,2–5
1Chr	16, 30		110,1.6
1Chr	16, 31	16, 33	500 | 502 | 503 | 506,3
1Chr	16, 33		330,3 | 507,4
1Chr	16, 34		181 | 333,1.10 | 334 | 406,2 | 425,3
1Chr	16, 34	16, 36	325,1 | 326,1 | 328,5–7 | 499,3
1Chr	16, 35		69,4 | 182,6 | 309,1 | 333,4 | 506,6
1Chr	16, 35	16, 36	321,3 | 322,1 | 323,2
1Chr	16, 36		2 | 109,1 | 139,5 | 177 | 180 | 181 | 185 | 328,7
1Chr	16, 41		333,1 | 425
1Chr	16, 42		177 | 180
1Chr	17, 9	17, 14	4 | 5,1 | 6,1 | 23 | 36 | 39 | 41
1Chr	17, 11	17, 13	166,3.6 | 170 | 171 | 196,2 | 347,4
1Chr	17, 11	17, 14	161,3 | 163
1Chr	17, 13		533,2
1Chr	17, 15	17, 27	302 | 326 | 329
1Chr	17, 20		168,2
1Chr	17, 24		323,3
1Chr	17, 25		129,3 | 137,2 | 161,3 | 166,3.6 | 168,2.3 | 196,2 | 277,3.4 | 392 | 433
1Chr	17, 26		377,4
1Chr	17, 27		58,11 | 163 | 168,2.3 | 170 | 171 | 174 | 214,3 | 239,1.2 | 294,4 | 316,4 | 330,5 | 347,4 | 348 | 352,1 | 369,7 | 374,3 | 394,2 | 395,2 | 446,9 | 451,5 | 457,4–10 | 496 | 497,1 | 502,1.5 | 503,13

Biblisches Buch	von Kapitel, Vers	bis Kapitel, Vers	Lied, Strophe (ggf.)
1Chr	17, 34	17, 36	369,7
1Chr	19, 13		249 | 259 | 351 | 377
1Chr	21, 1		143,6
1Chr	21, 13		377,4
1Chr	21, 26		127,1 | 136,1
1Chr	22, 13		65,7 | 368,1–3
1Chr	22, 19		176
1Chr	23, 30		198,2
1Chr	28, 1		346,3
1Chr	28, 9		176 | 346 | 444,5
1Chr	28, 20		65,7 | 368,1–3 | 531,3
1Chr	29, 9	29, 21	165,3.4 | 288 | 321
1Chr	29, 10		139,5 | 177 | 180 | 331,1
1Chr	29, 11	29, 13	186 | 187 | 188
1Chr	29, 11		148,8
1Chr	29, 12		154,1.5
1Chr	29, 13		180,2 | 323,2
1Chr	29, 15		7,6 | 168,1 | 528,1
1Chr	29, 17		179,1.2 | 386,10
1Chr	29, 18		171
1Chr	29, 20		167 | 181,6
2Chr	1, 7	1, 13	367 | 386,1.5 | 422,3 | 451,7–10 | 495
2Chr	1, 9		507,2
2Chr	2, 5		282 | 423
2Chr	5, 13		288 | 321
2Chr	6, 1	6, 2	16
2Chr	6, 8		282 | 379,3
2Chr	6, 14	6, 42	423
2Chr	6, 17		198,1
2Chr	6, 19		134,4
2Chr	6, 21		172
2Chr	6, 25		190
2Chr	6, 27		190
2Chr	6, 28	6, 30	144,1 | 366
2Chr	6, 30		172 | 371,3.5
2Chr	6, 32		486,3
2Chr	6, 33		172
2Chr	6, 39		172
2Chr	7, 1	7, 3	127,1 | 136,1.6
2Chr	7, 3		333,1
2Chr	7, 6		333,1

Biblisches Buch	von Kapitel, Vers	bis Kapitel, Vers	Lied, Strophe (ggf.)
2Chr	7, 12	7, 22	145 | 259 | 295
2Chr	7, 14		133,5 | 171,3 | 190
2Chr	7, 19	7, 22	136,6 | 145
2Chr	9, 1	9, 12	386,5
2Chr	15, 4		167 | 283
2Chr	15, 12		176
2Chr	15, 15		194,3 | 414,1
2Chr	18, 1	18, 27	31 | 136,1–4 | 273
2Chr	18, 12		144,6
2Chr	18, 18		110,2 | 142,2 | 143,3
2Chr	19, 3		176
2Chr	19, 7		308,7
2Chr	20, 1	20, 22	366,2
2Chr	20, 6		154,1.5
2Chr	20, 9		144,1 | 422,1
2Chr	20, 15		249,2 | 259 | 351,1 | 377 | 421 | 422,2
2Chr	20, 17		246,6
2Chr	20, 19		330,2
2Chr	20, 20		73,1.5 | 428,4
2Chr	20, 21	20, 22	321
2Chr	20, 28		314,1
2Chr	20, 29		362,2 | 377 | 421
2Chr	24, 19		66,4 | 129,3 | 145,5 | 161,3 | 196,2 | 236,1 | 277,3.4 | 392 | 432,2
2Chr	24, 19	24, 20	168,2.3.6
2Chr	24, 19	24, 21	25,4 | 36,7 | 38,3 | 377
2Chr	29, 30		2
2Chr	30, 9b		346,5
2Chr	30, 19		176
2Chr	31, 21		176 | 295 | 503,14
2Chr	32, 1	32, 19	138
2Chr	32, 7		351
2Chr	32, 20	32, 23	366
2Chr	33, 16		165,4
2Chr	36, 15	36, 21	193 | 273 | 422,1.2
2Chr	36, 16		146,2
Esra	1, 1	1, 7	66,3
Esra	1, 5		150
Esra	3, 10	3, 13	159
Esra	3, 11		167,1
Esra	3, 11	3, 12	2,1.2

Biblisches Buch	von Kapitel, Vers	bis Kapitel, Vers	Lied, Strophe (ggf.)
Esra	6, 16		159 | 165 | 166,1
Esra	6, 22		11,3
Esra	8, 22		146,5
Esra	9, 5	9, 15	144 | 146
Neh	1, 4	1, 11	233
Neh	1, 5		329,2
Neh	1, 10		133,2
Neh	1, 11		61,2 | 168,2
Neh	3, 38		137,2
Neh	5, 1	5, 13	84,6 | 251
Neh	6, 1	6, 9	84,11
Neh	8, 9	8, 12	159
Neh	8, 10		166,4 | 323,1
Neh	8, 10c		365
Neh	8, 18		166,4
Neh	9, 1	9, 37	95,1 | 144 | 146
Neh	9, 5		165,3 | 167 | 177 | 180 | 181,6
Neh	9, 6		110,2
Neh	9, 25		34,1
Neh	9, 30		168,3
Neh	9, 30	9, 31	167
Neh	9, 31		38,3 | 58,7
Neh	9, 32	9, 33	179
Neh	9, 32	9, 37	234 | 236,1 | 318,3.6
Neh	9, 33		180,4
Neh	9, 20a		168,3
Neh	11, 23		167
Neh	12, 27		104,1 | 167
Est	8, 16		2,1
Est	8, 16	8, 17	34,1
Hiob	1, 1	1, 5	252,7
Hiob	1, 1	1, 12	373,1
Hiob	1, 2	1, 6	325,10
Hiob	1, 6	1, 19	143,5
Hiob	1, 6	1, 22	378,5
Hiob	1, 20	1, 21	351,10 | 364 | 368,2.3 | 531,1
Hiob	1, 20	1, 22	463
Hiob	1, 21		138 | 275 | 290,7 | 323,2 | 347 | 370,2.3
Hiob	2, 1		143,6
Hiob	2, 4	2, 10	370,3–5
Hiob	2, 10		169,2 | 364 | 370,2.3 | 372

Biblisches Buch	von Kapitel, Vers	bis Kapitel, Vers	Lied, Strophe (ggf.)
Hiob	3, 1	3, 26	87 | 370 | 371,9 | 524
Hiob	3, 3	3, 6	444,1
Hiob	3, 3	3, 26	299,1
Hiob	3, 11	3, 19	486,1
Hiob	3, 24	3, 26	424,1
Hiob	4, 2		495,3
Hiob	4, 6		146,3
Hiob	4, 12	4, 16	404,7
Hiob	4, 12	4, 17	428,3
Hiob	4, 17	4, 21	342,2
Hiob	4, 20	4, 21	528
Hiob	5, 8	5, 9	323,2 | 324,4 | 329,2
Hiob	5, 8	5, 10	508,2
Hiob	5, 8	5, 16	322,2
Hiob	5, 17	5, 19	51,2 | 133,3 | 134,3 | 297,2.5 | 302,5 | 308,7 | 309,3 | 326,4 | 345,1 | 364 | 369,6 | 372 | 414,3 | 496 | 513,6.7 | 532,2
Hiob	6, 2	6, 7	524
Hiob	6, 2	6, 10	366,1
Hiob	6, 8	6, 10	428,5
Hiob	6, 24	6, 26	495,3
Hiob	7, 1	7, 21	82 | 96
Hiob	7, 7		528
Hiob	7, 7	7, 10	432,1 | 491,1 | 518 | 524
Hiob	7, 11		377,2
Hiob	7, 17	7, 21	383,4
Hiob	8, 2		495,3
Hiob	8, 13		152,1
Hiob	8, 20		528
Hiob	8, 20	8, 22	283,5 | 298,1
Hiob	9, 1	10, 22	98
Hiob	9, 2	9, 4	396
Hiob	9, 2	9, 10	299 | 301,4.5 | 362,1
Hiob	9, 4		333,3
Hiob	9, 4	9, 10	322,2
Hiob	9, 5	9, 10	431,1 | 455,3 | 506,1 | 508,3.4
Hiob	9, 7	9, 10	324,4
Hiob	9, 8	9, 10	511,1
Hiob	9, 11		383,2
Hiob	9, 19		376,3
Hiob	9, 20	9, 22	325,8
Hiob	9, 25	9, 26	528

Biblisches Buch	von Kapitel, Vers	bis Kapitel, Vers	Lied, Strophe (ggf.)
Hiob	9, 29		112,5
Hiob	9, 29	9, 31	146,1
Hiob	9, 34		83,2 | 146,1
Hiob	10, 8		425,1 | 513,3
Hiob	10, 8	10, 17	320 | 321
Hiob	10, 12		316,4 | 317,4 | 318 | 322 | 324,6 | 507,7 | 520,2
Hiob	11, 7	11, 11	297,2 | 325,3.7
Hiob	11, 12	11, 20	386,5
Hiob	12, 4		378,3
Hiob	12, 7	12, 8	509,2.3
Hiob	12, 10		165,5.6
Hiob	12, 13		407,2
Hiob	12, 13	12, 25	386,5
Hiob	13, 1		432,2
Hiob	13, 1	13, 3	149,3 | 289,3
Hiob	13, 9		149,3
Hiob	13, 17	13, 22	378,2
Hiob	13, 20	13, 22	233,1
Hiob	14, 1	14, 2	527,8 | 528,1.4
Hiob	14, 1	14, 6	64,2–4 | 138 | 152 | 404,7 | 432,1 | 491,1 | 518 | 529 | 530,3 | 534,1
Hiob	14, 1	14, 22	15,5
Hiob	14, 2		64,2–4
Hiob	14, 5		64,1
Hiob	14, 7	14, 12	352,4 | 361,6
Hiob	14, 12	14, 22	115,1
Hiob	14, 13	14, 17	486,1
Hiob	15, 1	15, 10	149,4
Hiob	15, 27	15, 35	149,4
Hiob	15, 29		363,4.5
Hiob	16, 1	17, 16	95,3
Hiob	16, 16	16, 22	149,6
Hiob	16, 18	16, 22	366,3.4 | 370,6 | 530
Hiob	16, 20		63,1
Hiob	16, 22		527,7
Hiob	17, 1	17, 5	478,4.5
Hiob	17, 1	17, 16	378,1
Hiob	17, 3		84,6 | 149,6
Hiob	17, 10	17, 16	373,4
Hiob	17, 15		198,1
Hiob	18, 2	18, 4	149,4

Hiob 18,5 – Hiob 31,35

Biblisches Buch	von Kapitel, Vers	bis Kapitel, Vers	Lied, Strophe (ggf.)
Hiob	18, 5	18, 6	151,1
Hiob	18, 15		68,1
Hiob	19, 25		6,5 | 68,1 | 76 | 142,6 | 154,3 | 155,3 | 166,1 | 278,2 | 350,1 | 357 | 374 | 384,4 | 397,3 | 529,11 | 533,3
Hiob	19, 25	19, 27	101 | 112,4 | 115 | 184,5
Hiob	19, 27		390,1.3
Hiob	20, 8		527,1
Hiob	21, 22	21, 26	424,1 | 534,1
Hiob	22, 12	22, 14	324,1
Hiob	22, 20		109,2
Hiob	22, 21		170,3 | 366 | 371,9 | 388
Hiob	22, 21	22, 22	378,5
Hiob	22, 21	22, 30	10,3 | 15,3 | 308,5.7 | 343,5 | 361,9 | 396,3.4
Hiob	22, 28		171,1
Hiob	22, 29		10,3 | 165,1
Hiob	23, 1	23, 17	371,9 | 378,2 | 379,1
Hiob	23, 10	23, 17	400,6
Hiob	24, 22	24, 25	281,1 | 383,1
Hiob	25, 2	25, 6	342,2
Hiob	26, 6		115
Hiob	27, 2	27, 6	324,1.10 | 326,4 | 353,7
Hiob	27, 2	27, 23	369,6
Hiob	27, 3		432,1
Hiob	27, 4		495,3
Hiob	27, 11		363,6.7
Hiob	27, 11	27, 23	308,5
Hiob	27, 16	27, 17	363,4
Hiob	28, 12	28, 14	134,2
Hiob	28, 23		91,5 | 199,5
Hiob	28, 28		77,8 | 91,5 | 161,2 | 166,3 | 241 | 309,2 | 361,1 | 386,5 | 388,2 | 389,4 | 495,4
Hiob	29, 2	29, 6	161,2 | 309,4 | 467,1 | 475,3
Hiob	29, 3		196,5
Hiob	30, 10		77,1 | 85,2
Hiob	30, 16	30, 23	373,4
Hiob	30, 20	30, 23	324,15 | 467,1.3 | 475,7 | 528
Hiob	31, 1	31, 6	322,3
Hiob	31, 1	31, 8	475,5
Hiob	31, 2	31, 6	397,2 | 412,4
Hiob	31, 10		78,5
Hiob	31, 18		324,16
Hiob	31, 35	31, 37	386,10

Biblisches Buch	von Kapitel, Vers	bis Kapitel, Vers	Lied, Strophe (ggf.)
Hiob	32, 7	32, 8	495,3
Hiob	32, 18	32, 22	404,4
Hiob	33, 1	33, 6	155,3
Hiob	33, 1	33, 33	2,2
Hiob	33, 2	33, 6	476,4–6
Hiob	33, 4		134,1 | 171,4 | 432,1
Hiob	33, 14	33, 22	161,1.2
Hiob	33, 23	33, 24	520,2
Hiob	33, 26		155,3 | 162,1.2 | 323,3
Hiob	33, 26	33, 28	2,2
Hiob	33, 28		97,4 | 139,1 | 162,1
Hiob	33, 29	33, 30	382,3 | 395,2 | 474,3 | 478,3
Hiob	33, 30		131,4 | 133,6
Hiob	34, 1	34, 37	234,6
Hiob	34, 10	34, 12	142,6 | 363,6 | 425,1 | 530
Hiob	34, 11	34, 12	513,3
Hiob	34, 12		154,3 | 155,3 | 166,1 | 237
Hiob	34, 20		528
Hiob	34, 20	34, 23	534,2
Hiob	35, 2	35, 16	300 | 428,5
Hiob	36, 1	37, 24	5,3 | 11,2 | 84,7 | 125,3 | 133,2 | 135,7 | 205,4 | 207,2
Hiob	36, 5		327,3 | 408,5 | 499
Hiob	36, 5	36, 7	322,5.7
Hiob	36, 5	36, 15	308,7 | 316 | 317 | 318,6 | 321,3 | 324,1 | 406,1
Hiob	36, 5	36, 21	383,3
Hiob	36, 5	36, 26	325
Hiob	36, 5	36, 33	302,3 | 303 | 304,2
Hiob	36, 6b		9,5
Hiob	36, 7		112,8
Hiob	36, 13	36, 16	373,5.6
Hiob	36, 14	36, 24	112,8
Hiob	36, 16		490,4
Hiob	36, 16	36, 21	114,7
Hiob	36, 22	36, 26	396,3
Hiob	36, 22		67,3 | 148,8
Hiob	36, 24		104,1 | 167
Hiob	36, 27	36, 28	508,2
Hiob	36, 27	36, 33	159,2 | 404,3 | 502,4 | 506,3
Hiob	36, 31		503,15
Hiob	37, 14	37, 24	326,1
Hiob	37, 14		127,1 | 327,2 | 329,2

Hiob 37,21 – Ps 3,6   49

Biblisches Buch	von Kapitel, Vers	bis Kapitel, Vers	Lied, Strophe (ggf.)
Hiob	37, 21	37, 24	322,2
Hiob	37, 23	37, 23	323,2 | 511,1
Hiob	37, 23	37, 24	500,3
Hiob	38, 1	39, 29	431
Hiob	38, 2	38, 11	326
Hiob	38, 4	38, 11	327
Hiob	38, 8	38, 13	507,5 | 508,2.3
Hiob	38, 11		155,2 | 281,1 | 389,4 | 424,1 | 486,6
Hiob	38, 12	38, 15	455,2
Hiob	38, 17		70,7
Hiob	38, 22	38, 30	514,2
Hiob	38, 28		506,3
Hiob	38, 31	38, 33	324,4 | 511,1
Hiob	38, 36		155,2 | 156
Hiob	40, 1	40, 5	362,2 | 495,3
Hiob	40, 2		378,2
Hiob	41, 10	41, 13	431,2
Hiob	42, 1	42, 6	217,3
Hiob	42, 1	42, 17	233
Hiob	42, 2	42, 6	324,15 | 325,5 | 368 | 400,4
Hiob	42, 10	42, 17	252,7 | 352
Ps	1, 1		59,4 | 109,3
Ps	1, 1	1, 6	196,5 | 295 | 352,1 | 393,1 | 397 | 407,2 | 414,2 | 494
Ps	1, 2		229,3 | 365,5
Ps	1, 3		110,3 | 284,4 | 285,3 | 358,3 | 407,3 | 503,14
Ps	2, 1		135,3 | 136,3.4
Ps	2, 1	2, 9	193 | 247 | 248 | 297
Ps	2, 1	2, 12	11,9.10 | 14,2.4.5 | 23 | 25,4 | 27
Ps	2, 5		92,5
Ps	2, 6		13,1 | 123 | 150
Ps	2, 7		67,1.2 | 161,3 | 184,1 | 358,2
Ps	2, 8		331,3
Ps	2, 10	2, 12	6 | 8 | 9 | 11,10
Ps	2, 11		5,3 | 67,3 | 84,7 | 93,4 | 107,2 | 114,7 | 125,3 | 133,2 | 135,7 | 159 | 166,3 | 198,2 | 205,4 | 217,4 | 288,1 | 290,7 | 337 | 404,3 | 406,1 | 447,8.9 | 490,4 | 499,3 | 503,15 | 506,6 | 523,1
Ps	2, 12		380,1.2 | 531,1
Ps	3, 2	3, 9	297 | 326,6 | 445,5 | 451
Ps	3, 4		112,7 | 275,4 | 282,5.6 | 324,14 | 488,4
Ps	3, 5		277,4 | 296 | 382,1 | 427,5 | 509
Ps	3, 6		61,2 | 65,7 | 71,4 | 325,7 | 408,1.2 | 444,2 | 451,2 | 472 |

Biblisches Buch	von Kapitel, Vers	bis Kapitel, Vers	Lied, Strophe (ggf.)
			475,6 | 476,4 | 480,1 | 483 | 484,1 | 486 | 487,1 | 488,3 | 489,1 | 532,3
Ps	3, 7		383,4
Ps	3, 8		327,1 | 377 | 419,1.5
Ps	3, 9		58,11 | 140,1 | 163 | 170 | 171 | 174 | 203,5 | 214,3 | 252,7 | 281,3 | 294,4 | 311,2.3 | 316,4 | 317,4 | 324,14 | 330,5 | 347,4 | 348 | 361,4 | 369,7 | 374,3 | 380,6 | 395,2 | 446,9 | 451,5 | 457,4–10 | 485,6 | 494,1–3 | 496 | 503,13
Ps	4, 2		95,1 | 224,2 | 326,4 | 382,3 | 414,3 | 430,3 | 486,2
Ps	4, 2	4, 9	343 | 376,2 | 471,1 | 478 | 484
Ps	4, 4		292,1 | 324,12 | 352,2 | 361,8 | 369,1 | 374,4 | 407,1 | 486,4.5.11 | 506,1 | 531,3
Ps	4, 5		323,1 | 380,3
Ps	4, 6		449,3
Ps	4, 7		140,3 | 327,2 | 379,1 | 427,4 | 455,3 | 488,5
Ps	4, 8		394,2 | 403,2
Ps	4, 9		61,2 | 65,7 | 71,4 | 140,1.5 | 172 | 324,7.18 | 325,7 | 331,11 | 374,3 | 425 | 428,4 | 435 | 436 | 444,2 | 449,4 | 451,3 | 467,3 | 468,3 | 469,7 | 474,1 | 476,4 | 480,1 | 484,1 | 486,1.3.11 | 487,1 | 489,1
Ps	5, 2	5, 13	343 | 445,5
Ps	5, 3		134,4 | 324,10 | 326,4
Ps	5, 5		299,1 | 472,4
Ps	5, 6		10,3
Ps	5, 8		107,2 | 165 | 166
Ps	5, 9		407,3
Ps	5, 10		84,11
Ps	5, 12		180,2 | 288 | 414,3
Ps	5, 13		112,7 | 275,4 | 323,3 | 324,14 | 484,2 | 485,6 | 533,2
Ps	6, 2		146,3 | 233
Ps	6, 2	6, 11	299
Ps	6, 3		58,13 | 123,7 | 224,2 | 323,3 | 376,2 | 428,2
Ps	6, 4		134,5 | 393,9.10 | 396,1
Ps	6, 6		476,6
Ps	6, 7		383,4
Ps	6, 7	6, 8	37,5 | 278,2 | 324,11 | 351,10
Ps	6, 9		324,11
Ps	6, 10		159,3 | 318,9 | 352,5 | 444,3 | 479,3
Ps	7, 2		235,2 | 345,1 | 380,1.2 | 531,1
Ps	7, 2	7, 18	248 | 275 | 281
Ps	7, 7		244
Ps	7, 8		332

Biblisches Buch	von Kapitel, Vers	bis Kapitel, Vers	Lied, Strophe (ggf.)
Ps	7, 10		56,2 | 386,10 | 497,6
Ps	7, 11		112,7 | 168,4 | 275 | 323,1 | 324,14 | 396,2 | 488,4
Ps	7, 12		149,7 | 325,8
Ps	7, 15		430,1
Ps	7, 18		267,3 | 326,7 | 499,3
Ps	8, 2		305,3 | 306,3 | 316 | 317 | 323,3
Ps	8, 2	8, 10	62 | 64 | 65 | 126,6 | 138 | 191 | 212 | 270 | 271 | 321 | 322 | 324 | 326,1–3 | 327 | 330 | 331,3 | 499,2 | 503 | 504,6 | 506 | 510
Ps	8, 3		271,3
Ps	8, 4		3,1 | 301,5 | 324,4 | 408,1.2 | 431,1 | 482 | 504,1 | 508,3.4 | 510,3 | 515,1
Ps	8, 4	8, 5	489,1
Ps	8, 5		41,5 | 211,2 | 289,3 | 325,8 | 441,5
Ps	8, 6		271,4
Ps	8, 7		112 | 123,6 | 432,1
Ps	8, 8	8, 9	271,5
Ps	9, 2		301,3 | 321,1 | 326,1 | 334,6 | 491,3 | 514,5
Ps	9, 2	9, 3	239,2 | 272 | 315,6 | 322 | 333,1 | 336 | 414,3.4 | 490,3
Ps	9, 2	9, 21	123
Ps	9, 3		332 | 349,1 | 499,3
Ps	9, 5		425,1
Ps	9, 8		331,1 | 403,4
Ps	9, 8	9, 9	11,10 | 199,3 | 490,4
Ps	9, 8	9, 11	430,2
Ps	9, 10		111,2 | 167 | 232,1 | 247,2 | 276,2 | 279,7 | 281,3 | 331,3 | 364,1 | 408,4 | 428,2 | 476,2
Ps	9, 11		176 | 252,3 | 275 | 381,1 | 420 | 427,2 | 531,3
Ps	9, 12		181,6 | 243,6
Ps	9, 13		63,1 | 354,4
Ps	9, 14		224,2 | 292,4 | 325,4
Ps	9, 14	9, 15	326,4 | 520,4
Ps	9, 15		13,1 | 272 | 276,1 | 323,1 | 485,3 | 497,14
Ps	9, 19		158,2 | 276,1 | 428,2
Ps	9, 20		377,1
Ps	10, 1		379,2 | 381,2
Ps	10, 1	10, 18	273 | 297
Ps	10, 8		428,2
Ps	10, 11		287,2
Ps	10, 11	10, 18	366
Ps	10, 12		278,6 | 366 | 377,1
Ps	10, 14		4 | 58,7.12 | 63,1 | 64 | 102,3 | 241,8 | 243,5 | 297,2 |

Biblisches Buch	von Kapitel, Vers	bis Kapitel, Vers	Lied, Strophe (ggf.)
			341,4	345,1	371,2.3	372,2	377,3	398,2	425,1	471,4	520,4
Ps	10, 15		247,2
Ps	10, 16		133,1	255,1	286,3	303,7	403,4
Ps	10, 17	10, 18	241,4.5.8
Ps	10, 18		428,2
Ps	11, 1		235,2	345,1	531,1
Ps	11, 1	11, 7	361	370,5–8	396,2.3	398
Ps	11, 2	11, 3	369,5.6	370	495
Ps	11, 2	11, 4	485,4
Ps	11, 4		71,1	158,1	165	326,6	484,1	510,5	531,3
Ps	11, 4	11, 5	298,2	386,10
Ps	11, 6		281,1
Ps	11, 7		1,2	2	6,5	140,3	142,3.6	154,3	155,3	166,1	278,2	288,1	379,1	390,3	476,7	495,8	521,3	529,11
Ps	12, 2		297,4
Ps	12, 2	12, 8	124,4
Ps	12, 2	12, 9	273	523
Ps	12, 6		14,5	158,2	243	297,3.4	324,14	326,6	341,4
Ps	12, 8		171	193
Ps	13, 2		256,1	276,3	278,2
Ps	13, 2	13, 6	124	366	488,5
Ps	13, 3		134,5	371,10	396,1
Ps	13, 3	13, 4	299	484,2
Ps	13, 4		3,1	69,4	131,4	133,6	432,2
Ps	13, 5		109,4
Ps	13, 6		104,1	167	172	289,1	302,1	324,1	326,7	328,1	349,1	352,4.5	374	380,1.2	396	398	430,2	514,7
Ps	14, 1		136,3
Ps	14, 2		273	297,2	377,3
Ps	14, 3		404,7
Ps	14, 6		326,5
Ps	14, 7		3,2	12,3.4	151,2	241,5	298,1.2
Ps	15, 1		165	428,4
Ps	15, 2	15, 5	299	344,6	353	355	412,3	419,2
Ps	15, 3		231,9	495,3
Ps	15, 5		231,8
Ps	16, 1		171	207,2	235,2	345,1	531,1
Ps	16, 1	16, 11	99	101	102	112	113	444,4
Ps	16, 2		42,6	302,2	322,2	326,1	396,1
Ps	16, 3		252,3	324,14

Biblisches Buch	von Kapitel, Vers	bis Kapitel, Vers	Lied, Strophe (ggf.)
Ps	16, 5		322,2.8 | 532,1
Ps	16, 5	16, 6	150 | 302,2 | 324,13.14 | 525,6
Ps	16, 7		63,2.3 | 386,1 | 475,4
Ps	16, 7	16, 11	428,5 | 492
Ps	16, 8		296,1 | 373,3 | 437,3
Ps	16, 8	16, 9	351,2.3
Ps	16, 8	16, 11	113,4
Ps	16, 9		51,4 | 197,2 | 324,7.14 | 327,3 | 351,13 | 396,6 | 486,3
Ps	16, 10		325,4 | 449,12 | 524,7
Ps	16, 11		2,1 | 34,1 | 130,3 | 147 | 349,1 | 371,1 | 425,3 | 426,3 | 449,12 | 486,10 | 531,3
Ps	17, 1		324,10 | 326,4
Ps	17, 1	17, 15	343
Ps	17, 3		298,2 | 301,9 | 383,4 | 386,10 | 428,5 | 497,6
Ps	17, 4		157
Ps	17, 5		171,1 | 400,6 | 426,3 | 445,5
Ps	17, 6		299,1
Ps	17, 7		129,2 | 146,5 | 532,2
Ps	17, 8		138 | 139 | 140,2 | 204,2 | 309,4 | 325,2 | 326,2 | 351,6 | 437,2 | 444,2 | 453,1 | 468 | 471,2 | 476,2 | 477,7.8 | 483 | 484 | 486,1
Ps	17, 10		246 | 273,3
Ps	17, 11		248,1.2
Ps	17, 13		244 | 289,1
Ps	17, 15		8,5 | 37,4 | 85,10 | 142,6 | 154,3 | 155,3 | 166,1 | 223,3 | 256,1 | 278,2 | 288,1 | 386,7 | 390,1.3 | 481,1 | 521,3 | 523,3 | 529,11
Ps	18, 2		250 | 331,1 | 332 | 363 | 397,1 | 400,1 | 414,2 | 491,2 | 506,2
Ps	18, 2	18, 7	343 | 374,2 | 397,1
Ps	18, 3		62,5 | 65,2 | 179,2 | 235,2 | 275,4 | 329,3 | 345,1 | 380,1.2 | 407,1 | 408,3 | 445,6 | 487,3 | 488,4 | 531,1
Ps	18, 5		428,1
Ps	18, 5	18, 7	66,2 | 114,9 | 345 | 366 | 396 | 518
Ps	18, 7		114,9 | 284 | 326,4 | 486,2
Ps	18, 8	18, 16	281,1
Ps	18, 10		8,1
Ps	18, 13		514,2
Ps	18, 14		500,3
Ps	18, 16		507,5
Ps	18, 17	18, 20	248 | 374
Ps	18, 19		326,5
Ps	18, 21		295,3

Biblisches Buch	von Kapitel, Vers	bis Kapitel, Vers	Lied, Strophe (ggf.)
Ps	18, 28		10,3 | 428,1
Ps	18, 28	18, 33	158 | 275 | 363 | 369
Ps	18, 29		65,4.5 | 161,2 | 162,1 | 196,5 | 279,7 | 383,3 | 459,3 | 467,1 | 475,3
Ps	18, 30		326,9 | 341,1
Ps	18, 31		112,7 | 324,14 | 488,4
Ps	18, 32		326,8 | 407,1
Ps	18, 33		58,1 | 115,5 | 136,3 | 139,3 | 210,3 | 286,1 | 302,3 | 305,4 | 306,4 | 325,5 | 366,1.2 | 383,1 | 393,1 | 407,2 | 428,3
Ps	18, 36		91,6 | 408,4 | 486,8
Ps	18, 37		394,1.5
Ps	18, 41		164
Ps	18, 41	18, 42	249
Ps	18, 42		115
Ps	18, 47		2 | 103,1 | 109,1 | 115 | 139 | 158 | 185 | 363 | 369 | 407,1
Ps	18, 50		60,1 | 89,4 | 97,4 | 104,1 | 116 | 136,5 | 162,4 | 167 | 169,4 | 181,6 | 242,3 | 271,1 | 285 | 288 | 291 | 293 | 300,1 | 303,1 | 330 | 331,2 | 332,3 | 333,6 | 377,4 | 448 | 451,1 | 502,3 | 514,3
Ps	19, 2		27,3 | 177 | 180 | 301,2 | 424,1 | 480,1 | 490,2 | 514,7
Ps	19, 2	19, 5	271,1 | 316,4 | 317,4 | 326,2 | 327 | 469,1 | 482 | 486,9
Ps	19, 2	19, 15	499,1 | 504,1 | 506,4
Ps	19, 5		136,5 | 301,5 | 506,2 | 508,4 | 515,1
Ps	19, 5	19, 6	7,4.5
Ps	19, 6		3,3 | 4,2 | 11,10 | 36,2 | 70,1.5.6 | 151,7 | 400,2 | 525,5
Ps	19, 6	19, 7	442,1 | 444,1 | 449,1 | 450
Ps	19, 8		419,4
Ps	19, 8	19, 15	159 | 280 | 295
Ps	19, 9		394,2
Ps	19, 10	19, 15	273 | 377
Ps	19, 11		70,2
Ps	19, 13		233 | 299,1
Ps	19, 15		37,1 | 159,3 | 166,3 | 323,1 | 344,1 | 477,1
Ps	20, 2		275,2 | 299,1 | 326,4 | 343 | 404
Ps	20, 3		133,4 | 300,3
Ps	20, 5		182,2 | 325,4 | 444,4
Ps	20, 6		62,1 | 259 | 276,1 | 315,6 | 360,2 | 377
Ps	20, 7	20, 10	133,5 | 134,4 | 328,5 | 371,5.6
Ps	20, 8	20, 9	248
Ps	21, 2		133,2 | 380,6
Ps	21, 2	21, 14	377

Biblisches Buch	von Kapitel, Vers	bis Kapitel, Vers	Lied, Strophe (ggf.)
Ps	21, 3		182,2 | 325,4 | 487,3
Ps	21, 3	21, 4	387,5
Ps	21, 4		330,5
Ps	21, 5		167,4
Ps	21, 7		140,3 | 425,3
Ps	21, 10		247
Ps	21, 14		38,1 | 67,4 | 104,1 | 123,4 | 167 | 179,2 | 183,2 | 279,3 | 281,5 | 302,3 | 305 | 306 | 326,8 | 332 | 333,3 | 349,1 | 396,3 | 406,2 | 431,1 | 444,3 | 451,4 | 454,3 | 504,1 | 506,1.3 | 514,7
Ps	22, 2		75 | 86,1 | 89,1 | 278,6 | 381,1.2 | 430,2 | 531,3
Ps	22, 2	22, 28	76 | 77,5 | 78,8 | 83 | 85,4.6 | 87 | 92
Ps	22, 2	22, 32	326,4
Ps	22, 3		381,2 | 382,1
Ps	22, 4		185
Ps	22, 5		140,3
Ps	22, 5	22, 6	249,2 | 377,4
Ps	22, 6		27 | 127,5 | 130,5 | 164 | 299,1 | 324,10 | 452,3
Ps	22, 7		71,3
Ps	22, 7	22, 8	57,2
Ps	22, 8	22, 9	50,3 | 370,6 | 371,11 | 396,6
Ps	22, 10	22, 11	139,1 | 321,1 | 322,3 | 325
Ps	22, 12		13,1 | 133,1 | 379,2 | 430,3 | 486,2
Ps	22, 12	22, 13	58 | 95,1 | 106,2 | 275,2
Ps	22, 16		81,2 | 382,1
Ps	22, 17		371,11
Ps	22, 19		104,2
Ps	22, 20		91,1 | 327,1 | 414,2
Ps	22, 20	22, 22	244
Ps	22, 22		328,5 | 427,2
Ps	22, 23		57,3 | 105 | 109 | 180,2 | 200 | 243,6 | 272 | 276,1 | 324,1 | 485,3 | 490,3
Ps	22, 23	22, 24	279,4 | 302,8 | 523,5
Ps	22, 25		24,8 | 85,4.6 | 158,2 | 308,1 | 324,10 | 326,4.9 | 428,2
Ps	22, 26		180 | 326,9 | 331 | 452,5 | 515,9
Ps	22, 26	22, 27	69,4
Ps	22, 27		176 | 276,1 | 279,5 | 346,3 | 412,2
Ps	22, 28		75 | 110,1.6 | 165,1 | 426,1
Ps	22, 29		3,4
Ps	22, 30		123 | 165,1
Ps	23, 1	23, 6	20,5.6 | 85,5 | 209 | 217 | 265,4 | 274 | 365 | 370,11.12 | 374 | 385 | 386,9 | 391 | 399,2.4 | 407,1 | 428,5 | 488,4

Biblisches Buch	von Kapitel, Vers	bis Kapitel, Vers	Lied, Strophe (ggf.)
Ps	23, 2		128,2 | 334,4 | 395,2 | 455,2 | 531,3
Ps	23, 3		2,3 | 64,1.6 | 148,9 | 167,3 | 331,9 | 372,2 | 376,1 | 419,4
Ps	23, 3	23, 4	130,3
Ps	23, 4		20,2 | 124,1 | 169,3 | 324,15 | 326,4 | 343,3 | 376 | 414,3 | 425,1 | 467,1 | 475,3 | 486,2 | 524,6 | 534,1
Ps	23, 5		166,6 | 222,2
Ps	23, 6		129,2 | 309,4 | 485,5
Ps	24, 1		51 | 331,3 | 408,1 | 409,1.8 | 432,1 | 464,1 | 512,1
Ps	24, 1	24, 6	179 | 326
Ps	24, 1	24, 10	1 | 4 | 10,2–4 | 11 | 16 | 66,2.5 | 191
Ps	24, 3	24, 6	115,4 | 165,7 | 230 | 307 | 378,2 | 389,1.3
Ps	24, 5		58,11 | 163 | 170 | 171 | 174 | 203,5 | 214,3 | 239,1.2 | 252,7 | 281,3 | 284,4 | 311,2.3 | 316,4 | 317,4 | 330,5 | 347,4 | 348 | 352,1 | 361,4 | 369,7 | 374,3 | 389,4 | 395,2 | 446,9 | 451,5 | 457,4–10 | 494,1–3 | 496 | 497,1 | 503,13
Ps	24, 7		314,1
Ps	24, 7	24, 8	262 | 263
Ps	24, 7	24, 10	1 | 9,1 | 13,1 | 14,2 | 33,2 | 41,6 | 45,2 | 66,4 | 71,1 | 90,1 | 119,1 | 147,2 | 177 | 180 | 294,3
Ps	24, 9		359,3 | 395,3
Ps	24, 10		133 | 362,2
Ps	25, 1		122,2 | 328,6 | 396,1 | 486,7
Ps	25, 1	25, 22	247 | 376 | 395,1 | 404
Ps	25, 2	25, 3	127,5 | 130,5 | 247 | 397,1 | 452,3
Ps	25, 2	25, 7	10
Ps	25, 3		164 | 486,7
Ps	25, 4	25, 5	131,4 | 161
Ps	25, 5		168,4 | 172 | 486,7
Ps	25, 6		130,5 | 144,3
Ps	25, 6	25, 7	129,2 | 146,4 | 309,4 | 341,4
Ps	25, 7		59,4 | 373,2
Ps	25, 8		301,1
Ps	25, 8	25, 15	346 | 366 | 404
Ps	25, 10		62,1 | 277 | 295 | 324,8 | 331,9.11 | 369,4 | 372,6 | 454 | 486,10 | 512,3
Ps	25, 11		129,3 | 146,4 | 186 | 187 | 188 | 233,1 | 344,6 | 485,5
Ps	25, 12		124,1 | 385,2
Ps	25, 16	25, 22	299 | 376,1 | 404
Ps	25, 17		167 | 232,1 | 276,2 | 279,7 | 281,3 | 331,3 | 341,3 | 364,1 | 408,4
Ps	25, 18		144,2 | 146,1 | 211,4 | 292,2 | 341,4 | 520,4
Ps	25, 19	25, 20	235,2

Biblisches Buch	von Kapitel, Vers	bis Kapitel, Vers	Lied, Strophe (ggf.)
Ps	25, 20		115,1 | 127,5 | 130,5 | 164 | 345,1 | 419,4 | 453,3 | 531,1
Ps	25, 21		60,4
Ps	25, 21	25, 22	299,5
Ps	25, 22		148,4 | 321,2 | 379,2
Ps	26, 1		275 | 278,7 | 378,1
Ps	26, 2		298,2 | 386,1
Ps	26, 3		130,5 | 172 | 426
Ps	26, 6	26, 7	239,2 | 292,2 | 447,1 | 448
Ps	26, 7		301,3 | 321,1 | 326,1 | 327,1 | 330,2
Ps	26, 8		165 | 166 | 250 | 264 | 278,3
Ps	26, 12		13,1 | 105 | 109 | 272 | 276,1 | 357,5 | 432,3 | 448 | 497,14 | 509
Ps	27, 1		1,1.4 | 58,1 | 100,1 | 135,1 | 162,1 | 182,9 | 195 | 277,5 | 279,4.7 | 305,4 | 306,4 | 316,1.2 | 317,1.2 | 372,4 | 379,1 | 383,1 | 407,2 | 424,1 | 427,4 | 428,3 | 431,3 | 459,2.3 | 485,4 | 486,10 | 488,5 | 489,2 | 524,6 | 533,1
Ps	27, 1	27, 6	128 | 136,3.4.6 | 259 | 370 | 371,2 | 377,3 | 441,1
Ps	27, 2		276,3
Ps	27, 4		159 | 165 | 166 | 169,1.5 | 278,3.4 | 282
Ps	27, 5		408,3
Ps	27, 5	27, 8	428,4
Ps	27, 6		104,1 | 167 | 302,1 | 303,1 | 321,3 | 324,1 | 349,1 | 446,1 | 514,7
Ps	27, 7		292 | 299
Ps	27, 7	27, 14	124 | 128 | 224,2 | 343
Ps	27, 8		125,2 | 140,3 | 176 | 182,3 | 194 | 198,1 | 246,7 | 252,3 | 258 | 290,2 | 346,3 | 420
Ps	27, 9		131,6 | 146,3 | 233,3 | 256,1 | 324,14 | 425,1 | 513,3 | 522,1 | 533,1
Ps	27, 10		205,1.2 | 318,3 | 382,2 | 427,2 | 430,2 | 445,6 | 530,5 | 531,3
Ps	27, 11		135,1 | 155,1 | 171,1 | 211,5 | 267,2 | 385,2 | 395,1.2 | 486,11 | 534,1
Ps	27, 13		38,3 | 114,9 | 115 | 155,3 | 184,5 | 195,3 | 331,11 | 382,2 | 390,2.3
Ps	27, 14		65,7 | 299,3 | 341,1 | 370,7
Ps	28, 1		382,1 | 407,1 | 534,2
Ps	28, 1	28, 2	38,3 | 256,1 | 279,7
Ps	28, 1	28, 9	34 | 131,6
Ps	28, 2		324,10 | 444,3
Ps	28, 3		273,2
Ps	28, 6		103,1 | 185 | 444,3
Ps	28, 6	28, 8	371,6
Ps	28, 7		36,1 | 91,1 | 112,7 | 159 | 275 | 302,1.8 | 324,14 | 325,1 |

Biblisches Buch	*von Kapitel, Vers*	*bis Kapitel, Vers*	*Lied, Strophe (ggf.)*
			331,1 | 332 | 333,1 | 334,1.3 | 336 | 396,2 | 414,2.3 | 455,1 | 479 | 491,3
Ps	28, 8	28, 9	376,1 | 380,1.2
Ps	28, 9		140,2 | 191 | 324,14 | 325,1 | 331,9 | 423 | 532,2
Ps	29, 1		46,3 | 48 | 53 | 54 | 142,1
Ps	29, 1	29, 2	9,4 | 44,3 | 177 | 180 | 301,2 | 312,5 | 322,1 | 514,7
Ps	29, 1	29, 11	143 | 281 | 289 | 300
Ps	29, 3		3,4
Ps	29, 9		177 | 180 | 326
Ps	29, 10		13,1 | 331,1 | 403,4 | 490,4
Ps	29, 11		26 | 58,11 | 114,10 | 163 | 165,7 | 170 | 171 | 174 | 203,5 | 214,3 | 239,1.2 | 252,7 | 281,3 | 294,4 | 305,4 | 306,4 | 311,2.3 | 316,4 | 317,4 | 322,6 | 330,5 | 347,4 | 348 | 352,1 | 361,4 | 369,7 | 374,3 | 382,3 | 394,2 | 395,2 | 421 | 425 | 426,3 | 429,3 | 430,1 | 435 | 436 | 446,9 | 451,5 | 457,4–10 | 494,1–3 | 496 | 497,1 | 503,13
Ps	30, 2		301,2 | 428,5 | 489,1 | 533,1
Ps	30, 2	30, 13	425,3 | 524
Ps	30, 3		58,13 | 123,7 | 320,4 | 424,2
Ps	30, 3	30, 4	326,4 | 341,3.4
Ps	30, 4		491,3
Ps	30, 5		51,2 | 60,1 | 89,4 | 116 | 162,4 | 181,6 | 242,3 | 271,1 | 285 | 288,5 | 291 | 300 | 303 | 323,3 | 325,1 | 330 | 331,1 | 332,1 | 333,4.6 | 334 | 336 | 377,4 | 448 | 451,1 | 506,6 | 514,3
Ps	30, 5	30, 6	453,4 | 531,1
Ps	30, 6		323,3 | 325,7 | 452,1 | 487,4 | 490,2 | 524,5.6 | 531,1
Ps	30, 8		276,3 | 357,5
Ps	30, 9		382,1 | 427,5
Ps	30, 10		512,3
Ps	30, 11		224,2 | 235,1 | 419,4 | 486,6
Ps	30, 12		276,1.4 | 349,1 | 532,3
Ps	30, 13		157 | 160 | 289,1 | 302,1.8 | 333,1 | 334,1 | 336 | 414,4
Ps	31, 2		191 | 247 | 248,5 | 452,3
Ps	31, 2	31, 6	275 | 325,5 | 345 | 356,2 | 364,3 | 376,1 | 384 | 397,1 | 406,6 | 413 | 488,4 | 531,1
Ps	31, 2	31, 25	485
Ps	31, 3		299,1 | 327,1 | 407,1
Ps	31, 3	31, 4	62,4 | 130,5 | 362,1 | 407,1
Ps	31, 4		334,4 | 345,5 | 385,3 | 486,11 | 498,1
Ps	31, 5		121,1 | 331,1 | 400,1 | 506,2
Ps	31, 6		54,3 | 77,5 | 78,8 | 83,1 | 90 | 96,5 | 140,2 | 157 | 165,3 | 212,5 | 309,1 | 325,1 | 344,8 | 364,3 | 367,3 | 371,14 | 406,6 | 425,1 | 452,2 | 472,6 | 488,4 | 505,6 | 521 | 522 |

Biblisches Buch	von Kapitel, Vers	bis Kapitel, Vers	Lied, Strophe (ggf.)
			525,1 | 533,1
Ps	31, 6	31, 7	150,2.3
Ps	31, 8		47,1 | 130,5 | 326,4 | 414,3
Ps	31, 8	31, 9	520,4
Ps	31, 9		359,1 | 432,3
Ps	31, 10		211,4 | 224,2 | 235,1 | 277 | 322,7 | 373,5 | 418,4 | 430,3 | 486,2
Ps	31, 10	31, 19	345 | 366 | 396,2 | 398,2
Ps	31, 11		169,3 | 378,4 | 488,2
Ps	31, 12		418,1.2
Ps	31, 14		361,5 | 366
Ps	31, 15	31, 16a	63,1 | 64,1 | 234,5 | 364,3 | 368,3–6 | 378,5 | 424,1 | 491,4 | 495,8
Ps	31, 16		130,5 | 237 | 334,4 | 345,1 | 378,5 | 421 | 424,1 | 425,1 | 432,1 | 444,4 | 485,1.2 | 491,1
Ps	31, 17		107,2 | 140,3.4 | 165,6
Ps	31, 18		247
Ps	31, 20		129,2 | 130,5 | 204,2 | 289,2
Ps	31, 20	31, 25	342 | 370,7 | 409 | 423,2
Ps	31, 21		351,1 | 408,3 | 423,2
Ps	31, 22		185
Ps	31, 23		233,3 | 326,4 | 444,3
Ps	31, 24		231,2 | 309,4 | 417
Ps	31, 25		11,6 | 136,2 | 146 | 341,1 | 370,7 | 486,7
Ps	32, 1		96,3 | 190 | 349,3 | 485,5
Ps	32, 1	32, 5	11,8 | 211,4 | 320 | 351,5 | 518 | 533,2
Ps	32, 1	32, 11	146 | 232 | 299 | 353 | 355
Ps	32, 2		454,4
Ps	32, 3	32, 5	154,4
Ps	32, 4		425,1
Ps	32, 5		14,6 | 61,3 | 81,3 | 144,2
Ps	32, 5a		353,5 | 475,5
Ps	32, 5b		5,3 | 183,3 | 318,2 | 320,6 | 344,6
Ps	32, 6		179,2
Ps	32, 6	32, 7	374
Ps	32, 6a		134,4
Ps	32, 7		60,4 | 95,1 | 309,4 | 322,7 | 324,14 | 408,3 | 430,3 | 444,2
Ps	32, 8		256,5 | 325,7 | 447,7 | 472,5 | 486,11
Ps	32, 8	32, 11	148,9 | 320 | 445,5
Ps	32, 10		322,7 | 361,6
Ps	32, 10	32, 11	320
Ps	32, 11		34 | 123,10 | 127,1 | 129,1 | 323,2 | 326,9 | 535

Biblisches Buch	von Kapitel, Vers	bis Kapitel, Vers	Lied, Strophe (ggf.)
Ps	33, 1		69,4
Ps	33, 1	33, 22	129 | 302 | 303 | 316 | 317 | 324
Ps	33, 2		11,2 | 60,1 | 535
Ps	33, 2	33, 3	42,8 | 66 | 104,1 | 147,3 | 148,6.8 | 167 | 169,4 | 279 | 286 | 287,1 | 302 | 333,1.6 | 334,3
Ps	33, 3		70,6 | 110,1.6 | 119,4 | 169,4 | 181 | 287 | 294,2 | 331,4 | 332 | 349,1 | 407,3
Ps	33, 4		12,1 | 115,2 | 196,5 | 198,1 | 363,7 | 364,2 | 374,2.5 | 378,1 | 473,3
Ps	33, 5		270,1 | 277 | 333,4 | 464,1 | 504,1 | 506,3 | 512,1.5
Ps	33, 6		183,1 | 198,1 | 324,4
Ps	33, 6	33, 9	504,5 | 515,1
Ps	33, 7		507,5
Ps	33, 8		281,3 | 299,2
Ps	33, 9		130,1 | 162,1 | 179,2 | 184,2.3 | 247,3 | 452,2 | 513,3
Ps	33, 9	33, 19	361,3
Ps	33, 10	33, 11	133,8 | 308,6 | 361,3 | 469,5
Ps	33, 11		486,9
Ps	33, 12		1,3 | 2,1 | 138 | 209 | 326,5
Ps	33, 12	33, 22	145 | 243 | 275 | 295 | 377,4 | 423
Ps	33, 13		256,4 | 273,1
Ps	33, 13	33, 14	71,1
Ps	33, 14		512,1
Ps	33, 15		64,2 | 128,5 | 133,8 | 161,1 | 325,8 | 449,9 | 485,1
Ps	33, 16	33, 17	248,6
Ps	33, 17		13,1
Ps	33, 18		484,1
Ps	33, 18	33, 19	292,4 | 302,5 | 303,5 | 320 | 326,4.6 | 424
Ps	33, 19		325,4
Ps	33, 20		112,7 | 275 | 299,3 | 396,2 | 488,4
Ps	33, 21	33, 22	320,7 | 447,5.6 | 500
Ps	33, 22		3,5 | 13,1 | 129,2 | 328,3
Ps	34, 2	34, 3	504,1
Ps	34, 2	34, 4	240,2 | 242,3 | 276 | 316 | 317 | 323,1 | 324,1 | 325 | 326 | 330
Ps	34, 2	34, 11	124 | 289 | 302 | 502
Ps	34, 2		272 | 321,1.3 | 326,1 | 327,4 | 331,4 | 335 | 337 | 338 | 339 | 340 | 444,2 | 448 | 453,1 | 453,5 | 499,3 | 509
Ps	34, 3		5 | 398
Ps	34, 4		301,2 | 323,2 | 420
Ps	34, 5		16,2 | 102,3 | 176 | 252,3 | 275,2 | 365,2
Ps	34, 6		425,3
Ps	34, 7		1,2 | 2,2 | 279,7 | 303,2 | 321,2 | 326,4 | 408,4 |

Biblisches Buch	von Kapitel, Vers	bis Kapitel, Vers	Lied, Strophe (ggf.)
			418,1–3 | 427,5 | 446,4 | 520,4
Ps	34, 8		143,7.8 | 445,7 | 447,5 | 467,4 | 468,2 | 474,3 | 476,5
Ps	34, 8	34, 9	40,1
Ps	34, 9		1,5 | 2,3 | 34,7 | 37,7 | 39,7 | 67,3 | 70,4 | 228,2 | 288,6 | 294,1 | 301,1 | 304,1 | 316 | 317 | 325,8 | 328,2 | 345 | 369 | 380,1.2 | 382,2 | 414,1 | 527,10 | 531,1
Ps	34, 11		176 | 252,4 | 309,4 | 326,4 | 369,6
Ps	34, 12		145,4 | 166,3 | 279,7 | 280,3 | 309,2
Ps	34, 14		84,11 | 453,2 | 495,3
Ps	34, 15		45 | 171,3 | 182,2 | 262,6 | 431 | 433 | 434
Ps	34, 16		326,6
Ps	34, 16	34, 23	82 | 96
Ps	34, 18		321,2 | 326,4 | 408,4 | 418,3
Ps	34, 19		37,5 | 76,1 | 144,5 | 200,5 | 212,3 | 215,5–8 | 240,1 | 379,2 | 428,5 | 452,4 | 486,9 | 488,3
Ps	34, 20		169,3 | 365,7
Ps	34, 21		77,6
Ps	34, 22	34, 23	454,4
Ps	34, 23		243,4 | 299,5 | 386,8 | 485,5 | 533,2
Ps	35, 2		419,1.5
Ps	35, 2	35, 3	377,1
Ps	35, 2	35, 28	297
Ps	35, 3		248,6 | 324,14 | 380,6
Ps	35, 4		453,1
Ps	35, 9		310 | 380,6 | 501,3
Ps	35, 10		276,1 | 447,5
Ps	35, 11		77,1
Ps	35, 12	35, 13	344,7.8
Ps	35, 14		531,2
Ps	35, 17		134,5 | 393,9.10 | 396,1 | 453,1 | 486,3
Ps	35, 17	35, 25	247 | 273
Ps	35, 18		191 | 292 | 333,1 | 334 | 336
Ps	35, 22		534,2
Ps	35, 23	35, 24	244 | 281 | 377
Ps	35, 27		185 | 314,5 | 323,2 | 332 | 499,3
Ps	35, 28		180 | 323,1 | 330 | 331,10 | 490,1
Ps	36, 2	36, 13	277
Ps	36, 3	36, 6	377,1
Ps	36, 6		74,3 | 126,1 | 179,1 | 291 | 472,1.2 | 506,3
Ps	36, 6	36, 10	129,2 | 130,5 | 135 | 136 | 232,4 | 250 | 277,1 | 363,1 | 476,6 | 501 | 512,2
Ps	36, 7		426,1 | 509,1 | 515,4

Biblisches Buch	von Kapitel, Vers	bis Kapitel, Vers	Lied, Strophe (ggf.)
Ps	36, 8		316,4 | 317,4 | 325,2 | 326,2 | 351,6 | 475
Ps	36, 9		34 | 37,3 | 399,5
Ps	36, 9	36, 10	166,6
Ps	36, 10		40,3 | 67 | 74,2 | 96 | 140,5 | 161,3 | 167 | 171,1 | 217 | 255,6 | 277,5 | 304,5 | 324,2 | 337,3 | 383,4 | 407,1 | 431,3 | 459,2 | 485,4 | 488,5
Ps	36, 11		38,3 | 283,2 | 323,1 | 328,3 | 347,2 | 450,2
Ps	37, 1	37, 7a	246 | 361 | 370,6 | 372 | 396,4
Ps	37, 2		15,5 | 289,3 | 369 | 472,3
Ps	37, 4		121,3 | 182,2 | 324,1.10 | 396,4 | 450,5
Ps	37, 5		161 | 309,1 | 311,2 | 361 | 407,3 | 414,4 | 426,3 | 444,4 | 450 | 533,2
Ps	37, 5	37, 7	371 | 376,2 | 525
Ps	37, 6		33,1
Ps	37, 7		63,1 | 323,1 | 369,3 | 380,3 | 428,3 | 457,2 | 480,3 | 490,1
Ps	37, 8		495,4.5
Ps	37, 10		302,7 | 303,7
Ps	37, 11		307,3
Ps	37, 12	37, 15	247 | 259,2
Ps	37, 15		248,6
Ps	37, 18		476,7
Ps	37, 20		281,1
Ps	37, 22		11,8 | 23,4.5 | 150,3 | 200,2 | 351,10
Ps	37, 23		432,3
Ps	37, 23	37, 24	394,1.5
Ps	37, 24		279,8 | 334,4 | 369,7 | 425,1 | 488,4
Ps	37, 25		427,2
Ps	37, 25	37, 26	413
Ps	37, 25	37, 29	430,2
Ps	37, 28		243 | 376,1 | 531,3
Ps	37, 30		389,4
Ps	37, 31		295,3
Ps	37, 37		372,5 | 389 | 485,5
Ps	37, 37	37, 40	324,8 | 362
Ps	37, 39		408,4
Ps	37, 40		318 | 380,1.2 | 444,3 | 531,1
Ps	38, 2	38, 23	146
Ps	38, 3		425,2
Ps	38, 4	38, 5	82,1 | 475,4 | 522,2
Ps	38, 5		84,3 | 144,3 | 232,2 | 341,2 | 360,5
Ps	38, 13		378,2
Ps	38, 16		217 | 486,7

Biblisches Buch	*von Kapitel, Vers*	*bis Kapitel, Vers*	*Lied, Strophe (ggf.)*
Ps	38, 18		428,5
Ps	38, 19		61,3 | 81,3 | 144,2 | 154,4 | 299,1 | 353,5
Ps	38, 22		379,2
Ps	38, 22	38, 23	38,3 | 131,6 | 241,4 | 287,3
Ps	38, 23		172 | 324,14 | 444,3.5
Ps	39, 2		495,3
Ps	39, 3		486,4
Ps	39, 4		178,8
Ps	39, 5		5,3 | 152 | 343,2 | 367,3 | 376,3 | 391,3 | 407,1 | 420 | 493
Ps	39, 5	39, 7	381,2
Ps	39, 5	39, 14	517 | 527,4.7.8 | 528 | 530 | 534,1.2
Ps	39, 6		150,3 | 373,5
Ps	39, 7		352,3 | 363,4–7 | 370,2 | 424,2
Ps	39, 8	39, 14	146,4 | 275 | 529,6
Ps	39, 9		244,6 | 343,2 | 432,3
Ps	39, 11		324,15.16
Ps	39, 12		7,6 | 150,3 | 363,3 | 373,5 | 528
Ps	39, 13		63,1 | 168,1 | 170,3 | 299,1 | 326,4 | 484,4 | 529
Ps	40, 2		299,3 | 326,4
Ps	40, 3		63,5 | 281,3 | 432,3
Ps	40, 4		42,8 | 60,1 | 97,1 | 101,1 | 110,1.6 | 148,4.6.8 | 155,2 | 167 | 169,4 | 286,1 | 287 | 294,2 | 321,1 | 330,1 | 331,4 | 332 | 349,1 | 407,3
Ps	40, 4	40, 5	232,1 | 352,1 | 526,1
Ps	40, 6		237 | 301,3 | 303,8 | 323,2 | 326,1 | 330,4 | 408,5 | 490,3 | 511,1
Ps	40, 7		66,4 | 129,3 | 161,3 | 168,2.3 | 196,2 | 236,1 | 277,3.4 | 392 | 432,2 | 449,3 | 452,1
Ps	40, 9		176 | 200,5 | 414,1
Ps	40, 9	40, 12	443,3 | 447 | 472,1 | 473,2 | 497
Ps	40, 9	40, 18	346,5 | 347 | 361,12
Ps	40, 11		65,2 | 473,2
Ps	40, 11	40, 12	60,4.5 | 130,5 | 324,8 | 331,11
Ps	40, 12		129,2 | 144,3 | 146,4 | 309,4 | 327 | 329,2 | 346,5 | 361,12 | 443,3 | 447 | 453,1 | 472,1 | 512,3
Ps	40, 12	40, 18	11,6–10 | 454,6–10
Ps	40, 13		63,2 | 430,2.4
Ps	40, 13	40, 14	146,1
Ps	40, 14	40, 18	7
Ps	40, 17		65,2 | 103,1 | 108,1 | 109,1 | 133,6 | 167,2 | 185 | 323,2 | 332 | 414,3 | 497 | 499,3
Ps	40, 17	40, 18	9,5 | 66,8 | 346 | 398,2

Biblisches Buch	von Kapitel, Vers	bis Kapitel, Vers	Lied, Strophe (ggf.)
Ps	40, 18		10,4 | 36,9 | 148,4 | 170,2 | 171,2 | 224,1 | 235,2.3 | 239,3 | 241,4 | 275,2 | 303,7 | 318,1 | 322,5 | 324,15 | 334,1 | 344,5 | 351,7 | 352,3 | 359,4 | 361,2.7 | 368,2 | 369,2 | 371 | 378,5 | 427,3 | 438,5 | 486,6 | 491,2 | 492
Ps	41, 2	41, 4	145,3.4 | 148,4
Ps	41, 3		59,2
Ps	41, 5		5,3.8 | 224,2 | 235,1 | 472,5
Ps	41, 6	41, 9	114,4 | 475,2
Ps	41, 6	41, 13	297
Ps	41, 10		430,2
Ps	41, 11		495,4
Ps	41, 13		154,3
Ps	41, 14		103,1 | 109,1 | 139,5 | 148,1 | 177 | 180 | 181 | 185 | 321,3 | 323 | 328,7 | 331,1 | 447 | 514 | 515
Ps	42, 2		399,1
Ps	42, 2	42, 12	128 | 278 | 361 | 371 | 374 | 428 | 495
Ps	42, 3		6,5 | 142,6 | 150,1.3 | 154,3 | 155,3 | 166,1 | 278,2 | 288,1 | 370,12 | 386,3.4 | 390,3 | 402,4 | 503,11 | 521,3 | 524 | 529,11
Ps	42, 4		324,15 | 484,4
Ps	42, 5		166 | 169,1.5
Ps	42, 5	42, 6	333,1 | 334 | 336
Ps	42, 6		11,4 | 36,10 | 63,2.3 | 160 | 200,5 | 324,14.15 | 346,5 | 354,6 | 380,6 | 424,2 | 486,7
Ps	42, 6	42, 9	371,1.6.10
Ps	42, 7	42, 12	428,5
Ps	42, 9		328,3 | 334,1 | 444,3 | 470,1 | 479 | 490,1
Ps	42, 10		70,6 | 109,4 | 215,2 | 407,1 | 438,6
Ps	42, 12		63,2.3 | 172 | 324,15 | 346,5 | 380,6 | 424,2 | 486,7
Ps	43, 1		171,3 | 422,2
Ps	43, 1	43, 5	76 | 81 | 278 | 295
Ps	43, 2		331,1 | 414,2
Ps	43, 3		155 | 166,4 | 172 | 277,2 | 325,4 | 347,3 | 427,4 | 428,5
Ps	43, 4		1,3 | 2,1 | 128,3 | 349,1 | 425,3 | 447,1 | 448 | 510,5 | 529,11 | 531,3 | 535
Ps	43, 5		63,2.3 | 324,15 | 346,5 | 424,2 | 486,7
Ps	44, 2		259,2 | 272 | 432,2
Ps	44, 2	44, 9	248 | 249 | 280
Ps	44, 4		511,3
Ps	44, 5	44, 9	247
Ps	44, 6	44, 9	114,4
Ps	44, 9		69,4 | 180,2 | 315,6 | 319,3 | 331,10 | 332,4 | 333,1 | 334 | 336 | 414,4 | 506,6 | 515,9

Biblisches Buch	von Kapitel, Vers	bis Kapitel, Vers	Lied, Strophe (ggf.)
Ps	44, 10	44, 17	366
Ps	44, 18	44, 27	247,1 | 382,1
Ps	44, 22		197,2
Ps	44, 24		480,2
Ps	44, 24	44, 27	244 | 248,1.2 | 377
Ps	44, 27		129,2 | 151,8 | 171,3
Ps	45, 2		9 | 491,3
Ps	45, 2	45, 18	70
Ps	45, 3		403 | 485,6
Ps	45, 4	45, 6	377,6.7
Ps	45, 5b		1,2 | 2,2 | 224,2
Ps	45, 7		71,1
Ps	45, 8		91,4
Ps	45, 11		73,2 | 224,2
Ps	45, 15		148,5
Ps	45, 16		531,3
Ps	45, 18		9 | 279,4 | 286 | 288 | 291 | 293 | 326,2 | 490,3
Ps	46, 2		128,6 | 164 | 276,2 | 321,2 | 326,5.6 | 331,1 | 347,3.6 | 408,4 | 418,3 | 531,1
Ps	46, 2	46, 4	323,1 | 343 | 364,2 | 366 | 374
Ps	46, 2	46, 8	378 | 490,4
Ps	46, 2	46, 12	191 | 193 | 246 | 249 | 259 | 341 | 342 | 351 | 362
Ps	46, 3		124,1 | 130,3 | 534,1
Ps	46, 3	46, 4	61,6 | 244,1.2 | 279,3 | 297,3
Ps	46, 5		66,7 | 140,5
Ps	46, 5	46, 8	297
Ps	46, 6		325,7 | 452,1.5
Ps	46, 7		153,2 | 266,5
Ps	46, 8		130,4 | 134,7 | 347,5
Ps	46, 9		432,2
Ps	46, 9	46, 12	248,6
Ps	46, 11		165,1 | 323,1 | 380,3 | 428,3 | 480,3 | 490,1
Ps	46, 12		61,6 | 130,4 | 134,7 | 347,5
Ps	47, 2		127,1 | 326,9 | 330,2 | 535
Ps	47, 2	47, 3	60,1 | 159,1 | 242,3 | 322,2 | 502,1.2
Ps	47, 2	47, 10	119,2.4 | 120 | 121 | 123 | 288 | 327,1 | 332,1.3 | 426,1
Ps	47, 3		13,1 | 155,3 | 185
Ps	47, 6	47, 8	191 | 316 | 317 | 321,3 | 503,11
Ps	47, 7	47, 8	60,1 | 89,4 | 116 | 162,4 | 181,6 | 242,3 | 271,1 | 285 | 288,5 | 291 | 300,1 | 303,1 | 330,1 | 331,2 | 332,3 | 333,6 | 377,4 | 448 | 451,1 | 453,4 | 514,3
Ps	47, 8		13,1

Biblisches Buch	von Kapitel, Vers	bis Kapitel, Vers	Lied, Strophe (ggf.)
Ps	47, 9		128 | 158,1 | 531,3
Ps	47, 9	47, 10	302,8 | 303,8
Ps	48, 2		323,1 | 411
Ps	48, 2	48, 4	147,3 | 150 | 351,9 | 426,1 | 535
Ps	48, 2	48, 9	165 | 166
Ps	48, 2	48, 11	318
Ps	48, 4		259,2 | 296 | 297,1 | 408,3 | 454,3 | 481,3
Ps	48, 10	48, 15	165 | 166 | 232 | 282 | 318
Ps	48, 11		110,1.6 | 426,1
Ps	48, 15		274 | 324,12 | 407,1 | 486,11 | 488,4
Ps	49, 2	49, 5	363,6
Ps	49, 2	49, 8	72
Ps	49, 5		331,1
Ps	49, 6	49, 10	370
Ps	49, 7	49, 13	527
Ps	49, 8		151,6 | 233
Ps	49, 11	49, 13	363,4.5 | 424,1
Ps	49, 13		326,4 | 343,2 | 528
Ps	49, 14	49, 16	341,3
Ps	49, 15		151,6
Ps	49, 15	49, 16	115,2
Ps	49, 16		5,6 | 110,1.6 | 179,4 | 382,2
Ps	49, 17		369,6
Ps	49, 17	49, 20	149,4
Ps	49, 17	49, 21	534,1
Ps	49, 18		370,2 | 527,4
Ps	49, 21		343,2 | 528
Ps	50, 1		305,1 | 306,1 | 383,3 | 453,4 | 454,2.5 | 455,3 | 456 | 459,1 | 486,9 | 487,4 | 490,3 | 504,2 | 509,5 | 510,3.4
Ps	50, 1	50, 3	428,3
Ps	50, 1	50, 6	149 | 255,9 | 281,1.4 | 286,4 | 387,6
Ps	50, 2		441,1 | 450 | 453,1 | 476,7
Ps	50, 2	50, 3	4 | 16 | 161,3
Ps	50, 3		431,1 | 534,2
Ps	50, 3a		11,10 | 447,10
Ps	50, 6		88,2 | 149 | 271,1
Ps	50, 7		231,2
Ps	50, 7	50, 15	439,5 | 449,3
Ps	50, 10		509
Ps	50, 10	50, 11	504,3
Ps	50, 11		110,4 | 166,3 | 511,2

Biblisches Buch	*von Kapitel, Vers*	*bis Kapitel, Vers*	*Lied, Strophe (ggf.)*
Ps	50, 12		178,8 | 331,3 | 407,1 | 414,1 | 508,3
Ps	50, 13		371,9
Ps	50, 14		154 | 160 | 166,3 | 279,6 | 326,9
Ps	50, 15		58,1 | 69,4 | 71,5 | 75 | 92 | 111,2 | 180 | 299 | 303,2 | 326,4 | 343,1.2.5 | 365 | 366 | 371,9 | 397,3
Ps	50, 23		65,2 | 154 | 166,3 | 289 | 322 | 443,1 | 447,1 | 486,10
Ps	51, 3		109,3 | 224,2 | 235,1
Ps	51, 3	51, 6	178,4
Ps	51, 3	51, 14	61,3
Ps	51, 3	51, 15	144 | 146 | 233 | 445,3.4 | 472,4.5
Ps	51, 3	51, 21	133,2 | 217,3.4 | 299 | 366 | 414,4 | 475,4.5
Ps	51, 4b		14,6
Ps	51, 5		81,3 | 373,2
Ps	51, 5	51, 7	144,2
Ps	51, 7		202,6 | 341,2
Ps	51, 9		133,2 | 341,5 | 351,5 | 353,5.6 | 368,5
Ps	51, 10		2,1 | 34,1 | 128,3 | 349,1
Ps	51, 11		476,3
Ps	51, 12		121,4 | 127,6 | 134,6 | 160 | 164 | 252,6 | 318,5 | 334,5 | 343,4 | 347,6 | 390,2 | 404,1 | 412,8
Ps	51, 12	51, 14	115,4 | 165,7 | 197,1 | 230 | 307,6 | 389,1
Ps	51, 13		120 | 168,3 | 171,4 | 279,8
Ps	51, 14		124 | 134,5 | 394,2
Ps	51, 15		109,3
Ps	51, 16		309,1 | 414,1 | 532,2
Ps	51, 17		129,2 | 136,7 | 155,2 | 161,3 | 165,4 | 167,4 | 321,1 | 323,1 | 330,1 | 332,2 | 389,5 | 453,2 | 485,2.3
Ps	51, 19		73,7 | 76,1 | 77,8 | 144,5.7 | 160 | 200,5 | 341,2.3 | 351 | 449,3
Ps	51, 21		439,5
Ps	52, 3		127,7 | 392 | 408,4
Ps	52, 3	52, 11	273 | 279
Ps	52, 7	52, 11	419,3
Ps	52, 9		363,4 | 528
Ps	52, 10		127,7 | 284,4 | 285,3
Ps	52, 11		332,4 | 333,1 | 334 | 336 | 398 | 414,4
Ps	53, 2		136,3
Ps	53, 2	53, 3	369
Ps	53, 3		128,1.2 | 273,1 | 278,7 | 297,2 | 377,3
Ps	53, 6		72,3 | 301,10
Ps	53, 7		12,3 | 241,5.6
Ps	53, 9		377,3

Biblisches Buch	von Kapitel, Vers	bis Kapitel, Vers	Lied, Strophe (ggf.)
Ps	54, 3		327,1
Ps	54, 3	54, 9	247 | 275
Ps	54, 6		303,3 | 324,6 | 444,3
Ps	54, 8		297,4 | 301,2 | 323,3 | 330,5.7 | 331,10 | 333,1 | 334 | 336 | 425 | 489,1 | 506,6
Ps	54, 9		1,2 | 2,2 | 102,3 | 289,1 | 321,2 | 326,4 | 408,4 | 418,3
Ps	55, 2		444,3
Ps	55, 2	55, 24	299
Ps	55, 4		11,9
Ps	55, 10		378,3
Ps	55, 17		327,1 | 343 | 419,1.5 | 427,5
Ps	55, 17	55, 24	275 | 361,8 | 371,11 | 374
Ps	55, 18		524,5
Ps	55, 19		286,1 | 326,6 | 484,4
Ps	55, 23		18 | 114,4 | 148,4 | 157 | 170,2 | 183,1 | 196,3 | 224,1 | 235,2.3 | 239,3 | 303,7 | 318,1 | 322,5 | 324,15.16 | 334,1 | 344,5 | 351,7 | 352,3 | 359,4 | 361,2.7 | 365,3 | 368,2 | 369 | 371 | 378,5 | 427,3 | 438,5
Ps	56, 2	56, 5	224,2 | 292,4 | 371,11
Ps	56, 2	56, 14	275
Ps	56, 4		133,6
Ps	56, 5		15 | 93 | 136,3 | 154,1.5 | 195,1 | 279,4 | 288,5 | 302,8 | 303,2
Ps	56, 9		63,1 | 324,11 | 371,3 | 484,4
Ps	56, 10		351,2
Ps	56, 11		195,1 | 279,4 | 288,5 | 302,8 | 303,2
Ps	56, 12		154,1.5 | 369 | 383,4
Ps	56, 13		279,6 | 334,1
Ps	56, 13	56, 14	488,5
Ps	56, 14		30,3 | 162,1 | 302,5 | 325,4 | 326,4 | 345,3 | 384,3 | 400,6 | 426 | 432,3 | 459,3
Ps	57, 2		169,3 | 316,3 | 317,3 | 325,2 | 326,2 | 351,6 | 361,6 | 380,1.2 | 531,1
Ps	57, 2	57, 4	376,1
Ps	57, 2	57, 12	347
Ps	57, 3		97,2 | 287,4 | 316,1 | 317,1 | 324,17 | 361,12 | 369,1 | 376,1 | 407,1 | 427,5 | 455,1 | 524,2.5
Ps	57, 4		42,2 | 328,3 | 454
Ps	57, 6		110,1.6 | 281 | 490,2
Ps	57, 7		275,5
Ps	57, 8		155,2 | 161,3 | 246 | 272 | 276 | 324,13 | 327,3 | 330,7 | 339 | 349,1 | 444,3
Ps	57, 8	57, 12	167 | 169,4 | 325 | 446,1 | 503,8.12 | 514,2.5.7

Biblisches Buch	von Kapitel, Vers	bis Kapitel, Vers	Lied, Strophe (ggf.)
Ps	57, 9		11,2 | 114,1 | 145,1 | 316,1 | 317,1 | 444,1 | 446 | 452,1 | 455,1 | 477,1
Ps	57, 10		60,1 | 89,4 | 116 | 162,4 | 181,6 | 242,3 | 271,1 | 285 | 288,5 | 300,1 | 302,8 | 303,1 | 330,1 | 331,2 | 332,3 | 333,6 | 334,1 | 377,4 | 448 | 451,1 | 514,3
Ps	57, 10	57, 11	291
Ps	57, 11		126,1 | 129,2 | 130,5 | 179,1 | 277 | 506,3
Ps	57, 12		110,1.6 | 281
Ps	58, 2	58, 12	145 | 247 | 421 | 423,4
Ps	58, 7	58, 12	378,3
Ps	58, 12		280,2
Ps	59, 2	59, 18	249
Ps	59, 6		377
Ps	59, 10		121,1 | 259,2 | 297,1 | 330,5 | 347,5 | 362,1 | 408,3 | 454,3 | 460,3
Ps	59, 11		170,2
Ps	59, 12		11,9
Ps	59, 17		111,2 | 130,5 | 179,2 | 305 | 306 | 325,7 | 330,6 | 333,3 | 383,3 | 408,3.4 | 452,1.3 | 476,2 | 490,1.2 | 504,1 | 506,1.3 | 514,7
Ps	59, 17	59, 18	38,1 | 67,4 | 104,1 | 123,4 | 167 | 183,1 | 232,1 | 276,2 | 279,3 | 281,3 | 302,8 | 326,3 | 331,5 | 347,1 | 364,3 | 396,2 | 406,1.2 | 427,1 | 431,1 | 437,1.2 | 444,2.3 | 445 | 446,4 | 448 | 451,1–4 | 470
Ps	59, 18		60,1 | 89,4 | 116 | 162,4 | 181,6 | 242,3 | 271,1 | 285 | 288,5 | 291 | 300,1 | 303,1 | 330,1.5 | 331,2 | 332,3 | 333,6 | 377,4 | 408,3 | 448 | 451,1 | 454,3 | 514,3
Ps	60, 3		326,4 | 382,3 | 414,3
Ps	60, 3	60, 14	422
Ps	60, 5		279,4
Ps	60, 11	60, 14	259,2 | 377
Ps	60, 13	60, 14	247,3.4 | 248,6 | 303,2.3 | 347,5 | 524,6
Ps	60, 14		378,2
Ps	61, 2	61, 6	343
Ps	61, 2	61, 9	72
Ps	61, 2		61
Ps	61, 3		341,3 | 427,5
Ps	61, 4		115 | 326,5
Ps	61, 5		138 | 172 | 428,4 | 471,2 | 477,8
Ps	61, 6		506,6
Ps	61, 8		60,1.4
Ps	61, 9		89,4 | 116 | 162,4 | 242,3 | 271,1 | 285 | 288,5 | 291 | 300,1 | 303,1 | 323 | 330,1 | 331,2 | 332,3.4 | 333,6 | 373,6 | 377,4 | 389,5 | 414,4 | 448 | 451,1 | 452,5 | 514,3

Biblisches Buch	von Kapitel, Vers	bis Kapitel, Vers	Lied, Strophe (ggf.)
Ps	62, 2	62, 7	70,4
Ps	62, 2	62, 13	275 | 369 | 371 | 374 | 407,1 | 480,3
Ps	62, 2		46 | 63,1 | 65,1 | 84,10 | 165,6.7 | 168,4 | 204,4 | 252 | 278 | 298,3 | 323,1 | 370,7 | 372,1 | 376,2 | 380,3 | 428,3 | 457,2 | 479,4 | 482,2 | 490,1 | 516,6 | 519,1
Ps	62, 3		325,14 | 330,5 | 407,1 | 408,3 | 454,3
Ps	62, 5		326,5 | 395,2 | 430,1
Ps	62, 6	62, 8	364 | 374,2 | 407,1
Ps	62, 6		63,1 | 159 | 323,1 | 376,2 | 490,1
Ps	62, 7		324,14 | 330,5 | 407,1 | 408,3 | 454,3
Ps	62, 8		115,1 | 180 | 309,1 | 322,8 | 324,14 | 407,1 | 533,1
Ps	62, 9		126,3 | 164
Ps	62, 10	62, 13	449,7.8
Ps	62, 11		170,2 | 513,6
Ps	62, 12		180,4
Ps	62, 12	62, 13	179,2.3
Ps	63, 2	63, 7	67,3 | 70 | 399
Ps	63, 2		150,3 | 278,1.2 | 328,6 | 354,6 | 360,6 | 386,3.4 | 524
Ps	63, 3		38,1.3 | 67,4 | 123,4 | 166 | 183,1.2 | 278,3 | 279,3 | 281,5 | 302,3 | 326,8 | 333,3 | 396,3 | 406,2 | 431,1 | 451,4 | 454,3 | 506,3
Ps	63, 4		180
Ps	63, 4	63, 5	323,1 | 325,10
Ps	63, 4	63, 6	288
Ps	63, 5		272 | 276,1 | 325,10 | 326,7 | 327,3 | 332 | 499,3
Ps	63, 5	63, 6	323,1 | 330,8
Ps	63, 6		2,1 | 34,1 | 133,1 | 159 | 321,1 | 332,1 | 349,1 | 444,1.3 | 449,1 | 531,3
Ps	63, 7		237 | 470,2 | 474 | 476,4 | 477 | 479,4
Ps	63, 8		325,2 | 326,2 | 330,1 | 351,6 | 352,2 | 486,6
Ps	63, 9		146,5 | 323,2 | 394,1.5 | 408,1.2 | 488,3 | 532,3
Ps	64, 2		140,2 | 173 | 174 | 175 | 437,2 | 453,1
Ps	64, 2	64, 3	171
Ps	64, 2	64, 11	373
Ps	64, 4		84,11
Ps	64, 8	64, 11	351 | 369,5 | 370,6
Ps	64, 10		126,4 | 329,2
Ps	64, 11		326,9
Ps	65, 2		323,1 | 480,3 | 490,1
Ps	65, 2	65, 14	148 | 501 | 512,4
Ps	65, 3		371,5
Ps	65, 4		144,1 | 190 | 233 | 485,5

Biblisches Buch	von Kapitel, Vers	bis Kapitel, Vers	Lied, Strophe (ggf.)
Ps	65, 5		166 | 204,1 | 229,3 | 326,1
Ps	65, 6		88,1 | 326,5
Ps	65, 8		14,4 | 244,1.2 | 279,3
Ps	65, 9		414,3
Ps	65, 9b		449,1
Ps	65, 9b	65, 10	399
Ps	65, 10		342,2 | 504,5
Ps	65, 10	65, 14	465 | 501 | 512,4
Ps	65, 14		326,9 | 503,7.8
Ps	66, 1		49,2 | 123,10 | 127,1 | 535
Ps	66, 1	66, 2	177 | 180 | 341
Ps	66, 1	66, 4	60,1 | 89,4 | 116 | 162 | 181,6.8 | 242,3 | 271,1 | 285 | 288,5 | 291 | 300,1.3 | 301,2 | 303,1 | 326,1.9 | 330,1.4 | 331,1.2 | 332,3 | 333,5.6 | 377,4 | 448 | 451,1 | 490,2 | 514,3.7
Ps	66, 1	66, 12	108 | 279 | 286,3 | 323,2 | 327,1
Ps	66, 1	66, 20	380,5
Ps	66, 3		38,2.3 | 379,3 | 506,1.2 | 515
Ps	66, 4		87 | 179,2 | 480,1 | 485,2 | 504,6
Ps	66, 5		244 | 346 | 361,4 | 369,1 | 379,3 | 504,6 | 506,1 | 508,3 | 515
Ps	66, 6		244,1.2 | 279,3 | 498
Ps	66, 8		167 | 177 | 180 | 293,1 | 316,5 | 317,5 | 322,1.2 | 323,1 | 332,2 | 337 | 426,1 | 448 | 485,3 | 499,1
Ps	66, 9		296,3 | 419,4 | 432,3
Ps	66, 10		273,5
Ps	66, 10	66, 12	378,3
Ps	66, 11		279,5 | 418,1.2
Ps	66, 13		439,5.6 | 449,3
Ps	66, 16		213,6 | 272 | 276,1 | 497,14
Ps	66, 16	66, 20	133,5 | 134,4 | 275 | 343 | 344 | 475,8
Ps	66, 17		330,1
Ps	66, 19		444,3 | 452,5
Ps	66, 20		2 | 103,1 | 133 | 139,5 | 185 | 279,7 | 344 | 448
Ps	67, 2		58,11 | 140,2.3 | 163 | 170,1.4 | 171 | 174 | 203,5 | 214,3 | 239,1.2 | 252,7 | 281,3 | 294,4 | 316,4 | 317,4 | 330,5 | 347,3.4 | 348 | 352,1 | 361,4 | 369,7 | 395,2 | 446,9 | 451,5 | 457,4–10 | 485,6 | 494,1–3 | 496 | 497,1 | 503,13
Ps	67, 2	67, 3	155,3 | 215,3
Ps	67, 2	67, 8	204 | 210 | 280 | 466
Ps	67, 4		181,6 | 191 | 291 | 321
Ps	67, 4	67, 6	426,1

Biblisches Buch	von Kapitel, Vers	bis Kapitel, Vers	Lied, Strophe (ggf.)
Ps	67, 5	67, 6	67,4	179,2	288	502
Ps	67, 7	67, 8	163	170,1.4	466	485,6	508,2
Ps	67, 8		140,2	166,3	170,1
Ps	68, 2	68, 4	111,1.10
Ps	68, 2	68, 36	113	281	364
Ps	68, 3		351,4	407,2
Ps	68, 4		169
Ps	68, 5		12,4	15,3	60,1	89,4	116	135,1	162,4	181,6	242,3	271,1	285	288,5	291	300,1	303,1	325,1	326,9	328,1.3	330,1	331,2	332,3	333,6	377,4	448	451,1	514,3
Ps	68, 6		58,12	178,8	302,7
Ps	68, 7		66,3	420	428,4	487,2
Ps	68, 8		498
Ps	68, 10		324,4	455,2	500	506,3	508,2	515,3
Ps	68, 11		130,5	276,1	418,4
Ps	68, 12		241,4
Ps	68, 17		426,1	532,1
Ps	68, 18		314,1
Ps	68, 18	68, 20	377
Ps	68, 19		4,3	102,1	106,1	119,1	120	121	122,2	184,4	279,1
Ps	68, 19	68, 20	38,2
Ps	68, 20		128,7	134,7	145,7	168,4	185	323,1	325,10	329,3	407,2	418,1.2	444,2	453,4	499,3
Ps	68, 20	68, 21	64,1	361,10	364	366	367	369	370,4	371	398	449,11	532,2
Ps	68, 21		100	102	107	113	115	162,2	204,4	292,4	325,4	326,4	408,5.6	518	526
Ps	68, 23		533,1
Ps	68, 25		1	2
Ps	68, 26		300
Ps	68, 27		181,6
Ps	68, 29		259	377
Ps	68, 32		241,6	256,4
Ps	68, 33	68, 36	179	191	289	303	316,5	317,5	326	502
Ps	68, 33		60,1	89,4	116	162,4	181,6	242,3	271,1	285	288,5	291	300,1	325,1	330,1	331,2	332,3	333,6	377,4	448	451,1	514,3
Ps	68, 36		185	305,4	306,4	332	448
Ps	69, 2		328,1
Ps	69, 2	69, 10	77	83
Ps	69, 2	69, 13	81	87,4

Biblisches Buch	von Kapitel, Vers	bis Kapitel, Vers	Lied, Strophe (ggf.)
Ps	69, 2	69, 37	247 | 248 | 249 | 259 | 345 | 347 | 366 | 377,3 | 396,2.3 | 398
Ps	69, 3		383,4
Ps	69, 7		176
Ps	69, 8	69, 13	81,9 | 82,6 | 87,4 | 243,2
Ps	69, 8	69, 18	124,4
Ps	69, 10		88,2 | 137,2
Ps	69, 10	69, 11	381,3
Ps	69, 13		326,1 | 448
Ps	69, 14		168,1 | 287,3 | 324,14
Ps	69, 14	69, 17	343
Ps	69, 17		18 | 129,2 | 144,3 | 146,4 | 297,4
Ps	69, 17	69, 18	163 | 168,4 | 173 | 174 | 232,1 | 258
Ps	69, 18		140,3 | 256,1 | 276,3 | 430,3 | 486,2
Ps	69, 19		151,8 | 380,6
Ps	69, 20		371,3
Ps	69, 20	69, 21	369
Ps	69, 21		532,2
Ps	69, 22		28,7 | 77,5 | 78,7
Ps	69, 30		171,2 | 380,6 | 408,3 | 428,5
Ps	69, 31		267,3 | 272 | 276,1 | 324,1 | 327,1 | 328,1 | 330,8 | 332,1 | 455,2 | 470 | 479,2 | 491,3 | 499,3 | 504,1 | 509
Ps	69, 32		449,3
Ps	69, 33		176 | 276,1 | 346 | 420
Ps	69, 34		371,4.5 | 428,2
Ps	69, 35		326 | 327,2 | 499,1 | 504,1 | 509
Ps	69, 36		429,2
Ps	69, 37		485,5
Ps	70, 2		7
Ps	70, 2	70, 6	11,6–10 | 289
Ps	70, 3		39,2
Ps	70, 4		169
Ps	70, 5	70, 6	55,8 | 323,2 | 332 | 346 | 398
Ps	70, 5		66,8 | 100,1 | 103,1 | 108,1 | 109,1 | 139,5 | 167,2 | 185 | 414,3
Ps	70, 6		171,2 | 486,6
Ps	71, 1		235,2 | 345,1 | 452,3 | 531,1
Ps	71, 1	71, 3	378,1
Ps	71, 1	71, 24	247 | 248 | 275 | 347 | 362 | 380 | 397,1
Ps	71, 2		299,1
Ps	71, 3		62,4 | 130,5 | 233,3 | 275,4 | 329,3 | 407,1 | 423,9 | 445,5 | 487,3 | 518,3

Biblisches Buch	von Kapitel, Vers	bis Kapitel, Vers	Lied, Strophe (ggf.)
Ps	71, 4		327,1
Ps	71, 5		324,16
Ps	71, 5	71, 8	326,5 | 430,4
Ps	71, 6		321 | 331,4 | 419,3
Ps	71, 7		115 | 526
Ps	71, 8		155,2 | 191 | 321,1.3 | 323,1 | 330,1 | 332,3 | 485,3 | 532,3
Ps	71, 9		131,6 | 279,7 | 423,9 | 495,6
Ps	71, 12		379,2
Ps	71, 12	71, 21	38 | 275
Ps	71, 14		323,1 | 485,3
Ps	71, 14	71, 18	25 | 34 | 38,1
Ps	71, 16		133,2 | 407,2 | 428,3
Ps	71, 17		204,2 | 239,2 | 324,16 | 326,1 | 490,3
Ps	71, 18		131,6 | 318,3 | 322,2 | 376,3 | 380,1.2 | 423,9 | 495,6
Ps	71, 19		321,1 | 329,2
Ps	71, 20		37,3 | 341,3.4 | 424,1 | 533,1
Ps	71, 21		11,4 | 297,4 | 326,4 | 382,3 | 414,3
Ps	71, 22		316 | 317 | 324,8 | 325 | 329,2 | 333,1 | 334 | 336 | 455,1 | 512,3 | 535
Ps	71, 22	71, 23	147,3
Ps	71, 23		327,3
Ps	71, 23	71, 24	447,3
Ps	72, 1	72, 3	1,2 | 2,2 | 14 | 33,1
Ps	72, 1	72, 8	70 | 71
Ps	72, 1	72, 14	123 | 421 | 441
Ps	72, 1	72, 20	347 | 425 | 426,1
Ps	72, 4		9,5
Ps	72, 4	72, 14	123
Ps	72, 6		135,4 | 455,1
Ps	72, 10	72, 13	2 | 14 | 70 | 71
Ps	72, 10	72, 19	33,1
Ps	72, 11		255,8.9 | 337
Ps	72, 12		9,5
Ps	72, 12	72, 13	158,2 | 318,3 | 341,5
Ps	72, 12	72, 15	52,3
Ps	72, 14		193 | 361,1.4 | 394,2
Ps	72, 15b		52,3 | 423,1.4
Ps	72, 16	72, 17	507,3
Ps	72, 17		69,4 | 140,1 | 152,1 | 163 | 170 | 171 | 174 | 214,3 | 239,1.2 | 281,3 | 294,4 | 301,3 | 308,10.11 | 311,2 | 316,4 | 317,4 | 330,5 | 337 | 347,4 | 348 | 352,1 | 361,4 |

Biblisches Buch	von Kapitel, Vers	bis Kapitel, Vers	Lied, Strophe (ggf.)
			369,7 | 374,3 | 394,2 | 395,2 | 451,5 | 457,4–10 | 489,1 | 496 | 497,1 | 503,13
Ps	72, 18	72, 19	103,1 | 109,1 | 139 | 185 | 191 | 323,2 | 490,3
Ps	72, 18		126,4 | 181 | 301,3 | 326,1 | 332 | 448
Ps	72, 19		2,2 | 14 | 53 | 54 | 177 | 180 | 185,1–3 | 197,3 | 270,1 | 323,2 | 325,10 | 327,3 | 330,4 | 333,4 | 507,6
Ps	73, 1		9,5 | 115,4 | 165,7 | 230 | 307,6 | 370,3 | 389,1
Ps	73, 1	73, 12	378,3
Ps	73, 1	73, 28	341
Ps	73, 2		157 | 400,6 | 432,3 | 445,5
Ps	73, 6	73, 8	297
Ps	73, 6	73, 12	370,6 | 371,11
Ps	73, 9		131,1 | 273,3
Ps	73, 11		287,2
Ps	73, 13	73, 17	532,2
Ps	73, 13	73, 28	241 | 245 | 275
Ps	73, 14		524,5
Ps	73, 17		165 | 166,6 | 369,5
Ps	73, 18		357
Ps	73, 23		531,1
Ps	73, 23	73, 26	25,5.6 | 38 | 63,6 | 64,6 | 81,9 | 123,8 | 125,3 | 157 | 239,5 | 325,5 | 351,10 | 365 | 370 | 374 | 397,1 | 402 | 406,4 | 408,1.2 | 418,4 | 485,5 | 488,1 | 525
Ps	73, 24		5,6 | 179,4 | 324,14 | 345,5 | 352,2 | 392,8 | 393,10.11 | 486,11 | 523,2
Ps	73, 25		42,6 | 311,3 | 418,4 | 452,3
Ps	73, 25	73, 26	111,13 | 354,6 | 366,2 | 386 | 473
Ps	73, 26		133,1 | 134,5 | 197,2 | 198,1 | 322,8 | 323,1 | 324,14 | 414,3 | 453,5 | 487,4 | 488,1 | 516 | 520,7 | 524,7
Ps	73, 28		85,8 | 115,1 | 323 | 326,5 | 349,1 | 364,2 | 396,6 | 398 | 399,7
Ps	74, 1	74, 23	138 | 146 | 209 | 247 | 248 | 283 | 327 | 343 | 377
Ps	74, 2		469,5
Ps	74, 10		109,4 | 134,5.6
Ps	74, 11		377,1
Ps	74, 12		123 | 296,2 | 425,1
Ps	74, 15		408,2 | 504,5
Ps	74, 16		240,1 | 301,4.5.9 | 376,3 | 427,4 | 431,1 | 444,2 | 452,1 | 468,4 | 470,2 | 476,1 | 486,9 | 487,1 | 488,1 | 489,1 | 490,1 | 491,4 | 493 | 506,2 | 508,4 | 510,3.4 | 514,1 | 515,1.2
Ps	74, 18	74, 23	283
Ps	74, 19	74, 20	278,6 | 422,3
Ps	74, 21		123,10.11 | 276,1 | 302,8 | 506,6

Biblisches Buch	von Kapitel, Vers	bis Kapitel, Vers	Lied, Strophe (ggf.)
Ps	74, 22		244,6 | 246,6 | 377,1
Ps	74, 23		136,3
Ps	75, 2		152 | 160 | 168,4 | 239,2 | 315,6 | 323,2 | 326,1.4 | 333,1 | 334 | 336 | 379,2 | 425 | 490,3 | 518
Ps	75, 2	75, 8	297
Ps	75, 3	75, 4	149,7
Ps	75, 8		308,7 | 369,5
Ps	75, 8	75, 9	281,1
Ps	75, 10		60,1 | 89,4 | 116 | 162,4 | 181,6 | 242,3 | 271,1 | 285 | 288,5 | 291 | 300,1 | 303,1 | 330,1 | 331,2 | 332,3.4 | 333,6 | 377,4 | 448 | 451,1 | 514,3.4
Ps	76, 2		323,2
Ps	76, 4		248,6
Ps	76, 7	76, 13	246 | 281
Ps	76, 8		64,3 | 144,6 | 146,2 | 299,1
Ps	76, 8	76, 11	360,5
Ps	76, 9		165,6
Ps	76, 10		273,4 | 308,4.7 | 341,4.5
Ps	77, 2		382,1 | 427,5 | 474,2
Ps	77, 2	77, 21	283 | 299 | 343 | 345
Ps	77, 3		326,4 | 531,1
Ps	77, 6		65,4 | 380,6 | 529
Ps	77, 6	77, 16	376,3
Ps	77, 8		115,3 | 233,3
Ps	77, 10		376,2 | 530,6
Ps	77, 12	77, 13	168,2 | 486,4.5 | 505,1
Ps	77, 12	77, 15	429
Ps	77, 12	77, 21	370 | 371 | 372 | 374
Ps	77, 14		1,5 | 2,3 | 73,10 | 81,4 | 155,1.3 | 185 | 361,1.4
Ps	77, 14	77, 15	279,1 | 301,3 | 302,3 | 308,3 | 326,1.8 | 376,3 | 490,3
Ps	77, 15		179,2 | 301,3 | 323,2
Ps	77, 17		259
Ps	77, 17	77, 21	179,2 | 498 | 500,3
Ps	77, 20		455,2
Ps	78, 1	78, 72	145 | 283 | 295 | 374 | 392
Ps	78, 4		38,1 | 67,4 | 123,4 | 183,1.2 | 239,2 | 279,3 | 281,5 | 302,3 | 323,1 | 326,1.8 | 329,2 | 333,3 | 396,3 | 406,2 | 431,1 | 451,4 | 454,3 | 485,3 | 490,3 | 506,3
Ps	78, 5	78, 7	231
Ps	78, 7		24,3 | 70,2 | 135,7 | 169,4 | 284,4 | 316,5 | 317,5 | 333,2 | 340 | 399,4 | 405 | 513,1
Ps	78, 13		244,1.2 | 272
Ps	78, 14		290,5 | 409,3

Biblisches Buch	von Kapitel, Vers	bis Kapitel, Vers	Lied, Strophe (ggf.)
Ps	78, 18	78, 31	508,4
Ps	78, 24		70,2 | 166,6 | 171,1 | 227,2
Ps	78, 24	78, 25	407,1
Ps	78, 24	78, 30	512,2
Ps	78, 32	78, 39	234,3.6
Ps	78, 33		64,2–4
Ps	78, 34		487,3
Ps	78, 35		62,5 | 68,1 | 275,4 | 329,3 | 374,2
Ps	78, 36	78, 37	473,1
Ps	78, 38		485,5 | 533,1
Ps	78, 38	78, 39	303,2 | 449,7
Ps	78, 39		64,2–4 | 528
Ps	78, 40		322,4
Ps	78, 52		301,8
Ps	78, 52	78, 53	259 | 274 | 396,2.3
Ps	78, 53		486,3
Ps	78, 56	78, 58	145,3.4
Ps	78, 59	78, 62	283
Ps	78, 60		428,4
Ps	78, 65	78, 66	281
Ps	78, 68		12,2.3
Ps	78, 70	78, 72	80,1.2
Ps	78, 72		324,8 | 512,3
Ps	79, 1	79, 13	283 | 422
Ps	79, 5		347,5
Ps	79, 8		144 | 146 | 178 | 192 | 244,2 | 344,6
Ps	79, 9		75,1 | 146,1 | 249,2 | 331,3 | 356,2 | 419,4 | 485,5 | 486,6
Ps	79, 10		278,2
Ps	79, 11		93,3 | 244,9 | 347,5 | 486,3
Ps	79, 13		288,3 | 323,1 | 485,3
Ps	80, 2	80, 3	428,1
Ps	80, 2	80, 4	248,1.2
Ps	80, 2	80, 20	4 | 6 | 377
Ps	80, 2b		123,2 | 192
Ps	80, 4		140,3 | 165,6 | 168,4 | 258 | 325,7 | 326,4 | 382,3 | 385,2 | 389,3 | 390,1 | 449,8 | 470,1 | 481,1
Ps	80, 5		134,5
Ps	80, 6		371,3 | 524,5
Ps	80, 7		244,9
Ps	80, 8		140,3 | 165,6 | 168,4 | 258 | 325,7 | 326,4 | 382,3 | 385,2 | 389,3 | 390,1 | 449,8 | 470,1 | 481,1
Ps	80, 9	80, 17	145 | 250 | 392

Biblisches Buch	von Kapitel, Vers	bis Kapitel, Vers	Lied, Strophe (ggf.)
Ps	80, 14		276,3
Ps	80, 15	80, 16	232
Ps	80, 15	80, 20	6 | 7 | 10 | 146,3 | 146,3 | 273
Ps	80, 15		131,1
Ps	80, 18	80, 19	430,2
Ps	80, 20		140,3 | 165,6 | 325,7 | 382,3 | 385,2 | 389,3 | 390,1 | 470,1 | 481,1
Ps	81, 2		123,10 | 169 | 323,2 | 325,1 | 326,9 | 331,1 | 535
Ps	81, 2	81, 11	135 | 288 | 316 | 317
Ps	81, 6b		127,2
Ps	81, 8		326,4
Ps	81, 10		231,2
Ps	81, 11		175 | 301,6
Ps	81, 14		400,6
Ps	81, 15		247,4
Ps	82, 1	82, 8	145 | 280 | 423,4
Ps	82, 3		278 | 281,2 | 428,2
Ps	82, 4		158,2 | 273,4 | 397,2
Ps	82, 5		467,1
Ps	82, 8		5,7 | 11,10 | 84,4 | 184,4 | 280,2 | 326,1
Ps	83, 2		534,2
Ps	83, 2	83, 19	249 | 259 | 297
Ps	83, 3	83, 6	135,3
Ps	83, 14	83, 19	247
Ps	83, 19		64,6 | 110,1.6 | 142,1 | 179 | 180,4 | 362,2
Ps	84, 2	84, 5	172 | 418,4
Ps	84, 2	84, 13	159 | 166 | 250 | 264 | 282 | 300 | 365
Ps	84, 3		67,3 | 197,2 | 278,1 | 310 | 360,6 | 517
Ps	84, 3	84, 4	150,1.3
Ps	84, 4		169,1.5
Ps	84, 4	84, 5	278,3
Ps	84, 5		289 | 302 | 303 | 325,10 | 331,4
Ps	84, 6	84, 10	370 | 399
Ps	84, 6	84, 13	98 | 374 | 396
Ps	84, 6		295
Ps	84, 7		7,4 | 23,5 | 30,4 | 370,11 | 399,2 | 443,5 | 477,3 | 478,8 | 524,1.8
Ps	84, 8		318,9 | 393,1
Ps	84, 10	84, 13	324,14 | 374
Ps	84, 11		278,3 | 288,4 | 334,1 | 427,3
Ps	84, 12		58,11 | 62,3.4 | 323,3 | 341 | 351 | 382,3 | 449,12 | 494,4 | 531,2.3

Biblisches Buch	von Kapitel, Vers	bis Kapitel, Vers	Lied, Strophe (ggf.)
Ps	84, 13		419,3
Ps	85, 2	85, 8	4 | 10 | 133,4 | 144
Ps	85, 2	85, 14	15 | 146 | 283
Ps	85, 3		180,1 | 190 | 283 | 299,2
Ps	85, 5		129,2 | 309,1 | 532,2
Ps	85, 7		139,3
Ps	85, 8		322,6 | 323,3 | 347 | 533,2
Ps	85, 9		18 | 124,3 | 130,6 | 137,3 | 170,3 | 179,1 | 322,6 | 382,3 | 421 | 435 | 436
Ps	85, 9	85, 14	133 | 280 | 423,4 | 425 | 430,1 | 500
Ps	85, 10		379,2 | 452,4 | 486,9 | 488,3
Ps	85, 11		60,5 | 331,11 | 423,4
Ps	85, 12		131,1
Ps	85, 13		322,4
Ps	86, 1	86, 11	275 | 343 | 345
Ps	86, 1	86, 17	144,2 | 293
Ps	86, 2		165,3 | 171 | 325,1 | 327,1 | 419,3
Ps	86, 2	86, 3	224,2 | 244,4.5
Ps	86, 3		382,1 | 427,5
Ps	86, 4		292,1 | 324,10 | 325,10 | 328,6
Ps	86, 5		301,1
Ps	86, 6		165,2 | 444,3
Ps	86, 6	86, 7	299,1
Ps	86, 7		111,2 | 326,4
Ps	86, 8		123,3
Ps	86, 8	86, 10	426,1
Ps	86, 9		148,6 | 333,5
Ps	86, 9	86, 10	293 | 408,5 | 502
Ps	86, 10		179 | 180,4 | 301,3 | 323,2
Ps	86, 11		96,3 | 127,4 | 155,1 | 171,1 | 208,3 | 211,5 | 245,4 | 267,2 | 277,2 | 341,9 | 361,4.12 | 426 | 428,5 | 506,6 | 534,1
Ps	86, 12		177 | 180 | 321,1 | 333,1 | 334 | 336 | 491,3 | 514,5
Ps	86, 12	86, 17	341 | 351 | 364
Ps	86, 13		130,5 | 325,4 | 326,4 | 533,1
Ps	86, 15	86, 16	318,3.6 | 361,3
Ps	86, 15		129,2 | 154,4 | 277 | 309,2 | 512,3
Ps	86, 16		139,3
Ps	86, 17		85,8 | 326,4 | 444,3
Ps	87, 1	87, 7	245 | 250
Ps	87, 7		104,1 | 167 | 255,6 | 324,2 | 341,1 | 383,4 | 407,1 | 504,5
Ps	88, 2	88, 4	488,2

Biblisches Buch	von Kapitel, Vers	bis Kapitel, Vers	Lied, Strophe (ggf.)
Ps	88, 2	88, 19	192 | 299 | 518
Ps	88, 2		324,15 | 349,1 | 388,4 | 532,2
Ps	88, 9		388,4
Ps	88, 10		292,1 | 382,1 | 427,5
Ps	88, 11	88, 13	115 | 476,6
Ps	88, 12		512,3 | 520,1
Ps	88, 14		326,4 | 446
Ps	88, 16		529,4
Ps	89, 2		104,1 | 167 | 323,1 | 324,1 | 330,6 | 332,4 | 346 | 349,1 | 440,1 | 441,8 | 444,3 | 485,2 | 514,7
Ps	89, 2	89, 6	326,2 | 476,3
Ps	89, 2	89, 17	179 | 325
Ps	89, 2	89, 53	68 | 414,4 | 441 | 486,7 | 512,3 | 533,2
Ps	89, 3		129,2 | 357,5
Ps	89, 4		13,3
Ps	89, 4	89, 5	12,1–3 | 20,7 | 30,1 | 31
Ps	89, 6		93,4 | 271,1 | 301,2 | 326,2 | 327,2 | 330,4 | 489,2 | 515,9
Ps	89, 7		165,1.2
Ps	89, 8		281
Ps	89, 9		142,2
Ps	89, 9	89, 11	427,2
Ps	89, 10		14,4 | 244,2 | 297,3
Ps	89, 11		396,3
Ps	89, 12		445,1
Ps	89, 12	89, 15	301,4
Ps	89, 13		515,1
Ps	89, 14		146,5 | 377,1 | 445,1 | 486,3
Ps	89, 15		347 | 533,2
Ps	89, 16	89, 19	35,1 | 41,1.2 | 123,9.10 | 179,1.2 | 288 | 300
Ps	89, 16		426 | 427,4
Ps	89, 20	89, 38	12
Ps	89, 20		25,2 | 37,2
Ps	89, 25		533,2
Ps	89, 27		62,4 | 161,3 | 168,4 | 427,1 | 487,3
Ps	89, 29		59,2 | 200,4
Ps	89, 30		427,1
Ps	89, 33		83,2 | 134,3 | 378,4
Ps	89, 33	89, 34	146,1
Ps	89, 34		347 | 452,2
Ps	89, 35		357,2 | 473,3 | 506,6
Ps	89, 39	89, 46	84

Biblisches Buch	von Kapitel, Vers	bis Kapitel, Vers	Lied, Strophe (ggf.)
Ps	89, 42		77,4
Ps	89, 47	89, 52	248 | 371,10
Ps	89, 48		488,2
Ps	89, 53		109,1 | 177 | 180 | 181 | 185 | 272 | 276,1 | 323,2 | 325,10 | 327,3 | 332,4 | 344,9 | 507,6 | 509
Ps	90, 1	90, 2	331,3 | 403,4 | 490,4
Ps	90, 1	90, 12	424,1 | 432,1 | 534,1
Ps	90, 1	90, 17	58 | 59 | 63 | 64 | 138 | 147 | 152 | 233 | 328 | 431,1 | 472 | 518 | 527
Ps	90, 2		199,1.2 | 331,1
Ps	90, 3	90, 4	517
Ps	90, 3	90, 6	528
Ps	90, 3		403,4 | 520,6
Ps	90, 4		17,4 | 379,2 | 427,3 | 486,9 | 491,4 | 507,7 | 515,2
Ps	90, 5		64,2–4 | 352,6
Ps	90, 5	90, 6	449,7
Ps	90, 7		101,2 | 534,2
Ps	90, 8		378,4 | 427,4 | 488,5
Ps	90, 9		64,4 | 427,3
Ps	90, 10		212,5 | 325,1 | 419,1.5 | 520,2 | 525,3 | 529
Ps	90, 10b		112,5
Ps	90, 12		363,5 | 367,3 | 382,1 | 391,3 | 403,4 | 437,4 | 491,1 | 520,6 | 530 | 534,1
Ps	90, 13		247 | 248 | 292,1 | 321,1 | 331,10 | 347
Ps	90, 13	90, 17	65,4
Ps	90, 14		126,1 | 133,11 | 175 | 424,3 | 452,5 | 533,2
Ps	90, 15		130,4 | 146,3 | 169,3 | 363,6 | 394,2
Ps	90, 17		168,4 | 368,1.2 | 378,2 | 427 | 438,6 | 439,5 | 443,6 | 446,8 | 475,2 | 494 | 513,4
Ps	91, 1	91, 2	169,3 | 259,2 | 396,2 | 472,2
Ps	91, 1	91, 4	374,3
Ps	91, 1	91, 8	446 | 451,6.7 | 476,4
Ps	91, 1	91, 12	248 | 249 | 351,6 | 362
Ps	91, 1	91, 16	75 | 78 | 81,11 | 92 | 138 | 258 | 474,2.3 | 482
Ps	91, 1		324,7.8.14 | 408,3
Ps	91, 2		115,1
Ps	91, 2	91, 5	470,2
Ps	91, 3		454,4
Ps	91, 3	91, 6	449,5 | 467 | 475 | 477 | 478,3
Ps	91, 4		324,14 | 325,2 | 408,3
Ps	91, 4	91, 5	493
Ps	91, 5		143,8 | 383,4 | 437,1 | 444,2 | 488,1 | 489,2

Biblisches Buch	von Kapitel, Vers	bis Kapitel, Vers	Lied, Strophe (ggf.)
Ps	91, 7		344,7
Ps	91, 10		447,4
Ps	91, 11		40,1 | 60,4 | 62,1 | 171,1 | 309,4 | 453,1 | 468,2 | 476,5
Ps	91, 11	91, 12	38,3 | 55,2 | 61,6 | 142,6 | 143 | 203,4.5 | 362 | 374,3 | 437,2 | 443,4.5 | 444 | 446,7 | 460,2 | 469,6.7 | 474,3 | 477,9
Ps	91, 14		454,3
Ps	91, 14	91, 16	66,2 | 75 | 78,9.10 | 81,4 | 85,9.10 | 92 | 112,6 | 370,6
Ps	91, 15		58,1 | 71,5 | 328,5 | 425,1
Ps	91, 16		482,5 | 502,4
Ps	92, 2		60,1 | 89,4 | 97,4 | 116 | 162,4 | 167 | 181 | 181,6 | 242,3 | 271,1 | 285 | 288,5 | 291 | 300,1 | 303,1 | 315,6 | 319,3 | 325,1 | 330,1 | 331,2 | 332,3 | 333,1.6 | 334,6 | 336 | 377,4 | 428 | 451,1 | 455,1 | 463 | 491,3 | 495 | 514,3
Ps	92, 2	92, 3	83,5 | 180,1.3 | 443,1 | 444,2 | 447,1.2 | 448 | 454 | 470,2
Ps	92, 2	92, 5	424,1 | 429
Ps	92, 2	92, 11	141 | 316 | 317 | 321 | 322 | 325 | 330
Ps	92, 2	92, 16	284 | 285
Ps	92, 3		323,3 | 334,1 | 439,1.2 | 452,1 | 455,3 | 487,4 | 490,1.2
Ps	92, 4		535
Ps	92, 5		104,1 | 167,1 | 272 | 305 | 306 | 321,1 | 326,9 | 327,3 | 330,6 | 414,3 | 504,1
Ps	92, 6		331,1 | 449,8 | 506,2
Ps	92, 9		331,1 | 403,4 | 488,2 | 490,4
Ps	92, 10	92, 16	11,9.10
Ps	92, 13	92, 16	361,11 | 424,3 | 503,9
Ps	92, 16		407,1
Ps	92, 16b		275,4 | 374,2
Ps	93, 1		13,1
Ps	93, 1	93, 5	71 | 123 | 346
Ps	93, 3	93, 4	14,4
Ps	93, 4		26 | 331,1 | 411
Ps	93, 5		125,2 | 196,1 | 198,1 | 473,3
Ps	94, 1	94, 23	247 | 248 | 249 | 281
Ps	94, 2		5,7.8 | 149,7 | 184,4
Ps	94, 2	94, 3	134,5
Ps	94, 4		273,2.3 | 326,5
Ps	94, 7		287,2
Ps	94, 10a		513,6
Ps	94, 10b		67,3 | 404,4
Ps	94, 11		527,2.3
Ps	94, 12		51,2 | 134,3 | 176

Biblisches Buch	von Kapitel, Vers	bis Kapitel, Vers	Lied, Strophe (ggf.)
Ps	94, 13	94, 14	115,3
Ps	94, 13		427,2
Ps	94, 15		133,10
Ps	94, 16	94, 19	347 | 370 | 372,5
Ps	94, 17		534,2
Ps	94, 18		400,6 | 532,3
Ps	94, 19		135,2 | 169,3 | 419,4 | 532,1
Ps	94, 22		62,4 | 275,4 | 329,3 | 330,5 | 396,2.3 | 408,3 | 454,3 | 487,3
Ps	95, 1		62,4 | 309,1 | 332,1 | 487,3
Ps	95, 1	95, 2	328,1
Ps	95, 1	95, 5	424,1
Ps	95, 1	95, 11	159 | 286 | 288 | 316 | 317 | 326 | 330 | 344
Ps	95, 1	95, 7	133
Ps	95, 2		11,2 | 35,4 | 288,4 | 304,2 | 328,3 | 333,1 | 334 | 336 | 503,11
Ps	95, 3		327,1 | 331,1 | 333,4 | 411
Ps	95, 4		325,3 | 533,1
Ps	95, 6		165,1 | 179,2
Ps	95, 7		51,3 | 138 | 199,2 | 209 | 245,5 | 277,4 | 365,1 | 370 | 533,1.3
Ps	95, 9		72,5
Ps	96, 1		60,1 | 104,1 | 110,1.6 | 127,1 | 148,6.8 | 167 | 169,4 | 287 | 294,2 | 331,4 | 332 | 349,1 | 407,3
Ps	96, 1	96, 2	142,1
Ps	96, 1	96, 6	499,1
Ps	96, 1	96, 13	23 | 41,1.2 | 42,8 | 65,6 | 66 | 70 | 279 | 286 | 288 | 322 | 326 | 327 | 333 | 455
Ps	96, 2		110 | 272 | 276,1 | 300 | 331,10
Ps	96, 3		326,1
Ps	96, 3	96, 4	239,2 | 269,2 | 272 | 276,1 | 302,8 | 303,8 | 411
Ps	96, 4		507,6
Ps	96, 7		38,1 | 67,4 | 123,4 | 183,2 | 279,3 | 302,3 | 326,8 | 333,3 | 396,3 | 406,2 | 431,1 | 451,4 | 454,3 | 506,3
Ps	96, 7	96, 8	312,5 | 322,1 | 326,8
Ps	96, 7	96, 10	281
Ps	96, 8		177 | 180
Ps	96, 10		13,1 | 123
Ps	96, 11	96, 12	500 | 502 | 503
Ps	96, 11	96, 13	23 | 27
Ps	96, 12		330,3 | 507,4
Ps	96, 13		5,7 | 6 | 11,10 | 22 | 184,4
Ps	97, 1		13,1 | 331,1

Biblisches Buch	von Kapitel, Vers	bis Kapitel, Vers	Lied, Strophe (ggf.)
Ps	97, 1	97, 9	71 | 123 | 281 | 293
Ps	97, 1	97, 12	67
Ps	97, 3		431,1 | 514,3
Ps	97, 5		327,1
Ps	97, 6		182,2
Ps	97, 7		40,1 | 326,8
Ps	97, 9		276,2
Ps	97, 10		59,2 | 108 | 134,7 | 417
Ps	97, 11		172 | 305,4 | 306,4 | 349,1 | 361,6 | 400,5 | 425,3 | 450 | 459 | 497,4
Ps	97, 12		129,1 | 320,8 | 321,3 | 333,1.4 | 334 | 336 | 506,6
Ps	98, 1		60,1 | 70,6 | 104,1 | 110,1.6 | 148,8 | 167 | 169,4 | 294,2 | 301,3 | 323,2 | 331,4 | 349,1 | 407,3 | 486,3 | 490,3
Ps	98, 1	98, 2	142,5
Ps	98, 1	98, 3	380,6
Ps	98, 1	98, 9	23 | 34 | 35 | 36 | 41 | 42 | 65,6 | 100 | 243 | 286 | 287 | 288 | 322 | 324 | 327 | 330 | 332 | 334,6 | 341
Ps	98, 1a		148,6
Ps	98, 2		65,2 | 182,2 | 241 | 245
Ps	98, 2	98, 3	136,7 | 502
Ps	98, 3		23 | 25 | 34 | 409,1 | 426,1 | 482,5 | 512,3 | 533,2
Ps	98, 4		49,2 | 110,1.6 | 123,10 | 127,1 | 151 | 303,8 | 326,9 | 330,4 | 331,2 | 332 | 349,1 | 410,2 | 514,7
Ps	98, 4	98, 9	147,3 | 341,1 | 535
Ps	98, 5		181,6
Ps	98, 6		13,1 | 123,10 | 326,9 | 535
Ps	98, 8		167,1
Ps	98, 9		147,3 | 149,7 | 280,2
Ps	99, 1	99, 9	165 | 184 | 191 | 281
Ps	99, 1		123,2
Ps	99, 2		269,2 | 323,3 | 333,4 | 411
Ps	99, 3		139,4 | 185 | 293 | 331,10 | 506,6
Ps	99, 4	99, 9	488,5
Ps	99, 4		145,5 | 149,7 | 326,3
Ps	99, 5		123,9–11 | 139,5 | 155,3 | 185 | 302,8
Ps	99, 6b		326,4
Ps	99, 8		318,3.6 | 325,8
Ps	99, 9		155,3 | 185 | 276,2
Ps	100, 1		110,1.6 | 127,1 | 167,1 | 330,4 | 331,2 | 535
Ps	100, 1	100, 2	41,1.2 | 42,8 | 50,2 | 51 | 72 | 119 | 147,3 | 166,1.2 | 316 | 317 | 323,2
Ps	100, 1	100, 5	9 | 70 | 123,10 | 125 | 129 | 159 | 288 | 326 | 332,1

Biblisches Buch	von Kapitel, Vers	bis Kapitel, Vers	Lied, Strophe (ggf.)
Ps	100, 2		2 | 5,3 | 11,2 | 67,3 | 93,4 | 107,2 | 108,1 | 114,7 | 125,3 | 133,2 | 135,7 | 198,2 | 205,4 | 207,2 | 217,4 | 269,5 | 288,1 | 290,5.7 | 337 | 349,1 | 404,3 | 406,14 | 490,4 | 499,3 | 503,15 | 506,6 | 523,1 | 843,7
Ps	100, 3		274 | 386,9
Ps	100, 3a		255,1 | 327,3
Ps	100, 4		1,1 | 75,3 | 272 | 277,1 | 300 | 333,1 | 334 | 336 | 425,3 | 464,2
Ps	100, 4	100, 5	181
Ps	100, 5		15,2 | 147,3 | 284,1.2 | 285,1 | 294,1 | 301,1 | 304,1 | 313,3 | 316,3 | 317,3 | 333,1 | 336 | 468,3 | 533,2
Ps	101, 1		104,1 | 167 | 273 | 321,3 | 349,1 | 377
Ps	101, 1	101, 8	295 | 361,4 | 423,4 | 495 | 497
Ps	101, 2		428,1 | 432,3
Ps	101, 5		412,3
Ps	102, 2		383,2
Ps	102, 2	102, 3	292,1 | 299,1 | 343,1
Ps	102, 2	102, 29	64 | 82 | 138 | 283
Ps	102, 3		111,2 | 140,3 | 276,3 | 531,1
Ps	102, 4	102, 12	446 | 527 | 528
Ps	102, 10		371,3
Ps	102, 13		331,1 | 403,4 | 488,2
Ps	102, 13	102, 23	275
Ps	102, 14		178 | 192
Ps	102, 17		241,8
Ps	102, 17	102, 23	7 | 8 | 9 | 15 | 128,1–4 | 346
Ps	102, 18		58,12 | 326,4 | 427,2 | 430,2 | 446,6 | 479,3
Ps	102, 19		332
Ps	102, 20		9,5 | 131,1
Ps	102, 20	102, 21	273,4 | 341,4
Ps	102, 20	102, 23	426,1
Ps	102, 22		62,2
Ps	102, 23		257,2
Ps	102, 24	102, 26	424,1
Ps	102, 25	102, 28	64 | 449,7
Ps	102, 26		297,6 | 324,4 | 504,1 | 515,1
Ps	102, 26	102, 27	153
Ps	102, 27		374,1 | 432,3 | 449,8 | 491,1
Ps	102, 27	102, 28	64,2–4
Ps	102, 28		289,4 | 488,2
Ps	103, 1	103, 2	213,1.2 | 272 | 276,1 | 310 | 316 | 317 | 326 | 330
Ps	103, 1	103, 5	214,1 | 287,2 | 365

Biblisches Buch	von Kapitel, Vers	bis Kapitel, Vers	Lied, Strophe (ggf.)
Ps	103, 1	103, 13	183 | 232 | 302 | 303 | 318 | 353
Ps	103, 1	103, 22	191 | 289 | 331,2 | 333 | 408,4 | 499,1 | 504
Ps	103, 1		83,5
Ps	103, 2		24,3 | 39,4 | 70,2 | 135,7 | 139,1 | 169,4 | 215,2 | 284,4 | 316,5 | 317,5 | 333,2 | 335 | 337 | 338 | 339 | 340 | 365 | 399,4 | 405,1 | 475,1 | 513,1
Ps	103, 2	103, 3	211,4 | 222,2 | 502,3
Ps	103, 3		96,3 | 116 | 154,4 | 315,4 | 485,5
Ps	103, 4		16,1 | 133,6 | 146,4 | 301,10 | 309,4 | 323 | 428,1 | 533,2
Ps	103, 5		165,7 | 414,3 | 425,3
Ps	103, 6		97,4 | 429,6 | 430,2
Ps	103, 8		58,7 | 59 | 64 | 163 | 168,4 | 173 | 174 | 232 | 258 | 277 | 309,2 | 533,1
Ps	103, 8	103, 13	61,3 | 66,4 | 92,2 | 144 | 154,4 | 324,9 | 353 | 354 | 355
Ps	103, 11		301,12 | 326,3 | 533,2
Ps	103, 13		109,4 | 206,3 | 287,4 | 326,6 | 355,5 | 365 | 376,2 | 468,4
Ps	103, 13	103, 14	315,3
Ps	103, 14	103, 16	64,2–4 | 303,2 | 449,7.8
Ps	103, 14	103, 18	341,1 | 363,3 | 472,2.3 | 518 | 527,5.6 | 528
Ps	103, 15		424,1
Ps	103, 17		288,6 | 293,2 | 533,2.3
Ps	103, 17	103, 18	295 | 347
Ps	103, 18		144,5.7 | 231,11
Ps	103, 19		147,3 | 155,4 | 158,1 | 199,5 | 535
Ps	103, 19	103, 22	143 | 289 | 305 | 306 | 330 | 332,1
Ps	103, 20		16,2 | 177 | 180 | 322,1 | 331,2 | 535
Ps	103, 20	103, 22	29,1 | 43,4 | 44,3 | 46,3 | 48 | 49 | 52,2 | 53 | 139,4 | 142,1 | 181,6 | 316 | 317
Ps	103, 21		331,2
Ps	103, 22		24,3 | 70,2 | 135,7 | 169,4 | 272 | 276,1 | 316,5 | 317,5 | 326,7 | 331,1 | 333,2 | 335 | 337 | 338 | 339 | 340 | 513,1
Ps	104, 1		169,4 | 272 | 276,1 | 310 | 316,5 | 317,5 | 333,2 | 335 | 337 | 338 | 339 | 340 | 399,4 | 403
Ps	104, 1	104, 35	167 | 284,3 | 301,4.11 | 303 | 324 | 325,6 | 327 | 330 | 349 | 361 | 364 | 383,4 | 409,2 | 455 | 457 | 499 | 500 | 503 | 504 | 506 | 508 | 509,1 | 512 | 514 | 515
Ps	104, 2		324,4 | 327,2 | 427,4 | 431,3 | 510,4
Ps	104, 3		242,1 | 323,2
Ps	104, 4		127,3 | 143,2 | 504,4 | 506,3 | 508,4 | 514,2 | 515,3
Ps	104, 10	104, 30	324 | 330 | 457,4–9 | 501,1.2 | 502
Ps	104, 11		371,8 | 403,2
Ps	104, 12		110,4
Ps	104, 13		340

Biblisches Buch	von Kapitel, Vers	bis Kapitel, Vers	Lied, Strophe (ggf.)
Ps	104, 13	104, 15	424,3 | 457,4.5.8.9
Ps	104, 15		394,2
Ps	104, 16		155,4 | 504,5
Ps	104, 17		326,4
Ps	104, 19		3,1 | 240,1 | 301,4.5 | 408,2 | 445,1 | 476,1 | 499,2 | 508,4 | 509,5 | 510,3.4 | 514,1
Ps	104, 19	104, 23	444,1 | 488,1
Ps	104, 20		515,2
Ps	104, 22		427,1 | 437,1 | 445,2 | 446,2 | 508,4 | 509,5
Ps	104, 23		334,3
Ps	104, 24		284,3 | 285,2 | 301,4 | 326,1–3 | 327 | 331,1 | 501 | 503 | 504,1 | 506,2 | 512,1
Ps	104, 25	104, 26	511,2
Ps	104, 26		509,3
Ps	104, 27		301,11
Ps	104, 27	104, 28	302,5 | 458 | 460 | 461 | 463 | 464,1 | 465 | 466 | 502,4 | 513,3
Ps	104, 27	104, 33	53,2.3 | 227,2 | 322 | 325 | 326,1–3.7 | 449,7.8 | 512,2
Ps	104, 28		425,1
Ps	104, 29		142,3 | 212,1 | 289,3 | 520,2 | 534,2
Ps	104, 29	104, 30	382,3 | 395,2 | 424,1 | 432,1
Ps	104, 30		99 | 100 | 101 | 125 | 129 | 133,1 | 134,1 | 149,2 | 370,2.3 | 395,2 | 429,1 | 432,1 | 501
Ps	104, 31		26 | 168,6 | 490,2
Ps	104, 32		92,5
Ps	104, 33		97,4 | 167 | 169,4 | 272 | 276,1 | 324,1 | 325,10 | 326,7 | 327,3 | 328,1 | 332 | 499,3 | 514,7
Ps	104, 33	104, 34	33,2 | 302 | 323,1 | 330,2.5–7 | 340 | 503,8
Ps	104, 34b		323,2 | 396,1
Ps	104, 35		24,3 | 109,3 | 169,4 | 181 | 316,5 | 317,5 | 333,2 | 335 | 337 | 338 | 339
Ps	105, 1		2,1 | 299 | 334,1
Ps	105, 1	105, 6	5 | 70 | 169,4 | 286 | 288 | 398
Ps	105, 1	105, 45	290 | 380,5 | 405
Ps	105, 2		301,3 | 325,1 | 326,1 | 332
Ps	105, 3		176 | 252,3 | 323,2 | 333,4 | 349,1 | 506,6
Ps	105, 4		67,4 | 182,2 | 183,2 | 279,3 | 281,5 | 302,3 | 326,8 | 333,3 | 383,1 | 396,3 | 406,2 | 431,1 | 451,4 | 454,3 | 506,3
Ps	105, 6		316,5 | 317,5
Ps	105, 7		22 | 280,2 | 285,4
Ps	105, 8		200,4
Ps	105, 14		128,5

Biblisches Buch	von Kapitel, Vers	bis Kapitel, Vers	Lied, Strophe (ggf.)
Ps	105, 17	105, 18	279,4
Ps	105, 40		70,2 | 279,5
Ps	105, 41	105, 45	286 | 288
Ps	105, 42		12,1–3
Ps	105, 43		108,1 | 531,3
Ps	105, 45		181,1–8 | 514
Ps	106, 1		2,1 | 127,7 | 169,4 | 181 | 229,1 | 265,1 | 294,1 | 301,1 | 304 | 320 | 325,1 | 333,1 | 334 | 336 | 425,3 | 458 | 460 | 464,2 | 499,3 | 502,1 | 514 | 535
Ps	106, 1	106, 12	318
Ps	106, 1	106, 48	380,5 | 455
Ps	106, 2		193,2 | 301,1 | 327,4 | 330 | 414,4 | 429 | 479,3
Ps	106, 3		295
Ps	106, 4		325,10 | 484,2 | 533,2
Ps	106, 4	106, 5	133,9 | 146,4 | 286,2
Ps	106, 5		485,3
Ps	106, 5	106, 6	144,2
Ps	106, 6		84,3.4 | 85,4
Ps	106, 8		193,2 | 299,5
Ps	106, 9		325,3 | 407,1
Ps	106, 12		326,1 | 327,4
Ps	106, 13	106, 39	70,2 | 79,5 | 405
Ps	106, 21		329,2
Ps	106, 24		136,6 | 273,1
Ps	106, 25		437,3
Ps	106, 40	106, 42	281,1
Ps	106, 43	106, 46	281,2.4
Ps	106, 44		418,3
Ps	106, 45		3,2 | 146,4
Ps	106, 46		247,3
Ps	106, 47		69,4 | 97,4 | 180,2 | 182,6 | 267,3 | 333,4 | 506,6
Ps	106, 48		2 | 109,1 | 139,5 | 148,1 | 177 | 180 | 181 | 185 | 191 | 321 | 323,2 | 328,7 | 331,1 | 514
Ps	107, 1		169,4 | 181 | 229,1 | 294,1 | 301 | 320,1 | 325,1 | 333,1 | 334 | 336 | 425,3 | 458 | 499,3
Ps	107, 1	107, 9	221 | 326 | 424,3
Ps	107, 1	107, 32	244 | 346
Ps	107, 1	107, 43	191 | 321 | 330,5 | 366 | 430,3 | 512,5
Ps	107, 2		321,2 | 326,4
Ps	107, 3		257,2 | 426,1
Ps	107, 4		37,3 | 252,8
Ps	107, 4	107, 9	412,2 | 444,4

Biblisches Buch	von Kapitel, Vers	bis Kapitel, Vers	Lied, Strophe (ggf.)
Ps	107, 4	107, 16	11,3.4 | 326,4 | 407,1
Ps	107, 6		211,4 | 326,4 | 365,4
Ps	107, 7		407,3
Ps	107, 9		1,5 | 175
Ps	107, 10		7,1.5
Ps	107, 10	107, 16	259 | 305,4 | 306,4 | 376,1 | 409,4 | 488,1
Ps	107, 13	107, 14	452,3 | 488,4
Ps	107, 14		37,3
Ps	107, 16		7,1 | 66,3
Ps	107, 17	107, 22	341,2
Ps	107, 20		129,1 | 131,1 | 197,2 | 400,5 | 424,2
Ps	107, 22		77,8 | 272 | 276,1 | 497,14
Ps	107, 23	107, 32	346 | 366
Ps	107, 24		497,10
Ps	107, 25		514,2
Ps	107, 26		430,4
Ps	107, 28		324,10 | 488,4
Ps	107, 29		14,4
Ps	107, 41		9,5
Ps	107, 43		289,1
Ps	108, 2		104,1 | 161,3 | 302 | 324,1 | 339 | 446,1 | 514,5.7
Ps	108, 2	108, 3	114,1 | 145,1 | 155,2
Ps	108, 2	108, 4	316 | 317
Ps	108, 2	108, 6	167 | 169,4
Ps	108, 2	108, 14	291
Ps	108, 3		316,1 | 444,1 | 452,1 | 455,1
Ps	108, 4		179,1.2 | 330
Ps	108, 4	108, 6	291
Ps	108, 5		126,1 | 129,2 | 325,10 | 347,6 | 355 | 506,3 | 512,3 | 533,2
Ps	108, 6	108, 7	281,1 | 377
Ps	108, 11	108, 14	377
Ps	108, 12		283
Ps	108, 13		247 | 347,5
Ps	108, 13	108, 14	248,3 | 303,2.3 | 524,6
Ps	108, 14		259 | 378,2
Ps	109, 1		470,2 | 534,2
Ps	109, 1	109, 31	347
Ps	109, 2	109, 3	275,5 | 373,3
Ps	109, 4		84,10.11 | 231,6 | 325,8 | 373,4 | 413,5 | 495,4
Ps	109, 21	109, 25	366 | 398,2 | 488,1

Biblisches Buch	von Kapitel, Vers	bis Kapitel, Vers	Lied, Strophe (ggf.)
Ps	109, 21		129,2 | 487,4 | 520,7
Ps	109, 26		195,3 | 444,3 | 484,2
Ps	109, 27		425,1
Ps	109, 30		39,6 | 323,1 | 333,1 | 334,1 | 336
Ps	109, 31		158,2 | 289,1
Ps	110, 1		121
Ps	110, 1	110, 4	119 | 120 | 123
Ps	110, 3		489,1
Ps	110, 6		280,2
Ps	111, 1		181 | 321,1 | 491,3 | 514,5
Ps	111, 1	111, 10	214 | 215 | 222 | 223 | 379,1 | 424,1
Ps	111, 3		182,2
Ps	111, 4		223 | 239,2 | 309,2 | 327 | 490,3 | 533,1
Ps	111, 5		62,1 | 302 | 461 | 502
Ps	111, 6	111, 7	429
Ps	111, 7		425,1 | 429,6 | 488,2
Ps	111, 7	111, 8	357,5 | 472,2
Ps	111, 9		7,7 | 21 | 66,3 | 68 | 113 | 123,5 | 139,4 | 155,3 | 178,4 | 185 | 299,5 | 333,4 | 364 | 520,3
Ps	111, 10		161,2 | 166,3 | 309,2 | 414,4
Ps	112, 1		181 | 514
Ps	112, 1	112, 10	295 | 397 | 494,5
Ps	112, 4		7,5 | 40 | 65,5 | 74,1 | 172 | 305,4 | 306,4 | 323,1 | 383,3 | 409,4 | 427,4 | 428,5 | 431,3 | 440 | 444,1 | 449,3 | 450 | 454,2 | 459,1.3
Ps	112, 5	112, 9	343 | 397,2 | 413,3
Ps	112, 7	112, 8	11,6 | 275 | 279,7 | 370,6.7 | 374,2
Ps	112, 9		158,2 | 231,8 | 309,3 | 513,5
Ps	113, 1		181 | 323,2 | 514
Ps	113, 1	113, 2	343
Ps	113, 1	113, 9	139 | 167 | 300 | 303 | 332 | 447 | 448 | 456
Ps	113, 2		173 | 174 | 175 | 185 | 290,7 | 321,3
Ps	113, 2	113, 3	323,2 | 325,10
Ps	113, 3		221 | 305,1 | 306,1 | 326 | 330,2 | 383,3 | 453,4 | 456 | 470 | 490,3 | 504,2 | 509,5 | 510,3.4
Ps	113, 4		490,4 | 510,1
Ps	113, 4	113, 9	142,2 | 291 | 308
Ps	113, 5		142,2
Ps	113, 6	113, 7	158,1.2
Ps	113, 7		112,8 | 137,1.9 | 309,3 | 315,2.3
Ps	113, 9		181
Ps	114, 1	114, 8	281 | 362 | 498

Biblisches Buch	von Kapitel, Vers	bis Kapitel, Vers	Lied, Strophe (ggf.)
Ps	114, 3		244,2
Ps	115, 1		197,3 | 318 | 533,2
Ps	115, 1	115, 18	179 | 326
Ps	115, 2		278,2
Ps	115, 3		148,1 | 184,1
Ps	115, 4	115, 11	326,8
Ps	115, 9	115, 11	112,7 | 275,4 | 282,5.6 | 294,4 | 324,14
Ps	115, 12	115, 13	204 | 210
Ps	115, 12	115, 15	58,11 | 140 | 163 | 170 | 171 | 174 | 203,5 | 214,3 | 239,1.2 | 245,5 | 252,7 | 281,3 | 294,4 | 300,3 | 316,4 | 317,4 | 330,5 | 347,4 | 348 | 352,1 | 361,4 | 369,7 | 374,3 | 395,2 | 446,9 | 449,4 | 451,5 | 457,4–10 | 494,1–3 | 496 | 497,1 | 503,13
Ps	115, 13		18,2 | 58,11
Ps	115, 14		170,1.4 | 468,4 | 511,3
Ps	115, 16		432,1 | 445,1
Ps	115, 17		476,6
Ps	115, 18		123,9–11 | 173 | 175 | 181 | 191 | 302,8 | 316,5 | 317,5 | 327,3 | 330 | 332 | 514
Ps	116, 1		327,4 | 444,3
Ps	116, 1	116, 9	11,4 | 37,3 | 66,2 | 100 | 102 | 108 | 114,9 | 292 | 326,4 | 518
Ps	116, 2		326,7
Ps	116, 5		10 | 309,2.4 | 533,1
Ps	116, 6		65,1 | 289,1.2 | 292,3 | 302,6 | 323,3 | 343,5 | 376,2 | 428,2 | 432,3 | 437,2 | 447,8 | 468,1
Ps	116, 7		36,10 | 169,3 | 200,5 | 278 | 322,4 | 369,4 | 371
Ps	116, 7	16, 8	63,1–3
Ps	116, 8		162,2 | 325,4 | 326,4 | 484,4
Ps	116, 8	116, 9	112,6 | 292,4 | 344,8
Ps	116, 9		133,6 | 426 | 459,3
Ps	116, 10		137,1.9 | 195,3
Ps	116, 10	116, 14	326
Ps	116, 12		77,8 | 165,3 | 325,1 | 398,1
Ps	116, 12	116, 13	81,7 | 323,3
Ps	116, 13		65,2 | 323,3
Ps	116, 14		279,5 | 326,9 | 452,5
Ps	116, 15		193
Ps	116, 15	116, 16	452,3
Ps	116, 17		77,8 | 154 | 160 | 200,5 | 449,3
Ps	116, 17	116, 18	166,3
Ps	116, 18		326,9 | 452,5
Ps	116, 19		181,1–8 | 282,1 | 514

Biblisches Buch	von Kapitel, Vers	bis Kapitel, Vers	Lied, Strophe (ggf.)
Ps	117, 1	117, 2	70 | 71 | 136,5 | 167 | 181,6 | 241,6 | 286 | 288 | 293 | 337 | 426,1 | 448 | 489,2 | 502,3
Ps	117, 2		184,5 | 301,12 | 326,3 | 361,3 | 514
Ps	118, 1		2,1 | 127,7 | 181 | 325,1 | 334 | 336 | 499,3
Ps	118, 1	118, 4	35,2 | 38,3 | 169,4 | 214,2 | 229,1 | 232,4 | 333,1 | 399,4 | 425 | 472,2
Ps	118, 1	118, 14	500,2
Ps	118, 1	118, 29	288 | 294 | 320
Ps	118, 5		93
Ps	118, 5	118, 9	326,4 | 341,3.4 | 366
Ps	118, 6		58,3.5 | 195,1 | 351,1 | 370,6 | 383,4
Ps	118, 7		95,1 | 327,1 | 419,1.5
Ps	118, 8	118, 9	303,2 | 368,7
Ps	118, 10	118, 14	193 | 244 | 246 | 249 | 326
Ps	118, 13	118, 14	376,3
Ps	118, 14		38,1 | 65 | 67,4 | 123,4 | 183,2 | 195,1 | 279,3 | 281,5 | 302,3 | 324,14 | 326,8 | 333,3 | 396,3 | 406,3 | 407,2 | 431,1 | 451,4 | 454,3 | 486,10 | 506,3 | 533,1
Ps	118, 14	118, 24	99 | 101 | 106 | 108 | 109 | 110 | 113 | 351 | 357 | 373
Ps	118, 14	118, 29	112,1.2
Ps	118, 15	118, 18	108 | 113,4 | 249,3 | 341,1
Ps	118, 16		54,2 | 121 | 154,1.5 | 242,2 | 276,2 | 518
Ps	118, 17		520,6
Ps	118, 17	18, 20	247
Ps	118, 18		117,3 | 292,4 | 532,2
Ps	118, 19	118, 20	150,3 | 166 | 288,4 | 314,1
Ps	118, 21		326,4 | 400,5
Ps	118, 22		75,1
Ps	118, 23		111,11
Ps	118, 24		42,1.9 | 100,1 | 101,1.6 | 105 | 106 | 108,1.3 | 162,3 | 272 | 414,3 | 427,3
Ps	118, 24	118, 29	51,4 | 125 | 129 | 133,6 | 135 | 303
Ps	118, 25		2 | 12,4 | 61,1 | 144,5 | 151,2 | 161,3 | 195,3 | 494 | 496
Ps	118, 25	118, 26	4 | 9 | 11,2 | 13,2 | 14 | 21 | 39,1 | 49 | 70,1.2 | 71,3 | 103,1 | 109,1 | 147,2 | 181 | 185,3.4
Ps	118, 26		1 | 13,2 | 18 | 22 | 26 | 43,4 | 45 | 47 | 48 | 52,5 | 87 | 177 | 180
Ps	118, 27a		3,1 | 128,2 | 131,4 | 196,5 | 481,1
Ps	118, 27b		135,1
Ps	118, 28		69,4 | 165,4 | 180 | 195,3 | 327,3 | 374,5 | 515,9
Ps	118, 28	118, 29	333,1 | 334 | 336
Ps	118, 29		41,1 | 304,1 | 325,1 | 425 | 499,3
Ps	119, 1		15,4

Biblisches Buch	von Kapitel, Vers	bis Kapitel, Vers	Lied, Strophe (ggf.)
Ps	119, 1	119, 16	445 | 494
Ps	119, 1	119, 176	295
Ps	119, 2		346,3 | 420
Ps	119, 3		62,1 | 171,1 | 451,5
Ps	119, 4	119, 5	495
Ps	119, 6		392,7 | 452,3
Ps	119, 7		491,3 | 514,5
Ps	119, 7	119, 8	295 | 333,1 | 334 | 336
Ps	119, 9		231,7
Ps	119, 10		176 | 252,3 | 449,5 | 473
Ps	119, 11		196,4 | 501,3
Ps	119, 12	119, 13	213,6 | 497,14
Ps	119, 15		161
Ps	119, 16		70,2 | 135 | 169 | 284 | 316 | 317 | 333,4 | 337 | 399,4 | 501,1 | 513,1
Ps	119, 17		73,5 | 196,1 | 343,1
Ps	119, 18		162 | 176 | 374,2 | 400,4 | 432,1 | 453,2
Ps	119, 19		529
Ps	119, 19a		168,1
Ps	119, 20		282,1
Ps	119, 23		351,11
Ps	119, 24		134,2 | 389,4 | 446,5.8
Ps	119, 25		109,4 | 315,2
Ps	119, 25	119, 32	164 | 345 | 365 | 367 | 398 | 399
Ps	119, 27		301,3 | 326,1 | 334,5 | 382,1 | 432,2 | 444,5 | 490,3
Ps	119, 28		121,1 | 324,15 | 331,9
Ps	119, 29		176
Ps	119, 31		378,1 | 452,3
Ps	119, 29a		155,1
Ps	119, 31	119, 32	295
Ps	119, 32		326,4
Ps	119, 33		124,1 | 171 | 219,3 | 250,5 | 295 | 440,4
Ps	119, 33	119, 40	157
Ps	119, 34		73,5 | 176 | 184,2 | 343,1 | 376
Ps	119, 35	119, 36	449,6
Ps	119, 35		445,4.5
Ps	119, 36		231,10 | 495,4
Ps	119, 37		67,4 | 139,3 | 198,2
Ps	119, 37a		246,5
Ps	119, 37b		70,4 | 171,4 | 215,7 | 252,3 | 274,2 | 282,4 | 352,4 | 450,2
Ps	119, 38		115,2 | 196,1

Biblisches Buch	von Kapitel, Vers	bis Kapitel, Vers	Lied, Strophe (ggf.)
Ps	119, 40		352,3
Ps	119, 41	119, 42	243,2.3 | 287,3
Ps	119, 41	119, 43	347
Ps	119, 42		159,1 | 196,1 | 198,1 | 380,3
Ps	119, 43		346,5
Ps	119, 44		176 | 295,2
Ps	119, 45		323,2
Ps	119, 45	119, 46	96
Ps	119, 48		64,4 | 300,2 | 325,10
Ps	119, 49		363,6
Ps	119, 49	119, 50	286,2 | 299,3 | 355,4
Ps	119, 50		64,4 | 146,3 | 162 | 166,5 | 196,1 | 197,2 | 414,3 | 488,1
Ps	119, 51		370,6
Ps	119, 52		295,4
Ps	119, 54		231
Ps	119, 55		111,2 | 176
Ps	119, 56		195,1 | 302,2 | 324,14
Ps	119, 57	119, 64	159 | 324 | 357
Ps	119, 58		224,2 | 235,1
Ps	119, 61		70,2 | 135,7 | 169,4 | 176 | 284,4 | 316,5 | 317,5 | 333,2 | 399,4 | 513,1
Ps	119, 62		300,1 | 491,3
Ps	119, 63		252
Ps	119, 64		277 | 289,2 | 399,4 | 504,1 | 506,3 | 512,1
Ps	119, 65	119, 72	85,5 | 283 | 322
Ps	119, 66		67,3 | 131,4 | 531,2
Ps	119, 66	119, 67	85
Ps	119, 67		273,5 | 400,4
Ps	119, 68		131,4 | 324,14
Ps	119, 72		324,1
Ps	119, 73		37,2
Ps	119, 74		196,1 | 198,1 | 374,2 | 380,3
Ps	119, 76		129,2 | 217 | 343,5 | 487,4 | 488,1
Ps	119, 77		355,5
Ps	119, 78		246
Ps	119, 80		5,9 | 452,3
Ps	119, 81		65,2 | 361,1
Ps	119, 81	119, 86	25,5 | 396,1
Ps	119, 81	119, 91	51 | 196 | 275 | 280 | 343 | 370 | 371 | 397
Ps	119, 83		70,2 | 135,7 | 169,4 | 284,4 | 316,5 | 317,5 | 333,2 | 399,4 | 513,1
Ps	119, 84		134,5 | 371,10

Biblisches Buch	von Kapitel, Vers	bis Kapitel, Vers	Lied, Strophe (ggf.)
Ps	119, 86		327,1
Ps	119, 89		15,5 | 196,1 | 198,1
Ps	119, 89	119, 90	291 | 295,4 | 357,6
Ps	119, 89	119, 91	499,1
Ps	119, 89	119, 96	59 | 64
Ps	119, 90		313,3
Ps	119, 92		131,2 | 146,3 | 159,1 | 166,1.5 | 176 | 196,5 | 197,2 | 363,6
Ps	119, 93		70,2 | 135,7 | 169,4 | 284,4 | 316,5 | 317,5 | 333,2 | 399,4 | 513,1
Ps	119, 94		165,3 | 327,1 | 370,11 | 371,10 | 473,3
Ps	119, 95		5,3 | 11,2 | 67,3 | 84,7 | 93,4 | 107,2 | 114,7 | 125,3 | 133,2 | 135,7 | 198,2 | 205,4 | 207,2 | 217,4 | 269,5 | 288,1 | 290,5.7 | 337 | 404,3 | 406,1 | 490,4 | 499,3 | 503,15 | 506,6 | 523,1
Ps	119, 96		357,1 | 472,2 | 473,2
Ps	119, 97		176
Ps	119, 97	119, 105	295 | 444,4 | 449,10 | 497
Ps	119, 98		324,14 | 449,10
Ps	119, 101		135,5 | 171,3
Ps	119, 101	119, 108	166,3.5 | 295
Ps	119, 103		70,2
Ps	119, 104	119, 105	196,1.5
Ps	119, 105		16,1.4.5 | 19,1 | 20,1 | 51,4 | 69,4 | 70,1.4 | 74,1 | 93,1 | 125,2 | 136,6 | 158,1 | 161 | 166,5 | 172 | 196,5.6 | 246,1 | 273,5 | 305,4 | 306,4 | 318,8 | 325,4 | 327,2 | 357,4.5 | 427,4 | 428,5 | 431,3 | 442,7 | 452,5 | 459 | 485,4
Ps	119, 108		161,3 | 323,1 | 327,1 | 446,5 | 449,3
Ps	119, 109		70,2 | 135,7 | 169,4 | 176 | 284,4 | 316,5 | 317,5 | 333,2 | 399,4 | 513,1
Ps	119, 112		295,3
Ps	119, 113		176
Ps	119, 113	119, 120	273 | 297 | 378,2
Ps	119, 114		112,7 | 196,1 | 258 | 275,4 | 282,5.6 | 324,14 | 380,3 | 408,3 | 454,3
Ps	119, 116		6,2 | 65,2 | 70,7 | 152 | 193,1 | 196,1 | 246,7 | 452,3
Ps	119, 117		327,1
Ps	119, 118		378,2
Ps	119, 119		149,4 | 281,1
Ps	119, 122		81,4 | 82,2
Ps	119, 123		65,2 | 146,2.3 | 296
Ps	119, 124		129,2 | 146,2
Ps	119, 125		165,3 | 334,5 | 432,2

Biblisches Buch	von Kapitel, Vers	bis Kapitel, Vers	Lied, Strophe (ggf.)
Ps	119, 126		244 | 377,1
Ps	119, 128		161
Ps	119, 131		399,1.2
Ps	119, 133		159,1 | 391,4 | 432,3 | 445,5
Ps	119, 135		140,3.4 | 165,6 | 276,3 | 385,2
Ps	119, 136		176 | 273,1
Ps	119, 137		70,4 | 91,4
Ps	119, 139		297,3
Ps	119, 140		157 | 161
Ps	119, 141		70,2 | 135,7 | 169,4 | 284,4 | 316,5 | 317,5 | 333,2 | 399,4 | 513,1
Ps	119, 142		176
Ps	119, 144		124 | 184,5
Ps	119, 145		427,5
Ps	119, 145	119, 152	343
Ps	119, 146		327,1
Ps	119, 147		196,1 | 380,3 | 438 | 439,4 | 452,5
Ps	119, 148		365,5 | 476,4 | 478,6
Ps	119, 150		273,2
Ps	119, 151		165,8 | 379,2 | 452,4 | 488,3
Ps	119, 152		357,2
Ps	119, 153		70,2 | 135,7 | 169,4 | 176 | 284,4 | 316,5 | 317,5 | 333,2 | 399,4 | 513,1 | 520,4
Ps	119, 153	119, 160	275
Ps	119, 154		97,2 | 151,8 | 196,1 | 249,2 | 297,1 | 422,2
Ps	119, 156		293,2 | 318,3.6 | 355,1 | 439,3 | 442,9
Ps	119, 157		438
Ps	119, 159		70,4 | 215,7 | 282,4 | 399,2 | 450,2
Ps	119, 160		166,3 | 196,1 | 198,1 | 277,5 | 295,4 | 428,3 | 473,3
Ps	119, 161		351,11 | 386,10
Ps	119, 162		197,2
Ps	119, 163		373,3
Ps	119, 164		272 | 276,1 | 331,10 | 332 | 470,2 | 499,3 | 515,2
Ps	119, 165		176 | 250,5 | 435 | 436
Ps	119, 166		6,2 | 65,2 | 70,7 | 152 | 442,7
Ps	119, 168		161
Ps	119, 169	119, 170	168,2 | 343 | 371,5
Ps	119, 170		444,3
Ps	119, 171		10,4
Ps	119, 172		104,1 | 259,3 | 326,9 | 327,1 | 330,1.6
Ps	119, 173		70,7 | 122,2 | 386,4 | 393,5.6 | 396,2 | 425,1 | 444,3 | 529,8

Biblisches Buch	von Kapitel, Vers	bis Kapitel, Vers	Lied, Strophe (ggf.)
Ps	119, 174		70,7 | 122,2 | 386,4
Ps	119, 175		289 | 302 | 303 | 308 | 333,2
Ps	119, 176		24,4 | 70,2 | 72,3 | 135,7 | 169,4 | 262,3 | 263,3 | 316,5 | 317,5 | 333,2 | 353,3 | 399,4 | 400,4 | 513,1
Ps	120, 1		111,2 | 292 | 326,4 | 371,5 | 382,1
Ps	120, 1	120, 2	299,1 | 343,1
Ps	120, 3	120, 4	273,3
Ps	120, 7		344,5 | 443,5 | 495,3.5
Ps	121, 1		21 | 174 | 275 | 278 | 328,3 | 330,7 | 332,1.2 | 394,1.5
Ps	121, 1	121, 2	428,1 | 449,5 | 531,1
Ps	121, 1	121, 6	457,1
Ps	121, 1	121, 8	58 | 59,2 | 61,2 | 64 | 65 | 140,2 | 170,1.4 | 296 | 309,4 | 437,2 | 444 | 453,1 | 483 | 486,2 | 487,1.2 | 498
Ps	121, 2		324,14
Ps	121, 3		12,2 | 65,1 | 183 | 444,2
Ps	121, 3	121, 4	248,1 | 325,7 | 364,2 | 373,4 | 432,3 | 443,2 | 445,1.2 | 447,6.7 | 457,6 | 471,1.2 | 474,1 | 476,5 | 477,7 | 478 | 480,2 | 484,1
Ps	121, 3	121, 6	468,3
Ps	121, 4		248,1 | 296,3.4 | 478,2 | 480,2 | 486,1
Ps	121, 5		65,1 | 326,2
Ps	121, 6		376,3 | 428,5 | 437,1 | 444,1.2 | 468,4 | 490,1 | 493
Ps	121, 7		167,2 | 289,1 | 368,4 | 419,4 | 505,5
Ps	121, 7	121, 8	163 | 171 | 173 | 174 | 175 | 453,1 | 468
Ps	121, 8		163 | 168,4 | 184,5 | 239,4 | 444,3 | 498,2
Ps	122, 1		169,1.5 | 328,3 | 330,7 | 332,1.2
Ps	122, 1	122, 9	90 | 165 | 166 | 250 | 251 | 252,3.4 | 258 | 282 | 396 | 433 | 519
Ps	122, 3		150,1
Ps	122, 4		300 | 333,1 | 334 | 336
Ps	122, 6	122, 9	246,3.4
Ps	122, 7		433 | 434
Ps	123, 1		296 | 328,3 | 330,7 | 332,1.2 | 432
Ps	123, 2		382,2 | 512,2
Ps	123, 3	123, 4	64,6 | 140,3 | 244 | 280,1 | 472,5
Ps	124, 1		328,3 | 330,7 | 332,1.2
Ps	124, 1	124, 8	297 | 331,3
Ps	124, 6		185
Ps	124, 6	124, 8	371,14
Ps	124, 7		424,2
Ps	124, 8		64 | 65 | 69 | 380,6
Ps	125, 1		328,3 | 330,7 | 332,1.2 | 398,1

Biblisches Buch	von Kapitel, Vers	bis Kapitel, Vers	Lied, Strophe (ggf.)
Ps	125, 1	125, 5	275 | 345 | 378
Ps	125, 2		173 | 174 | 175
Ps	125, 3		249
Ps	125, 4		295,3 | 323,1
Ps	125, 5		149,4 | 234,4
Ps	126, 1		328,3 | 330,7 | 332,1.2 | 386,7 | 388,6.7
Ps	126, 1	126, 2	468,3
Ps	126, 1	126, 4	11,4
Ps	126, 1	126, 6	34 | 66,3 | 144 | 147 | 150 | 151 | 241,5 | 296 | 298 | 302,5 | 325,8 | 384,2 | 416
Ps	126, 2		323,1 | 329,2 | 330,1 | 355,4
Ps	126, 3		34,1 | 102 | 169 | 272 | 321,1 | 329,2
Ps	126, 5		170,3 | 307,2 | 351,10 | 366 | 484,4 | 513,7 | 532,3
Ps	126, 5	126, 6	63,4 | 425,3 | 508,1 | 512,6
Ps	126, 6		7,6.7 | 11,10 | 34 | 63,4 | 147,3 | 276,4 | 370,8.9 | 450,5 | 505,6 | 531,1 | 535
Ps	127, 1		147,1 | 328,3 | 330,7 | 332,1.2 | 429,2
Ps	127, 1	127, 2	58,1.6 | 128,4 | 345 | 351 | 368,2 | 369 | 371,1 | 427,3 | 487,1.2
Ps	127, 1	127, 5	496
Ps	127, 2		148,4 | 170,2 | 196,3 | 224,1 | 235,2.3 | 239,3 | 303,7 | 318,1 | 322,5 | 324,15 | 325,7 | 334,1 | 344,5 | 351,7 | 352,3 | 359,4 | 361,2 | 366,1 | 368,2 | 369,2.4 | 371 | 378,5 | 427,3 | 438,5 | 476,4 | 480,1 | 489,1
Ps	127, 3		511,3
Ps	128, 1		62,1.3 | 166,3 | 171,1 | 295,3 | 328,3 | 330,7 | 332,1.2 | 444,4
Ps	128, 2		296,8 | 318,1 | 334,3
Ps	128, 3b		511,3
Ps	128, 5		140,1.5 | 300,3
Ps	129, 1		328,3 | 330,7 | 332,1.2
Ps	129, 4		297,3 | 303,7
Ps	129, 8		58,11 | 163 | 170 | 171 | 174 | 203,5 | 214,3 | 239,1.2 | 252,7 | 281,3 | 294,4 | 311,2.3 | 316,4 | 317,4 | 330,5 | 347,4 | 348 | 352,1 | 361,4 | 369,7 | 374,3 | 394,2 | 395,2 | 446,9 | 451,5 | 457,4–10 | 494,1–3 | 496 | 497,1 | 503,13
Ps	130, 1		328,3 | 330,7 | 332,1.2 | 427,5
Ps	130, 1	130, 8	75 | 144 | 146 | 217,4 | 232 | 234 | 299 | 326,4 | 366 | 384 | 472,4 | 534,2
Ps	130, 2		444,3
Ps	130, 3		61,3 | 64,3 | 146,2 | 366,6 | 472,4 | 518,3
Ps	130, 3	130, 5	237
Ps	130, 4		16,5 | 158,3 | 192 | 404

Biblisches Buch	von Kapitel, Vers	bis Kapitel, Vers	Lied, Strophe (ggf.)
Ps	130, 5		159,1 | 380,3
Ps	130, 5	130, 6	9,9 | 345,1.2
Ps	130, 6		147,1.2 | 151,1.2 | 452,1
Ps	130, 7		8,1 | 21 | 323,3 | 325,10 | 386,8 | 404,8 | 484,2 | 520,3 | 533,2
Ps	130, 7	130, 8	68 | 179,3.4
Ps	130, 8		11,8 | 23 | 24,2–4 | 43,5.6 | 55 | 61,5 | 77,1 | 148,4 | 331,10
Ps	131, 1		10,3 | 328,3 | 330,7 | 332,1.2 | 379,3 | 396,5 | 453,3
Ps	131, 2		46 | 65,1 | 84,10 | 165,6.7 | 204,4 | 252,6 | 371 | 372,1 | 374,3 | 376,2 | 380,3 | 408,5 | 457,2 | 479,4 | 482,2 | 516,6 | 519,1 | 532,1
Ps	131, 3		173 | 174 | 175 | 299,4
Ps	132, 1		328,3 | 330,7 | 332,1.2
Ps	132, 2		63
Ps	132, 3	132, 5	179,1
Ps	132, 4		445,6 | 469,6 | 485,3
Ps	132, 7		165,1 | 382,4
Ps	132, 9a		350,1
Ps	132, 9b		35,4
Ps	132, 11	132, 12	12,1–3 | 25,2 | 30,1 | 31
Ps	132, 13	132, 14	282,1
Ps	132, 15		231,8 | 309,3 | 465 | 466 | 502,4 | 513,3.5
Ps	132, 17		21 | 30,1 | 31
Ps	133, 1		14,6 | 235,4 | 328,3 | 330,7 | 332,1.2 | 412,1
Ps	133, 1	133, 3	213,3 | 221 | 251 | 265,3 | 299 | 344,5.6 | 397,2 | 405
Ps	133, 3		58,11 | 163 | 170 | 171 | 173 | 174 | 175 | 203,5 | 214,3 | 239,1.2 | 252,7 | 281,3 | 294,4 | 311,2.3 | 316,4 | 317,4 | 330,5 | 347,4 | 348 | 352,1 | 361,4 | 369,7 | 374,3 | 382,1 | 394,2 | 395,2 | 446,9 | 451,5 | 457,4–10 | 491,1 | 494,1–3 | 496 | 503,13 | 520,3 | 533,3
Ps	134, 1		328,3 | 330,7
Ps	134, 1	134, 2	181,6
Ps	134, 1	134, 3	167 | 266 | 300 | 332
Ps	134, 3		140,1.2 | 245,5 | 352,1 | 449,4
Ps	135, 1		181,1.7 | 514
Ps	135, 1	135, 3	179,2 | 265,1 | 294,1 | 300 | 301,1 | 303,1.8 | 394
Ps	135, 1	135, 21	167 | 191 | 332
Ps	135, 3		60,1 | 89,4 | 116 | 162,4 | 181,6 | 242,3 | 271,1 | 272 | 276,1 | 285 | 288,5 | 291 | 330,1 | 331,2 | 333,1.6 | 334 | 336 | 377 | 448 | 451,1 ! 499,1 | 514,3
Ps	135, 4		32,1 | 37,2 | 83,4 | 133,4 | 165,3 | 200,3 | 204 | 220 | 256,1 | 290,1 | 309,4 | 389,6
Ps	135, 5		123,3 | 269,2 | 333,4 | 411

Biblisches Buch	von Kapitel, Vers	bis Kapitel, Vers	Lied, Strophe (ggf.)
Ps	135, 5	135, 7	504,4
Ps	135, 6		3,4
Ps	135, 6	135, 7	361,1
Ps	135, 7		506,3 | 508,4 | 515,3
Ps	135, 8	135, 12	301,7.8
Ps	135, 13		323,1 | 488,2 | 535
Ps	135, 15		485,3
Ps	135, 15	135, 17	326,8
Ps	135, 19	135, 20	179
Ps	135, 21		181 | 514
Ps	136, 1		127,7 | 181 | 425,3
Ps	136, 1	136, 3	214,2 | 229 | 232,4 | 289,2 | 294,1 | 300 | 329,1 | 330,6 | 333,1 | 334 | 336 | 399,4 | 472,2 | 503,12 | 505,3
Ps	136, 1	136, 26	301 | 322 | 325 | 499 | 512,1
Ps	136, 2		3,6
Ps	136, 4		301,3 | 303,8 | 323,2 | 326,1–3 | 490,3
Ps	136, 4	136, 9	327
Ps	136, 5		506,1
Ps	136, 7		3,1 | 515,1
Ps	136, 7	136, 9	431,1 | 445,1
Ps	136, 8		514,1
Ps	136, 9		301,5 | 408,1.2 | 431,1 | 508,3.4 | 509,5 | 510,3 | 515,1
Ps	136, 10	136, 15	498
Ps	136, 12		301,8 | 486,3
Ps	136, 15		301,7
Ps	136, 16		107,2 | 301,8
Ps	136, 24		101,4 | 111,10 | 113,4
Ps	136, 25		301,11 | 302,5 | 304,4 | 457,3–6 | 461 | 465 | 466 | 502,4 | 512,2
Ps	137, 1	137, 9	144 | 146 | 283 | 420
Ps	137, 2	137, 3	62,2
Ps	137, 3		167
Ps	137, 4		104,1
Ps	137, 5	137, 6	316,5 | 317,5
Ps	137, 5		70,3
Ps	138, 1		321,1 | 491,3 | 514,5
Ps	138, 1	138, 2	93,4 | 159,3 | 329,2 | 330,6 | 372,3 | 523,5
Ps	138, 1	138, 8	275 | 318 | 365
Ps	138, 2		130,5 | 165,1 | 168,2 | 301,2 | 323,3 | 331,10 | 333,1 | 334 | 336 | 486,7 | 489,1 | 506,6 | 512,3
Ps	138, 2	138, 5	38 | 51 | 68 | 72 | 404,1.7.8
Ps	138, 3		305,4 | 306,4 | 328,1 | 383,1 | 404,7 | 407,2 | 428,3
Ps	138, 4		161,1 | 169,2 | 194,1 | 195,1

Biblisches Buch	von Kapitel, Vers	bis Kapitel, Vers	Lied, Strophe (ggf.)
Ps	138, 4	138, 5	280,2
Ps	138, 5		104,1
Ps	138, 6		308
Ps	138, 7	138, 8	16 | 58 | 274,3 | 451,6
Ps	138, 8		277 | 320 | 425,1 | 506,3
Ps	139, 1		511,3
Ps	139, 1	139, 12	56,2.3
Ps	139, 1	139, 16	515,2
Ps	139, 1	139, 24	140 | 161 | 165 | 209 | 237 | 291 | 444,1 | 449
Ps	139, 2		315,2 | 444,5
Ps	139, 2	139, 3	56,2 | 61,2 | 64,6 | 325,5.7 | 371,3 | 445,5 | 449,4 | 471,3
Ps	139, 3		322,7 | 425,1 | 444,4
Ps	139, 4		371,5
Ps	139, 5		251,4 | 325,2 | 334,4 | 371,5 | 379,5 | 408,1.2 | 425,1 | 481,2.3 | 533,3
Ps	139, 6		42,3 | 325,3 | 457,7
Ps	139, 6	139, 7	379,1.3
Ps	139, 7	139, 10	488,4 | 518,3 | 526,7 | 533,2
Ps	139, 8		97,2 | 121 | 486,8
Ps	139, 9		444,1
Ps	139, 10		146,5 | 334,4 | 408,1.2 | 425,1 | 532,3
Ps	139, 11	139, 12	305,4 | 306,4 | 383,3 | 409,4 | 428,5 | 444,2 | 454,2 | 459,3 | 475,3 | 478,2 | 485,4 | 488,2.3.5
Ps	139, 12		162,1.3
Ps	139, 13		322,3 | 506,5
Ps	139, 13	139, 14	316,3 | 317,3
Ps	139, 13	139, 16	325,2
Ps	139, 14		331,1 | 379,3 | 425 | 504,6 | 506,1.2
Ps	139, 16		37,2 | 379,2 | 427,3 | 476,7 | 485,1 | 486,9 | 491,4 | 532,2
Ps	139, 17	139, 18	325,3 | 361,8
Ps	139, 18		324,17 | 425,1 | 506,4
Ps	139, 18b		165 | 471,3
Ps	139, 19	139, 22	247
Ps	139, 23		56,2.3
Ps	139, 23	139, 24	298,2 | 318,8 | 386,10 | 400,6
Ps	139, 24		155,1 | 171,1 | 172 | 311,2 | 395,2 | 407,3 | 426,3 | 485,1 | 486,10.11 | 533,2
Ps	140, 2		171,3 | 173 | 174 | 175
Ps	140, 2	140, 6	345
Ps	140, 3		171
Ps	140, 4		84,11 | 273,3
Ps	140, 5		140,2 | 171 | 173 | 174 | 175

Biblisches Buch	von Kapitel, Vers	bis Kapitel, Vers	Lied, Strophe (ggf.)
Ps	140, 7		165,2 | 444,3
Ps	140, 7	140, 8	275 | 299,1
Ps	140, 8		324,14 | 331,3
Ps	140, 13		158,2 | 276,1 | 289,1 | 428,2 | 429,6
Ps	140, 14		69,4 | 123,9.10 | 323,1 | 331,10 | 506,6
Ps	141, 1		299,1 | 326,4 | 343 | 382,1 | 427,5
Ps	141, 1	141, 2	165,2 | 446,5
Ps	141, 2		449,3
Ps	141, 3		171 | 173 | 174 | 175 | 453,2 | 495,3
Ps	141, 4		171,3
Ps	141, 8		198,2 | 275 | 296 | 325,4 | 345,1 | 512,2 | 531,1
Ps	142, 2	142, 3	178,4 | 299,1 | 343 | 399,1
Ps	142, 2	142, 8	366
Ps	142, 4		16,1 | 211,2 | 325,7 | 341,3.4 | 373,5 | 518,3
Ps	142, 6		114,9 | 115 | 292,4 | 322,8 | 324,14 | 326,5 | 526,1
Ps	142, 6	142, 8	279,4 | 387,4
Ps	142, 8		388,1 | 506,6
Ps	143, 1		444,3
Ps	143, 1	143, 10	144,6 | 146 | 343 | 367 | 404
Ps	143, 1	143, 12	376
Ps	143, 2		233,3 | 342,2
Ps	143, 3	143, 10	124,4
Ps	143, 5		65,4 | 324,1 | 380,6
Ps	143, 6		67,3 | 150,3 | 278,1.2 | 399,1.3
Ps	143, 7		140,3 | 276,3 | 534,2
Ps	143, 8		325,7 | 328,6 | 334,1 | 382,1 | 426,3 | 440 | 452,1 | 454 | 455,1.3 | 486,10
Ps	143, 10		1,5 | 2,3 | 68 | 81,10 | 126,5 | 127,5.6 | 128,5 | 129,3 | 130,3 | 131,4 | 133,13 | 135,1 | 148,9 | 168,3 | 235,1 | 325,4 | 331,9 | 404,6 | 441 | 451,5 | 472,5
Ps	143, 10	143, 11	407,1
Ps	143, 11		97,2 | 167 | 232,1 | 276,2.5 | 279,7 | 281,3 | 331,3 | 364,1 | 408,4
Ps	143, 12		301,10
Ps	144, 1		169,4 | 407,1
Ps	144, 1	144, 2	112 | 235,2 | 275 | 282,5.6 | 349 | 362,1
Ps	144, 2		112,7 | 324,14 | 330,5 | 345,1 | 408,3 | 454,3 | 488,4 | 531,1
Ps	144, 3	144, 4	485,2
Ps	144, 3		41,5
Ps	144, 4		64,2–4 | 289,3 | 491,1 | 528
Ps	144, 5		7,1 | 8,1

Biblisches Buch	von Kapitel, Vers	bis Kapitel, Vers	Lied, Strophe (ggf.)
Ps	144, 7		279,3.4
Ps	144, 9		42,8 | 60,1 | 104,1 | 110,1.6 | 148,6.8 | 167 | 169,4 | 286 | 287 | 294,2 | 331,4 | 349,1 | 407,3 | 490,2
Ps	144, 12	144, 15	421
Ps	144, 15		326,5
Ps	145, 1		309,1 | 499,3
Ps	145, 1	145, 2	97,4 | 266,3 | 267,3
Ps	145, 1	145, 7	327,1
Ps	145, 1	145, 21	126 | 138 | 139 | 191 | 302 | 303 | 316 | 317 | 325,1–4 | 352,1 | 361 | 369 | 376 | 448 | 489 | 502 | 513
Ps	145, 2		180,2 | 323,1 | 485,3 | 499,3
Ps	145, 3		269,2 | 411 | 507,6
Ps	145, 4		69,4 | 168,2 | 379,1 | 429
Ps	145, 5		130,1
Ps	145, 5	145, 6	327 | 403
Ps	145, 6		272 | 276,1 | 510,1
Ps	145, 7		129,2 | 323,3
Ps	145, 8		277 | 309,2 | 533,1.2
Ps	145, 8	145, 13	289 | 326
Ps	145, 10		75,3 | 272 | 276,1 | 321,1 | 331,1 | 332 | 333,1 | 334 | 336
Ps	145, 11		497,14
Ps	145, 11	145, 12	275
Ps	145, 12		490,3
Ps	145, 13		13,2 | 64,6 | 71,1 | 123,3 | 145,7 | 266,5 | 311,3 | 380,3 | 490,4
Ps	145, 14		308 | 324 | 378,1 | 408,1.2 | 488,3 | 502 | 532,3 | 533,1
Ps	145, 15	145, 16	227,2 | 301,11 | 302,5 | 304,4 | 324,8 | 438,5 | 457,3–6 | 460,1 | 461 | 463 | 464,1 | 465 | 466 | 500,4 | 502,4 | 508 | 509 | 512,2
Ps	145, 16		425,1 | 484,3 | 511,3
Ps	145, 18		17 | 212,3 | 240,1 | 371,5 | 379,2 | 397,1 | 486,9 | 488,3
Ps	145, 19		324,10
Ps	145, 20		58,4.5 | 309,4 | 417
Ps	145, 21		155,2 | 213,5.6 | 321,1.3 | 323,1 | 327,4 | 330,1.7 | 333,4 | 453,5 | 454,1 | 499,3 | 504,1
Ps	146, 1		169,4 | 181 | 310 | 316 | 317 | 323,1 | 326,7 | 333,2 | 335 | 337 | 338 | 339 | 340 | 497,14 | 513,1 | 514
Ps	146, 1	146, 2	97,4
Ps	146, 1	146, 10	289 | 302 | 303 | 365 | 375
Ps	146, 2		60,1 | 89,4 | 116 | 162,4 | 181,6 | 242,3 | 271,1 | 272 | 276,1 | 285 | 288,5 | 291 | 300,1 | 303,1 | 325,10 | 330,1.7 | 331,2 | 332,3 | 333,6 | 377,4 | 448 | 451,1 | 455,1 | 509 | 514,3

Biblisches Buch	von Kapitel, Vers	bis Kapitel, Vers	Lied, Strophe (ggf.)
Ps	146, 3		322,3
Ps	146, 4		343,2 | 428 | 520,2 | 527,7.8 | 530
Ps	146, 5		115 | 322,3
Ps	146, 6		329,2 | 361,3 | 440,1 | 512,3
Ps	146, 7		66,3 | 278,7 | 424,3 | 429,6 | 430,2
Ps	146, 7	146, 9	9,5
Ps	146, 8		325,8
Ps	146, 8a		236,2
Ps	146, 8b		308,7
Ps	146, 9		58,12 | 423,7
Ps	146, 10		13,1 | 123 | 181 | 403,4
Ps	147, 1		97,4 | 181 | 272 | 276,1 | 284,1 | 285 | 324 | 325,10 | 331,1 | 332 | 499,1.3 | 502 | 514
Ps	147, 1	147, 20	167 | 289 | 304 | 316 | 317 | 326 | 447 | 448 | 489,2
Ps	147, 2		357,4
Ps	147, 3		24,3 | 76,1 | 318 | 320 | 404 | 532,2
Ps	147, 4		3,1 | 301,5 | 379,2 | 431,1 | 480,3 | 489,2 | 506,2 | 507,1 | 508,3 | 511,1
Ps	147, 5		179,2 | 331,1 | 376,3 | 407,2
Ps	147, 6		9,4.5 | 276,1 | 308 | 309,3
Ps	147, 7		147,3 | 305 | 306 | 324,1 | 326,9 | 408,1.2 | 455,1 | 510,3.4 | 535
Ps	147, 7	147, 9	457,8 | 509 | 512,4
Ps	147, 7	147, 11	330,4 | 444,3
Ps	147, 8		515,3
Ps	147, 9		304,4
Ps	147, 13		468,4
Ps	147, 13	147, 14	322,6 | 324,6 | 421 | 423,6 | 502,4 | 503,7
Ps	147, 14		171,3 | 425 | 435 | 436
Ps	147, 15		229 | 241,6 | 262,4 | 263,4
Ps	147, 16	147, 17	324
Ps	147, 16	147, 18	508,3.4
Ps	147, 17		500,2
Ps	147, 19		231
Ps	147, 20		181
Ps	148, 1		26
Ps	148, 1	148, 2	46 | 48 | 139,4 | 143,3 | 181 | 289,4 | 322,1
Ps	148, 1	148, 3	29,1
Ps	148, 1	148, 6	44,3 | 429,4
Ps	148, 1	148, 14	52,2 | 53 | 54 | 100 | 108 | 142,1 | 177 | 180 | 191 | 267,3 | 288 | 301,4 | 305 | 306 | 326,1–3 | 327,2–4 | 330 | 333,5 | 453,4 | 489 | 499 | 504 | 506 | 508 | 509 | 514 | 515

Biblisches Buch	von Kapitel, Vers	bis Kapitel, Vers	Lied, Strophe (ggf.)
Ps	148, 2		331,2 | 535
Ps	148, 3		271,3 | 480,3 | 504,2 | 507,1 | 509,5 | 510,3.4 | 514,1 | 515,1
Ps	148, 3	148, 5	3,1
Ps	148, 4		327,2 | 504,1.5 | 511,1 | 514,3
Ps	148, 5		162,1 | 179,2 | 184,3
Ps	148, 7		181,6 | 302,3 | 499,1 | 504,1 | 509,3 | 511,2
Ps	148, 7	148, 14	303,8 | 331,2.3 | 508,3
Ps	148, 8		514,3
Ps	148, 9		506,4
Ps	148, 10		319,1 | 504,3.4 | 509,2
Ps	148, 11		426,1
Ps	148, 12	148, 13	338 | 339 | 340
Ps	148, 12	148, 14	133,10
Ps	148, 13		15,4 | 179 | 180,4 | 291 | 342,8.9 | 510,1
Ps	148, 14		181 | 272 | 276,1 | 332
Ps	149, 1		42,8 | 70,6 | 104,1 | 110,1.6 | 167 | 181 | 272 | 276,1 | 286,1 | 287 | 294,2 | 331,4.5 | 332 | 349,1 | 407,3 | 470,1 | 514
Ps	149, 1	149, 2	148,1.6.8
Ps	149, 1	149, 9	65,6 | 300 | 316 | 317 | 398
Ps	149, 2		169 | 485,1 | 510,1 | 511,3
Ps	149, 2	149, 3	13,1
Ps	149, 4		276,1 | 511,3
Ps	149, 6		276,2 | 309,1
Ps	149, 9		115,2 | 181 | 514
Ps	150, 1		35,4 | 38,1 | 67,4 | 123,4 | 181 | 183,2 | 279,3 | 281,5 | 302,3 | 326,8 | 333,3 | 396,3 | 406,2 | 431,11 | 451,4 | 454,3 | 514
Ps	150, 1	150, 6	100 | 108 | 119,4 | 147,3 | 167 | 191 | 240,3 | 300 | 303,1.8 | 316 | 317 | 327 | 330 | 332 | 337 | 398 | 432,1 | 444,2 | 489 | 499,1 | 502,2 | 506,1.3 | 535
Ps	150, 2		126 | 139 | 429
Ps	150, 3		535
Ps	150, 4		70,6
Ps	150, 6		2 | 109,1 | 177 | 180 | 181 | 272 | 276,1 | 303,8 | 327,3 | 330,2.4 | 331,2 | 382,3 | 514 | 515
Spr	1, 1	1, 7	161,2 | 389,4
Spr	1, 7		166,3 | 309,2
Spr	1, 8	1, 9	231,5
Spr	1, 10		171,3
Spr	1, 10	1, 19	386,10
Spr	1, 13		149,4

Biblisches Buch	von Kapitel, Vers	bis Kapitel, Vers	Lied, Strophe (ggf.)
Spr	1, 18		303,7
Spr	1, 20	1, 28	384 | 413
Spr	1, 20	1, 33	245,4 | 392,1.2
Spr	1, 23		330,5 | 334,5
Spr	1, 24	1, 29	428,5
Spr	1, 32	1, 33	427,3
Spr	1, 33		324,7 | 428,4 | 449,4 | 486,3
Spr	2, 1	2, 2	497,4
Spr	2, 1	2, 6	134,2
Spr	2, 1	2, 9	346 | 386,5.9 | 389,3 | 396
Spr	2, 7		302,6 | 318,8 | 324,14 | 486,3
Spr	2, 7	2, 8	323,1
Spr	2, 11		60,4
Spr	2, 12		171,3
Spr	2, 13		135,1
Spr	2, 21	2, 22	302,7
Spr	3, 1	3, 4	346
Spr	3, 1	3, 8	130,6 | 204 | 210
Spr	3, 1	3, 12	316 | 317
Spr	3, 2		425
Spr	3, 3		144,5.7 | 167,3
Spr	3, 5		419,3
Spr	3, 5	3, 6	376,1 | 407,1
Spr	3, 6		331,9 | 407,3
Spr	3, 7		171,3
Spr	3, 7	3, 8	495,1
Spr	3, 8		139,3
Spr	3, 9		312,5
Spr	3, 9	3, 10	513,5
Spr	3, 11	3, 12	51,2 | 134,3 | 325,8
Spr	3, 12		128,5 | 325,8
Spr	3, 13		134,2
Spr	3, 13	3, 18	389,3.4
Spr	3, 19		506,1
Spr	3, 19	3, 26	486,1
Spr	3, 22		323,1 | 325,8
Spr	3, 24		471 | 475,6
Spr	3, 24	3, 25	446,3
Spr	3, 24	3, 26	487,1
Spr	3, 26		309,4 | 437,2
Spr	3, 27	3, 28	419,2 | 451,7–10

Biblisches Buch	von Kapitel, Vers	bis Kapitel, Vers	Lied, Strophe (ggf.)
Spr	3, 29	3, 30	495,5
Spr	3, 34		10,3 | 165,1 | 414,3
Spr	4, 2		131,4
Spr	4, 4		166,4
Spr	4, 4	4, 9	134,2 | 497,4
Spr	4, 10	4, 18	295 | 495
Spr	4, 10	4, 23	204 | 210
Spr	4, 11		135,1 | 167,3 | 331,9 | 395,2 | 486,11
Spr	4, 13		168,6
Spr	4, 14		171,3
Spr	4, 23		234,3 | 275,5
Spr	4, 25		394,1.5
Spr	4, 26		400,6
Spr	5, 21		386,10 | 445,5
Spr	5, 22	5, 23	303,7
Spr	6, 9	6, 11	437,1
Spr	6, 20		231,5
Spr	6, 21	6, 22	437,3 | 449,4
Spr	6, 23		125,2 | 136,6 | 318,8 | 442,7.8 | 459,2
Spr	6, 34	6, 35	231,7
Spr	7, 1	7, 3	166,4 | 295,3
Spr	7, 9		441,6
Spr	7, 14a		443,6
Spr	8, 10		134,2
Spr	8, 12	8, 17	130,3
Spr	8, 12	8, 32	386,1.5.10
Spr	8, 13		161,2 | 453,3
Spr	8, 14		1,4 | 135,2 | 303,3 | 368,1.7 | 446,8
Spr	8, 17		11,6 | 130,1 | 138 | 165,8 | 166,2 | 325,8 | 334,5 | 346,3
Spr	8, 20		295,2.3
Spr	8, 21		325,8
Spr	8, 22		199,5 | 431,1
Spr	8, 22	8, 31	37,2 | 361,1
Spr	8, 22	8, 32	108
Spr	8, 27		324,4
Spr	8, 28		515,3
Spr	8, 36		107,1
Spr	9, 1	9, 12	363 | 386,5
Spr	9, 1	9, 18	161 | 197 | 250
Spr	9, 7	9, 10	443,6.7
Spr	9, 10		161,2 | 166,3 | 309,2

Biblisches Buch	von Kapitel, Vers	bis Kapitel, Vers	Lied, Strophe (ggf.)
Spr	9, 18		370,2
Spr	10, 2		495,5
Spr	10, 3		418,1.2 | 420 | 424,3
Spr	10, 7		276,3
Spr	10, 9		428,4
Spr	10, 12		413,8 | 417 | 454,4
Spr	10, 17		397,2
Spr	10, 18		412,3
Spr	10, 19		424,3 | 495,3
Spr	10, 21		453,2
Spr	10, 22		58,11 | 64,1 | 84,5 | 120 | 140,1 | 148,4 | 152,1 | 163 | 170 | 171 | 174 | 196,3 | 203,5 | 214,3 | 224,1 | 235,2.3 | 239 | 252,7 | 280,1 | 281,3 | 283,2 | 294,4 | 303,7 | 309,3 | 311,2.3 | 316,4 | 317,4 | 318,1 | 322,5 | 324,3.15 | 330,5 | 334,1 | 344,5 | 347,4 | 348 | 351,7 | 352 | 359,4 | 361,2.7 | 368,2 | 369,2.7 | 371 | 374,3 | 378,5 | 389,4 | 394,2 | 395,2 | 427,3 | 438,5 | 446,9 | 451,5 | 457,4–7 | 494,3 | 496 | 502,4 | 503,13 | 508,2
Spr	10, 24		534,2
Spr	10, 25		527,10
Spr	10, 27		427,3
Spr	10, 28		150 | 152,1 | 526
Spr	10, 29		323,1 | 326,3
Spr	10, 32		453,2
Spr	11, 4		363,4.5
Spr	11, 6		437,4 | 443,7
Spr	11, 7		449,1 | 450,1
Spr	11, 12		412,3
Spr	11, 14		413,4
Spr	11, 20		179,1
Spr	11, 23		433
Spr	11, 28		363,4
Spr	12, 3		64,3
Spr	12, 5		378,2
Spr	12, 7		302,7
Spr	12, 11		486,5
Spr	12, 12		196,4
Spr	12, 13		451,7–10
Spr	12, 14		495,3
Spr	12, 20		378,2 | 386,10 | 425,3
Spr	12, 22		432,3
Spr	12, 26		325,6

Biblisches Buch	von Kapitel, Vers	bis Kapitel, Vers	Lied, Strophe (ggf.)
Spr	13, 3		495,3
Spr	13, 6		65,1
Spr	13, 9		147,1 | 149,4 | 151,1.2 | 196,5
Spr	13, 13	13, 19	149,4
Spr	14, 2		295 | 331,9
Spr	14, 5		231,9
Spr	14, 8		378,2
Spr	14, 9		323,1
Spr	14, 13		371,12
Spr	14, 19		171,3
Spr	14, 20		419,2
Spr	14, 21		412,3 | 413
Spr	14, 22		114,3
Spr	14, 26	14, 27	397,2
Spr	14, 26		275,3 | 357 | 362,1
Spr	14, 27		171,1 | 309,2 | 383,4 | 407,1 | 504,5
Spr	14, 29	14, 30	58,9
Spr	14, 29		10,3 | 79,3
Spr	14, 31		397,2
Spr	14, 34		10,3 | 144 | 145 | 146
Spr	15, 1		418,1.2
Spr	15, 3		326,6
Spr	15, 9		51,2
Spr	15, 11		233,1 | 396,3
Spr	15, 13		67,3 | 169 | 321,2 | 322,5 | 324,13 | 414,3
Spr	15, 14		67,3
Spr	15, 15		324,13 | 430,4
Spr	15, 17		417 | 449,6
Spr	15, 24		394,1.5
Spr	15, 28		169 | 322,5 | 324,13
Spr	15, 32	15, 33	51,2 | 414,3
Spr	15, 33		394,1.5 | 396,3
Spr	16, 1	16, 9	62 | 64 | 361,2.5 | 368 | 449,5.6 | 497
Spr	16, 3		444,4 | 452,3
Spr	16, 4		378,3
Spr	16, 7		133,8 | 247,3 | 325,8
Spr	16, 8		495,5
Spr	16, 9		81,10 | 133,8 | 207,2 | 247,3 | 325,8 | 361,2.5 | 368 | 376,1 | 419,3 | 444,4 | 485,1 | 497
Spr	16, 17		207,2
Spr	16, 18		10,3 | 378,2 | 428,1

Biblisches Buch	von Kapitel, Vers	bis Kapitel, Vers	Lied, Strophe (ggf.)
Spr	16, 19		495,5
Spr	16, 20		61,1 | 334,3 | 419,3 | 452,3
Spr	16, 29		378,3
Spr	16, 31	16, 32	495,6
Spr	16, 32		81,10
Spr	16, 33		378,2
Spr	17, 3		273,5 | 321,2 | 386,10 | 497,6
Spr	17, 22		321,2 | 322,5 | 324,13 | 414,3
Spr	18, 4		130,2 | 407,1 | 495,3 | 504,5
Spr	18, 10		10,3 | 130,2 | 275,3 | 362,1 | 370,7 | 407,1
Spr	18, 12		10,3 | 428,1
Spr	18, 14		370,7
Spr	19, 2		207,2 | 424,2
Spr	19, 3		482,4
Spr	19, 16		207,2
Spr	19, 17		5 | 129,3 | 309,2 | 413,3 | 424,2 | 513,5
Spr	19, 19		413,3
Spr	19, 21		482,4
Spr	19, 23		287,4 | 309,2 | 397,2
Spr	19, 27		129,3
Spr	19, 28		430,1
Spr	20, 5		444,4
Spr	20, 9		299,2
Spr	20, 12		161 | 194 | 196,2 | 197 | 236,1.2 | 249,2 | 432,2
Spr	20, 13		437,1
Spr	20, 18		368 | 420 | 426,2
Spr	20, 22		196,2 | 249,2 | 345,1 | 368 | 426,2 | 486,7
Spr	20, 24		376,1
Spr	20, 29		495,6
Spr	21, 1	21, 2	128,5
Spr	21, 2		318,8 | 377,2 | 386,10 | 392,4 | 453,3
Spr	21, 4		453,3
Spr	21, 7		412,8
Spr	21, 8		318,8
Spr	21, 10		412,8
Spr	21, 13		392,4
Spr	21, 25		433
Spr	21, 31		377,2
Spr	22, 2		495,5
Spr	22, 4		275 | 414,3 | 495,5
Spr	22, 17		196,2

Spr 22,17 – Spr 28,22

Biblisches Buch	von Kapitel, Vers	bis Kapitel, Vers	Lied, Strophe (ggf.)
Spr	22, 17	22, 19	488,2
Spr	22, 19		275
Spr	22, 24	22, 25	488,2
Spr	23, 4	23, 5	528,6.7
Spr	23, 12		134,3
Spr	23, 14		134,3 | 325,4
Spr	23, 17		166,3
Spr	23, 17	23, 18	388,4
Spr	23, 26		166,3 | 325,4
Spr	23, 29	23, 35	388,4
Spr	24, 6		426,2
Spr	24, 10		378,1
Spr	24, 16		378,1
Spr	24, 17		370,6
Spr	24, 17	24, 19	231,6
Spr	24, 21	24, 22	370,6
Spr	24, 26	24, 29	231,9
Spr	25, 7		393,7.8
Spr	25, 9	25, 10	84,11
Spr	25, 15		495,4
Spr	25, 18		412,3
Spr	25, 21		84,11 | 412,3 | 428,2 | 453,3
Spr	25, 21	25, 22	393,7.8 | 413,5 | 415,4 | 495,4
Spr	26, 1		508,2
Spr	26, 17		453,2
Spr	26, 23		453,2
Spr	27, 1		325,1
Spr	27, 23	27, 27	353,3
Spr	27, 24		325,1
Spr	28, 2		423,4
Spr	28, 6		424,2
Spr	28, 10		171,3 | 378,3
Spr	28, 13		5,3 | 61,3 | 144,2 | 148,4 | 154,4 | 170,2 | 196,3 | 224,1 | 233 | 239,3 | 303,7 | 324,15 | 353,5 | 359,4 | 368,2 | 472,4.5 | 475,5
Spr	28, 14		235,2.3 | 318,1 | 322,5 | 378,5
Spr	28, 15		361,2.7
Spr	28, 16		423,4
Spr	28, 19		486,5
Spr	28, 20		424,2
Spr	28, 22		149,4 | 170,2 | 196,3 | 224,1 | 235,2.3 | 239,3 | 303,7 | 318,1 | 322,5 | 324,15 | 334,1 | 344,5 | 351,7 | 352,3 |

Biblisches Buch	von Kapitel, Vers	bis Kapitel, Vers	Lied, Strophe (ggf.)
			359,4 | 361,2.7 | 368,2 | 369,2 | 371 | 378,5 | 427,3 | 438,5
Spr	28, 25		344,5 | 418,4 | 424,2 | 438,5
Spr	28, 25	28, 26	419,3
Spr	28, 26		328,2 | 351,7 | 352,3 | 371
Spr	28, 28		378,3
Spr	29, 4		423,4
Spr	29, 18		10,3 | 136,3 | 423,4
Spr	29, 23		10,3 | 165,1 | 308,5.7
Spr	29, 24		492
Spr	29, 25		136,3 | 347,5 | 362,4 | 388,5
Spr	29, 25	29, 26	488,2
Spr	30, 1	30, 5	119
Spr	30, 1	30, 6	362,2
Spr	30, 2	30, 6	321 | 324 | 325,3
Spr	30, 4		4,3 | 119 | 362,2 | 507,5
Spr	30, 4	30, 9	344,4.5 | 369 | 502 | 513
Spr	30, 5	30, 6	112,7.8 | 275,4 | 282,5.6
Spr	30, 5		488,4 | 494,4
Spr	30, 8		430,1 | 513,5
Spr	30, 17		231,5 | 344,4.5
Spr	30, 21		424,2
Spr	31, 7		486,4
Spr	31, 8		370,5
Spr	31, 30		527,4
Pred	1, 2	1, 3	528
Pred	1, 2	1, 7	509,5
Pred	1, 2	1, 11	150 | 165,3 | 482,5 | 527 | 528
Pred	1, 3		112,5
Pred	1, 7		507,5
Pred	1, 8	1, 11	529,2.3
Pred	1, 14		527
Pred	1, 16	1, 18	482,5
Pred	1, 18		379,2
Pred	2, 1	2, 11	363,4.5 | 370,10
Pred	2, 13		485,4
Pred	2, 16		363,4.5
Pred	2, 17		528
Pred	2, 17	2, 19	325,3
Pred	2, 18		534,2
Pred	2, 20	2, 24	485,4

Biblisches Buch	von Kapitel, Vers	bis Kapitel, Vers	Lied, Strophe (ggf.)
Pred	2, 22		370,10
Pred	2, 22	2, 23	529,2
Pred	2, 23		112,5 | 527,4 | 529,2
Pred	2, 24	2, 26	398 | 534,2
Pred	3, 1		63,1 | 64,1 | 325,9 | 352,5
Pred	3, 2		520,6 | 534,1
Pred	3, 4		170,1.4 | 298,1
Pred	3, 7		499,3
Pred	3, 10	3, 11	528,3
Pred	3, 10	3, 13	324,13 | 432,1 | 491,1
Pred	3, 10	3, 15	534,1
Pred	3, 11		148,1
Pred	3, 13		352,1
Pred	3, 14	3, 15	357,1 | 378,3 | 499,3
Pred	3, 16	3, 17	325,1
Pred	3, 18	3, 22	518,1 | 523
Pred	3, 19	3, 20	357,1
Pred	3, 19	3, 21	520,6
Pred	3, 20		528
Pred	3, 22		334,3
Pred	4, 1		430,2
Pred	4, 4		361,11
Pred	4, 6		484,4
Pred	4, 9	4, 12	376,1 | 393,7.8
Pred	4, 15	4, 16	165
Pred	4, 16		484,4
Pred	4, 17		165,1 | 166,3.4 | 215,6 | 326,9
Pred	4, 17	5, 6	73,3
Pred	5, 1		344,4 | 495,3
Pred	5, 1	5, 2	491,1
Pred	5, 3		279,6 | 326,9
Pred	5, 9		170,2 | 424,3
Pred	5, 9	5, 19	370,2.10 | 527,4
Pred	5, 11		476,4 | 489,1
Pred	5, 13	5, 14	491,1
Pred	5, 18		513,6
Pred	5, 19		73,3
Pred	6, 1	6, 3	528
Pred	6, 19		520,1
Pred	7, 1	7, 4	534,1
Pred	7, 13	7, 14	372 | 384 | 427,3

Biblisches Buch	von Kapitel, Vers	bis Kapitel, Vers	Lied, Strophe (ggf.)
Pred	7, 14		491,1
Pred	7, 16		495,5
Pred	7, 17		534,1
Pred	7, 20		299,2 | 343,4 | 404,7
Pred	7, 25	7, 29	444,5
Pred	7, 25		343,4
Pred	7, 29		384 | 404,7 | 482,4
Pred	8, 5		275
Pred	8, 5	8, 6	233,1.2
Pred	8, 5	8, 7	412,5
Pred	8, 8		426,2
Pred	8, 11	8, 17	379,1
Pred	8, 12		154,3
Pred	8, 16	8, 17	325,3
Pred	9, 1		533,1
Pred	9, 1	9, 2	324,13
Pred	9, 1	9, 10	64,4
Pred	9, 7		534,1
Pred	9, 7	9, 10	398 | 443,6.7
Pred	9, 10		520,6
Pred	9, 11		334,3 | 404,7
Pred	9, 11	9, 12	495,2
Pred	9, 12		64,4
Pred	10, 2	10, 3	394,2
Pred	10, 4		453,1
Pred	10, 16	10, 18	1,3
Pred	11, 1	11, 8	262,1–4 | 263,1–4
Pred	11, 6		427,4 | 508,1
Pred	11, 6	11, 7	427,4 | 513,5
Pred	11, 6	11, 8	444,1 | 450
Pred	11, 7		444,1 | 450
Pred	11, 7	11, 8	449,1
Pred	12, 1	12, 8	124
Pred	12, 5		519
Pred	12, 7		522,1
Pred	12, 7	12, 9	520,2
Pred	12, 13	12, 14	11,10 | 124 | 149,3–6 | 169,2 | 184,4 | 231,11 | 451,7–10 | 519,1
Hld	4, 9		152,3
Hld	5, 1	5, 16	70,3
Hld	5, 2		147,2

Biblisches Buch	von Kapitel, Vers	bis Kapitel, Vers	Lied, Strophe (ggf.)
Hld	5, 5		70,3
Hld	8, 1	8, 14	124,3 | 126,3 | 127,4 | 133,7 | 156 | 251,6 | 297,6
Hld	8, 5	8, 7	83,3
Hld	8, 6b		133,7
Hld	8, 6c		70,3 | 124,3 | 126,3 | 131,2
Jes	1, 1	1, 6	123
Jes	1, 2	1, 20	146 | 351
Jes	1, 3		24,9
Jes	1, 10	1, 17	144 | 146 | 233
Jes	1, 11		449,3
Jes	1, 14		325,1 | 380,1.2
Jes	1, 16		171,3
Jes	1, 17		397,2
Jes	1, 18a		368,5
Jes	1, 18b		11,8 | 351,5 | 353,6
Jes	1, 21	1, 31	145
Jes	2, 1	2, 5	20,3 | 71 | 255 | 257 | 262 | 263 | 318 | 380
Jes	2, 2	2, 3	7,5 | 69,1
Jes	2, 2	2, 4	150,1
Jes	2, 2	2, 5	426
Jes	2, 3		12,3 | 126,6 | 161,1 | 295 | 445,5
Jes	2, 4		426,2
Jes	2, 5		161,3 | 427,4 | 428,5 | 431,3 | 459,3
Jes	2, 10		281,1
Jes	2, 11		10,3 | 179 | 180,4 | 428,1
Jes	2, 11	2, 17	453,3
Jes	2, 12	2, 23	10,2 | 11,10 | 19,2 | 123 | 281
Jes	2, 20		326,8
Jes	3, 1		407,1
Jes	3, 5	3, 7	419,2
Jes	3, 13	3, 15	281,1
Jes	3, 15		327,3
Jes	3, 16	3, 24	528
Jes	4, 2		514,4
Jes	4, 2	4, 6	99 | 150 | 388
Jes	4, 3		149,5 | 207,1
Jes	4, 5		330,5
Jes	4, 8		7,2
Jes	5, 1	5, 7	144 | 145,4 | 250 | 366 | 392
Jes	5, 4	5, 7	83,1 | 232
Jes	5, 5		254,4

Biblisches Buch	von Kapitel, Vers	bis Kapitel, Vers	Lied, Strophe (ggf.)
Jes	5, 6		506,3
Jes	5, 10		14,4
Jes	5, 14		114,8 | 518,2
Jes	5, 18		430,1
Jes	5, 20		246,5
Jes	5, 25		325,8
Jes	5, 25	5, 30	281,1 | 366
Jes	5, 26	5, 27	66,9
Jes	6, 1		24,3
Jes	6, 1	6, 3	44,3 | 480,1 | 535
Jes	6, 1	6, 13	126 | 127,3 | 138 | 139 | 142,1.2 | 165 | 191 | 453,2
Jes	6, 2	6, 3	142,4 | 143,3 | 155,3 | 357,4 | 470,1 | 503,10
Jes	6, 3		45,2 | 53 | 54 | 126 | 139 | 142,4 | 147,3 | 177 | 179,1 | 180 | 181,6 | 185 | 197,3 | 270,1 | 301,2 | 312,5 | 322,1 | 326,2 | 331,2.3 | 333,4 | 490,2 | 514,7 | 535
Jes	6, 5		13,1 | 327,1 | 351,4
Jes	6, 5	6, 7	389 | 453,2
Jes	6, 6		142,4
Jes	6, 6	6, 7	13,2 | 107,2 | 136,1
Jes	6, 7		190 | 383,1
Jes	6, 8		210,5 | 225,3
Jes	6, 9	6, 10	432,2
Jes	7, 1	7, 9	73,5 | 249 | 275 | 362 | 366
Jes	7, 9		376,2 | 378,1
Jes	7, 10		73,7
Jes	7, 10	7, 14	23 | 27 | 51 | 68 | 377
Jes	7, 11		24,5
Jes	7, 14		6,3 | 12,3 | 18,1 | 30 | 31 | 41,7 | 42,5 | 55,3 | 73,7 | 76,1 | 121,1 | 209
Jes	8, 9	8, 10	248,6
Jes	8, 12	8, 13	489,2
Jes	8, 13		281,4
Jes	8, 17		345 | 486,7
Jes	8, 19		137,6
Jes	8, 22	8, 23	7 | 37 | 259
Jes	8, 23		305,4 | 306,4 | 452,5 | 486,10
Jes	9, 1	9, 2	2,1
Jes	9, 1	9, 6	14 | 16 | 19 | 20 | 23 | 24 | 30 | 31 | 33 | 36 | 37,3 | 38,1.2 | 40 | 41,3 | 42,5 | 51,1.5 | 59 | 63 | 373
Jes	9, 1		52,1 | 53,1 | 54 | 55,1 | 56 | 74,2 | 112,1 | 305,4 | 306,4 | 357,4.5 | 409,4 | 427,4 | 485,4 | 488,5 | 519,4
Jes	9, 2		314,5 | 349,1 | 500,1

Biblisches Buch	von Kapitel, Vers	bis Kapitel, Vers	Lied, Strophe (ggf.)
Jes	9, 3		144,5 | 150,5 | 363,2 | 401,5 | 502,4
Jes	9, 4		20,3 | 254,4 | 426,2
Jes	9, 5		7 | 26 | 427,1 | 515
Jes	9, 5	9, 6	13,1.3 | 18,1 | 19,2 | 20,3–6 | 23 | 32,1 | 42,5 | 47 | 48 | 49 | 104,1 | 164 | 239,5 | 248,7 | 312,7 | 422,1.3 | 425 | 426,3
Jes	9, 6		107,3 | 109,6 | 173 | 174 | 175 | 184,1 | 326,3 | 435 | 436
Jes	9, 12		325,8
Jes	9, 18		281,1
Jes	10, 12	10, 13	508,4
Jes	10, 13	10, 14	248,5
Jes	10, 16		431,3
Jes	10, 18		510,1
Jes	10, 20		248,1
Jes	10, 24		327,3
Jes	10, 27		144,5 | 150,5 | 254,4 | 363,2 | 401,5 | 520,4
Jes	11, 1		31 | 42,2 | 47,2
Jes	11, 1	11, 2	12,3 | 13,1 | 23 | 107,3 | 109,6
Jes	11, 1	11, 5	30 | 38
Jes	11, 1	11, 9	7 | 32 | 308
Jes	11, 1	11, 10	70
Jes	11, 2		76,1 | 125 | 126,4 | 128,6 | 130,2–5 | 134 | 135,2 | 137,1.9 | 139,3 | 161,2.3 | 182,9 | 183,3 | 194,3 | 328,2 | 362,1 | 389,4 | 404,4.7 | 497
Jes	11, 2	11, 3	309,2
Jes	11, 9		7,3 | 23 | 30 | 38 | 280,3
Jes	11, 10		4,1 | 6 | 7,4 | 30 | 47 | 69,1 | 158,1 | 293
Jes	12, 1		146,3 | 326,4 | 382,3
Jes	12, 1	12, 6	2,2 | 232 | 243 | 303,8 | 323 | 325 | 341 | 351 | 425,3 | 490,3
Jes	12, 2		65,1.2 | 91,1 | 100,1 | 110 | 113,4 | 121,1 | 193 | 195,1 | 309,1 | 322,8 | 324,14 | 331,1 | 399,36 | 407,2 | 414,2 | 506,2 | 533,1
Jes	12, 2	12, 6	2,2
Jes	12, 3		66,7 | 140,1.5 | 213,5 | 219
Jes	12, 4		292,5
Jes	12, 4	12, 5	490,3
Jes	12, 5		60,6 | 89,4 | 116 | 162,4 | 181,6 | 242,3 | 271,1 | 285 | 288,5 | 291 | 300,1 | 331,2 | 332,3 | 377,4 | 448 | 451,1 | 514,3
Jes	12, 5	12, 6	243,1
Jes	12, 6		13,1
Jes	12, 7		383,4

Biblisches Buch	von Kapitel, Vers	bis Kapitel, Vers	Lied, Strophe (ggf.)
Jes	13, 5		281,1
Jes	13, 10		153 | 373,5
Jes	13, 11		428,1
Jes	14, 1		192 | 283
Jes	14, 1	14, 22	73,7
Jes	14, 3		322,9 | 326,1.6 | 486,4 | 489,1 | 492 | 520,4
Jes	14, 7		110,1.6 | 169 | 315,6 | 322,6 | 429,3 | 477 | 492
Jes	14, 15		476,6
Jes	14, 25		144,5 | 150,5 | 254,4 | 363,2 | 401,5 | 520,4
Jes	14, 30		324,7
Jes	15, 6		15,5 | 534,1
Jes	16, 3		123 | 326,2
Jes	16, 5		123
Jes	17, 7		296,1.2
Jes	17, 8		326,8
Jes	17, 13		281,1
Jes	18, 4		297,2
Jes	18, 7		256,4
Jes	19, 7		15,5 | 534,1
Jes	19, 19	19, 25	241,4 | 256,4 | 293
Jes	19, 20		96,1
Jes	19, 23		426,1
Jes	19, 24		247,3
Jes	21, 1		301,3
Jes	21, 8		147,1
Jes	21, 9		308,5
Jes	21, 11		388,5
Jes	21, 11	21, 12	299,4
Jes	22, 1	22, 5	426
Jes	22, 12	22, 14	534,1
Jes	22, 14	22, 15	327,3
Jes	22, 22		19,2
Jes	23, 9		369,6
Jes	23, 12		311,3
Jes	24, 1	24, 23	149
Jes	24, 15		489,1
Jes	24, 15	24, 16	383,3
Jes	24, 19		153
Jes	24, 21		142
Jes	25, 1		122 | 272 | 276,1 | 301,2 | 320,8 | 323,2 | 325,10 | 332 | 448 | 454 | 489,1 | 499,3

Biblisches Buch	von Kapitel, Vers	bis Kapitel, Vers	Lied, Strophe (ggf.)
Jes	25, 4		302,6.7 | 303,6.7
Jes	25, 4	25, 8	122 | 351
Jes	25, 6		148,7 | 150
Jes	25, 8		2,2 | 7,6.7 | 9,6 | 36,7 | 38,3 | 66,4.8 | 93,4 | 111,9 | 113,1.8 | 117,1 | 122,1 | 128,2 | 153,3 | 154,3 | 170,3 | 179,4 | 190 | 195,2 | 292,4 | 324,11 | 484,4 | 532,3
Jes	25, 8	25, 9	101 | 105
Jes	25, 9		100,1 | 108,1 | 167,2 | 169 | 275 | 315,6
Jes	25, 9	25, 10a	426,1
Jes	25, 14		114,8 | 326,2
Jes	26, 1		362
Jes	26, 1	26, 12	377
Jes	26, 2		150,3 | 288,4 | 294,3
Jes	26, 3		63,6 | 249,4 | 344,7 | 374,2
Jes	26, 5		308,5 | 369,6 | 396,6
Jes	26, 8		152,1
Jes	26, 8b		330
Jes	26, 9		383,4 | 444,2 | 452,1 | 454 | 470,2 | 476,4
Jes	26, 11		276,2
Jes	26, 12		171,3 | 248,7 | 421 | 422,1 | 425 | 435 | 436
Jes	26, 13	26, 18	99
Jes	26, 13b		232
Jes	26, 16		366,5
Jes	26, 19		97 | 99 | 102 | 113,5 | 135,6 | 149,2 | 178,7 | 384,3 | 450,4 | 526
Jes	27, 3		60,4 | 140,2 | 173 | 174 | 175 | 437,2 | 444,2 | 483
Jes	28, 5		346,4 | 378,4 | 403,1
Jes	27, 5		425 | 435 | 436
Jes	28, 7	28, 13	246,5
Jes	28, 12		123,8 | 152,3
Jes	28, 12a		484,4
Jes	28, 12b		392,2
Jes	28, 14	28, 16	378,2
Jes	28, 16		39,6 | 75,1 | 137,1.9
Jes	28, 16b		351,3 | 357,4
Jes	28, 21		234,1
Jes	28, 22		370,6
Jes	28, 23	28, 29	38 | 72 | 73 | 275 | 327 | 508,1
Jes	28, 26		331,9
Jes	28, 29		165,5 | 303,8 | 324,17 | 326 | 361,8 | 372,2.6 | 486,4–6 | 508,3
Jes	29, 5	29, 7	281,1

Biblisches Buch	von Kapitel, Vers	bis Kapitel, Vers	Lied, Strophe (ggf.)
Jes	29, 6		431,2
Jes	29, 9	29, 14	194
Jes	29, 13		386,10
Jes	29, 14		91,5 | 270,1.2 | 271,2 | 386,5
Jes	29, 15		287,2
Jes	29, 18	29, 24	72 | 236 | 273,4 | 289 | 293,2 | 399
Jes	29, 19		9,5 | 425,3
Jes	29, 20	29, 21	430,1
Jes	29, 23		344,2
Jes	30, 4b		12
Jes	30, 8	30, 17	59 | 64 | 138 | 275
Jes	30, 12	30, 14	378,3
Jes	30, 15	,	123,8
Jes	30, 15		134,5 | 196,1 | 292,2 | 369 | 371 | 376,2 | 392,2
Jes	30, 18		152 | 192 | 392,4 | 486,7
Jes	30, 18	30, 22	64 | 65
Jes	30, 18	30, 26	280 | 283 | 396 | 406
Jes	30, 19		303,3 | 371,6 | 381,2 | 427,5
Jes	30, 21		445,5
Jes	30, 22		326,8
Jes	30, 26		503,10 | 532,2
Jes	30, 27		281,1
Jes	30, 27	30, 28	432,1
Jes	30, 29		62,2 | 487,3
Jes	30, 30		431,2
Jes	31, 1	31, 3	248,5.6
Jes	31, 4		377,1
Jes	31, 5		316,3 | 317,3 | 408,3
Jes	31, 7		136,5 | 326,8
Jes	32, 1		1,2 | 2 | 13,1 | 30 | 283,6.7 | 423,4
Jes	32, 2		88,1 | 324,5
Jes	33, 2a		280
Jes	33, 2b		83,6
Jes	32, 3		432,2
Jes	32, 9	32, 20	429,5
Jes	32, 13	32, 20	128
Jes	32, 15		126 | 127,1 | 135,4 | 148,7 | 429,5
Jes	32, 17	32, 18	423,4.6 | 428,3.6 | 430,1
Jes	33, 2		65,2 | 88,1 | 324,14 | 325,2.7 | 331,10 | 452,1 | 454 | 455,3 | 488,4
Jes	33, 3		281,1

Biblisches Buch	von Kapitel, Vers	bis Kapitel, Vers	Lied, Strophe (ggf.)
Jes	33, 5		70,1
Jes	33, 8b		145,6
Jes	33, 10		281,1 | 377,1
Jes	33, 13	33, 24	128 | 166 | 194 | 295
Jes	33, 14		431,1
Jes	33, 15		145,5
Jes	33, 17		113
Jes	33, 17a		403
Jes	33, 20		150,1
Jes	33, 20b		149,7
Jes	33, 21a		168,4
Jes	33, 22		125,2
Jes	33, 22a		149,7 | 241,8 | 280,2
Jes	33, 22b		251,4 | 255 | 341,9 | 357,3.4 | 392,7
Jes	33, 22c		302,8 | 366
Jes	33, 24		6 | 15,1.2 | 184,3
Jes	35, 1		429,5
Jes	35, 1	35, 2	361,12
Jes	35, 1	35, 5	11,6
Jes	35, 1	35, 10	6 | 420
Jes	35, 3		432,3
Jes	35, 3	35, 4	361,12
Jes	35, 3	35, 10	6 | 147 | 148 | 150 | 151 | 152 | 399,5–7 | 535
Jes	35, 4		430,4
Jes	35, 5		11,6 | 66,4 | 76,1 | 129,3 | 145,5 | 161,3 | 166,3.6 | 168,2.3 | 196,2 | 236,1.3 | 277,3.4 | 432,2
Jes	35, 5	35, 10	289,1.2 | 450,2.4.5
Jes	35, 6		11,4 | 263,3
Jes	35, 6	35, 7	429,5
Jes	35, 8		10,2
Jes	35, 10		1,3 | 2,1 | 7,6.7 | 11,10 | 20,3 | 34 | 35,4 | 36,7.12 | 63,4 | 66,1 | 96,6 | 108,3 | 111,2.10.14 | 122,1 | 128,2.3 | 135,5 | 155,3 | 298,3 | 349,1 | 351,13 | 365,7 | 370,8.9 | 372,4.5 | 429,2 | 505,6 | 516,7 | 517,5 | 520,5 | 524 | 529,11 | 531,1.3
Jes	35, 19b		346,5
Jes	35, 20b		1,3
Jes	36, 3		485,5
Jes	37, 1	37, 4	421
Jes	37, 7		247,3
Jes	37, 16		179 | 180,4
Jes	37, 20		179 | 180,4 | 377,4

Biblisches Buch	von Kapitel, Vers	bis Kapitel, Vers	Lied, Strophe (ggf.)
Jes	37, 34		486,7
Jes	38, 1	38, 8	368,5–7 | 530 | 538
Jes	38, 9	38, 20	113 | 289 | 345 | 364 | 368,5–7 | 450 | 518 | 528 | 530
Jes	38, 11		38,3 | 155,3 | 184,5 | 390,3
Jes	38, 12		382,3 | 402,3 | 521,2
Jes	38, 14		430,2
Jes	38, 14b		198,2
Jes	38, 17		5,3 | 11,4 | 14,6 | 61,3 | 134,5 | 144,2 | 154,4 | 404,2 | 424,3 | 475,2 | 488,1
Jes	38, 17	38, 20	368,5–7
Jes	38, 18	38, 19	476,6
Jes	38, 19		448
Jes	38, 20		104,1 | 167 | 325,1 | 326 | 329
Jes	39, 8		301,1 | 334,4
Jes	40, 1	40, 8	141 | 195 | 197 | 432,1 | 452,2
Jes	40, 1	40, 11	7 | 10 | 11 | 12,4 | 14,2.3 | 15 | 16
Jes	40, 2		200,4 | 211,4 | 454,4 | 485,5 | 486,7
Jes	40, 3		10 | 14,2 | 119
Jes	40, 3	40, 4	1 | 9,1
Jes	40, 3	40, 5	17,1 | 312,2
Jes	40, 5		262,6 | 263,6
Jes	40, 6		195 | 303,2 | 363,3.4 | 449,7 | 504,3 | 512,1
Jes	40, 6	40, 8	15,5 | 527 | 528 | 534,1
Jes	40, 8		15,5 | 198,1 | 295 | 357,6 | 449,8 | 534,1
Jes	40, 9	40, 10	11,3.9 | 13,1
Jes	40, 10		4 | 10 | 11,9 | 17,4 | 18,1 | 379,1
Jes	40, 11		20 | 85,5 | 274 | 294,1 | 301,1 | 370,11.12 | 486,1
Jes	40, 12	40, 25	67 | 246 | 324
Jes	40, 14		328,2
Jes	40, 22		327
Jes	40, 26		3,1 | 302 | 303 | 324 | 327,2 | 333,3 | 398 | 445,1 | 449,2.5 | 452,2 | 477,3 | 511,1
Jes	40, 26	40, 31	102 | 108 | 351 | 369
Jes	40, 28		139,4 | 515,1
Jes	40, 28	40, 29	64,6 | 301,3 | 451,3 | 484,4
Jes	40, 29		305,4 | 306,4
Jes	40, 29	40, 31	210,3 | 407,2 | 428,3
Jes	40, 31		135,5.6 | 139,3 | 165,7 | 248,5 | 289,1 | 305,4 | 306,4 | 325,10 | 378,3 | 383,1 | 423,3 | 486,7
Jes	41, 1		378,3 | 383,1
Jes	41, 4		35,1 | 185 | 301,3 | 431,1 | 515,9
Jes	41, 8	41, 13	128 | 243 | 345 | 365 | 454,3

Biblisches Buch	von Kapitel, Vers	bis Kapitel, Vers	Lied, Strophe (ggf.)
Jes	41, 10		15,6	29,1	82,3	124,4	274,3	327,1	362,3	381,4	408,1.2	451,3	494,4	532,3
Jes	41, 10	41, 11	249,2.3
Jes	41, 11		247,2
Jes	41, 13		146,5	231,2
Jes	41, 14		68,1	184,5	249
Jes	41, 17		158,2	176
Jes	41, 17	41, 20	120	135,4	156	399	427,2	429,4
Jes	41, 18		383,4	504,5
Jes	41, 18	41, 19	429,5
Jes	41, 20		362,3
Jes	41, 24	41, 29	326,8
Jes	41, 27	41, 28	69,2
Jes	42, 1		4	16,2	27,3.5	134,1	273,3.5
Jes	42, 1	42, 3	9
Jes	42, 1	42, 4	139,1
Jes	42, 1	42, 9	68	78	83	90	256	346	410,1	441,1–5	452
Jes	42, 1	42, 14	454,3
Jes	42, 2		277,4	313,3
Jes	42, 3		289
Jes	42, 5		324,4	432,1	515,1
Jes	42, 6		55	167,1	168,1	171	173	174	175	309,4	382,2	408,1.2	532,3
Jes	42, 6	42, 7	69,4	72	176	236,2	260	298,1	437,2	444,2	468,1	483	519,4
Jes	42, 7		11,4	76,1
Jes	42, 8		231,2	326,8	344,2
Jes	42, 10		42,8	60,1	110,1.6	148,8	167,1	169,4	287	294,2	323,1	331,4	332,2	349,1	407,3	499,1	504,1
Jes	42, 10	42, 16	279	286	288	302	328	341
Jes	42, 12		177	180	301,2	323,1	326,1	332,2	514,1
Jes	42, 13		281	326	377,1
Jes	42, 14		428,3	534,2
Jes	42, 16		72	305,4	306,4	454,2	485,4
Jes	42, 18	42, 25	72	283
Jes	42, 24		62,1	171,1
Jes	43, 1		15,6	20,8	29,1	82,2.3	168,1	199,2	204,1	208,2	341,6	362,3	382,2	425,1	452,2	457,10	473,3	515,6
Jes	43, 1	43, 7	58	59	64	74	124	138	200	274	279	370,11.12
Jes	43, 2		279,4	378,3
Jes	43, 3		231,2

Biblisches Buch	von Kapitel, Vers	bis Kapitel, Vers	Lied, Strophe (ggf.)
Jes	43, 4		51,1.5 | 251,4 | 281,4 | 318,2 | 351,1
Jes	43, 5	43, 7	51,3 | 66,3 | 88,3
Jes	43, 7		197,3 | 288,2
Jes	43, 8		66,4 | 129,3 | 145,5 | 161,3 | 166,3.6 | 168,2.3 | 196,2 | 236,1 | 277,3.4 | 392 | 432,2
Jes	43, 10		132
Jes	43, 11		7 | 309,1 | 346,3
Jes	43, 12b		256,3
Jes	43, 13		64
Jes	43, 14		66
Jes	43, 14	43, 25	477,5
Jes	43, 15		515,6
Jes	43, 16		244,2
Jes	43, 16	43, 19	377,2
Jes	43, 19		51,3 | 93,4 | 148,1 | 164 | 382,2 | 409,5 | 429,1 | 432,3
Jes	43, 20		323,3 | 429,5 | 504,3 | 509
Jes	43, 21		121,2 | 133,2 | 323,1 | 332,2
Jes	43, 24		23,7 | 79 | 84,4 | 86,6
Jes	43, 24	43, 25	68,8
Jes	43, 25		5,3 | 11,8 | 35,3 | 37,5 | 60,2 | 107,2 | 116,5 | 144,1 | 146,2 | 180,1 | 232 | 324,9 | 349,2 | 484,2
Jes	43, 27		82,5
Jes	44, 1	44, 8	125 | 127,6.7 | 130 | 135
Jes	44, 2		124,4 | 322,3 | 444,3
Jes	44, 3		58,11 | 128 | 163 | 170 | 171 | 174 | 193,3 | 203,5 | 214,3 | 239,1.2 | 252,7 | 281,3 | 294,4 | 311,2.3 | 316,4 | 317,4 | 330,5 | 347,4 | 348 | 352,1 | 361,4 | 369,7 | 374,3 | 394,2 | 395,2 | 446,9 | 451,5 | 457,4–10 | 494,1–3 | 496 | 497,1 | 503,13
Jes	44, 3	44, 4	164 | 399 | 429,5 | 508,1
Jes	44, 4		324,4
Jes	44, 5		370,11.12 | 382,2 | 473,3 | 485,3
Jes	44, 6		35,1 | 68,1 | 70,7
Jes	44, 6	44, 8	326
Jes	44, 8		132 | 274,3 | 275,4 | 407,1
Jes	44, 21		243,3 | 530,6
Jes	44, 21	44, 23	126 | 139
Jes	44, 22		11,8 | 35,3 | 37,5 | 60,2 | 144,1 | 146,2 | 232 | 324,9 | 449,6
Jes	44, 23		41,1.2 | 47,1 | 49,2 | 123,10 | 326,2.9 | 327,2 | 535
Jes	44, 24		183,1 | 429,4 | 515,1
Jes	44, 25		91,7 | 325,2 | 386,5
Jes	44, 27		325,7

Biblisches Buch	von Kapitel, Vers	bis Kapitel, Vers	Lied, Strophe (ggf.)
Jes	45, 1	45, 8	1 | 7 | 10 | 15
Jes	45, 2		259,3
Jes	45, 3		199,2
Jes	45, 3	45, 6	452,2
Jes	45, 5	45, 7	231,2 | 346,3 | 377,4 | 425,1
Jes	45, 6	45, 7	130,1
Jes	45, 7		125,2 | 162,1 | 184,3 | 431,3 | 435 | 436 | 454,2
Jes	45, 8		7 | 178,6 | 429,4 | 450,2 | 503,13
Jes	45, 12		183,1 | 515,6
Jes	45, 15		7 | 278,2 | 325,3 | 385,5 | 386,5
Jes	45, 17		11,4 | 21 | 386,8
Jes	45, 18		326,3 | 429,4 | 515,1
Jes	45, 18	45, 19	419,1.5
Jes	45, 18	45, 25	70 | 71 | 293 | 346 | 446
Jes	45, 21		7 | 309,1
Jes	45, 22		3,4 | 392,1 | 426,1
Jes	45, 22	45, 25	262 | 263
Jes	45, 23		90 | 126,4 | 154 | 170,1.4 | 193,3 | 490,4
Jes	45, 23	45, 24	271,8
Jes	45, 25		351,3.4 | 355
Jes	46, 1	46, 2	136,5
Jes	46, 3		321,1 | 322,3
Jes	46, 3	46, 4	325,1 | 380,1.2 | 487,2 | 532,2
Jes	46, 4		61,6 | 204,2 | 294,1 | 301,13 | 318,3 | 325,1 | 380,3 | 423,9 | 495,6
Jes	46, 5		123,3
Jes	46, 9		380,5
Jes	46, 10	46, 11	361,5
Jes	46, 12	46, 13	430,4
Jes	46, 13		66,1 | 160
Jes	47, 15		247,4
Jes	48, 3	48, 5	243,5
Jes	48, 8		392,4
Jes	48, 9		146,3
Jes	48, 10		273,5 | 279,4
Jes	48, 12		35,1 | 66,1 | 70,7
Jes	48, 13		324,4
Jes	48, 14		325,8 | 334,5
Jes	48, 15		168,1
Jes	48, 17		97,2 | 168,4 | 395,2 | 400,6 | 444,4 | 485,1 | 486,11
Jes	48, 17	48, 19	295 | 445,5

Biblisches Buch	von Kapitel, Vers	bis Kapitel, Vers	Lied, Strophe (ggf.)
Jes	48, 18		231	392,2	399
Jes	48, 20		332,2
Jes	48, 21		301,8
Jes	49, 1		37,2	135,1	139,1	199,2	322,3	325,2
Jes	49, 1	49, 4	419,1.5
Jes	49, 1	49, 6	27,3.5	72	141	256	293	346
Jes	49, 1	49, 8	110,1.6
Jes	49, 2		326,2
Jes	49, 3		180,2	290,3
Jes	49, 4		246,6	249,2
Jes	49, 5		121,1	220	322,3	414,2	506,2
Jes	49, 5	49, 24	313,3
Jes	49, 6		4,4	23,4	30,3	55,1.2	65,2	70,1	71,6	72	78,2	125,2	130,1	182,4	322,8	324,14	410,1	427,4	428,5	442,2	459,2	519,4
Jes	49, 7		324,8	325,1	452,2
Jes	49, 7	49, 18	6	7	10	12	15	16
Jes	49, 8		145,3	168,1	171	309,4	437,2	483	484,2
Jes	49, 9		66,3	325,6
Jes	49, 10		395,2	399,5.6	415,3
Jes	49, 11		312,2
Jes	49, 12		293
Jes	49, 13		41,1.2	47,1	65,1	119,3	123,10	127,1.6	129,1	326,2	327,2	330,5	382,3	525
Jes	49, 13	49, 16	25	34
Jes	49, 13	49, 21	286
Jes	49, 14		283,1.2
Jes	49, 14	49, 18	145	369	370
Jes	49, 15		58,4.5	192	243,3	278,6	326,5	530,6
Jes	49, 16		382,2	388,3	425,1
Jes	49, 18		264
Jes	49, 23		486,7
Jes	49, 24	49, 25	66,3	100,3	111,12	113,3
Jes	49, 26c		255,1
Jes	50, 1c		84,4	85,4
Jes	50, 2b		299,5	529,9
Jes	50, 4		66,4	129,3	145,5	166,3.6	168,2–4	176	196,2	236,1	277,3.4	325,7	334,1	392	432,2	439,1	487,4	490,2
Jes	50, 4	50, 9	51,7	81,1.2	83	84,2–6	85	86,2.4	87,2	452,1
Jes	50, 4a		15,2	444	454
Jes	50, 5		161,2.3	196,2	454

Biblisches Buch	von Kapitel, Vers	bis Kapitel, Vers	Lied, Strophe (ggf.)
Jes	50, 5	50, 8	432,2
Jes	50, 6		77,1 | 78,5 | 87,1 | 88,2 | 89,3
Jes	50, 7		78,8 | 339,3 | 452,3
Jes	50, 7	50, 9a	75,1 | 212,3
Jes	50, 8		329,3
Jes	50, 9		379,2
Jes	51, 1	51, 6	58 | 59 | 64
Jes	51, 2		58,11 | 163 | 170 | 171 | 174 | 203,5 | 214,3 | 239,1.2 | 252,7 | 281,3 | 294,4 | 311,2.3 | 316,4 | 317,4 | 330,5 | 347,4 | 348 | 352,1 | 361,4 | 369,7 | 374,3 | 394,2 | 395,2 | 446,9 | 451,5 | 457,4–10 | 494,1–3 | 496 | 497,1 | 503,13
Jes	51, 3		2,1 | 286,2 | 429,5 | 503,10
Jes	51, 3	51, 11	34
Jes	51, 4	51, 6	59 | 64
Jes	51, 4b		14,6 | 520,5
Jes	51, 5		280,2
Jes	51, 6		149,1 | 153,1 | 322,8
Jes	51, 7	51, 8	297 | 351,11 | 370,6 | 371,11 | 452,4
Jes	51, 7a		295,3
Jes	51, 9		38,1 | 67,4 | 123,4 | 183,2 | 279,2 | 281,5 | 326,8 | 333,2 | 396,2.3 | 406,1 | 431,1 | 451,4 | 454,3 | 486,3 | 505,3
Jes	51, 9	51, 16	150 | 243,4 | 244 | 245,5 | 302 | 346 | 377 | 449,12
Jes	51, 9a		248,4
Jes	51, 10		325,3
Jes	51, 11		2,1 | 7,6.7 | 11,10 | 34 | 35,4 | 36,7.12 | 63,4 | 96,6 | 105,1 | 108,3 | 111 | 135,5 | 147,3 | 151,7 | 349,1 | 361,12 | 371,4 | 531,3
Jes	51, 12		135,2 | 195 | 303,2 | 326,4 | 532,1
Jes	51, 12	51, 16	15 | 279,4
Jes	51, 13		324,4
Jes	51, 14		66,3
Jes	51, 16		148,1 | 326,2 | 425,1 | 429,1
Jes	51, 17		145,1
Jes	51, 17	51, 23	15,1.2 | 147,1
Jes	52, 1		145,1
Jes	52, 6		168,1
Jes	52, 7	52, 8	69,2
Jes	52, 7	52, 10	9 | 100 | 102 | 225 | 255 | 259 | 262 | 263 | 351
Jes	52, 8		147,1.2 | 151,2
Jes	52, 10		92 | 94,1 | 110,1.6 | 334,6 | 409,1 | 410,2 | 426,1 | 482,5
Jes	52, 11		165,7 | 252,6 | 255,4 | 393,3.4

Biblisches Buch	von Kapitel, Vers	bis Kapitel, Vers	Lied, Strophe (ggf.)
Jes	52, 12		498
Jes	52, 13	53, 12	34,2	50	76	77	78	79	80,3	81	83	84	85	86	87,1.2	88,2.3	90	91	92	94,3	110,1.6	178	184,3	190,1.2	195,2
Jes	52, 13b		70,1
Jes	53, 1		245,4
Jes	53, 2		7,3	268,2	403
Jes	53, 3		57,2	94	190,1
Jes	53, 3	53, 5	93,2
Jes	53, 4		36,4.8	37,8	55,3	80,3.4	82,2	84,5	95,4	96,2	101,3	123,7	148,4	318,2	341,8	410,3	478,4.5	487,2	532,2
Jes	53, 4	53, 5	68,5	83,2	89	93,2	179,3	401,3
Jes	53, 4	53, 6	43,5.6	50,3.4	91,1.2.9	102,2
Jes	53, 4	53, 9	3,2
Jes	53, 5		8,2	43,5	50,1.4	78,2	89,2	104,1	106	140,4	329,3	346,2	349,2	435	436	530	532,2
Jes	53, 5	53, 6	61,5	101,1	356,1
Jes	53, 6		62,3	67,4	72,3	262,3	263,3	350	353,3	400,4
Jes	53, 7		19,2	36,4	51,6	66,5	77,6	82,2	83	87,2	90,1	101,5	141,4	179,3	180,1.3	190	192	255,2.9	396,1	400,2
Jes	53, 7	53, 8	33,2
Jes	53, 8		95,1	99	349,2
Jes	53, 10		361,5
Jes	53, 11		111,1
Jes	53, 11a		109,3
Jes	53, 11b		35,3	342,6	346,2	350	386,6
Jes	53, 12		66,5	106,3	111,3.8	114,7	116	118	133,7	192	195,2
Jes	53, 12a		50,2	75,2	96,4
Jes	53, 12b		82,2	370,11
Jes	53, 12c		66,5
Jes	54, 2	54, 20	345	364
Jes	54, 2		428,4
Jes	54, 5		68,1
Jes	54, 6	54, 7	381,1
Jes	54, 7		33,2
Jes	54, 7	54, 8	427,2
Jes	54, 7	54, 10	98	345	361	364	369	370	396	533,2
Jes	54, 7		524,5.6
Jes	54, 8		11,4	140,3	154,3	178	192
Jes	54, 9	54, 10	243,3

Biblisches Buch	*von Kapitel, Vers*	*bis Kapitel, Vers*	*Lied, Strophe (ggf.)*
Jes	54, 10		178 | 200,4 | 289,4 | 347 | 415,3 | 421 | 425 | 435 | 436 | 533,2
Jes	54, 11		147,3
Jes	54, 11	54, 17	357,4
Jes	55, 1		36,9 | 66,7 | 135,4
Jes	55, 1	55, 5	140 | 213 | 250 | 346 | 363 | 399
Jes	55, 1	55, 11	99
Jes	55, 2		285,2
Jes	55, 3		12,1–3 | 13,3 | 25,2 | 30,1 | 31 | 243,5
Jes	55, 6		125,2 | 129,2 | 176 | 182,3 | 194 | 292,1 | 379,2
Jes	55, 6	55, 7	234 | 392 | 484,2
Jes	55, 6	55, 12a	196 | 280 | 346 | 361 | 364
Jes	55, 7		16,5 | 115,3 | 146 | 178 | 192 | 299,5 | 355,5
Jes	55, 8	55, 9	42,3 | 251,4 | 284,3 | 285,2 | 325,3 | 371,9 | 449,6.8
Jes	55, 8	55, 11	305,2 | 306,2
Jes	55, 10		324,4 | 424,3
Jes	55, 10	55, 11	78,9 | 135,4 | 166,4 | 194,1 | 196,2.4 | 280,3
Jes	55, 11		159,1
Jes	55, 12		41,1.2 | 258 | 434 | 504,3 | 535
Jes	56, 1		17 | 65,2 | 379,2
Jes	56, 1	56, 2	295
Jes	56, 6	56, 7	302,7 | 303,6
Jes	56, 7		166,1 | 394,2
Jes	56, 8		241,6 | 256,4 | 257 | 313,3
Jes	57, 1		81,5
Jes	57, 2		397,3 | 480,3 | 492 | 493
Jes	57, 10		113,3
Jes	57, 11		145,4,5
Jes	57, 12		485,3
Jes	57, 14		1 | 10,2 | 12,4 | 15,3
Jes	57, 15		51,4 | 62,2 | 70,4 | 137,9 | 139,3.4 | 144,7 | 281,4 | 282,4 | 307 | 308 | 333,4 | 399,2 | 450,2
Jes	57, 15	57, 19	243 | 299 | 341 | 386,9
Jes	57, 15	57, 21	124
Jes	57, 18		58,13 | 123,7 | 414,3 | 430,2 | 488,1
Jes	57, 18	57, 19	449,8 | 531,2
Jes	57, 19		18 | 26 | 33,1 | 43,4 | 47 | 49 | 52 | 113,7 | 130 | 163 | 173 | 174 | 179,1 | 258 | 328,2 | 386,9 | 429,3 | 434
Jes	58, 1	58, 9	145,4–6 | 384 | 413
Jes	58, 6	58, 12	303 | 326 | 343 | 428,1.2 | 450,3
Jes	58, 7		226,2 | 229 | 302,5 | 312,6 | 397,2 | 412,2 | 418,1.2 | 420 | 424,3 | 450,3 | 464,1 | 513,5 | 520,4

Biblisches Buch	von Kapitel, Vers	bis Kapitel, Vers	Lied, Strophe (ggf.)
Jes	58, 7	58, 8	428,4
Jes	58, 7	58, 12	324 | 413,3.4 | 423,7 | 502
Jes	58, 8		33,1 | 69,2 | 444,1 | 453,1 | 455,1
Jes	58, 9		326,4 | 341,7 | 371,6 | 381,2
Jes	58, 9	58, 10	459,3
Jes	58, 10		4,4 | 172 | 383,3
Jes	58, 11		135,4 | 140,1.5 | 166,6 | 171,1 | 274 | 324,12 | 381,4 | 407,1 | 445,5 | 503,14.15 | 531,3
Jes	58, 13	58, 14	231,4
Jes	58, 14		324,1
Jes	59, 1		248,4 | 286,1 | 299,5 | 533,1
Jes	59, 4		318,8
Jes	59, 5		287,3
Jes	59, 10		467,1
Jes	59, 14		145,6
Jes	59, 14	59, 15	428,5
Jes	59, 16		273,4 | 287 | 362,4
Jes	59, 17		286,4
Jes	59, 18	59, 20	247,2
Jes	59, 20		11,1 | 147,2 | 151,2 | 192 | 248 | 428 | 486,5
Jes	59, 21		160 | 168,3 | 173 | 174 | 175
Jes	60, 1		4 | 25,3 | 33,1 | 38,3 | 45 | 111,2 | 114,2 | 145,1 | 154,1.5 | 172
Jes	60, 1	60, 2	1 | 19,1 | 39,4.5 | 51 | 69,1 | 74,1 | 101,6 | 151,7 | 158,1 | 162
Jes	60, 1	60, 3	7,5 | 16,1.4 | 17,4 | 40,1 | 147
Jes	60, 1	60, 6	50,3 | 52 | 53,1 | 54 | 55,1 | 70 | 71 | 257 | 262 | 263 | 428
Jes	60, 1	60, 14	426,3
Jes	60, 2		67
Jes	60, 3		55 | 130,1 | 519,4
Jes	60, 5		425,3 | 454,1.6
Jes	60, 6		71,2 | 321,3 | 327,4
Jes	60, 10		146,2 | 178 | 192
Jes	60, 10b		11,4 | 361,8–10
Jes	60, 11a		395,3
Jes	60, 14		426,3
Jes	60, 15		425,3
Jes	60, 17		133,10
Jes	60, 19	60, 20	2 | 10,1 | 19,1 | 40,1.3 | 130,1 | 172 | 199,4 | 305,4 | 306,4 | 357,4 | 372,4 | 385,2 | 390,3 | 427,4 | 428,5 | 431,3 | 441 | 442,8 | 449,12 | 450 | 459,1.2 | 467,1 | 477,2 | 480,3 | 489,2 | 499,2 | 520,5 | 531,2.3

Biblisches Buch	von Kapitel, Vers	bis Kapitel, Vers	Lied, Strophe (ggf.)
Jes	60, 20		17,3 | 18 | 20,1.2 | 23,4 | 30,3 | 55,1 | 125,2 | 130,1 | 154,2 | 158 | 182,4
Jes	61, 1		76,1 | 210,5 | 318 | 320 | 532,2
Jes	61, 1	61, 2	17,1 | 360 | 375
Jes	61, 1	61, 3	8 | 260 | 298,1
Jes	61, 1	61, 11	5 | 7 | 9 | 12 | 16 | 51 | 66,6 | 68 | 72 | 346
Jes	61, 2		18,1 | 61 | 403,2
Jes	61, 5		276,4
Jes	61, 6		123 | 133,4
Jes	61, 10		36,11 | 169
Jes	61, 10a		3,3 | 33,2 | 51,4 | 69,2 | 70,1.6 | 83,7 | 151 | 159 | 224,1 | 264 | 308,1 | 323,2 | 327,3 | 341,1 | 349 | 371,1 | 396,1 | 399,4 | 459
Jes	61, 10b		36,11 | 83,7 | 219,2 | 350 | 386,6 | 473,1 | 477,4 | 525,5
Jes	61, 11		280,3
Jes	62, 1		11,1
Jes	62, 1	62, 2	262,1.6 | 263,1.6
Jes	62, 1	62, 3	378,4
Jes	62, 3		151,5 | 159,2 | 361,11 | 500,5
Jes	62, 4		487,2
Jes	62, 5		3,3
Jes	62, 6		151,2
Jes	62, 6	62, 7	69,2 | 241 | 245,2 | 259 | 266
Jes	62, 6	62, 12	147,1.2 | 341 | 351
Jes	62, 10		1 | 10,2 | 288,4 | 400,2
Jes	62, 11		9,1 | 11,3 | 12,4 | 13,1 | 79,4 | 149,6
Jes	62, 14		11,9
Jes	63, 5		287
Jes	63, 7		12 | 486,4.5
Jes	63, 7	63, 9	380,1.2
Jes	63, 7	63, 16	25 | 34 | 41
Jes	63, 8		35,3 | 36,2 | 309,1
Jes	63, 8	63, 9	1,1 | 23 | 24 | 37 | 353,3
Jes	63, 9		140,3.4 | 192
Jes	63, 10		1 | 10,2
Jes	63, 11		13,1 | 15,1.2 | 380,5
Jes	63, 11	63, 14	498
Jes	63, 13		301,8 | 400,6
Jes	63, 14		11,9 | 168,3
Jes	63, 15		172
Jes	63, 15	64, 3	4 | 6 | 7
Jes	63, 16		7,7 | 68,1 | 125,2 | 127,6 | 129,2 | 135,5 | 318,3.4 |

Biblisches Buch	von Kapitel, Vers	bis Kapitel, Vers	Lied, Strophe (ggf.)
			328,4 | 351,7 | 427,1
Jes	63, 19		69,3
Jes	64, 1		7,1 | 241,5 | 387,4
Jes	64, 2		65,2
Jes	64, 3		147,3 | 148,2 | 152,4 | 161,3 | 535
Jes	64, 4a		380,6
Jes	64, 5	64, 11	146
Jes	64, 7		328,4 | 351,7 | 427,1
Jes	64, 7	64, 11	283
Jes	64, 7b		127,6
Jes	65, 2		392,2
Jes	65, 12		392,2
Jes	65, 14		535
Jes	65, 17		51,3 | 93,4 | 346,5 | 382,2 | 409,5 | 429,1 | 431,3 | 449,8.12
Jes	65, 17	65, 25	147 | 148 | 150 | 152 | 361,12 | 429,2 | 432,3 | 450
Jes	65, 18	65, 19	2
Jes	65, 18		7,6.7 | 11,10 | 20,3 | 36,7 | 129,1 | 331,4 | 351 | 429,4
Jes	65, 18a		111,9
Jes	65, 19		63,4 | 128,2 | 276,4
Jes	65, 21		514,4
Jes	65, 24		303,3 | 371,6
Jes	66, 1		510,2.5
Jes	66, 1	66, 2	250 | 264 | 379,3
Jes	66, 1a		71,1 | 158,1 | 165,5
Jes	66, 2b		144,2.7 | 243,5 | 341,2.3 | 454,3
Jes	66, 4b		392,2
Jes	66, 10		151,5
Jes	66, 10	66, 14	243,5
Jes	66, 11		394,2 | 414,3 | 487,4
Jes	66, 12		421 | 425 | 426,3 | 429,3
Jes	66, 12a		424,1 | 435 | 436
Jes	66, 13		65,1 | 297,4.5 | 326,4.5 | 364,1 | 382,3 | 408,5 | 414,3 | 532,1
Jes	66, 14		288,2
Jes	66, 17		449,12
Jes	66, 18	66, 22	241,4 | 255 | 256,4 | 257
Jes	66, 22		51,3 | 93,4 | 148,1 | 382,2 | 409,5 | 429,1 | 431,3 | 432,3
Jes	66, 23		333,5
Jer	1, 4	1, 5	37,2
Jer	1, 4	1, 10	256 | 259 | 497
Jer	1, 4	1, 19	124 | 136 | 139,1–3

Biblisches Buch	von Kapitel, Vers	bis Kapitel, Vers	Lied, Strophe (ggf.)
Jer	1, 5		139,1 | 204 | 209,1 | 211,3 | 322,3 | 325,2 | 457,10 | 511,3
Jer	1, 7		495,2
Jer	1, 9		160 | 383,1 | 495,3
Jer	1, 11	1, 17	273,4
Jer	1, 14		326,4
Jer	1, 15		315,7
Jer	1, 17	1, 19	23 | 25 | 36,7 | 37 | 38 | 51 | 351
Jer	2, 1	2, 3	283,1
Jer	2, 4	2, 13	146
Jer	2, 6		301,6.8
Jer	2, 13		66,7 | 74,2 | 171,1 | 277,5 | 324,2 | 327,1 | 392,8 | 399 | 504,5
Jer	2, 17	2, 19	144,1.2 | 233 | 392,2
Jer	2, 19		325,8
Jer	2, 20		144,5 | 150,5 | 254,4 | 363,2 | 401,5 | 520,4
Jer	2, 21		145 | 245
Jer	2, 21	2, 32	233
Jer	2, 25		144,2
Jer	2, 37		247,4
Jer	3, 11	3, 13	144 | 233 | 234
Jer	3, 14	3, 17	255
Jer	3, 15		353,3
Jer	3, 17		150,1 | 151,7 | 293 | 426,1
Jer	3, 22		85,4 | 366
Jer	3, 23		24,12 | 149,5 | 232,1 | 233,1 | 286,2 | 329,3 | 341,4 | 373
Jer	3, 25		82 | 472,4
Jer	4, 1		36,7 | 400,4
Jer	4, 2		311,2
Jer	4, 3		262 | 263 | 432,3
Jer	4, 14b		369,5
Jer	4, 17	4, 19	25 | 36,7 | 37,4 | 38 | 51 | 338
Jer	4, 23	4, 29	149,1
Jer	5, 1	5, 6	145 | 392,2
Jer	5, 5		144,5 | 150,5 | 363,2 | 401,5 | 520,4
Jer	5, 7		145,5
Jer	5, 21		66,4 | 129,3 | 145,5 | 161,3 | 166,3.6 | 168,2.3 | 196,2 | 236,1 | 277,3.4 | 392 | 432,2
Jer	5, 22		506,4
Jer	5, 24		512,6
Jer	6, 1	6, 26	136,5.6
Jer	6, 6		107,2

Biblisches Buch	von Kapitel, Vers	bis Kapitel, Vers	Lied, Strophe (ggf.)
Jer	6, 10		77,4 | 136,4 | 423,2
Jer	6, 16		123,8 | 152,3 | 194,3 | 392,2.5 | 480,3 | 484,4 | 489,1
Jer	6, 20		446,5 | 449,3
Jer	6, 26		327,3 | 366
Jer	6, 27		373,3.4 | 386,10
Jer	7, 1	7, 15	138 | 144 | 145 | 146 | 209 | 234 | 392 | 432,3
Jer	7, 3		4,1 | 133,1.2 | 165,8 | 231
Jer	7, 5		318,8 | 423,4
Jer	7, 7		115,2 | 302,4 | 342,5 | 363,7 | 374,5
Jer	7, 11		166,1 | 389,2
Jer	7, 20		149,4
Jer	7, 21	7, 28	136,6 | 392,2
Jer	7, 22		301,6
Jer	7, 23		15,1 | 39,1 | 125,1 | 133,9 | 150,4 | 156 | 159,1 | 182,5 | 193 | 197,1 | 200,1.4 | 257,4 | 275,3 | 282,4 | 286,2 | 288,3 | 341,7 | 346,4 | 351,4 | 370,11.12 | 377,1 | 402 | 473,1 | 479 | 530
Jer	7, 24	7, 26	66,4 | 129,3 | 145,5 | 161,3 | 166,3.6 | 168,2.3 | 196,2 | 236,1 | 277,3.4 | 392 | 432,2
Jer	7, 25		301,6
Jer	7, 28		428,5
Jer	8, 4	8, 7	136,6 | 144 | 146,2.4 | 149 | 273 | 392,2
Jer	8, 6		136,3 | 145,5.6 | 231,11
Jer	8, 8		145,5.6
Jer	8, 8	8, 13	136,5.6
Jer	8, 9	8, 10	497,5
Jer	8, 14	8, 15	341,2
Jer	8, 15		435 | 436
Jer	8, 17		345
Jer	8, 18		366 | 450,2
Jer	8, 23		513,7 | 524,5
Jer	9, 1		74,1
Jer	9, 1	9, 5	378,3
Jer	9, 11	9, 15	149,4
Jer	9, 14		372,3 | 449,11
Jer	9, 16	9, 21	422,2
Jer	9, 22		527 | 528,6.7
Jer	9, 22	9, 23	155,3 | 195,1 | 242 | 299 | 302,8 | 303,8 | 324 | 351,3.4 | 409
Jer	9, 23		278,7 | 280,2
Jer	10, 6		269,2 | 323,3 | 333,4 | 411
Jer	10, 10		13,1 | 92,5 | 326,8

Jer 10,12 – Jer 15,16

Biblisches Buch	von Kapitel, Vers	bis Kapitel, Vers	Lied, Strophe (ggf.)
Jer	10, 12		183,1 | 324,4 | 327,2
Jer	10, 12	10, 13	504,4 | 506,1.3
Jer	10, 13		508,4 | 515,3
Jer	10, 16		302,2.3 | 303,2.3 | 362,2 | 429,4 | 515,1
Jer	10, 23		81,10 | 445,5 | 468 | 494 | 497,1.2
Jer	10, 24		146,3 | 325,9 | 370,5
Jer	11, 4		15,1 | 29,1 | 39,1 | 125,1 | 150,4 | 200,1.4 | 231,1.2.11 | 257,4 | 275,3 | 282,4 | 286,2.3 | 341,7 | 346,4 | 351,4 | 370,11.12 | 377,1 | 402 | 473,1 | 479 | 530
Jer	11, 6		455,2
Jer	11, 7		195,3 | 344,4 | 366,7 | 437,3 | 494,5
Jer	11, 8		66,4 | 129,3 | 145,5 | 161,3 | 166,3.6 | 168,2.3 | 196,2 | 236,1 | 277,3.4 | 392,2 | 432,2
Jer	11, 11		324,10
Jer	11, 14		321,2
Jer	11, 18	11, 20	370,1.4.7
Jer	11, 20		56,2 | 246,6 | 249,2 | 386,10 | 497,6
Jer	12, 1		378,2
Jer	12, 3		386,10 | 497,6
Jer	12, 15		178 | 355,5
Jer	13, 14		149 | 533,1
Jer	13, 16		29,3 | 145,4 | 179,1 | 180,4 | 301,2 | 312,5 | 326,8 | 410,5 | 467,1 | 505,7 | 514,7 | 520,7
Jer	14, 2	14, 9	5 | 398
Jer	14, 3		472,4
Jer	14, 7		144,2 | 472,4
Jer	14, 7	14, 9	82 | 138 | 146 | 355,2 | 364
Jer	14, 8		60,3 | 346,2 | 422,1
Jer	14, 9		74,4 | 131,6 | 135,6 | 204,1
Jer	14, 13		430,1 | 434 | 435 | 436 | 488,2
Jer	14, 17		324,15
Jer	14, 19		325,8 | 435 | 436
Jer	14, 19	14, 22	366
Jer	14, 20		84,3.4 | 85,4 | 144,2
Jer	14, 21		356,2 | 422,1
Jer	14, 22		324,4 | 422
Jer	15, 6		376,2
Jer	15, 10		524,4
Jer	15, 10	15, 20	76
Jer	15, 11		324,14 | 326,6
Jer	15, 15		325,8
Jer	15, 16		5,2.3 | 131,2 | 159,1 | 166,5 | 196,1 | 197,2 | 198,1 |

Jer 15,16 – Jer 18,18

Biblisches Buch	von Kapitel, Vers	bis Kapitel, Vers	Lied, Strophe (ggf.)
			276 | 343 | 346,4 | 358 | 363,6 | 382,3 | 414,3 | 446,9 | 458,2 | 488,1 | 501,3
Jer	15, 16	15, 21	274
Jer	15, 17	15, 18	361,5–7 | 371,10
Jer	15, 18		36,8
Jer	15, 19		341,7
Jer	15, 19	15, 21	351
Jer	15, 21		148,4
Jer	16, 10a		400,1.7
Jer	16, 14	16, 15	234,1.2 | 283
Jer	16, 19		111,2 | 331,1.3 | 383,1 | 407,2 | 408,4 | 428,3 | 506,2
Jer	16, 19a		91,1 | 144,1.5 | 196,5 | 210,3 | 232,1 | 275,4 | 364,1
Jer	16, 19b		136,5
Jer	16, 20	16, 21	326,8
Jer	17, 5		303,2
Jer	17, 5	17, 8	248,5 | 419,3
Jer	17, 5	17, 14	318 | 352 | 362 | 370 | 457
Jer	17, 7		58,11 | 115 | 163 | 170 | 171 | 174 | 203,5 | 214,3 | 239,1.2 | 252,7 | 281,3 | 294,4 | 311,2.3 | 316,4 | 317,4 | 330,5 | 347,4 | 348 | 352,1 | 361,4 | 369,7 | 374,3 | 394,2 | 395,2 | 446,9 | 451,5 | 457,4–10 | 494,1–3 | 496 | 497,1 | 503,13.14
Jer	17, 7	17, 8	358,3 | 378,5
Jer	17, 7	17, 17	326,5
Jer	17, 8		110,3 | 358,3 | 455,2
Jer	17, 9		355,1 | 389 | 390 | 430,4
Jer	17, 10		237 | 386,10 | 497,6
Jer	17, 11		343,2 | 363,7 | 528,5
Jer	17, 13		74,2 | 171,1 | 248 | 324,2 | 504,5
Jer	17, 13	17, 14	5 | 398
Jer	17, 14		58,13 | 123,7 | 318,2 | 320 | 329,3 | 423,9
Jer	17, 16		363,4
Jer	17, 21	17, 22	231,4
Jer	17, 23		66,4 | 129,3 | 145,5 | 161,3 | 166,3.6 | 168,2.3 | 196,2 | 236,1 | 277,3.4 | 392 | 432,2
Jer	18, 1	18, 4	234 | 355
Jer	18, 1	18, 10	152 | 518
Jer	18, 6		127,6.7
Jer	18, 7		299,5
Jer	18, 8		146,1
Jer	18, 9	18, 10	392,2
Jer	18, 18	18, 24	297,3

Jer 19,3 – Jer 24,7

Biblisches Buch	von Kapitel, Vers	bis Kapitel, Vers	Lied, Strophe (ggf.)
Jer	19, 3		161,1 | 194,1 | 195,1
Jer	20, 1		361,5
Jer	20, 1	20, 6	347
Jer	20, 7	20, 13	82 | 96 | 259 | 318
Jer	20, 11		70,5 | 347,5 | 361,3
Jer	20, 12		249,2 | 386,10 | 497,6
Jer	20, 12	20, 13	325,1
Jer	20, 13		158,2 | 428,2
Jer	20, 14	20, 18	370 | 524,4
Jer	21, 1	21, 14	76,2
Jer	21, 11	21, 12	378,3
Jer	22, 1	22, 5	392
Jer	22, 8	22, 9	145,4
Jer	22, 10a		531,1
Jer	22, 12		315,7
Jer	22, 13		430,1
Jer	22, 13	22, 17	497,3.6
Jer	22, 16		158,2
Jer	22, 21		392,2
Jer	22, 29		392
Jer	23, 1	23, 8	248
Jer	23, 3		313,3
Jer	23, 4		274 | 353,3 | 423,4
Jer	23, 5		1,2 | 2,2 | 13,1 | 67,1
Jer	23, 5	23, 6	12 | 19,2 | 21 | 23 | 30 | 31 | 35,3
Jer	23, 5	23, 8	4 | 16 | 283
Jer	23, 6		262 | 263 | 324,7 | 486,3
Jer	23, 9		322,9
Jer	23, 10		430,1
Jer	23, 15		81,2 | 449,11
Jer	23, 16	23, 29	124 | 196 | 255 | 273 | 318
Jer	23, 20		426,1
Jer	23, 23		379,2 | 381,2 | 452,4
Jer	23, 24		165,5.6 | 331,3
Jer	23, 29		136,1.2 | 194,1 | 257,3
Jer	23, 32		430,1
Jer	23, 33		84,3 | 85,4 | 232,2
Jer	24, 1	24, 10	71 | 245 | 377 | 389,3
Jer	24, 4	24, 7	283
Jer	24, 7		15,1 | 39,1 | 125,1 | 133,9 | 150,4 | 156 | 166,4.5 | 196,4 | 197,1 | 200,1.4 | 257,4 | 275,3 | 282,4 | 286,2 | 288,3 | 341,7 | 346,4 | 351,4 | 370,11.12 | 377,1 | 402 |

Biblisches Buch	von Kapitel, Vers	bis Kapitel, Vers	Lied, Strophe (ggf.)
			473,1 | 479 | 530
Jer	25, 1	25, 7	392,2
Jer	25, 4		66,4 | 129,3 | 145,5 | 161,3 | 166,3.6 | 168,2.3 | 196,2 | 236,1 | 277,3.4 | 392 | 432,2
Jer	25, 15	25, 16	281,1
Jer	25, 30	25, 31	281,1 | 452,2
Jer	25, 32	25, 38	149
Jer	26, 1	26, 15	79 | 83 | 87 | 145 | 146 | 234 | 392
Jer	26, 7		200
Jer	26, 9		328,6
Jer	26, 17	26, 19	146,1–3
Jer	26, 20	26, 23	193 | 262,5 | 263,5
Jer	27, 5		509,1 | 511,2
Jer	27, 9		273,2
Jer	27, 14		273,2
Jer	28, 1	28, 14	273
Jer	28, 7		168,2
Jer	28, 12		194,3
Jer	29, 1	29, 14	279,7 | 344 | 361 | 364 | 365 | 366 | 368 | 369 | 370 | 371 | 377 | 398
Jer	29, 5		514,4
Jer	29, 7		146,5 | 423,4
Jer	29, 11		18 | 124,3 | 170,3 | 179,1 | 396,6 | 421 | 425 | 429,3 | 430,1 | 435 | 436 | 449,8 | 476,6.7
Jer	29, 12	29, 14	125,2 | 246,7 | 283 | 346 | 380,4 | 400,4.5
Jer	29, 13	29, 14	129,2 | 176 | 182,3 | 290,1.2
Jer	29, 19		392,2
Jer	29, 28		514,4
Jer	30, 9		12 | 13,1 | 16
Jer	30, 10		66,3
Jer	30, 11		138 | 146,3 | 303,3 | 324,8 | 393,5 | 396,2 | 474,3 | 524,6
Jer	30, 12		36,8 | 66,7 | 145,2 | 196,1 | 222,2 | 299,5
Jer	30, 17		197,2
Jer	30, 18		178 | 192
Jer	30, 19		70,6 | 147,3 | 150,6.7
Jer	30, 20		15,1 | 39,1 | 125,1 | 150,4 | 200,1.4 | 257,4 | 275,3 | 282,4 | 286,2 | 288,3 | 341,7 | 346,4 | 351,4 | 370,11.12 | 377,1 | 402 | 473,1 | 479 | 530
Jer	30, 22		125,1 | 150,4 | 193 | 200,4
Jer	30, 22a		39,1
Jer	30, 23	31, 3	11,10 | 149 | 152
Jer	30, 25		512,3

Biblisches Buch	von Kapitel, Vers	bis Kapitel, Vers	Lied, Strophe (ggf.)
Jer	31, 1	31, 3	11,10
Jer	31, 1		15,1 | 39,1 | 125,1 | 150,4 | 200,1.4 | 257,4 | 275,3 | 282,4 | 286,2 | 288,3 | 341,7 | 346,4 | 351,4 | 370,11.12 | 377,1 | 402 | 473,1 | 479 | 530
Jer	31, 2		517
Jer	31, 3		11,7 | 23,7 | 70,5 | 150 | 325,1.8 | 354,2 | 417 | 517,2
Jer	31, 4		14,5
Jer	31, 5		514,4
Jer	31, 6		147,2 | 151,2
Jer	31, 7		2,2 | 11,7 | 123,10 | 127,1 | 326,5 | 329
Jer	31, 8		236,3
Jer	31, 8	31, 9	36,5
Jer	31, 9		150,4.5 | 274 | 289,3 | 318,3 | 395,2 | 427,1 | 486,11
Jer	31, 9	31, 13	326,4
Jer	31, 9b		399
Jer	31, 10		274 | 370,11.12
Jer	31, 10	31, 14	283
Jer	31, 12		140,1.5 | 171,1 | 288 | 508,1 | 510,1
Jer	31, 12	31, 14	411
Jer	31, 12b		503,13–15
Jer	31, 13		133,6 | 151,3 | 394,2 | 396,6 | 398 | 432,3
Jer	31, 14		64,5 | 387,5 | 457,2 | 494,2 | 508,1
Jer	32, 18c		362,2
Jer	31, 19		373,2
Jer	32, 19a		1,4
Jer	31, 20		192 | 243,3 | 354,2
Jer	31, 22		164 | 347,3 | 400,4
Jer	31, 23		140,2 | 170,1.4
Jer	31, 24		144,1
Jer	31, 25		36,8.9 | 123,8 | 139,3 | 363,1.2 | 454,3 | 508,3 | 532,2
Jer	31, 26		451,4
Jer	31, 28		486,2 | 487,1
Jer	31, 31		25,2 | 94,1
Jer	31, 31	31, 34	1 | 2 | 4 | 5 | 7 | 8 | 12,1–3 | 13,4 | 14,4 | 23 | 30,1 | 31 | 35,3 | 62,1 | 79 | 125,2 | 127,5.6 | 128 | 144,5.7 | 179 | 214 | 215 | 221 | 243,5
Jer	31, 32		301,6
Jer	31, 33		15,1 | 39,1 | 125,1 | 150,4 | 151,2 | 160 | 197,1 | 200,1.4 | 257,4 | 275,3 | 282,4 | 286,2 | 288,3 | 341,7 | 346,4 | 351,4 | 370,11.12 | 377,1 | 402 | 473,1 | 479 | 504,6 | 530
Jer	31, 33	31, 34	133,9
Jer	31, 34		7,6 | 37,5 | 60,2 | 61,5 | 89 | 107,2 | 126 | 146 | 179,3 |

Biblisches Buch	von Kapitel, Vers	bis Kapitel, Vers	Lied, Strophe (ggf.)
			180,1 | 190 | 315,4
Jer	31, 34b		67,3 | 125,2 | 127,4 | 134,2 | 135,5 | 288,2 | 386,1.2.5
Jer	31, 34c		35,3 | 37,5 | 116 | 232 | 324,9 | 349 | 356,1
Jer	31, 35		301,5 | 362,3 | 431,1 | 445,1 | 480,3 | 509,5 | 515,1
Jer	31, 35	31, 36	476,1
Jer	31, 38	31, 40	429,2
Jer	32, 8	32, 10	411
Jer	32, 17		445,1
Jer	32, 18	32, 25	331,1
Jer	32, 18		289,4 | 318,3.6
Jer	32, 19		1,4 | 281,4 | 303,3 | 368,1.7
Jer	32, 21		301,6
Jer	32, 33		392,2
Jer	32, 38		15,1 | 39,1 | 125,1 | 156 | 200,1.4 | 257,4 | 275,3 | 282,4 | 286,2 | 288,3 | 341,4 | 346,4 | 351,4 | 370,11.12 | 377,1 | 402 | 473,1 | 479 | 530
Jer	32, 38	32, 39	193,3
Jer	32, 40b		166,3
Jer	32, 41		425,3
Jer	32, 42		378,1
Jer	32, 42	32, 44	283
Jer	33, 2		429,4 | 515,1
Jer	33, 3		128,3 | 128,3 | 279,6 | 303,2
Jer	33, 3	33, 9	234 | 289 | 355
Jer	33, 6		197,2 | 208,1 | 400,5 | 424,2 | 430,1 | 434 | 435 | 436 | 449,8
Jer	33, 7	33, 8	144
Jer	33, 7	33, 9	283
Jer	33, 8		37,5 | 107,2 | 180,1 | 315,4
Jer	33, 9		150,1
Jer	33, 11		2,1 | 294,1 | 301,1 | 320 | 321 | 325,1 | 333,1 | 334 | 336 | 425,3 | 442,9 | 499,3
Jer	33, 14	33, 16	1,2 | 2,2 | 12 | 30 | 31 | 283,6.7
Jer	33, 15		16 | 67,1
Jer	33, 16		429,6
Jer	33, 20	33, 21	512,3
Jer	33, 26		192
Jer	33, 22a		511,1
Jer	33, 26c		241,5
Jer	34, 13		301,6
Jer	35, 14	35, 16	392,2
Jer	35, 15		16 | 66,4 | 129,3 | 145,5 | 161,3 | 166,3.6 | 168,2.3 |

Biblisches Buch	von Kapitel, Vers	bis Kapitel, Vers	Lied, Strophe (ggf.)
			196,2 | 236,1 | 277,3.4 | 392 | 432,2
Jer	36, 3		146,1 | 180,1 | 454,4
Jer	36, 9	36, 26	145 | 193 | 196 | 273 | 297,5.6
Jer	36, 26		355,5
Jer	37, 11	37, 16	279,9
Jer	37, 17	37, 21	366
Jer	38, 1	38, 13	193 | 302,5 | 368,6.7
Jer	38, 8		144,1
Jer	38, 9	38, 13	345
Jer	38, 16		324,6 | 447,2
Jer	40, 1	40, 6	366
Jer	40, 3		145
Jer	40, 7	40, 12	15,1.2 | 422
Jer	41, 8	41, 10	345
Jer	42, 6		195,3 | 390,2 | 427,3 | 437,3
Jer	42, 11		138,3 | 303,3 | 318 | 324,8 | 393,6 | 396,2 | 474,3 | 524,6
Jer	42, 12		192 | 355,5
Jer	42, 19		145,6
Jer	43, 2		506,2
Jer	43, 7		392,2
Jer	44, 1		168,2
Jer	44, 5		66,4 | 129,3 | 145,5 | 161,3 | 166,3.6 | 168,2.3 | 196,2 | 236,11 | 277,3.4 | 392 | 432,2
Jer	44, 16		392,2
Jer	44, 26		333,5
Jer	45, 2		351,10
Jer	45, 3		63,1.4 | 150,3 | 282,3 | 351,10 | 513,7 | 524,5
Jer	45, 4		429,1
Jer	46, 27		66,3
Jer	46, 28		138 | 146,3 | 233 | 303,33 | 324,8 | 393,6 | 396,2 | 474,3 | 524,6
Jer	49, 11		302,7 | 303,6
Jer	49, 19		142,2
Jer	50, 4	50, 6	283
Jer	50, 20		107,2 | 144,1
Jer	50, 31		149,1
Jer	50, 33	50, 34	66,5
Jer	50, 34		362,2
Jer	50, 44		142,2
Jer	51, 6		249,2
Jer	51, 10		62,2 | 272 | 276,1 | 279
Jer	51, 15		183,1 | 327,2 | 506,1

Biblisches Buch	von Kapitel, Vers	bis Kapitel, Vers	Lied, Strophe (ggf.)
Jer	51, 16		504,4 | 506,3 | 508,4 | 515,1.3
Jer	51, 19		303,2.3 | 362,2
Jer	51, 36		249,2
Jer	51, 48		326,2
Jer	51, 50b		70,2
Jer	51, 58		527
Jer	52, 6		423,6.7
Jer	52, 12	52, 30	146
Jer	52, 24	52, 30	193 | 422,1.2
Klgl	1, 1	1, 2	139
Klgl	1, 2		138
Klgl	1, 7	1, 12	190,1
Klgl	1, 9		109,4
Klgl	1, 20	1, 22	392,2
Klgl	2, 11		63,1
Klgl	2, 11	2, 12	324,15
Klgl	2, 15		150,1
Klgl	2, 18	2, 19	326,4
Klgl	3, 1	3, 66	11,4 | 38,3 | 85,4 | 113 | 124,4 | 144 | 158,2 | 222 | 232,3 | 273 | 294,1 | 302 | 318,3.6 | 325
Klgl	3, 6	3, 8	450,2
Klgl	3, 8		78,8
Klgl	3, 20	3, 33	84,3.4 | 152,2 | 243 | 341,4 | 364 | 397
Klgl	3, 22		38,3 | 355,5 | 512,5
Klgl	3, 22	3, 23	329,1.2 | 440,1 | 447,2.6 | 452,1 | 454 | 455,3 | 457,8.9 | 467,2 | 490,2 | 529,2.3
Klgl	3, 22	3, 24	301,1 | 322,8 | 325,10 | 333,3 | 334,1 | 354,5.6 | 369,7
Klgl	3, 22	3, 25	324
Klgl	3, 22	3, 33	58,7.9
Klgl	3, 24		361,9 | 486,7.8
Klgl	3, 25		296,3
Klgl	3, 26		58,9 | 79,3 | 88,6 | 152,2 | 326,6 | 344,4 | 366,2.6 | 370,6 | 371,3.5.9.11 | 372 | 374 | 391,3 | 427,2 | 451 | 502 | 525,1
Klgl	3, 26	3, 27	123,8
Klgl	3, 27		495,6
Klgl	3, 31	3, 32	178 | 192
Klgl	3, 31	3, 33	11,4 | 297,3 | 324,10.14 | 326,4 | 366,3
Klgl	3, 37		184,3
Klgl	3, 41		158,2 | 327
Klgl	3, 42		84,3.4 | 85,4 | 144,2
Klgl	3, 55	3, 58	351,4

Klgl 3,57 – Hes 12,23

Biblisches Buch	von Kapitel, Vers	bis Kapitel, Vers	Lied, Strophe (ggf.)
Klgl	3, 57		124,4 | 128,3
Klgl	4, 2b		127,6
Klgl	5, 1	5, 22	144 | 283
Klgl	5, 19		331,1
Klgl	5, 19	5, 22	66,3 | 241,6 | 302,5 | 403,4 | 488,2 | 490,4
Hes	1, 4		324,14
Hes	1, 4	1, 28	165 | 191 | 300
Hes	1, 23		395,1
Hes	1, 27		324,14
Hes	2, 3	2, 8	241 | 245 | 392
Hes	2, 3	2, 10	124 | 138 | 273
Hes	3, 1	3, 3	196,5 | 343,3 | 446,9 | 458,2 | 501,3
Hes	3, 3		70,2
Hes	3, 6	3, 7	136
Hes	3, 7		392,2
Hes	3, 9		357
Hes	3, 12		332
Hes	3, 12	3, 13	328,3
Hes	3, 17		69,2 | 145,5
Hes	3, 17	3, 21	262,2.5 | 263,2.5 | 392 | 497
Hes	3, 27		195,3 | 196
Hes	4, 16	4, 17	423,6
Hes	5, 5	5, 6	392,2
Hes	6, 1	6, 4	145
Hes	7, 9		325,8
Hes	8, 2		324,14
Hes	9, 4		373,6
Hes	11, 1		328,3
Hes	11, 5		446,6
Hes	11, 17		283
Hes	11, 19		127,6 | 130 | 134,6 | 160 | 164 | 166,3.4 | 196,4 | 230 | 318,5 | 389 | 390 | 404,1 | 431,3
Hes	11, 20b		15 | 39 | 62 | 125 | 150 | 200 | 257 | 282 | 286 | 288 | 341 | 346 | 351 | 370 | 377 | 402 | 473,2 | 479 | 530
Hes	11, 21		233,4 | 412,8
Hes	11, 24		328,3
Hes	12, 2		66,4 | 129,3 | 145,5 | 161,3 | 166,3.6 | 168,2.3 | 196,2 | 236,1 | 277,3.4 | 392 | 432,2
Hes	12, 18	12, 19	148,4 | 170,2 | 196,3 | 224,1 | 235,2.3 | 239,3 | 303,7 | 318,1 | 322,5 | 324,15 | 334,1 | 344,5 | 351,7 | 352,3 | 359,4 | 361,2.7 | 368,2 | 369,2 | 371 | 378,5 | 427,3 | 438,5
Hes	12, 23		6,2 | 17,4 | 18

Biblisches Buch	von Kapitel, Vers	bis Kapitel, Vers	Lied, Strophe (ggf.)
Hes	12, 25		374,2 | 473,3
Hes	13, 1	13, 3	273,2
Hes	13, 1	13, 6	193
Hes	13, 19		145,4
Hes	14, 6		326,8
Hes	14, 11b		15,1 | 39,1 | 125,1 | 150,1 | 200,1.4 | 257,4 | 275,3 | 282,4 | 286,2 | 288,3 | 341,7 | 346,4 | 351,4 | 370,11.12 | 377,1 | 402 | 473,1 | 479 | 530
Hes	14, 12	14, 23	146 | 299
Hes	15, 2	15, 5	146,3 | 232
Hes	15, 6	15, 8	145
Hes	16, 8		428,1
Hes	16, 9	16, 14	315,5
Hes	17, 11	17, 21	136,6 | 145
Hes	17, 22	17, 24	7 | 9 | 16
Hes	17, 24		308 | 309,3
Hes	18, 1	18, 32	138 | 232 | 234 | 350 | 353
Hes	18, 7		412,2 | 420 | 423,7 | 424,3 | 428,1.2 | 464,1 | 513,5
Hes	18, 8		231,8
Hes	18, 16		412,2 | 424,3
Hes	18, 17		18
Hes	18, 23		5,2 | 88,5 | 115,3 | 144,4 | 353,2 | 379,4
Hes	18, 25	18, 26	283
Hes	18, 31		127,6 | 134,6 | 160 | 164 | 230 | 318,5 | 390,2 | 404,1
Hes	20, 1	20, 7	233
Hes	20, 5		231,2
Hes	20, 6		301,6
Hes	20, 7		326,8
Hes	20, 12		231,4
Hes	20, 17		326,6
Hes	20, 26		233
Hes	20, 41		182,6 | 368,5
Hes	20, 43		233
Hes	21, 19	21, 22	413,1
Hes	21, 31		10,2 | 15 | 309,3 | 369,6
Hes	21, 32		12,3 | 14,6
Hes	22, 12		63,6 | 70,2
Hes	22, 17	22, 22	281,2
Hes	22, 29	22, 31	144 | 146
Hes	22, 30		76,1
Hes	26, 13		332,1
Hes	26, 20		4,3 | 396,3

Biblisches Buch	von Kapitel, Vers	bis Kapitel, Vers	Lied, Strophe (ggf.)
Hes	28, 1	28, 10	10,3
Hes	28, 11	28, 19	528
Hes	31, 14b	31, 18	4,3 | 396,3
Hes	28, 26		65,1
Hes	30, 3		11,10
Hes	31, 6		326,2
Hes	31, 12		326,2
Hes	31, 17		326,2
Hes	32, 7	32, 8	373,5
Hes	32, 14		324,5
Hes	32, 18		4,3 | 396,3
Hes	33, 1	33, 9	145 | 147,1.2 | 234
Hes	33, 10		233,1
Hes	33, 10	33, 16	138 | 234 | 246 | 299 | 350 | 355 | 392 | 400,6
Hes	33, 11		16,5 | 115,3 | 144,4 | 353,2
Hes	33, 31		386,1 | 449,6
Hes	34, 1	34, 16	232 | 274 | 353,3 | 370,11.12
Hes	34, 1	34, 31	396 | 428,2
Hes	34, 11		85,5 | 206,4
Hes	34, 11	34, 12	262,3 | 263,3 | 299,5
Hes	34, 11	34, 16	313,3
Hes	34, 13		72,5 | 257,4 | 264,2
Hes	34, 14		325,6
Hes	34, 16		5,1 | 11,8 | 12 | 14 | 23 | 24,8 | 35,3 | 36,5 | 42,4 | 72,3.5 | 75,2 | 94,2 | 376,2 | 381,4 | 485,4 | 532,2
Hes	34, 17		5,8 | 11,10
Hes	34, 23		133,1
Hes	34, 23	34, 24	12 | 16 | 243,4
Hes	34, 23	34, 31	274 | 280 | 370,11.12 | 386,9 | 396 | 500
Hes	34, 24a		200,4 | 275,3 | 341,7 | 346,4 | 351,4 | 370,11.12 | 402 | 473,1 | 479 | 530
Hes	34, 25		421 | 425 | 430 | 435 | 436
Hes	34, 26		311,2 | 324,4 | 455,2 | 506,3 | 508,2 | 515,3
Hes	34, 27		144,5 | 150,5 | 254,4 | 363,2 | 401,5 | 520,4
Hes	34, 29a		424,3
Hes	36, 11		322,4
Hes	36, 22	36, 28	99 | 125 | 126 | 127,3.6 | 128 | 129 | 131 | 133 | 165,8 | 252,1.2 | 283 | 389 | 390
Hes	36, 23		186 | 287 | 344,2
Hes	36, 25		136,5 | 353,8
Hes	36, 25	36, 27	200 | 205 | 274,2
Hes	36, 25	36, 28	68,4

Biblisches Buch	von Kapitel, Vers	bis Kapitel, Vers	Lied, Strophe (ggf.)
Hes	36, 26	36, 27	127,6 | 134,6 | 160 | 164 | 230 | 318,5 | 390,2 | 404,1 | 412,8
Hes	36, 28b		15,1 | 39,1 | 125,1 | 150,4 | 200,1.4 | 257,4 | 275,3 | 282,4 | 286,2 | 288,3 | 341,7 | 346,4 | 351,4 | 370,11.12 | 377,1 | 402 | 473,1 | 479 | 530
Hes	36, 36		130,3 | 299,5
Hes	37, 1	37, 14	79 | 99 | 100 | 101 | 102 | 107 | 108 | 114 | 154,2 | 236,5 | 382,3 | 432,1 | 518
Hes	37, 12	37, 13	526,7
Hes	37, 24	37, 28	12 | 14,4 | 16 | 23 | 25 | 27 | 28 | 30 | 31 | 36 | 39 | 42 | 51
Hes	37, 26		9 | 14,4 | 20,3 | 144,7 | 200,4 | 289,4 | 425 | 435 | 436
Hes	37, 27		15,1 | 39,1 | 62 | 125,1 | 150,4 | 166,2 | 200,1.4 | 257,4 | 275,3 | 282,4 | 286,2 | 288,3 | 341,7 | 346,4 | 351,4 | 370,11.12 | 377,1 | 402 | 473,1 | 479 | 530
Hes	39, 9	39, 10	426,2
Hes	39, 28c		353,3
Hes	39, 29		140,3
Hes	43, 1	43, 5	165
Hes	44, 4		185,1–3 | 270,1 | 333,4
Hes	44, 23		389
Hes	44, 28		324,14 | 529,12
Hes	47, 1	47, 12	399
Hes	47, 12		325,6
Dan	1, 17		155,2 | 386,5
Dan	2, 12	2, 13	244 | 279,5
Dan	2, 17	2, 19	134,2 | 361,7.8 | 497,4
Dan	2, 20	2, 23	134,2 | 323
Dan	2, 22		469,1
Dan	2, 23		128,6 | 333,1 | 334 | 336
Dan	2, 30		134,2 | 386,5 | 389,4 | 497,4
Dan	2, 44		14,3 | 109,4 | 123,1–3 | 134,2 | 248,7 | 257
Dan	2, 47		137,3
Dan	3, 1	3, 23	99
Dan	3, 1	3, 25	143
Dan	3, 1	3, 30	324,17
Dan	3, 3		64,6
Dan	3, 16	3, 18	249 | 357 | 364 | 374
Dan	3, 25	3, 27	378,3
Dan	3, 26		66,2.3
Dan	3, 28		143,7.8
Dan	3, 32		279,7 | 497,14
Dan	3, 33		71,1 | 123,3 | 266,5 | 301,3 | 323,2 | 324,17 | 490,4

Biblisches Buch	von Kapitel, Vers	bis Kapitel, Vers	Lied, Strophe (ggf.)
Dan	3, 24c		345,1 | 362,2 | 451,6
Dan	3, 29b		64,6
Dan	3, 29c		16,4 | 71,6 | 302,5 | 345 | 362,2 | 366,1.2 | 369,6 | 451,6
Dan	4, 14		309,3
Dan	4, 24		397,2
Dan	4, 31		323,3 | 326,1 | 331,1 | 332 | 490,4
Dan	4, 32		378,2
Dan	4, 34		10,3 | 303 | 309,3 | 323,3 | 326,1
Dan	5, 1	5, 30	523 | 527 | 528 | 530
Dan	5, 5		126,4
Dan	5, 17	5, 21	309,3
Dan	5, 22	5, 23	392,2
Dan	5, 25	5, 30	309,3
Dan	5, 29	5, 30	308 | 369,6
Dan	6, 5c		423,4
Dan	6, 11		247,1 | 300 | 393,2 | 470,2
Dan	6, 13		84,11
Dan	6, 17		303,2 | 467,4 | 497,10
Dan	6, 17	6, 24	279
Dan	6, 20	6, 28	303
Dan	6, 23		143 | 171,2
Dan	6, 24c		345
Dan	6, 25		325,1
Dan	6, 27		64,6 | 134,1 | 247,1 | 326,1
Dan	6, 27	6, 28	199 | 380,4
Dan	6, 27b	6, 28	490,4
Dan	6, 27b		123,3 | 351,11
Dan	6, 28		60,3 | 266,5 | 422,1
Dan	7, 2	7, 18	6 | 149 | 275
Dan	7, 2	7, 27	148
Dan	7, 9	7, 14	121
Dan	7, 10		44,3 | 199,3 | 502,2
Dan	7, 13		5,2 | 7
Dan	7, 13	7, 14	6,3 | 14,3 | 123 | 248,7 | 257 | 409,7
Dan	7, 14		490,4
Dan	7, 27		6 | 14,3 | 64,4 | 123,1 | 252 | 257 | 490,4
Dan	7, 9a		64,4
Dan	8, 18		73,5
Dan	8, 23	8, 25	297
Dan	8, 26		152,4
Dan	9, 4		289,4

Biblisches Buch	von Kapitel, Vers	bis Kapitel, Vers	Lied, Strophe (ggf.)
Dan	9, 4	9, 19	144
Dan	9, 5		84,3.4 | 475,5
Dan	9, 15		301,8
Dan	9, 15	9, 18	146,1.3
Dan	9, 15	9, 19	138 | 144 | 209 | 299
Dan	9, 17		165,6
Dan	9, 17b		140,3
Dan	9, 18		133,9 | 248 | 350 | 355
Dan	9, 18	9, 19	347
Dan	9, 18b		342 | 409
Dan	9, 19		134,5
Dan	9, 26	9, 27	246 | 248 | 347
Dan	10, 12		10,3 | 308
Dan	10, 13		142 | 143,4
Dan	10, 18	10, 19	164
Dan	10, 19		485,6
Dan	10, 21		142
Dan	12, 1		142
Dan	12, 1	12, 2	206,5
Dan	12, 1	12, 4	6 | 149 | 369,6 | 495,8 | 518 | 523 | 526
Dan	12, 1a		143,4.8
Dan	12, 2		5,7.8 | 38,3
Dan	12, 2	12, 3	195,3
Dan	12, 3		150,6 | 477,3 | 480,3
Dan	12, 10a		273,5.6
Hos	1, 6		192
Hos	2, 10		324,5
Hos	2, 16		15,2
Hos	2, 16	2, 25	64 | 65 | 423
Hos	2, 20		20,3 | 324,7 | 486,3
Hos	2, 20b		248,6
Hos	2, 21		33,1 | 70,4–7 | 83,7 | 148,5
Hos	2, 22		67,3 | 125,2 | 127,4 | 134,2 | 135,5 | 288,2 | 386,1.2 | 404,4
Hos	2, 25		15,1 | 39,1 | 125,1 | 150,4 | 192 | 200,1.4 | 257,4 | 275,3 | 282,4 | 286,2 | 288,3 | 341,7 | 346,4 | 351,4 | 355,5 | 370,11.12 | 377,1 | 402 | 473,1 | 479 | 530
Hos	3, 1		428,1
Hos	3, 5		12 | 13,1 | 16 | 426,1
Hos	4, 1	4, 2	145
Hos	4, 1	4, 6	384
Hos	4, 6		7,2 | 67,3 | 125,2 | 127,4 | 134,2 | 135,5 | 288,2 | 386,1 |

Biblisches Buch	von Kapitel, Vers	bis Kapitel, Vers	Lied, Strophe (ggf.)
			404,1.2
Hos	5, 11		150,3 | 165,3
Hos	5, 15		129,2
Hos	5, 15b		366,5
Hos	5, 15b	6, 6	83 | 92
Hos	6, 1		325,8 | 354,4 | 532,2
Hos	6, 1	6, 6	76 | 79 | 82 | 85 | 123,5–8 | 355
Hos	6, 2		97 | 98,3 | 103,2.4 | 109 | 111,3 | 114,1 | 116,1.5 | 117 | 118
Hos	6, 3		114,3 | 444,1 | 450 | 455,1
Hos	6, 5		67,5
Hos	6, 6		67,3 | 82,7 | 125,2 | 127,4 | 134,2 | 135,5 | 288,2 | 344,4.5 | 384 | 386,1.2 | 397,2 | 400 | 401 | 402 | 404,4.6 | 413 | 417 | 446,5 | 449,3
Hos	7, 1	7, 7	378,2
Hos	8, 1	8, 14	145
Hos	10, 12		163 | 423,3
Hos	11, 1	11, 2	38 | 62 | 234 | 262 | 263 | 392
Hos	11, 1	11, 9	289 | 318 | 400
Hos	11, 3		325,2
Hos	11, 3	11, 4	281,4
Hos	11, 8	11, 9	11,4.5 | 54 | 243,3
Hos	11, 10	11, 11	281
Hos	12, 1		324,8 | 452,2
Hos	12, 6		327,3 | 362,2
Hos	12, 7		232 | 378,4
Hos	12, 10	12, 11	231,1.2
Hos	12, 14		301,6
Hos	13, 4		231,2
Hos	13, 9		11,3 | 16,3 | 42,2 | 62,5 | 84,1 | 108,1 | 115,4 | 144 | 217,1 | 233 | 324,14 | 346,2 | 482,5 | 519,2
Hos	13, 10		303,2
Hos	13, 14		5,6 | 66,4 | 85,3 | 86,1 | 100,3 | 101,4 | 106,2.3 | 111,9 | 112,2.4.6 | 113,1.8 | 114,8 | 115 | 117,1 | 122,1 | 162,2.4 | 179,4 | 184,5 | 195,2 | 325,4 | 326,4 | 341,8 | 384,4
Hos	14, 2	14, 4	144 | 146 | 234
Hos	14, 3		146,1 | 154 | 166,3 | 344,6
Hos	14, 4c		302,7 | 303,6
Hos	14, 5		146,3 | 146,3
Hos	14, 5	14, 9	283 | 327,1
Hos	14, 6		7,2 | 178,6 | 383,3 | 508,2
Hos	14, 8		326,2

Biblisches Buch	von Kapitel, Vers	bis Kapitel, Vers	Lied, Strophe (ggf.)
Hos	14, 9		302,2 | 303,3 | 326 | 346,2
Hos	14, 10b		274 | 295 | 374,4 | 400,6 | 444,4 | 445,5
Joel	1, 12c		528
Joel	1, 15		11,10
Joel	2, 3		431,1 | 514,3
Joel	2, 11		149,4
Joel	2, 11c	2, 18	16,4 | 138 | 144 | 145,5 | 146 | 234 | 289,4 | 392
Joel	2, 12	2, 13	115,3
Joel	2, 12	2, 19	384
Joel	2, 13		3,2 | 97,4 | 277 | 309,2 | 318,3.5 | 533,1.2
Joel	2, 14		179,4 | 457
Joel	2, 16		3,3 | 33,2 | 69,2 | 70 | 83,7 | 151 | 264,1 | 396,1 | 400,2 | 525,5
Joel	2, 17		278 | 283
Joel	2, 18		355
Joel	2, 21		15,6 | 129,1 | 193,2 | 288
Joel	2, 22		429,5 | 509,1
Joel	2, 23		169 | 455,2 | 506,3 | 508,2 | 511,3 | 515,3
Joel	2, 23	2, 24	500 | 502
Joel	2, 26		69,4 | 127,1
Joel	2, 26	2, 27	321
Joel	3, 1		120 | 128 | 135 | 164 | 171,4 | 193,3 | 200,1
Joel	3, 1	3, 2	429,5
Joel	3, 1	3, 5	125 | 126 | 129 | 130 | 136
Joel	3, 1a		159,3 | 164
Joel	3, 3		153
Joel	3, 3	3, 4	149,1 | 373,6 | 476,7
Joel	3, 4	3, 5	358,6
Joel	3, 5b		150
Joel	4, 16		275,4 | 281,1 | 362
Joel	4, 18		171,1 | 399 | 407,1
Am	1, 1		281,1
Am	2, 4		9,4 | 149,4
Am	2, 10		301,6
Am	3, 1		37,2 | 41,7 | 145,1–4 | 301,6
Am	3, 1	3, 2	401,2
Am	3, 2a		256,2
Am	3, 3		235,4
Am	3, 6		324,15
Am	3, 12		292,4
Am	4, 6	4, 11	392,4

Biblisches Buch	von Kapitel, Vers	bis Kapitel, Vers	Lied, Strophe (ggf.)
Am	4, 7		324,4
Am	4, 12b		11,1
Am	4, 13		327,3 | 444,1 | 452,1 | 514,2
Am	5, 4		125,2 | 176
Am	5, 4	5, 6	182,1–3 | 346
Am	5, 4	5, 7	343
Am	5, 4	5, 24	194 | 400,4.5
Am	5, 8b		184,3
Am	5, 10	5, 15	343
Am	5, 12		233,1
Am	5, 14	5, 15	145,5 | 385,3 | 390,2 | 417
Am	5, 14	5, 20	149 | 281
Am	5, 18		431,3
Am	5, 20		486,10
Am	5, 21	5, 24	155 | 156 | 159 | 161,2 | 165 | 166 | 194 | 304,6 | 318,1.8 | 346 | 384 | 413
Am	5, 23		332,1
Am	6, 18	6, 20	149
Am	7, 1	7, 6	283
Am	7, 10	7, 17	193 | 273 | 275
Am	8, 1	8, 10	152 | 518
Am	8, 10	8, 19	366
Am	8, 11		169,2 | 194,1 | 195,1
Am	8, 11	8, 12	98 | 193 | 246,7 | 280 | 347 | 386 | 392.2.4 | 396
Am	9, 1	9, 4	149,1.2 | 518,3 | 526,7
Am	9, 2		237 | 394,4
Am	9, 5		92,5 | 327,3 | 383,1
Am	9, 7		301,6
Am	9, 8		273,1.6
Am	9, 11		13,1
Am	9, 11	9, 15	286
Am	9, 12		293
Am	9, 13		424,3
Am	9, 14	9, 15	283 | 514,4
Obd	V 3		369,6
Obd	V 7		247,4
Obd	V 17		150
Jona	1, 1		168,2
Jona	1, 1	1, 6	76 | 79 | 366 | 371
Jona	1, 1	1, 16	237
Jona	1, 3		233,2 | 237 | 518,3 | 526,7

Biblisches Buch	von Kapitel, Vers	bis Kapitel, Vers	Lied, Strophe (ggf.)
Jona	1, 14		301,10 | 424,3
Jona	2, 1		116,2 | 117 | 118
Jona	2, 2		16,1
Jona	2, 2	2, 10	99 | 100 | 101 | 102 | 107 | 108 | 111,12 | 112 | 299
Jona	2, 3		95,1 | 343,1 | 381,2
Jona	2, 5		233,3
Jona	2, 6		345 | 365 | 396,2.3 | 518
Jona	2, 7b		323 | 326,4 | 341,2–4
Jona	2, 8		16,1 | 247,5 | 325,7 | 373,5.6 | 399,1
Jona	2, 9		150,3
Jona	2, 10		154 | 160 | 165,2 | 166,3 | 279,6 | 326,9 | 452,5 | 491,3
Jona	3, 1	3, 5	138 | 144 | 146 | 234
Jona	3, 1	3, 10	241 | 250 | 363
Jona	3, 5		232 | 233
Jona	3, 8		171,3 | 179
Jona	3, 10		138 | 144 | 146 | 234 | 299,5
Jona	4, 1	4, 11	232 | 353
Jona	4, 2		3,2 | 97,4 | 277 | 309,2 | 533,1
Jona	4, 7		444,1
Jona	4, 11		502,2
Mi	1, 2	1, 4	145
Mi	1, 2	1, 7	149,1
Mi	1, 4		281,1
Mi	2, 1	2, 2	231,8.10–12
Mi	2, 7		323,1 | 324,14
Mi	2, 11		145,4
Mi	2, 12		262,3 | 263,3 | 313,3
Mi	2, 13		1,1.2 | 13,1 | 66,2.3 | 384,1 | 385,4 | 388 | 391,1 | 498,2
Mi	2, 17		388
Mi	3, 2		341,2
Mi	3, 4		324,10
Mi	3, 5		137,1.9
Mi	3, 7		392,2
Mi	3, 7	3, 8	193
Mi	3, 8		132 | 145,4–6
Mi	3, 9		312,2
Mi	3, 9	3, 12	76
Mi	3, 11		169,3
Mi	4, 1		150,1
Mi	4, 1	4, 2	69,1
Mi	4, 1	4, 3	71,1.4 | 257 | 262 | 263

Mi 4,1 – Mi 7,18   153

Biblisches Buch	von Kapitel, Vers	bis Kapitel, Vers	Lied, Strophe (ggf.)
Mi	4, 1	4, 5	62 | 426
Mi	4, 1	4, 7	123
Mi	4, 2		62,2 | 126,6
Mi	4, 3		19,2 | 20,3.6 | 33 | 47 | 426,2
Mi	4, 3	4, 4	13,3
Mi	4, 5		62 | 391 | 494 | 498
Mi	4, 6	4, 7	236,3
Mi	4, 6	4, 10	283
Mi	4, 7		173 | 174 | 175
Mi	4, 7	4, 9	13,1
Mi	4, 8		314,3
Mi	4, 11	4, 13	249 | 297
Mi	5, 1		4,3 | 13,1 | 19,2 | 20,5.6 | 32,1 | 33 | 47 | 48,2 | 49 | 55,1 | 183,2 | 184,1 | 199,5
Mi	5, 1	5, 4	12 | 23 | 25 | 30 | 31 | 39 | 40 | 42 | 51 | 426,3 | 434
Mi	5, 2		76
Mi	5, 3		167,4 | 324,7
Mi	5, 4a		18 | 26 | 124,3 | 130,6 | 170,3 | 179,1 | 248,7 | 421 | 422,1 | 425 | 430 | 431,3 | 435 | 436
Mi	5, 5		331,1
Mi	5, 7	5, 8	232 | 353
Mi	6, 3	6, 6	329
Mi	6, 4		301,6
Mi	6, 4	6, 5	279,3 | 321 | 322,4 | 325,1 | 365,4 | 393,5 | 503,7
Mi	6, 6	6, 8	404,4 | 437,3 | 446,5 | 449,3
Mi	6, 8		5,3 | 10,3 | 11,2 | 67,3 | 82,7 | 84,7 | 93,4 | 107,2 | 114,7 | 125,3 | 130,6 | 133,2 | 135,7 | 159,1 | 168,2 | 179 | 195,1 | 198,2 | 205,4 | 207,2 | 217,4 | 221,2 | 251,6 | 269,5 | 288,1 | 290,5.7 | 295 | 344,4 | 404,3 | 406,1 | 414,3 | 417 | 437,3 | 453,1 | 490,4 | 499,3 | 503,15 | 506,6 | 523,2
Mi	7, 1		424,2
Mi	7, 2		81,5
Mi	7, 3		20,5.6
Mi	7, 7		6,5 | 142,6 | 154,3 | 155,3 | 166,1 | 278,2 | 288,1 | 322,8 | 390,3 | 521,3 | 529,11
Mi	7, 7	7, 9	33 | 51 | 138 | 232 | 350 | 354 | 355 | 449,1 | 518
Mi	7, 8		51,4 | 74,4 | 136,3 | 162,1 | 182,9 | 279,7 | 385,2 | 390 | 427,4 | 431,3 | 441 | 444,1 | 449,1 | 459,2 | 475,3 | 476,4.6 | 477,2 | 478,2
Mi	7, 8	7, 11	305,4 | 306,4
Mi	7, 14		407,1
Mi	7, 18		61,3 | 66,4 | 211,4 | 309,2 | 322,4.5 | 324 | 328,1 | 404,2 | 406,3 | 413,1 | 485,5 | 533,1

Biblisches Buch	von Kapitel, Vers	bis Kapitel, Vers	Lied, Strophe (ggf.)
Mi	7, 18	7, 19	14,5 | 14,5 | 33 | 51 | 138 | 144,2 | 154,4 | 232 | 350 | 354 | 355 | 518
Mi	7, 19		50,1 | 178 | 192 | 322,5 | 324,9
Mi	7, 20		12,1–3 | 533,2
Nah	1, 2		84,10 | 91,4
Nah	1, 3		51 | 84,6 | 86,6 | 88,6 | 92,2 | 144,5 | 146,2 | 163 | 168,4 | 190 | 258 | 290,5.7 | 295 | 344,4 | 368,5 | 407,2 | 506,4 | 514,2
Nah	1, 3b	1, 6	281,1
Nah	1, 5		85,2
Nah	1, 6		248,5 | 299,1 | 431,3
Nah	1, 6	1, 7	146,3
Nah	1, 7		235,2 | 345 | 362,1 | 531,1
Nah	1, 7	1, 13	408,3
Nah	1, 8		324,14
Nah	1, 13		144,5 | 150,5 | 254,4 | 324,9 | 381 | 401,5 | 520,4
Nah	2, 1		69,2 | 106,3 | 107,1 | 111,9.10 | 112,4 | 113,1–4 | 279,6 | 425
Nah	3, 1		430,1
Nah	3, 17		508,4
Hab	1, 1	1, 2	134,5 | 299,1
Hab	1, 1	1, 4	378,3
Hab	1, 2		324,10
Hab	1, 2	1, 4	366
Hab	1, 5	1, 12	146,1–3
Hab	1, 11b		248,5
Hab	2, 3		6,2 | 17,4 | 18 | 70,7 | 152,2.4 | 442,2.7
Hab	2, 4b		13,5 | 16,2 | 113,5 | 406,5
Hab	2, 6b		495,5
Hab	2, 12		430,1 | 497,3.6
Hab	2, 13		527 | 528
Hab	2, 14		123,1 | 177 | 180 | 255 | 257 | 280,3 | 293 | 301,2
Hab	2, 20		41,3 | 42,3 | 165,6 | 252,6 | 422,3 | 428,3 | 457,2 | 478,6
Hab	3, 2		341,4 | 374,4
Hab	3, 3		165,2 | 185,1–3 | 270,1 | 321,1 | 326,1 | 327,2 | 333,4
Hab	3, 4		158,1 | 327,2 | 427,4 | 441,9 | 450 | 453,1
Hab	3, 8	3, 15	259 | 281,1 | 377
Hab	3, 10		455,4
Hab	3, 18		36,11 | 51,4 | 83,7 | 108,1 | 159 | 169 | 219,2 | 264 | 308,1 | 323,2 | 341,1 | 349 | 350 | 371,1 | 386,6 | 396 | 398 | 399,4 | 414,3 | 473,1 | 477,4 | 525,5
Hab	3, 19		67,4 | 126,3 | 134,1.6 | 136,3 | 139,3 | 202,7 | 275,4.7 | 305,4 | 306,4 | 345,1 | 346,1 | 383,1 | 406,1 | 407,1 |

Biblisches Buch	von Kapitel, Vers	bis Kapitel, Vers	Lied, Strophe (ggf.)
			428,3
Zef	1, 1	1, 18	149
Zef	1, 7		6,2 | 168,1.4 | 428,3 | 480,3
Zef	1, 12		322,4
Zef	1, 14		11,10 | 266,5
Zef	1, 14	1, 18	387
Zef	1, 16		526,7
Zef	1, 18		363,4 | 528,6
Zef	2, 3		145,5.7 | 182,2 | 385,3 | 414,3
Zef	2, 11b		241 | 293
Zef	3, 1	3, 2	392,2
Zef	3, 1	3, 13	144 | 146
Zef	3, 5		455,3
Zef	3, 7	3, 12	16,5 | 138 | 161,5 | 273 | 345 | 398
Zef	3, 8		331,7
Zef	3, 9		265,3 | 453,2
Zef	3, 10		241,6
Zef	3, 12		243,2
Zef	3, 14		2 | 11,2 | 13,1 | 47,1 | 71,3 | 535
Zef	3, 14	3, 17	9,1 | 12,1 | 288 | 341,1 | 351 | 398
Zef	3, 15		453,1
Zef	3, 16	3, 17	324,13
Zef	3, 17		108,2 | 169 | 211,4 | 309,1 | 315,4 | 331,3 | 347,5 | 374,5 | 377,2 | 468,3 | 485,5 | 532,2
Zef	3, 19		301,10
Zef	3, 20		283 | 313,3
Hag	1, 10		178,6
Hag	2, 6		149,1 | 153
Hag	2, 9		14,4 | 150,3.6.7
Sach	1, 2	1, 6	5,2 | 473,3
Sach	1, 3		144,4 | 157 | 234 | 292,1 | 318,3 | 392,2.3
Sach	1, 4		171,1
Sach	1, 12		192
Sach	1, 12	1, 17	283
Sach	1, 16		150
Sach	1, 17		15,1.2 | 326,4
Sach	2, 14		1 | 2 | 6 | 9 | 13,1 | 16,1.5 | 47,1 | 51,4 | 129,1 | 138
Sach	2, 15		125
Sach	2, 15a		241 | 255 | 256 | 257,6 | 262,3.4 | 263,3.4
Sach	2, 17		8 | 42 | 164 | 165 | 252,6 | 428,3 | 457,2
Sach	3, 1		109,2 | 143,5.6

Biblisches Buch	von Kapitel, Vers	bis Kapitel, Vers	Lied, Strophe (ggf.)
Sach	3, 3	3, 5	11,8
Sach	3, 8		2 | 12 | 16 | 30 | 67,1
Sach	3, 9		79 | 81,4 | 82,2 | 84,6 | 86 | 87 | 92,2.4
Sach	3, 1b		143,5.6 | 373,1
Sach	3, 4c		190
Sach	4, 6		125 | 129 | 132 | 211,3
Sach	4, 11		486,3
Sach	6, 12		30
Sach	7, 2	7, 6	318,8
Sach	7, 4	7, 5	344,4
Sach	7, 8	7, 14	259 | 295 | 343 | 397,2 | 413 | 495
Sach	7, 11		66,4 | 129,3 | 145,5 | 161,3 | 166,3.6 | 168,2.3 | 196,2 | 236,1 | 277,3.4 | 432,12
Sach	7, 11	7, 13	392,2
Sach	8, 3		150
Sach	8, 8b		15,1 | 39,1 | 125,1 | 150,4 | 200,1.4 | 257,4 | 275,3 | 282,4 | 286,2 | 288,3 | 323,3 | 341,7 | 346,4 | 351,4 | 370,11.12 | 372,3 | 377,1 | 402 | 473,1 | 479 | 530
Sach	8, 9		361,7 | 393,1 | 457,11.12
Sach	8, 10a		58,6 | 368,2
Sach	8, 10b		423,6
Sach	8, 11	8, 12	383,3 | 423,6 | 496
Sach	8, 12		178,6
Sach	8, 13		58,11 | 163 | 170 | 171 | 174 | 203,5 | 214,3 | 239,1.2 | 252,7 | 281,3 | 294,4 | 311,2.3 | 316,4 | 317,4 | 330,5 | 347,4 | 348 | 352,1 | 361,4 | 369,7 | 374,3 | 394,2 | 395,2 | 446,9 | 451,5 | 457,4–10 | 494,1–3 | 496 | 497,1 | 503,13
Sach	8, 16	8, 17	82,7 | 133 | 390 | 404 | 413,7 | 423 | 431,3 | 440
Sach	8, 20	8, 22	136 | 241 | 293
Sach	9, 8		248,1 | 296,2 | 324,7 | 474,1 | 477,7
Sach	9, 8	9, 12	4 | 16 | 90 | 92
Sach	9, 9		1,1.2 | 2 | 9,1 | 11,3 | 12 | 13 | 14 | 16,1 | 47,1 | 71,3 | 91,6 | 314,2 | 486,6 | 535
Sach	9, 9	9, 10	5,1–4
Sach	9, 10		248,6
Sach	9, 11		79 | 406,3
Sach	9, 14		149,2 | 520,2 | 526,7
Sach	9, 15		408,3
Sach	9, 16		329,3
Sach	9, 17		381,1 | 408,4 | 486,8 | 512,4
Sach	9, 17a		129,2 | 214,2 | 232,4 | 289,2
Sach	10, 1		515,3

Biblisches Buch	von Kapitel, Vers	bis Kapitel, Vers	Lied, Strophe (ggf.)
Sach	10, 2		256,4 | 257,4 | 262 | 263
Sach	10, 6		192 | 200 | 275 | 341 | 345 | 351 | 370,11.12 | 402 | 473,1 | 479 | 530
Sach	10, 7		24,2 | 100,5 | 308,1 | 321,2 | 323,2 | 371,1 | 447,1 | 502,1.5
Sach	10, 8		313,3
Sach	12, 1		432,1
Sach	12, 9		273,4
Sach	12, 10		77,6 | 79,2 | 429,5
Sach	12, 10a		127 | 128,1 | 129,4 | 130 | 135,1.4 | 136,1
Sach	13, 1		66,7 | 140 | 213,5 | 219
Sach	13, 7		325,8
Sach	13, 9		15,1 | 39,1 | 125,1 | 150,4 | 200,1.4 | 257,4 | 275,3 | 282,4 | 286,2 | 288,3 | 341,7 | 346,4 | 351,4 | 370,11.12 | 377,1 | 402 | 473,1 | 479 | 530
Sach	14, 5	14, 11	152
Sach	14, 6		324,5
Sach	14, 7		184,4 | 241,5 | 441,7 | 467,1 | 469,1 | 476,6.7
Sach	14, 8		399
Sach	14, 9		13,1 | 71 | 123,3 | 327,1
Sach	14, 10		150,1
Sach	14, 16		13,1
Mal	1, 1		305,1 | 306,1
Mal	1, 2a		51,1.5 | 251,4 | 281,4 | 319,2 | 351,1 | 386,1 | 401 | 481,3
Mal	1, 5b		323,3
Mal	1, 6		427,1
Mal	1, 9a		280
Mal	1, 11		323,2.3 | 383,3 | 453,4 | 490,3 | 504,2 | 509,5 | 510,3.4
Mal	2, 5		324,6 | 425
Mal	2, 7		245,2 | 392
Mal	2, 10		129,2 | 135,5 | 178,4 | 427,1
Mal	2, 13	2, 16	295
Mal	2, 15b		200,1 | 206,3.5
Mal	2, 17		325,8
Mal	3, 1		141,1 | 142,5 | 152,1
Mal	3, 1	3, 5	346 | 519
Mal	3, 1	3, 3b	6 | 10 | 11,8–10 | 12 | 15,3 | 16 | 147
Mal	3, 2		149,4
Mal	3, 3		165,2
Mal	3, 6		470,1.3
Mal	3, 7		5,2 | 144,4 | 157
Mal	3, 10		330,5

Biblisches Buch	*von Kapitel, Vers*	*bis Kapitel, Vers*	*Lied, Strophe (ggf.)*
Mal	3, 13	3, 20	149 | 273 | 342 | 409
Mal	3, 16		149,5 | 207,1 | 523,5
Mal	3, 17		32,1 | 34,3 | 37,2 | 83,4 | 133,4 | 165,3 | 192 | 200,3 | 204 | 220 | 256,1 | 289,3 | 290,1 | 309,4 | 389,5 | 408,2 | 445,6 | 469,6 | 485,3
Mal	3, 18		149,4–6
Mal	3, 19		6 | 10 | 11,8–10 | 12 | 16
Mal	3, 20		506,6
Mal	3, 20a		1,3 | 7,5 | 33,1 | 34 | 37,3 | 101,6 | 111,2 | 138 | 148 | 150 | 151,7.8 | 162 | 218,5 | 262,1 | 263,1 | 351,13 | 361,6 | 400,5 | 404,1 | 442,8 | 444,1 | 449,1 | 450,5 | 477,2 | 531,2.3
Mal	3, 23		6 | 10 | 11,8–10 | 12 | 16 | 141,1
Mal	3, 24		2 | 5,1–3 | 138
Apokryphen			
Jdt	4, 11		133,5
Jdt	6, 17		168,4
Jdt	8, 14		179,2
Jdt	9, 14		142,1
Jdt	16, 1	16, 31	81,10
Jdt	16, 2		167
Jdt	16, 15		104,1 | 167 | 169,4
Jdt	16, 17		168,3
Weish	4, 14		171,3
Weish	5, 6		172
Weish	5, 16		167,4
Weish	9, 1		198,1
Weish	9, 17		120 | 168,3
Weish	9, 18		130,3
Weish	11, 21		179,2
Weish	12, 1		168,3
Weish	13, 6		176
Weish	14, 3		108,1
Weish	14, 30	14, 31	145,5
Weish	16, 26		198,1
Tob	13, 7		109,3
Tob	13, 21		104,1 | 181
Tob	14, 11		137,2
Sir	2, 1		104,3
Sir	39, 20		104,1

Biblisches Buch	von Kapitel, Vers	bis Kapitel, Vers	Lied, Strophe (ggf.)
Sir	39, 41		160
Sir	47, 7		167
Sir	47, 11		167

Neues Testament

Mt	1, 1	1, 3	114,6
Mt	1, 1	1, 25	27
Mt	1, 5		47,2
Mt	1, 6		30,1 | 31 | 70,1
Mt	1, 10		328,5
Mt	1, 15		46,1
Mt	1, 16		68,3
Mt	1, 18		8,2.4 | 45,2 | 182,7
Mt	1, 18	1, 25	23 | 24,2–4 | 30 | 31 | 41 | 42 | 312
Mt	1, 20		142,1
Mt	1, 20c		68,3
Mt	1, 21		11,8 | 21 | 43,5.6 | 55,3 | 61,5 | 62 | 75 | 77,1 | 144 | 248,3 | 276,5 | 356,1 | 533,2
Mt	1, 21b		62 | 68 | 179,3.4 | 299,5 | 386,8
Mt	1, 22		452,5
Mt	1, 23		4,1 | 6,3 | 18,1 | 23,1 | 41,7 | 55,3 | 62 | 73,7 | 76,1 | 121,1 | 341,6
Mt	1, 23a		4,1 | 76,1
Mt	1, 24		142,1
Mt	1, 25		8,4 | 43 | 57,1
Mt	1, 25b		45 | 46,1
Mt	2, 1	2, 2	29,2 | 442,2.3
Mt	2, 1	2, 12	3 | 39 | 45 | 51 | 52 | 55,2 | 70 | 71 | 72 | 73 | 346
Mt	2, 2		10,1 | 74,1 | 407,1
Mt	2, 5		30 | 47
vMt	2, 5	2, 6	23 | 25,2 | 32,1 | 55,1 | 184,1
Mt	2, 6		49 | 90,2
Mt	2, 7		52,1
Mt	2, 9		16,4 | 62,3 | 72,3 | 73,3 | 83,3
Mt	2, 9	2, 10	52,1
Mt	2, 9	2, 11	3,1
Mt	2, 10		36,6
Mt	2, 10	2, 11	29,2 | 37,1.4 | 45,1 | 52,3.4 | 442,3
Mt	2, 11		45,1 | 51,3 | 52,3 | 403,1
Mt	2, 12		38 | 311,3
Mt	2, 13		142,1

Biblisches Buch	von Kapitel, Vers	bis Kapitel, Vers	Lied, Strophe (ggf.)
Mt	2, 13	2, 15	65,2 | 311,3 | 468,1
Mt	2, 13	2, 18	23 | 25 | 361 | 369
Mt	2, 13	2, 23	34 | 193 | 243
Mt	2, 15		452,5
Mt	2, 16	2, 18	297
Mt	2, 19		142,1
Mt	2, 19	2, 23	193 | 468,1
Mt	3, 1	3, 8	7
Mt	3, 1	3, 12	10 | 16 | 70 | 141 | 234 | 312 | 392
Mt	3, 2		15,3 | 17 | 18,1 | 19 | 52,3 | 95,1 | 109,5 | 141,2 | 145,6 | 152,3 | 212,3 | 239,5 | 282,1.5 | 379,2 | 486,9
Mt	3, 3		12,4
Mt	3, 8		414,2
Mt	3, 8	3, 10	144,2
Mt	3, 9		136,5 | 468,4
Mt	3, 10		145,4 | 414,2 | 431,3
Mt	3, 11		141,2.5 | 200,1
Mt	3, 12		149,4 | 431,3
Mt	3, 13	3, 17	66 | 68 | 70 | 202 | 441
Mt	3, 15		71,4
Mt	3, 17		4,3 | 16,2 | 27,3.5 | 78,2.4 | 110,1.6 | 131,1 | 511,3
Mt	4, 1	4, 11	88 | 104,2 | 109,2 | 138 | 164 | 275 | 347 | 362,3 | 373 | 375,2 | 378,2 | 385,4 | 387 | 388 | 488,3
Mt	4, 3		403,1
Mt	4, 3	4, 4	407,1
Mt	4, 4		70,2 | 195,1 | 198,1 | 279,5 | 346,4 | 358,2 | 458
Mt	4, 6		171,1 | 403,1
Mt	4, 6b		38,3 | 61,6 | 142,6 | 143,1.7 | 203,4.5 | 427,2 | 437,2 | 443,5 | 460,22 | 469,6 | 476,5
Mt	4, 10		5,3 | 11,2 | 67,3 | 93,4 | 107,2 | 114,7 | 125,3 | 133,2 | 135,7 | 137,6 | 159 | 165,4 | 166,3 | 198,2 | 205,4 | 207,2 | 217,4 | 269,5 | 288,1 | 290,5.7 | 333,5 | 337 | 362,3 | 404,3 | 406,1 | 490,4 | 499,3 | 503,15 | 506,6 | 523,1
Mt	4, 11		16,2 | 40,1 | 113,3
Mt	4, 12	4, 17	68 | 73 | 441
Mt	4, 12	4, 25	256,4 | 262 | 263 | 293
Mt	4, 14		452,5
Mt	4, 15	4, 16	7,1.5 | 37 | 74,2 | 93,3 | 154,1 | 256,4 | 259 | 292,4 | 459,3
Mt	4, 16		20,1 | 112,1 | 136,6 | 305,4 | 306,4 | 409,4 | 444,1 | 454,2 | 485,4 | 519,4
Mt	4, 17		5,2 | 109,5 | 141,2 | 145,6 | 149,1 | 240,1 | 312,4 | 379,2

Biblisches Buch	von Kapitel, Vers	bis Kapitel, Vers	Lied, Strophe (ggf.)
Mt	4, 18	4, 22	245,1.2 | 256 | 313,1 | 384 | 385 | 401,5
Mt	4, 19		426,3
Mt	4, 20	4, 22	269,3
Mt	4, 21		210,1
Mt	4, 22		392,7
Mt	4, 23	4, 25	72 | 302,6 | 454,3
Mt	4, 24		424,2
Mt	5, 1	5, 10	191 | 256,2 | 289 | 307 | 341 | 342 | 354
Mt	5, 1	5, 12	351
Mt	5, 3		165,7 | 256,2 | 384,2 | 428,2
Mt	5, 3	5, 12	150,5
Mt	5, 4		23,5 | 63,1.4 | 65,1 | 170,3 | 262,5 | 276,4 | 298,3 | 326,4 | 351,10 | 366 | 414,4 | 484,4 | 513,7 | 531,2 | 532,1.3
Mt	5, 5		56,4 | 84,10 | 371 | 495,4
Mt	5, 6		218,2
Mt	5, 7		146,4 | 355 | 412,8 | 413
Mt	5, 8		115,4 | 142,3.6 | 154,3 | 155,3.4 | 164 | 165,7 | 197,1 | 230 | 278,2 | 288,1 | 307,6 | 389 | 390,3 | 521,3 | 529,11 | 531,1
Mt	5, 8	5, 9	91,8
Mt	5, 9		56,4 | 104,4 | 106,6 | 130,6 | 162,3 | 170,3 | 328,4 | 393,6 8 | 416 | 425,2 | 427,2 | 430 | 433 | 435 | 436 | 495,5
Mt	5, 10	5, 12	351 | 370 | 374,5 | 529
Mt	5, 11		297 | 412,3
Mt	5, 11	5, 12	372,5.6 | 523,1
Mt	5, 12		129,1 | 169 | 324,18
Mt	5, 13	5, 16	275 | 318 | 385 | 427,4
Mt	5, 14		71,6 | 121,2 | 133,2 | 182,4 | 200,3 | 416
Mt	5, 14	5, 16	17,3 | 40,4 | 154,1.2.5 | 459,2
Mt	5, 15		136,6
Mt	5, 15	5, 16	17,3 | 18,1
Mt	5, 16		40,4 | 69,4 | 154,1.5 | 182,4 | 186 | 187 | 188 | 262,1 | 263,1 | 301,2 | 323,3 | 331,1 | 427,1.4 | 437,4 | 459,2 | 489,1 | 515,9
Mt	5, 17		342,3
Mt	5, 17	5, 20	231
Mt	5, 17	5, 22	397 | 494
Mt	5, 18		153 | 357,2.3
Mt	5, 21	5, 26	231,6.11.12 | 251 | 404 | 412 | 495
Mt	5, 22		431,3
Mt	5, 23	5, 26	146 | 344,6

Biblisches Buch	von Kapitel, Vers	bis Kapitel, Vers	Lied, Strophe (ggf.)
Mt	5, 24		412,5 | 415,2
Mt	5, 27	5, 32	231,7.10–12 | 373 | 389
Mt	5, 28		354,1
Mt	5, 29		412,4
Mt	5, 33	5, 37	231,3.6.11.12 | 275 | 344,2
Mt	5, 34		145,5
Mt	5, 35		150,1 | 510,2
Mt	5, 36		145,5
Mt	5, 37		430,4 | 495,3
Mt	5, 38	5, 42	91,8
Mt	5, 38	5, 48	82,7 | 128 | 273 | 377 | 385 | 397
Mt	5, 40	5, 42	413,3
Mt	5, 42		231,8 | 449,4
Mt	5, 43		412,1
Mt	5, 43	5, 48	91,8 | 128 | 130,6 | 133 | 135,6.7 | 186 | 187 | 188 | 334,2 | 358,4 | 415,4 | 417
Mt	5, 44		84,10 | 96,4 | 133,7 | 231,6 | 253,4 | 259,3 | 343,3 | 415,4 | 416 | 454,5 | 495,4 | 514,5 | 515,6
Mt	5, 44	5, 45	413,5
Mt	5, 44	5, 48	56,4.5
Mt	5, 45		167,2 | 270,2 | 427,1 | 444,1 | 449,4 | 455,2 | 490,3 | 506,3 | 508,2 | 510,3.4
Mt	5, 46	5, 48	413,5
Mt	5, 48		388,6 | 390 | 427,1
Mt	6, 1	6, 4	343 | 413,4
Mt	6, 1	6, 13	367,2.3 | 427,1
Mt	6, 2		67,3
Mt	6, 5	6, 8	380,4
Mt	6, 5	6, 13	133 | 165 | 166 | 342,8.9 | 344
Mt	6, 7		414,4
Mt	6, 8		239,3 | 369,3 | 371,7
Mt	6, 9		121,4 | 159,3 | 227,1 | 289 | 325 | 414,4 | 427,1
Mt	6, 9	6, 13	186 | 187 | 188 | 191 | 244,3–6 | 342,8.9 | 344 | 367,2.3 | 438,3–5 | 471,5
Mt	6, 10		145,7 | 378,2 | 414,1
Mt	6, 10	6, 11	408,3.4
Mt	6, 10a		91,7 | 241 | 255 | 256 | 262,4 | 263,4 | 280
Mt	6, 10b		352 | 364 | 367 | 372 | 530
Mt	6, 11		163 | 169,4 | 171,1 | 183,1 | 240,1 | 251 | 369 | 382,3 | 407,1 | 418,3 | 438,5 | 458 | 464 | 495 | 503 | 505
Mt	6, 12		42,6 | 50,1 | 84,11 | 129,3 | 170,2 | 211,4 | 235,1.4 | 343,3 | 353 | 355 | 443,2 | 449,9 | 467,3 | 485,5
Mt	6, 12	6, 13	408,4 | 475,4.5

Biblisches Buch	von Kapitel, Vers	bis Kapitel, Vers	Lied, Strophe (ggf.)
Mt	6, 12	6, 15	96,3
Mt	6, 12	6, 13b	138
Mt	6, 13	6, 14	376,1
Mt	6, 13		128,7 | 134,7 | 145,7 | 148,4 | 151,8 | 164 | 167,2
Mt	6, 13a		171,3 | 207,2 | 227,6 | 387,4 | 443,3
Mt	6, 13b		79,3.4 | 138 | 149,7 | 150 | 361,12 | 371,13.14 | 373 | 388 | 389 | 393 | 475,4.5 | 523
Mt	6, 13c		150 | 223,6 | 328
Mt	6, 14		17,2 | 50,1 | 96,3 | 170,2 | 186 | 187 | 188 | 240,3 | 416
Mt	6, 14	6, 15	412,6
Mt	6, 15		146
Mt	6, 16	6, 18	5,7 | 76,1 | 97 | 115,1 | 126,7 | 154,2 | 165 | 236,5 | 326 | 384 | 495,8
Mt	6, 19		393,3.4 | 396,4 | 528,6
Mt	6, 19	6, 21	83,6 | 386 | 401,3–5 | 527
Mt	6, 19	6, 23	502
Mt	6, 19	6, 34	148,4 | 170,2 | 196,3 | 224,1 | 235,2.3 | 239,3 | 303,7 | 318,1 | 322,5 | 324,15 | 334,1 | 344,5 | 351,7 | 352,3 | 359,4 | 361,2.7 | 368,2 | 369,2 | 371 | 378,5 | 411 | 424,2 | 427,3 | 438,5
Mt	6, 20		121,3 | 170,2 | 318,5
Mt	6, 21		122,2 | 195,1 | 302 | 351 | 532,1
Mt	6, 22	6, 23	165,6–8 | 390 | 453,3
Mt	6, 24		137,6 | 165,4 | 346,2 | 392,6
Mt	6, 24	6, 34	167,2 | 239,3 | 302 | 345 | 361 | 368 | 369 | 371,7.8 | 374 | 378,5 | 438,5 | 455,2 | 491,2 | 492 | 504,3.4
Mt	6, 25		378,5
Mt	6, 25	6, 26	318
Mt	6, 25	6, 33	137,2
Mt	6, 25	6, 34	18 | 114,4
Mt	6, 26		136,3 | 319 | 324,8 | 427,3 | 504,4 | 515,4
Mt	6, 27		438,5
Mt	6, 28		378,5 | 514,4
Mt	6, 28	6, 30	403,4 | 427,3 | 503 | 504,3
Mt	6, 30		411
Mt	6, 31		378,5
Mt	6, 31	6, 34	62,4 | 449,10
Mt	6, 33		114,2.3 | 121,3 | 182,1.2 | 183,1 | 386 | 451,8 | 494,3
Mt	6, 34		62,4 | 427,3 | 492
Mt	6, 39		451,8
Mt	7, 1	7, 5	67,5 | 128 | 130,6 | 251 | 344,6 | 389 | 412,1 | 495
Mt	7, 2		170,2
Mt	7, 3	7, 7	432,1

Biblisches Buch	*von Kapitel, Vers*	*bis Kapitel, Vers*	*Lied, Strophe (ggf.)*
Mt	7, 7		346,3 | 380,4 | 416
Mt	7, 7	7, 11	182,3 | 248 | 328 | 387,4 | 487,3
Mt	7, 9	7, 10	372,3
Mt	7, 11		58,8 | 139,1 | 186 | 187 | 188 | 322,4 | 427,1 | 463
Mt	7, 12		231,10
Mt	7, 13		162,4 | 249,5 | 501,3
Mt	7, 13	7, 14	41,4 | 62 | 68,4 | 73,8 | 114,3 | 133,6
Mt	7, 13	7, 16	90,2 | 204 | 210 | 384 | 385,3 | 386,4 | 393,2.4
Mt	7, 14		298,2 | 359,4 | 497,12
Mt	7, 15	7, 23	229,3 | 318 | 390 | 414,1 | 503
Mt	7, 16	7, 17	528,6
Mt	7, 16	7, 18	97
Mt	7, 17		342,7 | 514,4
Mt	7, 18		195,3
Mt	7, 19		431,3
Mt	7, 21	7, 23	76,1 | 384 | 390
Mt	7, 21		91,7 | 150,6 | 414,1 | 427,1
Mt	7, 24	7, 25	407,10 | 527,1
Mt	7, 24	7, 27	129,3
Mt	7, 24	7, 29	346 | 351 | 357 | 497
Mt	7, 26	7, 27	369,1
Mt	7, 28	7, 29	193,2 | 194
Mt	8, 1	8, 4	326 | 345 | 383,1
Mt	8, 2b		149,4
Mt	8, 5	8, 13	72 | 232 | 293 | 346 | 354
Mt	8, 8		353,2 | 355,1
Mt	8, 11		134,8
Mt	8, 11	8, 12	109,5 | 136,5 | 257 | 418,5 | 426,1
Mt	8, 12b		149,4
Mt	8, 13		352,5
Mt	8, 14	8, 17	66,1–3.8 | 133,11 | 320 | 423,9
Mt	8, 16		76,1 | 424,2
Mt	8, 17		3,2 | 50,4 | 80,3.4 | 83,2 | 148,4 | 428,2 | 452,5 | 532,2
Mt	8, 17b		36,4.8 | 37,8 | 68,5.8 | 76,1 | 92,3 | 101,3 | 123,7 | 341,8 | 401,3
Mt	8, 19	8, 20	210 | 386,3.4 | 391 | 402
Mt	8, 20		57,2 | 428,4
Mt	8, 21	8, 22	385 | 392 | 394,2
Mt	8, 23	8, 27	244,2 | 247,1 | 249 | 258 | 346 | 347 | 361 | 374 | 396,2 | 398,2
Mt	8, 24		244,1.2
Mt	8, 25		248,2 | 373 | 424,3

Biblisches Buch	von Kapitel, Vers	bis Kapitel, Vers	Lied, Strophe (ggf.)
Mt	8, 26		14,4 | 281,1 | 351,2 | 411 | 428,3
Mt	8, 26	8, 27	324,5
Mt	8, 28	8, 34	14 | 58 | 66,1–3.8 | 133 | 359,4 | 373 | 388
Mt	9, 1	9, 8	320 | 353,6 | 354,2.4 | 355
Mt	9, 2		96,3 | 243,4 | 299 | 404,2
Mt	9, 2	9, 6	116 | 200,4
Mt	9, 3	9, 8	194
Mt	9, 6		114,4
Mt	9, 7		116
Mt	9, 8		289
Mt	9, 9		354,3
Mt	9, 9	9, 13	193 | 289 | 313,2 | 342 | 353 | 355 | 385 | 391 | 392 | 409 | 418,5
Mt	9, 11		210
Mt	9, 12		383,1
Mt	9, 13		109,3 | 168,3 | 454,4
Mt	9, 13a		446,5 | 449,3
Mt	9, 13b		68,2 | 215,7 | 232 | 320,3.4
Mt	9, 14	9, 17	5 | 395,2 | 396
Mt	9, 15		3,3 | 33,2 | 69,2 | 70 | 83,7 | 151 | 264,1 | 396,1 | 398 | 399,6.7 | 400,2 | 515,5
Mt	9, 16	9, 17	390
Mt	9, 18	9, 22	414,2
Mt	9, 18	9, 26	5,7 | 76,1 | 97 | 115 | 126,7 | 154,2 | 246,5 | 251 | 357 | 495,8 | 518 | 526 | 530
Mt	9, 20	9, 22	383,1
Mt	9, 22		104,2 | 195,3 | 364,1 | 406,1
Mt	9, 23	9, 24	428,3
Mt	9, 24		516,6
Mt	9, 25		384,4 | 398,2 | 495,8
Mt	9, 27		178 | 179 | 192
Mt	9, 27	9, 31	383,1
Mt	9, 27	9, 34	236,2 | 302,6 | 303,6 | 440,3 | 441,4
Mt	9, 30		176 | 453,2
Mt	9, 31		97
Mt	9, 35	9, 36	341 | 344,8
Mt	9, 35	9, 38	124 | 245 | 256,3.4 | 257 | 262 | 263 | 289
Mt	9, 37	9, 38	241 | 255
Mt	10, 1	10, 4	134,1.2 | 154,6 | 353,3 | 384 | 385 | 401,5
Mt	10, 4		410,3
Mt	10, 6		241,6 | 353
Mt	10, 7		109,5 | 134,8 | 379,2

Biblisches Buch	von Kapitel, Vers	bis Kapitel, Vers	Lied, Strophe (ggf.)
Mt	10, 7	10, 8	240,1 | 255
Mt	10, 7	10, 15	234 | 250 | 256 | 257 | 259 | 262 | 263 | 363 | 392
Mt	10, 8		343,4
Mt	10, 9	10, 10	293 | 384,2 | 393,4
Mt	10, 11	10, 15	347,4 | 379,4
Mt	10, 16		210,5 | 509,2
Mt	10, 16	10, 20	124 | 128 | 157 | 259 | 275 | 373 | 377
Mt	10, 16	10, 22	164
Mt	10, 18		136,4
Mt	10, 19		160 | 378,5 | 495,3
Mt	10, 20		347,3 | 427,1
Mt	10, 22		493 | 520,4
Mt	10, 22b		157 | 361,12 | 387,6 | 440,4
Mt	10, 24	10, 33	246 | 249 | 342 | 370 | 373 | 374 | 384 | 385 | 391 | 398
Mt	10, 26b	10, 33	341
Mt	10, 27		432,2
Mt	10, 28		15 | 143,5 | 234,6 | 362,4 | 475,4.7
Mt	10, 28	10, 31	58 | 319 | 364,2 | 368 | 504,6
Mt	10, 29		371,8
Mt	10, 30		379,3
Mt	10, 31		136,3.4
Mt	10, 32		72,4 | 136,3.4 | 154,1.5 | 170,1.4 | 210,1
Mt	10, 33		5,3.8 | 11,10
Mt	10, 34		382,3 | 425 | 426,2 | 427,2 | 433
Mt	10, 34	10, 39	273 | 346,5 | 377
Mt	10, 38	10, 39	87 | 88,6 | 96,2 | 137,2 | 346,5 | 385,1.5 | 393 | 416 | 426,3
Mt	10, 39		98,1
Mt	10, 40		10,3 | 201 | 260
Mt	10, 40	10, 42	251 | 252,3.4 | 377 | 397 | 500,3
Mt	10, 42		5,3.8
Mt	11, 2	11, 3	7
Mt	11, 2	11, 6	346 | 351,8
Mt	11, 2	11, 10	9,5 | 10 | 275
Mt	11, 2	11, 20	5
Mt	11, 3		152,1
Mt	11, 5		17,1 | 36,9 | 72,4 | 76,1 | 236,1–3 | 260 | 375 | 411 | 428,2
Mt	11, 7	11, 15	141
Mt	11, 10		10,2 | 15,3 | 141,1
Mt	11, 15		236,1 | 432,2
Mt	11, 16	11, 24	144 | 146 | 234 | 392,2

Biblisches Buch	*von Kapitel, Vers*	*bis Kapitel, Vers*	*Lied, Strophe (ggf.)*
Mt	11, 17		420
Mt	11, 19		25,4 | 415,3 | 454,4
Mt	11, 20		75
Mt	11, 20	11, 24	145 | 234 | 392
Mt	11, 24		182,3 | 299,1.5 | 454,3.4
Mt	11, 24	11, 34	369
Mt	11, 25		186 | 187 | 188 | 270,1.2 | 271,2 | 386,5
Mt	11, 25	11, 26	412,6
Mt	11, 25	11, 27	277,2 | 414,1
Mt	11, 25	11, 30	70,4 | 243 | 341 | 363,1–3
Mt	11, 27		3,1.4 | 41 | 112 | 123 | 124,2 | 125,2 | 126,6 | 129,2 | 130,5 | 131,3.4 | 135,5 | 328,2 | 469,1
Mt	11, 28		34,4 | 36,8.9 | 49 | 70,7 | 123,7 | 139,3 | 168,2 | 213 | 215 | 217,4 | 218,1.6 | 219,1 | 224,1 | 229,2 | 250 | 315,7 | 353,4 | 365,8.9 | 454,3 | 484,4 | 532,2
Mt	11, 28	11, 29	152,3
Mt	11, 28	11, 30	363 | 376,2 | 384 | 385 | 393 | 407,2 | 520,4
Mt	11, 29		51,5 | 65,2 | 86,6 | 88,6 | 123,8 | 144,5 | 152,3 | 168,3 | 194,3 | 254,4 | 307,3 | 322,9 | 392,5 | 480,3 | 489,1 | 495,4
Mt	11, 29	11, 30	150,5 | 363,2 | 401,5 | 520,4
Mt	11, 30		254,4 | 386,1 | 401,5 | 407,2 | 418,1.2
Mt	12, 1	12, 8	162
Mt	12, 7		82,7 | 344,4 | 397,2 | 413 | 446,5 | 449,3
Mt	12, 9	12, 14	162 | 166 | 450
Mt	12, 15	12, 21	9 | 60 | 72 | 256
Mt	12, 17		452,5
Mt	12, 18		4 | 16,2 | 27,3.5 | 78,2 | 346
Mt	12, 18	12, 21	110,1.6
Mt	12, 19		313,3
Mt	12, 20		289 | 454,3 | 532,2
Mt	12, 22		236,2
Mt	12, 22	12, 30	66 | 133,11 | 138 | 143 | 373 | 388
Mt	12, 28		182,2
Mt	12, 28	12, 29	113,3 | 114,7 | 362,3
Mt	12, 29		100,3 | 111,8.9 | 241,4
Mt	12, 29	12, 50	6,1 | 121,4 | 251 | 400
Mt	12, 30		313,3
Mt	12, 30	12, 37	144 | 145 | 146
Mt	12, 33		145,4 | 414,2 | 514,4
Mt	12, 33	12, 37	195,3 | 379,4
Mt	12, 34		323,1

Biblisches Buch	*von Kapitel, Vers*	*bis Kapitel, Vers*	*Lied, Strophe (ggf.)*
Mt	12, 35		195,3 | 413
Mt	12, 36	12, 37	127,3 | 495,3
Mt	12, 38	12, 42	366 | 405,2.3 | 445,3.4 | 523
Mt	12, 40		103,2 | 116,1.2.5 | 117 | 118
Mt	12, 46	12, 50	33,3 | 57,3 | 223,4 | 341,6 | 406,4 | 412,1 | 414,1 | 447,8
Mt	12, 49		6,1
Mt	12, 50	12, 51	515,7
Mt	13, 1	13, 17	166,4.5
Mt	13, 1	13, 23	194 | 196 | 197 | 280
Mt	13, 5	13, 7	98,3
Mt	13, 8		78,9 | 135,4
Mt	13, 9		168,3 | 236,1 | 432,2
Mt	13, 10	13, 17	280 | 292 | 392
Mt	13, 11		444,5
Mt	13, 13	13, 16	66,4 | 129,3 | 145,5 | 161,3 | 166,3.6 | 168,2.3 | 196,2.5 | 236,1 | 277,3.4 | 392 | 432,2
Mt	13, 16		236,1 | 432,2
Mt	13, 20		98,3 | 108,1
Mt	13, 22		148,4 | 149,4 | 170,2 | 196,3 | 224,1 | 235,2.3 | 239,3 | 303,7 | 318,1 | 322,5 | 324,15 | 334,1 | 344,5 | 351,7 | 352,3 | 359,4 | 361,2.7 | 368,2 | 369,2 | 371 | 378,5 | 427,3 | 438,5 | 491,2
Mt	13, 23		144,5.7 | 155,2 | 159,3 | 166,4 | 280,3 | 500,3.4 | 503,13–15 | 513
Mt	13, 24	13, 27	11,10
Mt	13, 24	13, 30	246 | 252,8.9 | 273
Mt	13, 30b		149,4
Mt	13, 30c		513,7
Mt	13, 31	13, 33	245 | 250
Mt	13, 31	13, 35	196 | 280
Mt	13, 35		452,5
Mt	13, 36	13, 43	246 | 273
Mt	13, 39		149,4
Mt	13, 40		431,3
Mt	13, 41		143
Mt	13, 42		142,1 | 149,4
Mt	13, 43		150,5 | 444,1 | 529,11
Mt	13, 44	13, 46	346 | 386 | 396 | 398 | 400 | 497
Mt	13, 45		70,2.3
Mt	13, 46		473,1
Mt	13, 47	13, 50	11,10 | 135 | 149 | 152 | 245 | 250 | 392 | 518
Mt	13, 49		153

Biblisches Buch	von Kapitel, Vers	bis Kapitel, Vers	Lied, Strophe (ggf.)
Mt	13, 53	13, 58	86,4 | 262,4 | 263,4 | 280,1 | 390
Mt	13, 55		56,1
Mt	13, 58		158
Mt	14, 1	14, 12	247 | 345 | 370 | 399,5
Mt	14, 4		241,1 | 252,4 | 495,2.3
Mt	14, 10		377,4 | 495,7
Mt	14, 12		191 | 248
Mt	14, 13	14, 21	224 | 229 | 371,7–9 | 407,1 | 418,1.2 | 420 | 458 | 460
Mt	14, 19		225,2 | 226,1 | 229,1
Mt	14, 21		416
Mt	14, 22	14, 33	244 | 346 | 374 | 383,2 | 418,3 | 428,5 | 452,2 | 476,2
Mt	14, 24		1,2
Mt	14, 27		65,7
Mt	14, 29	14, 31	97,5
Mt	14, 30	14, 31	134,7 | 344,9 | 373,4
Mt	14, 31		14,4 | 210,4 | 382,2 | 411
Mt	14, 31	14, 32	241 | 256,5
Mt	14, 33		14,4 | 403,1
Mt	14, 36		383,1
Mt	15, 1	15, 20	273 | 297 | 299,2.3 | 341 | 342 | 377 | 438,3.4
Mt	15, 4		231,5
Mt	15, 30		341 | 361,12
Mt	15, 8	15, 9	386,10
Mt	15, 8		136,1
Mt	15, 10	15, 20	155,2
Mt	15, 13		149,4
Mt	15, 15		179,3
Mt	15, 18		495,3
Mt	15, 19		389 | 404,7
Mt	15, 21	15, 28	299 | 346 | 366 | 369,3.4 | 371 | 372 | 374 | 531,1
Mt	15, 22		190,2 | 192
Mt	15, 22b		178 | 179,3 | 247,1
Mt	15, 23	15, 26	361,6.9
Mt	15, 28		195,3 | 361,10
Mt	15, 29	15, 31	420
Mt	15, 30		341 | 361,12
Mt	15, 30	15, 31	236,3
Mt	15, 32	15, 39	224 | 229 | 371,7–10 | 418,1.2 | 420 | 458 | 460
Mt	15, 33		171,1
Mt	15, 36		225,2 | 226,1 | 229,1
Mt	16, 1	16, 4	246 | 273 | 441,6

Biblisches Buch	von Kapitel, Vers	bis Kapitel, Vers	Lied, Strophe (ggf.)
Mt	16, 2	16, 3	151,4
Mt	16, 2	16, 4	103,2
Mt	16, 3	16, 4	145,6
Mt	16, 4		118
Mt	16, 8		411
Mt	16, 8	16, 12	194
Mt	16, 12		341,10
Mt	16, 13	16, 20	123 | 124 | 125 | 126 | 129 | 136 | 152 | 154,6 | 191 | 341 | 346 | 357 | 405
Mt	16, 16		23 | 27 | 36,2.3 | 38 | 39,3 | 51 | 71,6 | 75,1 | 76 | 78,2 | 83,4 | 97 | 99 | 101,3 | 103 | 109 | 119 | 139,2 | 183,2 | 184 | 403,1
Mt	16, 17		131,3 | 161,2
Mt	16, 18		78,4 | 137,1.9 | 325,4 | 404,4
Mt	16, 20		363,4
Mt	16, 21		86,5 | 97 | 117 | 118
Mt	16, 21	16, 27	83 | 88 | 138 | 384
Mt	16, 22		171
Mt	16, 24		51,5 | 426,3 | 514,6
Mt	16, 24	16, 26	82 | 84,3.11 | 88,6 | 90,2 | 137,2 | 385 | 388,7 | 391
Mt	16, 24	16, 28	87,4 | 96,2 | 168,5 | 426,3
Mt	16, 25		98,1 | 393,3 | 416
Mt	16, 26		126,5 | 144,5 | 198,1 | 397,1 | 404,8
Mt	16, 27		1,1 | 11,10 | 20,8 | 142 | 199,3 | 477,4
Mt	16, 28		153,2 | 178,6
Mt	17, 1	17, 9	67 | 70 | 450,5
Mt	17, 2		85,2 | 441,1.3 | 442,8 | 469,1
Mt	17, 2	17, 4	2,1
Mt	17, 4		406
Mt	17, 5		16,2 | 27,3.5 | 45,4 | 49,2 | 67,1.2 | 189 | 202,3 | 511,3
Mt	17, 8		236,6 | 262,6 | 386,10
Mt	17, 9		107,1 | 117 | 118
Mt	17, 11	17, 13	141,1
Mt	17, 12		94
Mt	17, 15		146 | 178 | 179,3 | 190,2 | 192 | 326,4
Mt	17, 22		427,4
Mt	17, 22	17, 23	86
Mt	17, 23		103,2 | 109,1 | 111,3 | 116,1.5 | 117 | 118
Mt	17, 24	17, 27	5 | 275,5 | 297 | 398 | 495,3.4 | 497
Mt	18, 1	18, 10	10,3 | 143 | 308,5–7 | 389 | 445
Mt	18, 3		104,3 | 482,5
Mt	18, 5		142,1 | 252

Biblisches Buch	von Kapitel, Vers	bis Kapitel, Vers	Lied, Strophe (ggf.)
Mt	18, 7	18, 9	386 | 404 | 447,8.9 | 495
Mt	18, 10		142,3 | 143 | 165,4 | 203 | 445 | 447,8
Mt	18, 11		33,2 | 41,1.7 | 44,1 | 49,1 | 53,1 | 67,2 | 78,9 | 82,2 | 96,6 | 179,3 | 183,2 | 200,4 | 203,1 | 281,2 | 308,10 | 331,11 | 341,2 | 342,2.5 | 349,2 | 354,3 | 520,4
Mt	18, 12		178,6
Mt	18, 12	18, 14	72,3 | 353,3 | 370,11
Mt	18, 15	18, 20	128 | 130,6
Mt	18, 15	18, 22	412,1
Mt	18, 19		186 | 187 | 188
Mt	18, 19	18, 20	371,5
Mt	18, 20		161,1 | 220 | 226,1 | 393,5.6 | 418,4 | 425,1 | 427,5
Mt	18, 21		231,6
Mt	18, 21	18, 22	81,6 | 96,3
Mt	18, 21	18, 35	50,1 | 129,3 | 146 | 186 | 187 | 188 | 251 | 344,6 | 404 | 412,6.8 | 414,3 | 415,3
Mt	18, 22		17,2
Mt	18, 26	18, 27	81,4 | 82,4 | 214,2 | 318 | 353,7 | 355 | 368,5
Mt	18, 27		178 | 322,4
Mt	18, 35		343,3 | 388,1
Mt	19, 1	19, 15	482,4.5
Mt	19, 4		431,1
Mt	19, 6		238,3
Mt	19, 8		453,3
Mt	19, 11	19, 12	531,1
Mt	19, 13	19, 15	203 | 211,2 | 212 | 468,1
Mt	19, 14		104,3 | 169,1.5
Mt	19, 16		96,6 | 161,2
Mt	19, 16	19, 26	59,1 | 346 | 385 | 386 | 400
Mt	19, 17		301,1 | 512,1
Mt	19, 19b		130,6 | 412,1 | 417
Mt	19, 21		393,3 | 426,3
Mt	19, 21	19, 22	170,2
Mt	19, 22		513,6
Mt	19, 24		68,4 | 182,2 | 249,4 | 298,2
Mt	19, 27		313,1
Mt	19, 27	19, 30	346 | 384 | 386 | 416
Mt	19, 28		1,1 | 115,2 | 151,6 | 189 | 477,4
Mt	19, 29		96,6 | 393,3 | 412,1
Mt	19, 30		369,6 | 379,3
Mt	20, 1	20, 16a	342 | 350 | 355 | 409 | 452,5
Mt	20, 8		494,5.6

Biblisches Buch	von Kapitel, Vers	bis Kapitel, Vers	Lied, Strophe (ggf.)
Mt	20, 17	20, 19	83 | 88 | 92 | 93 | 284
Mt	20, 18		86
Mt	20, 19		97 | 109,1 | 116,1.5 | 117 | 118
Mt	20, 19	20, 20	202,5 | 260
Mt	20, 20		145,3 | 170,1.4 | 229,1 | 341,10 | 379,5 | 419 | 425,1 | 442,7
Mt	20, 20	20, 28	83 | 84,7–11 | 88 | 91 | 92
Mt	20, 22		65,3
Mt	20, 24	20, 28	251
Mt	20, 26	20, 28	27,5 | 393,7.8
Mt	20, 28		4 | 21 | 35,3 | 57,2 | 76 | 81,4 | 82,3 | 86,6 | 91,4 | 93,2 | 94 | 139,2 | 146,4 | 149,5 | 223,4 | 342,4 | 350,4 | 406,3 | 417 | 525,4
Mt	20, 29	20, 34	72,1 | 302,6 | 303 | 404,1 | 440
Mt	20, 30		190,2 | 236,2
Mt	20, 30	20, 31	146 | 178 | 179,3 | 192
Mt	20, 33		453,2
Mt	20, 34		326,4
Mt	21, 1	21, 9	1 | 2 | 4 | 9,2.6 | 12 | 13 | 14 | 16 | 71,1.3 | 88 | 314
Mt	21, 4		452,5
Mt	21, 5		9,2 | 13,1 | 71,3 | 92,1
Mt	21, 8		10,2 | 11,2
Mt	21, 9		13,2 | 22 | 26 | 39,1 | 43 | 45 | 49 | 70,1.2 | 87 | 100,1 | 103,1 | 109,1 | 135 | 147,2 | 151,2 | 177 | 180 | 185 | 294,4
Mt	21, 9	21, 11	314
Mt	21, 12	21, 13	165,1 | 389,2
Mt	21, 13		166,1
Mt	21, 14		236,3
Mt	21, 14	21, 17	302 | 303 | 450
Mt	21, 15		185
Mt	21, 16		270,1 | 271,2 | 332,2 | 454,1
Mt	21, 18	21, 22	145 | 234 | 243 | 341
Mt	21, 21		210,4 | 344,9 | 382,2 | 416
Mt	21, 21	21, 22	497,9–11
Mt	21, 22		34,4 | 224,3 | 361,2 | 457,11 | 487,3
Mt	21, 23	21, 27	119,2
Mt	21, 24		123
Mt	21, 28	21, 32	75 | 79 | 123 | 299 | 404,2 | 414,1
Mt	21, 31		10,3 | 15,3 | 182,2
Mt	21, 32		9,4 | 130,3 | 312,6
Mt	21, 33	21, 46	145 | 146,2.4

Biblisches Buch	von Kapitel, Vers	bis Kapitel, Vers	Lied, Strophe (ggf.)
Mt	21, 34		10,3
Mt	21, 37		51 | 341
Mt	21, 39		78,1
Mt	21, 42		75,1 | 351,3 | 354,1
Mt	21, 42	21, 46	136,5.6 | 346 | 357 | 386,10
Mt	21, 43		182,2
Mt	22, 1	22, 14	148 | 219 | 224 | 229 | 250 | 273 | 350 | 363 | 386,6 | 392 | 418,5 | 519,3
Mt	22, 2	22, 3	257
Mt	22, 3		168,1
Mt	22, 4		225,2 | 226,1 | 229
Mt	22, 7	22, 14	149
Mt	22, 8	22, 9	168,1
Mt	22, 9		18,2 | 213 | 250,2 | 256,3 | 355
Mt	22, 11		250,4
Mt	22, 12		10,3
Mt	22, 13		84,4
Mt	22, 15	22, 22	56,3 | 193 | 275 | 297
Mt	22, 21	22, 32	115 | 526
Mt	22, 22	22, 33	148
Mt	22, 23	22, 33	113,5.7 | 148 | 495,8 | 526
Mt	22, 29		82,7 | 124,3 | 413 | 417 | 494,5
Mt	22, 30		399,6
Mt	22, 31		115
Mt	22, 32		5,7 | 76,1 | 97 | 115,1 | 126,7 | 154,2 | 236,5 | 495,8
Mt	22, 34	22, 37	25,4–6
Mt	22, 34	22, 40	82,7 | 232,3 | 251 | 397 | 413
Mt	22, 37		88,6 | 93,1 | 131,2 | 179 | 222,3 | 231,2 | 289,5 | 295,1 | 343,1 | 396 | 400 | 403,5 | 404,6
Mt	22, 39		100,1 | 124,3 | 130,6 | 186 | 187 | 188 | 412,1 | 413,3
Mt	22, 41	22, 46	123
Mt	22, 42		12,3.4 | 13,1 | 25 | 32,1 | 133,1
Mt	23, 1	23, 12	244 | 299 | 441,6
Mt	23, 5		207,2
Mt	23, 8		221,1 | 251,1 | 344,1 | 357,3.4 | 392,7 | 412,1.4
Mt	23, 8	23, 9	125,2 | 126,6 | 128,2 | 129,2 | 179,2.3 | 183,1 | 227,1
Mt	23, 9		186 | 187 | 188 | 427,1
Mt	23, 10		341,9
Mt	23, 11		393,7.8
Mt	23, 12		10,3 | 15,3 | 165,1
Mt	23, 33		149,4
Mt	23, 34	23, 39	23 | 25,4–6 | 145 | 146 | 234 | 297 | 351 | 377

Biblisches Buch	von Kapitel, Vers	bis Kapitel, Vers	Lied, Strophe (ggf.)
Mt	23, 37		325,2 | 351,6 | 392,2
Mt	23, 37	23, 39	145 | 146
Mt	23, 39		11,1.2 | 13,2 | 14,1 | 22 | 26 | 43 | 45 | 70,1.2 | 71,3 | 87 | 100,1 | 103,1 | 109,1 | 147,2 | 151,2 | 177 | 180 | 185 | 294,4 | 314,5
Mt	24, 1	24, 10	113
Mt	24, 1	24, 14	6 | 7 | 11,6–10 | 151 | 248
Mt	24, 1	24, 51	10 | 149
Mt	24, 9	24, 14	164 | 245,3 | 246 | 249 | 259 | 273 | 275 | 347 | 362 | 377 | 406
Mt	24, 11		373,3
Mt	24, 12		442,5
Mt	24, 13		157 | 297,6 | 343,4 | 361,12 | 402 | 440,4 | 493 | 520,4
Mt	24, 14		127,2 | 201 | 260 | 262 | 263
Mt	24, 15	24, 28	151 | 152 | 246 | 255 | 393,1.2 | 523
Mt	24, 21	24, 22	9,5.6
Mt	24, 24		6,4 | 72,2 | 193
Mt	24, 29		40,2.3 | 153 | 373,5.6 | 408
Mt	24, 29	24, 31	11,10 | 149,2.7 | 518,2 | 526,7
Mt	24, 30		1,1 | 5,7.8 | 6 | 7 | 147 | 178,6 | 189 | 239,5 | 393,9.10 | 477,4
Mt	24, 31		142,1 | 149,2 | 313,3 | 358 | 495,8 | 520,2 | 526,7
Mt	24, 32	24, 33	15,3 | 17 | 18,1 | 19 | 52,3 | 95,1 | 151 | 152,3 | 212,3 | 239,5 | 282,1.5 | 379,2 | 486,9
Mt	24, 35		64,4 | 153,1 | 295,4 | 357
Mt	24, 36		11,7 | 409,7
Mt	24, 38	24, 39	363,5
Mt	24, 42		150,2 | 151,1 | 184,4 | 414,4
Mt	24, 42	24, 51	9,6 | 10 | 11,10 | 69,2 | 147,1 | 149 | 152 | 387
Mt	24, 43	24, 51	69,2
Mt	24, 44		150,2 | 151,1 | 184,4 | 352,5
Mt	24, 45	24, 46	495,2
Mt	24, 45	24, 47	83,7
Mt	24, 45	24, 51	152,1
Mt	25, 1		154
Mt	25, 1	25, 13	3,3 | 9,6 | 11,10 | 33,2 | 69,2 | 70,1.5.6 | 83,7 | 147 | 151 | 249,4 | 264,1 | 387 | 398,1 | 400,2 | 452,4 | 515,5
Mt	25, 5		69,2 | 149,7
Mt	25, 6		3,3 | 9,6 | 154,1.5
Mt	25, 8		363,5.6
Mt	25, 10		405,5
Mt	25, 13		150,2 | 184,4 | 414,4
Mt	25, 14	24, 30	3,5 | 146,2 | 149 | 497

Biblisches Buch	von Kapitel, Vers	bis Kapitel, Vers	Lied, Strophe (ggf.)
Mt	25, 19		513,6
Mt	25, 21		104,3 | 151,5 | 158,4 | 159,2 | 204,4 | 349,1 | 370,8 | 405,5 | 451,7.8
Mt	25, 21	25, 23	83,7
Mt	25, 30		149,4
Mt	25, 31	25, 46	5 | 11,10 | 82,7 | 149 | 199,3 | 328,10 | 412 | 413 | 417 | 418 | 518
Mt	25, 31	25, 33	20,8 | 184,4 | 447,10
Mt	25, 31	25, 34	147,2
Mt	25, 31		1,1 | 7,6 | 9,6 | 142 | 153,2 | 189 | 477,4
Mt	25, 32		153
Mt	25, 34		121,3 | 358,6 | 405,5
Mt	25, 35		418,1.2 | 458,3 | 513,5
Mt	25, 35	25, 36	226,2 | 307,5 | 420 | 428,1.2.4 | 464,1
Mt	25, 36		428,4
Mt	25, 37		418,1.2
Mt	25, 38		428,4
Mt	25, 40		229 | 235,3 | 343 | 397,2 | 412,7
Mt	25, 41		109,2 | 412,8 | 431,3
Mt	25, 42	25, 44	418,1.2
Mt	25, 43		23,5.6
Mt	25, 43	25, 44	428,4
Mt	25, 45	25, 46	412,8
Mt	25, 46		96,6
Mt	26, 1	26, 5	78,1.2 | 88
Mt	26, 4		378,2
Mt	26, 6	26, 13	83,5.6 | 90 | 397,1.2 | 400
Mt	26, 20	26, 30	78,3 | 213 | 215 | 217 | 218 | 219 | 223 | 405
Mt	26, 21	26, 25	410,3.4
Mt	26, 26	26, 28	5,4 | 101,7 | 418,1.2 | 420 | 464,2
Mt	26, 26		224,3 | 225,2 | 226,1 | 229,1 | 407,1
Mt	26, 28		43,5.6 | 94,1 | 158,3 | 276,5 | 325,3 | 341,8
Mt	26, 29		189 | 226,5 | 399,5
Mt	26, 30		181 | 214 | 216 | 221 | 222
Mt	26, 31	26, 35	94,3 | 95,1
Mt	26, 32		105,14
Mt	26, 36	26, 46	78 | 83 | 95,1 | 215 | 383,4
Mt	26, 37	26, 38	86,1.8
Mt	26, 38		87,1 | 88,2 | 89,1.5 | 147,1
Mt	26, 38	26, 41	414,4
Mt	26, 39		50,3 | 65,3 | 352,5 | 364,1.2 | 367,1 | 372,5 | 378,2
Mt	26, 40	26, 41	151,1.4

Biblisches Buch	von Kapitel, Vers	bis Kapitel, Vers	Lied, Strophe (ggf.)
Mt	26, 41		123,3 | 125,3 | 126,3 | 195,3 | 343,5 | 373,4.5 | 387 | 414,4 | 480,1.2
Mt	26, 42		65,3 | 83,3 | 186 | 187 | 188 | 364,1 | 372,5 | 408,3 | 414,1
Mt	26, 43		151,4
Mt	26, 45		427,4
Mt	26, 47	26, 56	77,1 | 78 | 95,2
Mt	26, 49		223,2
Mt	26, 50		94,3
Mt	26, 52		426,2
Mt	26, 54		104,2
Mt	26, 56		452,5
Mt	26, 57	26, 68	86 | 95,3
Mt	26, 59	26, 61	77,1
Mt	26, 61		116,2 | 117 | 118
Mt	26, 63		94,3
Mt	26, 64		13,3 | 22 | 147,2 | 153,2 | 191 | 239,5
Mt	26, 67	26, 68	77,1 | 78,5 | 81,2 | 82,2 | 85 | 86,2 | 87 | 88,2 | 89,3
Mt	26, 69	26, 75	233
Mt	26, 74		145,5
Mt	26, 75		76,1 | 144,2
Mt	27, 2		77,2
Mt	27, 3	27, 5	233,1.2
Mt	27, 4		410,3
Mt	27, 5		234
Mt	27, 9		452,5
Mt	27, 13	27, 14	91,8 | 94,3
Mt	27, 15	27, 30	77,2.3 | 78 | 81 | 84,2 | 86 | 95,4
Mt	27, 18		428,5
Mt	27, 22	27, 23	314,6
Mt	27, 23		87,2
Mt	27, 24		64,3.4 | 85,4
Mt	27, 27	27, 30	82,2 | 83,1–3 | 85,1–3 | 87 | 88 | 89 | 96,2
Mt	27, 29		85,1
Mt	27, 29	27, 30	94,3
Mt	27, 32		88,6
Mt	27, 33	27, 54	83 | 92
Mt	27, 34		77,5 | 78,7
Mt	27, 35		84,1 | 452,5
Mt	27, 37		90
Mt	27, 39		77,4
Mt	27, 40		111,4 | 116,2 | 117 | 118

Biblisches Buch	von Kapitel, Vers	bis Kapitel, Vers	Lied, Strophe (ggf.)
Mt	27, 41		381,3
Mt	27, 41	27, 42	91,7
Mt	27, 42		111,4
Mt	27, 43		151,8
Mt	27, 44		77,4
Mt	27, 46		77,5	78,8	86,1	87,1.5	89,1.6	278,1	381,3	410,3	427,2
Mt	27, 46	27, 50	104,2
Mt	27, 46	27, 53	83,1
Mt	27, 48		78,7
Mt	27, 48	27, 53	77,5
Mt	27, 50		70	79	88,2
Mt	27, 52		83,3	92,5	149,2
Mt	27, 53		106,1
Mt	27, 54		75,1	80	90	403,1
Mt	27, 57	27, 61	112
Mt	27, 57	27, 66	79
Mt	27, 59	27, 60	80
Mt	27, 59	27, 66	77,7
Mt	27, 60		83,4	117,1
Mt	27, 63		116,2
Mt	27, 64		162,2	189	515,8
Mt	27, 66		117,1	409,6
Mt	28, 1		93,3	98,2	114,5
Mt	28, 1	28, 10	99	101	103	105	106	109	110	111	112	117	182,8
Mt	28, 2		142,1
Mt	28, 3		143,2
Mt	28, 5		103,3	105,8	143
Mt	28, 5	28, 6	116,3
Mt	28, 6		118	182,8	183,2
Mt	28, 6	28, 7	116,1.5	189
Mt	28, 6	28, 9	409,6	515,8
Mt	28, 7		103,4	105,14	116,4
Mt	28, 10		116,3
Mt	28, 16	28, 20	108	123	126	138	139	200	257	388,1	406,2
Mt	28, 17		382,2
Mt	28, 18		3,4	34	102,3	112	115,2	119,2	131	200,1.6	201	205	377,2	410,2
Mt	28, 18	28, 20	123	132	210,5	225	226,1
Mt	28, 19		127,2	200,1.6
Mt	28, 20		121,3	127,4

Biblisches Buch	von Kapitel, Vers	bis Kapitel, Vers	Lied, Strophe (ggf.)
Mt	28, 20a		145,3
Mk	1, 1		62,4 | 403,1
Mk	1, 1	1, 8	10 | 16 | 141 | 142 | 392
Mk	1, 1	1, 15	73
Mk	1, 2		141,1
Mk	1, 3		15,3 | 312,2
Mk	1, 4		141,2 | 234
Mk	1, 6		312,3
Mk	1, 7		141,5
Mk	1, 8b		1,5 | 2,3
Mk	1, 9	1, 11	202
Mk	1, 9	1, 13	68 | 441
Mk	1, 9	1, 15	66 | 70
Mk	1, 11		131,1 | 511,3
Mk	1, 12		325,4
Mk	1, 12	1, 13	104,2 | 109,2 | 488,2.3
Mk	1, 13		509,1
Mk	1, 14		66
Mk	1, 14	1, 15	5,2 | 6 | 10 | 42,2 | 73 | 145,6 | 256,4 | 262 | 263
Mk	1, 15		8,3 | 16,2 | 23,3 | 24,3 | 42,2 | 54,3 | 56 | 57 | 145,6 | 153 | 182,2 | 409,4 | 452,5
Mk	1, 16	1, 20	256 | 269,3 | 313,1 | 384 | 385
Mk	1, 17		426,3
Mk	1, 20		392,7
Mk	1, 21		193,2
Mk	1, 21	1, 22	194
Mk	1, 21	1, 28	66 | 72 | 133 | 244 | 346 | 373 | 388
Mk	1, 21		14,4
Mk	1, 22	1, 24	344,9
Mk	1, 27		395,1
Mk	1, 29	1, 34	320
Mk	1, 32	1, 39	255 | 262 | 263 | 320
Mk	1, 33		245,1
Mk	1, 34		383,1
Mk	1, 35		386,1.2
Mk	1, 40	1, 45	232 | 325 | 345 | 346 | 365
Mk	1, 41		383,1
Mk	2, 1	2, 12	72 | 320 | 353 | 354,2–4 | 355
Mk	2, 2		168,2
Mk	2, 3	2, 4	82,7
Mk	2, 5		96,3 | 114,4 | 116 | 243,4 | 299 | 404,2

Biblisches Buch	von Kapitel, Vers	bis Kapitel, Vers	Lied, Strophe (ggf.)
Mk	2, 5	2, 10	200,4
Mk	2, 6	2, 12	72 | 194
Mk	2, 7		349,3
Mk	2, 8		56,2
Mk	2, 10		96,3 | 114,4
Mk	2, 12		179 | 191 | 321
Mk	2, 13	2, 17	193 | 313,2 | 353 | 418,5 | 428,4
Mk	2, 13	2, 22	392
Mk	2, 14		289 | 354 | 355 | 385 | 391 | 426,3
Mk	2, 17		68,2 | 109,3 | 215,7 | 232 | 383,1 | 454,4
Mk	2, 18	2, 22	5 | 396 | 398
Mk	2, 19		33,2 | 69,2 | 70,1.5.6 | 83,7 | 151 | 264,1 | 396,1 | 398 | 399,6.7 | 400,2 | 525,5
Mk	2, 19	2, 20	3,3.4
Mk	2, 21	2, 22	390
Mk	2, 23	2, 28	162 | 295 | 398 | 450,1.3
Mk	3, 1	3, 6	162 | 166 | 398
Mk	3, 2		82,7
Mk	3, 3		210,1
Mk	3, 5		137,4 | 255,3 | 355,1 | 428,5 | 501,3
Mk	3, 7	3, 12	72 | 256 | 386
Mk	3, 11		403,1
Mk	3, 13	3, 19	154,6 | 384 | 385 | 401,5
Mk	3, 22	3, 30	66 | 373 | 388
Mk	3, 22	3, 27	143
Mk	3, 27		100,3 | 111,8 | 113,3 | 114,7 | 241,4
Mk	3, 28		116
Mk	3, 31	3, 35	14,4 | 33,3 | 223,4 | 341,6 | 343 | 406,4 | 447,8
Mk	3, 34		57,3
Mk	3, 34	3, 35	6,1 | 251 | 400 | 515,7
Mk	3, 35		122,3
Mk	4, 1	4, 9	166,4.5
Mk	4, 1	4, 13	88 | 432,2
Mk	4, 1	4, 20	194 | 196 | 197
Mk	4, 5	4, 7	98,3
Mk	4, 8		78,9 | 135,4 | 166,4.5
Mk	4, 9		161,3 | 168,3 | 196,2
Mk	4, 10	4, 13	392
Mk	4, 11		280,1
Mk	4, 12		66,4 | 129,3 | 145,5 | 161,3 | 166,3.6 | 168,2.3 | 196,2 | 236,1 | 277,3.4 | 392 | 432,2
Mk	4, 15		136,5

Biblisches Buch	von Kapitel, Vers	bis Kapitel, Vers	Lied, Strophe (ggf.)
Mk	4, 16		108,1
Mk	4, 19		62,4 | 148,4 | 149,4 | 170,2 | 196,3 | 224,1 | 235,2.3 | 239,3 | 303,7 | 318,1 | 322,5 | 324,15 | 334,1 | 344,5 | 351,7 | 352,3 | 359,4 | 361,2.7 | 368,2 | 369,2 | 371 | 378,5 | 427,3 | 438,5 | 491,2
Mk	4, 20		155,2 | 159,3 | 161,1 | 169,2 | 280,3 | 500,3.4 | 503,13–15 | 513
Mk	4, 21		17,2 | 154
Mk	4, 21	4, 23	262,1 | 263,1 | 441,6
Mk	4, 23		432,2
Mk	4, 24		170,2
Mk	4, 26	4, 29	98 | 196 | 241 | 280 | 302 | 502 | 508,1 | 513
Mk	4, 28		514,4
Mk	4, 30	4, 32	241 | 245 | 250 | 256,5 | 264
Mk	4, 33		161,1
Mk	4, 35	4, 41	244 | 247 | 249 | 258 | 346,2 | 347 | 361 | 374 | 396,2 | 398,2
Mk	4, 35		428,3
Mk	4, 37	4, 38	244 | 248,2 | 279,3 | 297,3
Mk	4, 38		424,3
Mk	4, 39		14,4 | 428,3 | 480,3
Mk	4, 40	4, 41	281,1 | 351,2
Mk	5, 1	5, 20	14 | 66,1–3.8 | 133 | 373 | 388 | 452,3
Mk	5, 19	5, 20	324
Mk	5, 21	5, 34	367 | 383,1.2 | 518 | 528 | 530
Mk	5, 27	5, 28	383,1
Mk	5, 28		406,1
Mk	5, 34		195,3 | 364,1 | 414,22 | 424,2 | 433 | 434
Mk	5, 35	5, 43	115 | 518 | 528
Mk	5, 36		97,5 | 195,3 | 315,3 | 411
Mk	5, 39		516,6
Mk	5, 41		102,3
Mk	5, 42		384,4 | 398
Mk	6, 1	6, 6	65,4 | 86,4 | 262,4 | 263,4 | 280,1 | 390
Mk	6, 3		56,1
Mk	6, 7	6, 13	234 | 256 | 257 | 392
Mk	6, 8		384,2 | 393,3
Mk	6, 12		145,6
Mk	6, 13		133,11
Mk	6, 14	6, 29	247 | 262 | 263 | 345 | 370 | 399,5
Mk	6, 16		116,1.5
Mk	6, 17	6, 18	241,1 | 262,5 | 263,5 | 495,2.3

Mk 6,24 – Mk 8,27

Biblisches Buch	von Kapitel, Vers	bis Kapitel, Vers	Lied, Strophe (ggf.)
Mk	6, 24	6, 30	372
Mk	6, 27		377,4 | 495,7
Mk	6, 29		191 | 248
Mk	6, 30	6, 44	407,1 | 418,1.2 | 420
Mk	6, 31		492
Mk	6, 35	6, 44	224 | 229 | 371,7–9 | 458 | 460
Mk	6, 39		418,5
Mk	6, 41		225,2 | 226,1 | 229,1 | 312,6 | 424,2
Mk	6, 45	6, 52	452,2
Mk	6, 45	6, 56	374 | 476,2
Mk	6, 50		65,7
Mk	6, 51		14,4
Mk	6, 54	6, 56	383,1.2
Mk	6, 56		424,2
Mk	7, 1	7, 13	299,2.3 | 341 | 342 | 438,3.4
Mk	7, 6		136,1
Mk	7, 6	7, 7	386,10
Mk	7, 10		231,5
Mk	7, 14	7, 23	155
Mk	7, 16		432,2
Mk	7, 20		495,3
Mk	7, 21	7, 23	389
Mk	7, 24	7, 30	246 | 299 | 366 | 369,3.4 | 371,1–6 | 372 | 374
Mk	7, 27		361,9
Mk	7, 29		361,10
Mk	7, 31	7, 37	72 | 289 | 302 | 303 | 320 | 420 | 432,2
Mk	7, 34		328,4 | 394,1.5
Mk	7, 37		236,1 | 326 | 414,4
Mk	8, 1	8, 9	194 | 224 | 229 | 326 | 371,7–9 | 418,1.2 | 420 | 458 | 460
Mk	8, 3		86,5
Mk	8, 4		171,1
Mk	8, 6		225,2 | 226,1 | 229,1
Mk	8, 10	8, 13	246 | 441,6
Mk	8, 14	8, 21	194,3
Mk	8, 18		66,4 | 129,3 | 145,5 | 161,3 | 166,3.6 | 168,2.3 | 196,2 | 236,1 | 277,3.4 | 392 | 432,2
Mk	8, 22		236,2
Mk	8, 22	8, 26	289 | 302,6 | 303,6 | 376,2 | 383,1 | 432,1 | 440,3 | 441,4
Mk	8, 24		36,2.3
Mk	8, 27	8, 30	123 | 124,2 | 125 | 129,3 | 136 | 154,6 | 191 | 346 | 357 | 405

Biblisches Buch	von Kapitel, Vers	bis Kapitel, Vers	Lied, Strophe (ggf.)
Mk	8, 29		23 | 27 | 36 | 38 | 39,3 | 51 | 75,1 | 76 | 78,2 | 83,4 | 99 | 101,3 | 103 | 109 | 119 | 139,2 | 183,2 | 184
Mk	8, 31		65,5 | 86,5 | 97 | 116,2 | 117 | 118
Mk	8, 31	8, 33	83 | 88 | 384 | 426,3 | 430,3
Mk	8, 31	8, 38	413
Mk	8, 34		112,7
Mk	8, 34	8, 38	82,6 | 87,4 | 88,6 | 90,2 | 96,2 | 137,2
Mk	8, 34	9, 1	168,5 | 351,10 | 385,3 | 388,7 | 391 | 426,3
Mk	8, 35		393,3 | 416
Mk	8, 36	8, 37	144,5 | 397,1
Mk	8, 38		1,1 | 5,3.8 | 11,10 | 51 | 189 | 477,4
Mk	9, 2		49,2
Mk	9, 2	9, 13	70,4 | 450,5
Mk	9, 3		441,1.3
Mk	9, 5		406
Mk	9, 7		67,1.2
Mk	9, 12		93,2 | 94 | 190,1 | 430,3
Mk	9, 14	9, 29	75 | 138 | 420
Mk	9, 17	9, 27	138 | 346 | 398,2
Mk	9, 19	9, 24	115
Mk	9, 22		146 | 178
Mk	9, 22b		248,3 | 334,5 | 350,5
Mk	9, 23		90,2 | 315,3
Mk	9, 24		158,4 | 166,5 | 195,2.3 | 343 | 358,6 | 381,4 | 382,2
Mk	9, 25		14,4
Mk	9, 29		133,5
Mk	9, 31		86,5 | 116,2 | 118 | 427,4
Mk	9, 32		194 | 432,2
Mk	9, 33	9, 37	10,3 | 308,5–7 | 389 | 393,6.7 | 482,5
Mk	9, 34		495,3
Mk	9, 36		468,1
Mk	9, 37		252
Mk	9, 38		133,11
Mk	9, 38	9, 41	82,7 | 251,6 | 413,6
Mk	9, 43	9, 48	10 | 404 | 447,8.9 | 495
Mk	9, 50		170,3 | 425,2 | 435 | 436
Mk	10, 2	10, 16	295 | 482,4.5
Mk	10, 5		5,2 | 453,3
Mk	10, 12	10, 26	145 | 234
Mk	10, 13		383,1
Mk	10, 13	10, 16	203,2.3 | 211,2 | 212 | 468,1

Biblisches Buch	von Kapitel, Vers	bis Kapitel, Vers	Lied, Strophe (ggf.)
Mk	10, 14		43 | 169,1.5 | 380,2
Mk	10, 14	10, 15	182,2
Mk	10, 15		104,3 | 165,7
Mk	10, 16		58,11 | 163 | 170 | 171 | 174 | 203,5 | 214,3 | 239,1.2 | 252,7 | 281,3 | 294,4 | 311,2.3 | 316,4 | 317,4 | 330,5 | 347,4 | 348 | 352,1 | 361,4 | 369,7 | 374,3 | 394,2 | 446,9 | 451,5 | 457,4–10 | 485,6 | 494,1–3 | 496 | 497,1 | 503,13
Mk	10, 17		96,6
Mk	10, 17	10, 27	59,1 | 346 | 385,3 | 386,2.7 | 397 | 400,4 | 417 | 430,3 | 494
Mk	10, 18		231,3 | 301,1
Mk	10, 21b		393,3 | 426,3
Mk	10, 22		393,2 | 412,2
Mk	10, 23	10, 25	182,2
Mk	10, 28	10, 31	23 | 25 | 346 | 384 | 386 | 416
Mk	10, 29		385,1 | 393,3
Mk	10, 29	10, 30	326,3
Mk	10, 30		167,4
Mk	10, 31		369,6
Mk	10, 32	10, 34	83 | 88 | 92
Mk	10, 33		86,5
Mk	10, 34		97 | 116,2 | 118
Mk	10, 35	10, 45	76 | 83 | 84,7–11 | 86 | 88 | 92 | 384,4 | 388,3
Mk	10, 38		65,3 | 83,2 | 372,3.5
Mk	10, 41	10, 45	251 | 430,3
Mk	10, 44		393,7.8
Mk	10, 45		81,4 | 82,3 | 86,6 | 91,4 | 94,1 | 96,2 | 139,2 | 146,4 | 149,5 | 195,2 | 223,4 | 331,8 | 342,4 | 350,4 | 406,3 | 417 | 520,3 | 525,4
Mk	10, 46		236,2
Mk	10, 46	10, 52	72,1 | 302,6 | 303,6 | 404,1 | 414,2 | 440
Mk	10, 47		190,2
Mk	10, 47	10, 48	178 | 192
Mk	10, 48		146
Mk	10, 52		97,5 | 104,2 | 195,3 | 326,4
Mk	11, 1	11, 11	1 | 2 | 9 | 12 | 13 | 14 | 88 | 314
Mk	11, 8		11,2
Mk	11, 9		314,5
Mk	11, 9	11, 10	100,1 | 103,1 | 109,1 | 181 | 185
Mk	11, 10		39,1 | 267,5 | 314
Mk	11, 12	11, 26	145
Mk	11, 15	11, 19	165,1 | 389,2

Biblisches Buch	von Kapitel, Vers	bis Kapitel, Vers	Lied, Strophe (ggf.)
Mk	11, 17		166,1
Mk	11, 22		114,2
Mk	11, 22	11, 24	344,6.9
Mk	11, 23		382,2 | 416
Mk	11, 24		34,4 | 182,3 | 361,2 | 387,5 | 457,11
Mk	11, 24	11, 25	186 | 187 | 188
Mk	11, 24	11, 26	404,2
Mk	11, 25	11, 26	96,3 | 344,6 | 412,6 | 416
Mk	11, 27	11, 33	119,2 | 123
Mk	12, 1	12, 12	76 | 145 | 146,2 | 366 | 392
Mk	12, 6		51 | 341
Mk	12, 9	12, 12	136,5.6 | 346 | 354 | 357 | 386,10
Mk	12, 10		351,3
Mk	12, 13	12, 17	193 | 297
Mk	12, 18	12, 27	113,5.7 | 148 | 495,8 | 526
Mk	12, 25		399,6
Mk	12, 26		133,13
Mk	12, 26	12, 27	115 | 526
Mk	12, 27		5,7 | 76,1 | 97 | 115,1 | 126,7 | 154,2 | 236,5 | 495,8
Mk	12, 28	12, 34	397 | 494
Mk	12, 29		138 | 193,1
Mk	12, 29	12, 30	88,6
Mk	12, 29	12, 31	84,7
Mk	12, 30		131,2 | 222,3 | 231,2 | 295,1 | 396 | 400 | 403,5 | 404,6
Mk	12, 31		82,7 | 251 | 413,3 | 417
Mk	12, 31	12, 33	412,1
Mk	12, 34		182,2
Mk	12, 35	12, 37	123
Mk	12, 38	12, 40	441,6
Mk	12, 41	12, 44	82 | 96 | 165,2–4 | 386 | 396,1.4 | 397 | 400 | 424,3 | 428,2
Mk	13, 3	13, 13	6 | 7 | 10 | 11,6–10 | 151 | 248 | 375 | 387
Mk	13, 3	13, 37	149
Mk	13, 5	13, 6	66,4 | 373,3
Mk	13, 8b		66,4
Mk	13, 9	13, 13	23 | 125 | 129 | 164 | 245,3 | 246 | 249 | 259 | 273 | 275 | 347 | 362 | 377 | 406
Mk	13, 9b		136,4
Mk	13, 10		201 | 260
Mk	13, 11		155,1 | 357 | 378,5
Mk	13, 13		19,3 | 20,3 | 493 | 520,4
Mk	13, 13b		157 | 361,12 | 402 | 440,4

Biblisches Buch	von Kapitel, Vers	bis Kapitel, Vers	Lied, Strophe (ggf.)
Mk	13, 14	13, 23	152 | 246 | 393,1.2 | 524
Mk	13, 19		9,5.6 | 429,4
Mk	13, 19	13, 20	7,5.6 | 523,2
Mk	13, 22		72,2
Mk	13, 24		153
Mk	13, 24	13, 25	358,6 | 373,5.6
Mk	13, 24	13, 32	11,9.10 | 149 | 518,2 | 526,7
Mk	13, 25		408
Mk	13, 26		1,1 | 5,7.8 | 6 | 7 | 147 | 153,2 | 189 | 393,9.10 | 477,4
Mk	13, 27		142,1 | 495,8
Mk	13, 28	13, 29	15,3 | 17 | 18,1 | 19 | 52,3 | 95,1 | 151 | 152,3 | 212,3 | 239,5 | 282,1.5 | 379,2 | 486,9
Mk	13, 31		199,1 | 295,4 | 357
Mk	13, 31	13, 33	184,4
Mk	13, 31	13, 37	145 | 147
Mk	13, 33		151,1
Mk	13, 33	13, 37	7,6 | 9,6 | 11,10 | 147,1 | 152 | 387 | 414,4
Mk	13, 35		198,2
Mk	13, 37		151,1
Mk	14, 1		378,2
Mk	14, 1	14, 2	78,1.2 | 83,1.2 | 88
Mk	14, 3	14, 9	62,5 | 83,5 | 87 | 90 | 397,1.2 | 400
Mk	14, 10	14, 11	78,1.2 | 410,3
Mk	14, 11		428,1
Mk	14, 17	14, 26	78,3 | 213 | 215 | 217 | 218 | 219 | 223 | 405
Mk	14, 17	14, 31	347 | 362
Mk	14, 18	14, 20	410,3
Mk	14, 22		5,4 | 225,2 | 226,1 | 229,1 | 407,1 | 418,1.2
Mk	14, 22	14, 24	101,7 | 464,2
Mk	14, 24		158,3 | 325,3 | 341,8
Mk	14, 26		214 | 216 | 221 | 222
Mk	14, 27	14, 31	325,8
Mk	14, 27	14, 42	366
Mk	14, 32	14, 42	78,4 | 95,1 | 378,5
Mk	14, 33		86,8
Mk	14, 34		151,1.4
Mk	14, 34	14, 38	414,4
Mk	14, 36		50,3 | 65,3 | 364,1.2 | 372,5 | 378,2
Mk	14, 37	14, 38	151,1.4
Mk	14, 38		125,3 | 186 | 187 | 188 | 373,4.5 | 387 | 414,4 | 480,1.2
Mk	14, 40		151,4

Biblisches Buch	*von Kapitel, Vers*	*bis Kapitel, Vers*	*Lied, Strophe (ggf.)*
Mk	14, 41		83,3 | 427,4
Mk	14, 43	14, 52	77,1 | 78 | 81,6–8 | 82 | 94,3 | 95,2 | 96
Mk	14, 45		223,3
Mk	14, 49		104,2 | 452,5
Mk	14, 53	14, 65	78 | 95,3 | 98 | 396
Mk	14, 58		116,2
Mk	14, 61		94,3
Mk	14, 62		153,2 | 191
Mk	14, 65		81,2 | 85,1.2 | 87,1
Mk	14, 66	14, 76	76 | 233
Mk	14, 68		334,5
Mk	14, 71		145,5
Mk	14, 72c		76,1 | 77,2.3
Mk	15, 1	15, 15	87
Mk	15, 1	15, 20	95,4
Mk	15, 5		94,3
Mk	15, 6	15, 20	77,2.3 | 78,6 | 86
Mk	15, 10		428,5
Mk	15, 13	15, 14	314,6
Mk	15, 16	15, 20	81 | 82 | 83,1–3 | 84,2–4 | 85,1–3 | 87 | 88 | 89 | 94,3
Mk	15, 16	15, 24	96,2
Mk	15, 17		85,1
Mk	15, 20	15, 39	83 | 92
Mk	15, 23		78,7
Mk	15, 24a		84,1
Mk	15, 26		90
Mk	15, 27	15, 28	104,2
Mk	15, 29		77,4
Mk	15, 30		111,4
Mk	15, 31		91,7
Mk	15, 31	15, 32	77,4
Mk	15, 32		111,4
Mk	15, 34		75,1 | 77,5 | 78,8 | 86,1 | 87,1.5 | 89,1 | 381,1.3 | 410,3 | 427,2
Mk	15, 34	15, 37	104,2
Mk	15, 36	15, 37	79 | 88
Mk	15, 36	15, 38	77,5
Mk	15, 39		75 | 90 | 403,1
Mk	15, 42	15, 46	77,7
Mk	15, 46		80 | 105,6.7 | 117,1
Mk	16, 1		93,3 | 98,2

Biblisches Buch	von Kapitel, Vers	bis Kapitel, Vers	Lied, Strophe (ggf.)
Mk	16, 1	16, 8	99 | 101 | 103,3–5 | 105 | 106 | 109 | 110 | 111 | 112,2 | 113 | 114 | 116,3.4 | 117 | 182,8 | 520,1
Mk	16, 2		162,2 | 444,1
Mk	16, 3		98,2
Mk	16, 3	16, 4	114,4
Mk	16, 4	16, 20	100,3 | 102 | 113,3
Mk	16, 5		143,2
Mk	16, 6		107,1 | 117 | 118 | 182,8 | 183,2 | 189 | 515,8
Mk	16, 6	16, 7	116
Mk	16, 7		116,4
Mk	16, 9		116 | 117 | 118 | 121 | 189
Mk	16, 9	16, 20	102 | 108 | 114,9 | 123
Mk	16, 10		80 | 430,2 | 531,2 | 532,3
Mk	16, 11		106,1
Mk	16, 12		428,4
Mk	16, 14		124 | 453,3
Mk	16, 14	16, 19	116
Mk	16, 14	16, 20	100,3 | 120 | 123
Mk	16, 15		259,1.3 | 341,10
Mk	16, 15	16, 16	132 | 200,1 | 201 | 202,5.6 | 260
Mk	16, 15	16, 17	127,2
Mk	16, 16		16,2 | 63,3 | 98,3 | 259,4 | 320,5 | 342,4 | 406,5 | 410,4 | 530,5
Mk	16, 17		126,4.5 | 328,1
Mk	16, 17	16, 18	275,7
Mk	16, 18		121,1 | 406,5 | 424,2 | 432,3
Mk	16, 18b		145,3
Mk	16, 19		4,3 | 68,6 | 119 | 122 | 123 | 180,1 | 184,4
Mk	16, 19	16, 20	120
Mk	16, 20		14,3
Lk	1, 1	1, 4	194 | 196 | 197
Lk	1, 1	1, 38	22
Lk	1, 5		16
Lk	1, 5	1, 25	7 | 10 | 312,7 | 420
Lk	1, 13		142,1 | 143
Lk	1, 14		2,1 | 34,1
Lk	1, 16	1, 18	5
Lk	1, 17		132 | 141,1
Lk	1, 19		142,1 | 143
Lk	1, 26	1, 38	4 | 6 | 8 | 9 | 41 | 68,2.3
Lk	1, 27		341,6
Lk	1, 30		142,1 | 143

Biblisches Buch	von Kapitel, Vers	bis Kapitel, Vers	Lied, Strophe (ggf.)
Lk	1, 31		62 | 248,3
Lk	1, 31	1, 33	183,2
Lk	1, 32		20,7 | 107,3 | 109,6 | 184,1
Lk	1, 33		239,5 | 403,4 | 490,4
Lk	1, 35		4,1 | 8,2.4 | 68,3 | 76,1 | 143 | 399,1 | 418,1.2
Lk	1, 37	1, 38	325,5 | 404,3
Lk	1, 39	1, 47	4 | 7 | 16 | 302
Lk	1, 39	1, 56	9
Lk	1, 42		468,1
Lk	1, 46		400,2 | 448 | 451,1 | 506,6
Lk	1, 46	1, 47	111,15 | 310
Lk	1, 46	1, 55	1 | 2,5 | 9 | 12 | 38 | 289 | 308 | 309
Lk	1, 47		17
Lk	1, 48		301,9
Lk	1, 49		139,4 | 155,3 | 185 | 411
Lk	1, 50		318,3 | 325,1 | 341,4
Lk	1, 51		248,4
Lk	1, 51	1, 54	10,3 | 11,4 | 428,1.2
Lk	1, 52		9,4.5 | 91,5 | 109 | 224,2 | 276,3 | 281,4
Lk	1, 53		175 | 218 | 231,4 | 342,1 | 412,2 | 424,3 | 428,2
Lk	1, 54		341,4
Lk	1, 57	1, 66	312,7
Lk	1, 57	1, 80	10 | 12 | 141 | 202
Lk	1, 67	1, 79	3 | 4 | 11,7.9 | 16 | 34 | 272 | 276,1 | 312,7 | 410,2
Lk	1, 68		2 | 9 | 103,1 | 109,1 | 139,5 | 185 | 323,2 | 332
Lk	1, 68	1, 69	13,1 | 313,1
Lk	1, 72		62,1 | 146,4
Lk	1, 74		5,3 | 11,2 | 67,3 | 84,7 | 93,5 | 107,3 | 114,7 | 125,3 | 133,2 | 135,7 | 159 | 198,2 | 205,4 | 207,2 | 217,4 | 269,5 | 288,1 | 290,5.7 | 337 | 404,3 | 406,1 | 490,4 | 499,3 | 503,15 | 506,6 | 523,1
Lk	1, 75		130,7
Lk	1, 76		10 | 141,1
Lk	1, 78		2,2 | 7,5 | 10,1 | 16,1 | 33,1 | 74,1 | 101,6 | 111,2 | 146,4 | 151,7 | 158,1 | 162 | 459,2
Lk	1, 78	1, 79	1 | 3,1 | 19,1 | 37,3 | 39,4.5 | 50,3 | 51,4 | 52,6 | 54 | 55,1.2 | 69,1 | 93,3 | 166 | 292,4 | 357,4.5 | 407,1 | 427,4 | 428,5 | 442,4 | 450,4 | 519,4
Lk	1, 79		20,1 | 23 | 33 | 40 | 56 | 410,1 | 425 | 428,1.2 | 432,3 | 433 | 434 | 435 | 436 | 454,2
Lk	2, 1		55,1.2 | 182,7
Lk	2, 1	2, 2	32
Lk	2, 1	2, 7	468,1

Biblisches Buch	von Kapitel, Vers	bis Kapitel, Vers	Lied, Strophe (ggf.)
Lk	2, 1	2, 10	46 | 50
Lk	2, 1	2, 14	23 | 27 | 40 | 42 | 43 | 45 | 49 | 312,7
Lk	2, 1	2, 20	57
Lk	2, 2	2, 14	45
Lk	2, 4		32
Lk	2, 6		46,1
Lk	2, 7		8,4 | 23,2 | 24,5 | 25,1 | 27,1 | 29,2 | 30 | 32,1 | 34,1 | 35,1 | 36,1 | 37,1.6 | 38 | 43,2 | 52,3 | 57,1
Lk	2, 7	2, 9	4,4
Lk	2, 8	2, 9	18,2
Lk	2, 8	2, 11	46,2 | 47,3
Lk	2, 8	2, 14	24 | 25 | 29 | 33,1 | 36 | 41 | 42 | 48,1 | 52,2 | 53 | 56
Lk	2, 9		142,1 | 143,2
Lk	2, 10		50,3 | 116,3 | 143 | 349,1 | 425,3
Lk	2, 10	2, 11	34 | 51
Lk	2, 10	2, 14	54 | 55,2
Lk	2, 11		3,1 | 20,4 | 24,3 | 25,2 | 29,3 | 32 | 36,1 | 44,1 | 45,1 | 49,1 | 57,1 | 410,1.2
Lk	2, 12		37,1 | 38,1
Lk	2, 13		143 | 322,1 | 331,2
Lk	2, 13	2, 14	16,2 | 44,1.3 | 45,3 | 50,4 | 52,2 | 53,2 | 69,1 | 142,1
Lk	2, 14		18 | 26 | 29,3 | 43,4 | 44 | 45,3 | 47,4.5 | 48,3 | 52,5 | 54,1 | 87 | 110,2 | 147,3 | 177 | 179,1 | 180 | 185 | 262 | 301,2 | 326,1 | 410 | 425 | 430 | 433 | 434 | 435 | 436 | 535
Lk	2, 15		54,2 | 142,1
Lk	2, 15	2, 16	16 | 29,4 | 36,6 | 41,4 | 43,1 | 45,3 | 48,2 | 52,3 | 53,3
Lk	2, 15	2, 20	23 | 27 | 39 | 468,1
Lk	2, 16		37,1 | 43,1.3 | 45,1 | 403,1
Lk	2, 16	2, 18	50,2
Lk	2, 17		39,6 | 54,3
Lk	2, 18		4,1
Lk	2, 19		50,2
Lk	2, 20		35 | 35 | 323,3 | 489,2
Lk	2, 21		24,2–4 | 55,3 | 59 | 61,5 | 62 | 142,1 | 402 | 468,1
Lk	2, 22	2, 24	33,3 | 212,1 | 468,1
Lk	2, 22	2, 32	71,6 | 519
Lk	2, 22	2, 40	25 | 34
Lk	2, 25		195,2
Lk	2, 25	2, 40	12 | 35 | 36,10.12 | 38 | 374,5 | 516
Lk	2, 27		325,4
Lk	2, 29		140,4 | 165,7

Biblisches Buch	von Kapitel, Vers	bis Kapitel, Vers	Lied, Strophe (ggf.)
Lk	2, 29	2, 30	122,3 | 222 | 367,3 | 449,2 | 519 | 521,2 | 524,6
Lk	2, 29	2, 32	31,3
Lk	2, 30		105,14 | 222,1 | 382,2
Lk	2, 32		3,1 | 20,1 | 55,1.2 | 69,4 | 72 | 73,5
Lk	2, 33	2, 40	12 | 35 | 38
Lk	2, 35		50,2
Lk	2, 36	2, 38	42,2.5 | 51
Lk	2, 38		21 | 37 | 38,3
Lk	2, 41	2, 52	51 | 72 | 78,2 | 156 | 159 | 161 | 165 | 166 | 468,1
Lk	3, 1	3, 9	5 | 10 | 141 | 234 | 392
Lk	3, 3		145,6
Lk	3, 4		9,1 | 10,2 | 12,4 | 13,4 | 14,2
Lk	3, 4	3, 6	15,3.4 | 17,1 | 119
Lk	3, 5		312,2
Lk	3, 6		1,1 | 4,1 | 7 | 48,1 | 51,5 | 53,2 | 105,14 | 111 | 130,5 | 141,3 | 222,1 | 398,1 | 442,2 | 526,5
Lk	3, 7		9,4
Lk	3, 7	3, 20	10 | 11 | 16 | 141 | 354 | 392
Lk	3, 8		136,5
Lk	3, 8	3, 9	145,4 | 414,2
Lk	3, 9		145,4 | 431,3
Lk	3, 10	3, 18	133 | 144 | 312
Lk	3, 11		397,2
Lk	3, 12		9,4
Lk	3, 16		141,5
Lk	3, 17		431,3
Lk	3, 21	3, 22	50 | 66 | 70 | 202
Lk	3, 22		67,1.2
Lk	3, 22	3, 27	133,11
Lk	3, 32		30,1 | 31 | 47,2
Lk	4, 1	4, 13	104,2 | 109,2 | 138 | 164 | 373 | 385,4 | 387 | 388 | 488,3
Lk	4, 4		70,2 | 198,1 | 279,5 | 346,4 | 458
Lk	4, 8		5,3 | 11,2 | 67,3 | 84,7 | 93,4 | 107,2 | 114,7 | 125,3 | 133,2 | 135,7 | 159 | 165,4 | 198,2 | 205,4 | 207,2 | 217,4 | 269,5 | 288,1 | 290,5.7 | 337 | 362,3 | 404,3 | 406,1 | 490,4 | 499,3 | 503,15 | 506,6 | 523,1
Lk	4, 10		38,3 | 59,2
Lk	4, 10	4, 11	61,6 | 143 | 203,4.5 | 427,2 | 437,2 | 443,5 | 460,2 | 469,6 | 476,5
Lk	4, 14		328,1
Lk	4, 14	4, 15	5,2 | 256,4 | 262 | 263
Lk	4, 14	4, 21	58,13.14 | 62 | 72 | 346

Biblisches Buch	von Kapitel, Vers	bis Kapitel, Vers	Lied, Strophe (ggf.)
Lk	4, 14	4, 30	144 | 146
Lk	4, 16	4, 21	64 | 65 | 86,4
Lk	4, 18		11,4 | 17,1 | 24,3 | 37,3 | 76,1 | 158,2 | 260 | 298,1 | 318 | 341,5 | 360 | 375
Lk	4, 18	4, 19	453,4
Lk	4, 19		61
Lk	4, 21		12,2 | 24,2 | 29 | 104,2 | 168,2
Lk	4, 22		56,1
Lk	4, 22	4, 30	441,4.5
Lk	4, 28	4, 30	362 | 374
Lk	4, 31	4, 37	14 | 133 | 373 | 388
Lk	4, 31	4, 38	66,1–3.8
Lk	4, 38	4, 41	320 | 423,9
Lk	4, 40		76,1 | 424,2
Lk	4, 41		403,1
Lk	4, 42		346,3 | 386
Lk	4, 43		255 | 262 | 263
Lk	5, 1	5, 11	232 | 245 | 256 | 313,1 | 385 | 426,3 | 428,5 | 494
Lk	5, 1		161,1 | 169,2 | 194,1 | 195,1
Lk	5, 5		196,1
Lk	5, 5	5, 6	498
Lk	5, 11		269,3 | 384 | 392,7 | 406,4
Lk	5, 12	5, 16	232 | 326 | 345,2
Lk	5, 13		383,1
Lk	5, 17		210,3
Lk	5, 17	5, 26	320 | 353 | 354,2.4 | 355
Lk	5, 18	5, 19	82,7
Lk	5, 20	5, 24	116 | 200,4
Lk	5, 20		96,3 | 243,4 | 299 | 404,2
Lk	5, 21		194
Lk	5, 24		96,3 | 114,4
Lk	5, 25		323,3
Lk	5, 26	5, 28	289
Lk	5, 27	5, 28	354 | 355 | 385 | 391 | 426,3
Lk	5, 27	5, 32	193 | 313,2 | 353 | 392 | 418,5
Lk	5, 31		68,2 | 383,1
Lk	5, 31	5, 32	215,5 | 232 | 320,3.4
Lk	5, 32		5,1 | 11,8 | 24,8 | 36,3 | 75,2 | 109,3 | 454,4
Lk	5, 33	5, 39	5 | 396
Lk	5, 34		33,2 | 69,2 | 70,1.5.6 | 83,7 | 151 | 264,1 | 369,1 | 398 | 399,6.7 | 400,2 | 525,5
Lk	5, 34	5, 35	3,3

Biblisches Buch	von Kapitel, Vers	bis Kapitel, Vers	Lied, Strophe (ggf.)
Lk	5, 36		395,1
Lk	5, 36	5, 39	390
Lk	6, 1	6, 11	162
Lk	6, 6	6, 11	166 | 450,1.3
Lk	6, 12	6, 16	154,6 | 245,1.2 | 384 | 385 | 401,5
Lk	6, 14		170,2
Lk	6, 17	6, 19	72 | 302,6 | 303,6
Lk	6, 20		158,2 | 182,2 | 412,7 | 415,3 | 428,2
Lk	6, 20	6, 23	116,2 | 129,1 | 150,5 | 308,7 | 318,3 | 351 | 362,4 | 369 | 370 | 384,2 | 529
Lk	6, 21		276,4 | 298,1 | 366 | 424,3 | 531,1
Lk	6, 24	6, 26	149,4 | 369,6
Lk	6, 25		424,3 | 531,1
Lk	6, 27		56,4.5 | 91,8 | 253,4 | 358,4 | 416 | 417 | 454,5 | 514,5 | 515,6
Lk	6, 27	6, 28	343,3
Lk	6, 27	6, 35	82,7 | 128 | 133 | 135,6.7 | 385 | 415,4
Lk	6, 30		231,8
Lk	6, 34		101 | 105
Lk	6, 35		231,6 | 343,3 | 413,5 | 415,4 | 495,4
Lk	6, 36		309,2 | 412,8
Lk	6, 36	6, 42	67,5 | 128 | 130,6 | 251 | 344,6 | 389,3.4 | 413 | 428 | 495
Lk	6, 37		96,3 | 170,2 | 240,3 | 412,6
Lk	6, 38		170,2
Lk	6, 41	6, 42	412,1 | 432,1
Lk	6, 43		414,2 | 514,4
Lk	6, 43	6, 45	97,1.5.6 | 145,4 | 318,5 | 390 | 503,13–15
Lk	6, 45		532,1
Lk	6, 46	6, 49	346 | 357
Lk	6, 47	6, 49	129,3
Lk	6, 48		351,3 | 407,1 | 497,3 | 527,10
Lk	6, 49		528,6
Lk	7, 1	7, 10	72 | 232 | 236,5 | 254 | 293 | 346 | 354
Lk	7, 6		353,2
Lk	7, 10		252,5
Lk	7, 11	7, 16	5,7 | 76,1 | 97 | 113 | 115 | 126,7 | 154,2 | 236,5 | 364 | 372 | 495,8 | 518 | 526 | 527 | 528 | 530
Lk	7, 14	7, 15	102
Lk	7, 16		2,1 | 34
Lk	7, 18	7, 23	5 | 9 | 275,2 | 346 | 351,8
Lk	7, 19		7

Biblisches Buch	von Kapitel, Vers	bis Kapitel, Vers	Lied, Strophe (ggf.)
Lk	7, 19	7, 20	152,1
Lk	7, 21		424,2 | 454,3
Lk	7, 22		72,4 | 76,1 | 158,2 | 428,2
Lk	7, 24	7, 27	10
Lk	7, 29	7, 35	9,4 | 149,4
Lk	7, 32		420
Lk	7, 34		415,3
Lk	7, 36	7, 50	83,5 | 232 | 299 | 353 | 355 | 397 | 400 | 414,2 | 418,5
Lk	7, 47		412,6
Lk	7, 48		96,3 | 116 | 200,4
Lk	7, 50		71,4 | 104,2 | 195,3 | 222,1 | 433 | 434
Lk	8, 2	8, 3	269,3
Lk	8, 4	8, 15	166,4.5 | 194 | 196 | 197 | 280
Lk	8, 6	8, 7	98,3
Lk	8, 8		78,9 | 135,4.6.7 | 432,2
Lk	8, 10		280,1 | 440,3
Lk	8, 11	8, 15	386,1
Lk	8, 13		98,3 | 108,1
Lk	8, 14		62,4 | 148,4 | 170,2 | 196,3 | 224,1 | 235,2.3 | 239,3 | 303,7 | 318,1 | 322,5 | 324,15 | 334,1 | 344,5 | 351,7 | 352,3 | 359,4 | 361,2.7 | 368,2 | 369,2 | 371 | 378,5 | 427,3 | 438,5 | 491,2
Lk	8, 15		144,5.7 | 155,2 | 159,3 | 161,1 | 166,4 | 169,2 | 195,1 | 280,3 | 500,3.4 | 503,13–15 | 513
Lk	8, 16		17,2 | 154 | 167,2
Lk	8, 16	8, 18	193 | 196 | 342 | 384 | 413
Lk	8, 17		5,7.8 | 149,3 | 199,3
Lk	8, 19	8, 21	33,3 | 223,4 | 341,6 | 406,4 | 447,8
Lk	8, 21		6,1 | 57,3 | 169,2 | 194,1 | 195,1 | 196,1 | 251 | 400 | 515,7
Lk	8, 22	8, 25	247,1 | 249 | 258 | 346,2 | 347 | 361 | 374 | 396,2 | 398,2
Lk	8, 24		14,4 | 244 | 351,2 | 424,3 | 428,3
Lk	8, 25		195,3 | 281,1 | 351,2
Lk	8, 26	8, 39	14 | 66,1–3.8 | 133,11 | 373 | 388
Lk	8, 31		97,5
Lk	8, 32	8, 48	383,1
Lk	8, 34		178
Lk	8, 39		324
Lk	8, 40	8, 42	367 | 428 | 518 | 530
Lk	8, 44		383,1
Lk	8, 45	8, 56	115
Lk	8, 46		406,1

Biblisches Buch	von Kapitel, Vers	bis Kapitel, Vers	Lied, Strophe (ggf.)
Lk	8, 48		71,4 | 104,2 | 195,3 | 364 | 414,2 | 433 | 434
Lk	8, 49	8, 56	518 | 528
Lk	8, 50		97,5 | 195,3 | 374,2
Lk	8, 52		516,5
Lk	8, 55		384,4 | 398
Lk	9, 1	9, 6	256 | 257 | 392
Lk	9, 3		393,3.4
Lk	9, 4	9, 5	347
Lk	9, 10		272 | 276,1
Lk	9, 10	9, 17	221 | 224 | 229 | 326 | 371,7–9 | 407,1 | 418,1.2 | 420 | 458 | 460
Lk	9, 11		424,2
Lk	9, 16		225,2 | 226,1 | 229,1
Lk	9, 18	9, 21	123 | 124,2 | 125 | 129,3 | 136 | 154,6 | 346 | 357 | 366 | 405
Lk	9, 20		16 | 23 | 27 | 28 | 36,2.3 | 38 | 39,3 | 51 | 75,1 | 76 | 78,2 | 83,4 | 99 | 101,3 | 103 | 109 | 119 | 139,2 | 183,2 | 184
Lk	9, 22		83 | 86,5 | 88 | 97 | 103,2 | 111,3 | 117 | 118
Lk	9, 23		210 | 426,3 | 514,6
Lk	9, 23	9, 27	51,5 | 82,6 | 87,4 | 88,6 | 90,2 | 93,4 | 96,2 | 137,2 | 168,5 | 384 | 385,3 | 388,7 | 391 | 426,3
Lk	9, 24		98,1 | 393,3 | 416
Lk	9, 25		33,2 | 41,1.7 | 44,1 | 49,1 | 53,1 | 67,2 | 78,9 | 82,2 | 96,6 | 144,5 | 179,3 | 183,2 | 200,4 | 203,1 | 281,2 | 308,10 | 331,11 | 341,2 | 342,2.5 | 349,2 | 354,3 | 397,1
Lk	9, 26		1,1 | 5,3.8 | 11,10 | 189 | 466,4
Lk	9, 28	9, 36	70 | 450
Lk	9, 29		85,2 | 441,1.3 | 469,1
Lk	9, 32		165,7
Lk	9, 33		406
Lk	9, 35		48,1 | 49,2 | 66 | 67,1.2
Lk	9, 36		262,6 | 263,6
Lk	9, 38		53,1 | 54 | 326,4
Lk	9, 44	9, 45	86
Lk	9, 44		427,4
Lk	9, 45		194
Lk	9, 46	9, 48	10,3 | 308,5–7 | 389
Lk	9, 48		252 | 428,4
Lk	9, 51	9, 56	82 | 96 | 144,4 | 384 | 389 | 392
Lk	9, 51		393,2
Lk	9, 54	9, 62	391
Lk	9, 55		128,5 | 245,2 | 385,3

Biblisches Buch	von Kapitel, Vers	bis Kapitel, Vers	Lied, Strophe (ggf.)
Lk	9, 55	9, 57	392,7.8
Lk	9, 56		57,2
Lk	9, 57	9, 58	43,5 | 386,3.4 | 402,5
Lk	9, 57	9, 62	82 | 96 | 233,5 | 245 | 346 | 391
Lk	9, 58		57,2 | 144,4
Lk	9, 59	9, 60	385 | 392 | 426,3
Lk	9, 62		182,2 | 394,2
Lk	10, 1	10, 12	234 | 249 | 256 | 257,3 | 262,5.6 | 263,5.6 | 392
Lk	10, 2		244
Lk	10, 4		384,2 | 393,3
Lk	10, 5		433 | 434
Lk	10, 6		322,6
Lk	10, 9		15,3 | 18,1 | 19 | 52,3 | 95,1 | 117 | 152,3 | 182,2 | 239,5 | 255 | 282,1.5 | 379,2 | 486,9
Lk	10, 9	10, 10	34,4
Lk	10, 11		182,2 | 379,2
Lk	10, 12		299,1.5
Lk	10, 13	10, 16	75 | 145 | 234 | 392,2
Lk	10, 16		124 | 143,6 | 161,1 | 201 | 260
Lk	10, 17	10, 20	108 | 123 | 373 | 398
Lk	10, 18		106,4
Lk	10, 19		259,2
Lk	10, 20		20,8 | 149,5 | 206,5 | 382,2 | 523,5
Lk	10, 21		270,1.2 | 271,2 | 277,2 | 386,5
Lk	10, 21	10, 24	123 | 126 | 138 | 140
Lk	10, 22		131,3 | 199,5 | 328,2 | 469,1
Lk	10, 24		2
Lk	10, 25		96,6
Lk	10, 25	10, 28	325,10
Lk	10, 25	10, 37	82,7 | 130,6 | 186 | 187 | 188 | 251 | 343 | 355 | 393 | 397,2 | 400 | 413
Lk	10, 27		82,6 | 88,6 | 93,1 | 131,2 | 222,3 | 231,2 | 232,3 | 295,1 | 396 | 404,6 | 412,1
Lk	10, 33	10, 37	346 | 386 | 413,3
Lk	10, 36		96,6
Lk	10, 38	10, 42	166,6 | 352,3 | 365 | 384 | 386 | 413 | 473,1.2
Lk	10, 39		198,2
Lk	10, 41		491,2
Lk	10, 41	10, 42	148,4 | 170,2 | 196,3 | 224,1 | 235,2.3 | 239,3 | 303,7 | 318,1 | 322,5 | 324,15 | 334,1 | 344,5 | 351,7 | 352,3 | 359,4 | 361,2.7 | 368,2 | 369,2 | 371 | 378,5 | 427,3 | 438,5
Lk	10, 42		497,6

Biblisches Buch	von Kapitel, Vers	bis Kapitel, Vers	Lied, Strophe (ggf.)
Lk	11, 1		328,4 | 351,7–9
Lk	11, 1	11, 4	133,5 | 186 | 187 | 188 | 191 | 342,8.9 | 344 | 471,5
Lk	11, 2		121,4 | 145,7 | 159,3 | 166,3 | 187 | 241 | 255 | 256 | 262,4 | 263,4 | 277,2 | 280 | 281,4 | 289,1 | 325 | 352,5 | 364 | 367 | 372 | 378,2 | 408,3 | 414,1 | 427,1 | 530
Lk	11, 3		163 | 171,1 | 183,1 | 240,1 | 369 | 382,3 | 407,1 | 408,4 | 419,3 | 438,3–5 | 458 | 464,1 | 495 | 503 | 505
Lk	11, 4		79,3.4 | 81,10.11 | 96,3 | 114,4 | 128,7 | 129,3 | 138 | 144,1 | 146 | 148,4 | 149,7 | 151,8 | 169,4 | 170,2 | 171,3 | 179,4 | 200,4 | 235,1 | 346,3 | 353 | 355 | 387,4 | 412,6 | 414,1.4 | 443,2.3 | 449,9 | 467,3 | 475,4.5
Lk	11, 5	11, 13	133 | 182,3 | 248 | 328 | 344 | 387
Lk	11, 9		346,3
Lk	11, 9	11, 10	79,3.4
Lk	11, 9	11, 13	182,3 | 186 | 187 | 188
Lk	11, 11	11, 13	34,4 | 372,3
Lk	11, 13		58,14 | 120 | 125 | 126,1.4 | 171,4
Lk	11, 14	11, 23	66 | 133,11 | 143 | 152 | 275,3 | 373 | 388 | 518
Lk	11, 20		34,4 | 126,4 | 135,2 | 161,2
Lk	11, 21	11, 22	100,3 | 111,8.9 | 113,3 | 114,7 | 196 | 197 | 241,4
Lk	11, 27	11, 28	196,4 | 197
Lk	11, 28		59,2 | 159 | 161,1 | 169,2 | 193,1 | 195,1 | 196,1
Lk	11, 29	11, 32	397,2.3 | 405,2.3 | 445,3.4
Lk	11, 34	11, 36	165,6–8 | 232 | 326 | 390 | 452,5 | 459
Lk	11, 36		110,5 | 124,2 | 347,3
Lk	11, 37	11, 54	441,6
Lk	11, 42		98,2
Lk	11, 47	11, 51	25 | 51
Lk	11, 49		137,1.9
Lk	12, 4		347,5 | 362
Lk	12, 4	12, 7	58 | 364,2 | 368
Lk	12, 4	12, 12	249 | 259 | 351 | 370 | 374
Lk	12, 6	12, 7	319
Lk	12, 7		379,2
Lk	12, 7b		136,3
Lk	12, 8	12, 9	136,3.4 | 154,1.5 | 170,1.4
Lk	12, 8	12, 12	246 | 373 | 384 | 385 | 391 | 398
Lk	12, 11		160 | 378,5 | 427,3
Lk	12, 11	12, 12	127,6.7 | 347
Lk	12, 12		155,1
Lk	12, 13	12, 21	324 | 502 | 505 | 513 | 527 | 532,1
Lk	12, 15		534,1

Biblisches Buch	von Kapitel, Vers	bis Kapitel, Vers	Lied, Strophe (ggf.)
Lk	12, 15	12, 21	170,2
Lk	12, 16	12, 21	424,2 | 428,4
Lk	12, 19	12, 20	149,3.4 | 156 | 241,2 | 257 | 431,1.3
Lk	12, 20		61 | 64,2
Lk	12, 21		121,3
Lk	12, 22		137,2
Lk	12, 22	12, 26	148,4 | 170,2 | 196,3 | 224,1 | 235,2.3 | 239,3 | 318,1 | 322,5 | 324,15 | 334,1 | 344,5 | 351,7 | 352,3 | 359,4 | 361,2.7 | 368,2 | 369,2 | 371 | 378,5 | 427,3 | 438,5
Lk	12, 22	12, 32	167,2 | 302 | 303 | 345 | 374 | 411
Lk	12, 27	12, 28	318 | 503 | 514,4
Lk	12, 31		114,3 | 424,2 | 494
Lk	12, 31	12, 34	386
Lk	12, 32		59 | 249 | 259 | 351 | 362,3.4 | 370 | 396,2
Lk	12, 32	12, 36	427,1.3
Lk	12, 33		170,2 | 192 | 318,5 | 393,3.4
Lk	12, 33	12, 34	386 | 527
Lk	12, 35		136,2 | 154 | 459,2
Lk	12, 35	12, 36	68,2 | 69,2
Lk	12, 35	12, 40	11 | 59 | 64 | 147 | 149 | 151,1.2 | 152 | 387
Lk	12, 36		64
Lk	12, 36	12, 37	9,6 | 151,1.2
Lk	12, 37		414,4 | 452,4
Lk	12, 38		198,2
Lk	12, 39	12, 40	151,4
Lk	12, 41	12, 46	152,1
Lk	12, 42	12, 43	59,4–6 | 495,2
Lk	12, 42	12, 46	10 | 11,10 | 147 | 149
Lk	12, 42	12, 48	512,6
Lk	12, 45	12, 46	149,4
Lk	12, 47		161,2
Lk	12, 47	12, 51	25 | 51
Lk	12, 49		127,3 | 156 | 241,2 | 257 | 431,1.3
Lk	12, 49	12, 53	82 | 96
Lk	12, 49	12, 56	255 | 262 | 263
Lk	12, 54	12, 59	145
Lk	13, 1	13, 2	518 | 530
Lk	13, 1	13, 9	144 | 145 | 146 | 299
Lk	13, 6	13, 9	312,4 | 355 | 414,2
Lk	13, 10	13, 17	66
Lk	13, 12		148,4
Lk	13, 13		289

Biblisches Buch	von Kapitel, Vers	bis Kapitel, Vers	Lied, Strophe (ggf.)
Lk	13, 15	13, 16	292,2 | 450,1.3
Lk	13, 18	13, 19	241 | 245 | 250 | 256,5
Lk	13, 20	13, 21	245 | 250
Lk	13, 21		418,5
Lk	13, 22	13, 30	144 | 146 | 164 | 246 | 373,6
Lk	13, 23	13, 24	68,4 | 249,5 | 373 | 529,5
Lk	13, 24		41,4 | 73,8 | 90,2 | 114,3 | 133,6 | 150,3 | 162,4 | 414,4 | 501,3
Lk	13, 25	13, 28	11,10
Lk	13, 28	13, 29	109,5
Lk	13, 29		30,4 | 151,7 | 257,2.3 | 293 | 426,1
Lk	13, 31	13, 33	369,7 | 374 | 440,3.4
Lk	13, 31	13, 35	234 | 384 | 413
Lk	13, 34		392,2
Lk	13, 34	13, 35	145 | 146 | 234 | 351,6
Lk	13, 35		314,5
Lk	14, 1	14, 6	162 | 450,1.3
Lk	14, 7	14, 11	221 | 251 | 326 | 393,7.8 | 413
Lk	14, 11		10,3 | 15,3 | 165,1 | 271,7.8
Lk	14, 12	14, 14	221 | 343 | 415,3
Lk	14, 13		236,3
Lk	14, 15		151,7 | 171,1
Lk	14, 15	14, 22	220
Lk	14, 15	14, 24	48,1 | 148 | 224 | 229 | 250 | 273 | 363 | 386 | 392 | 399,2 | 415,3 | 519,3
Lk	14, 17		225,2 | 226,1 | 229,1 | 231
Lk	14, 21		222,2 | 236,3 | 250,2 | 355
Lk	14, 21	14, 23	18,2 | 213 | 257
Lk	14, 23		18,2 | 166,1
Lk	14, 25	14, 33	88,6 | 90,2 | 241 | 245 | 384 | 385 | 388,7 | 391
Lk	14, 26		412,5
Lk	14, 27		51,5 | 93,4
Lk	14, 29	14, 30	244,9 | 497,3
Lk	14, 33		393
Lk	14, 35		432,2
Lk	15, 1	15, 10	109,3 | 232 | 353,13 | 355 | 392
Lk	15, 4		72,3 | 142,6
Lk	15, 4	15, 7	206,4 | 262,3 | 263,3 | 274 | 353,3
Lk	15, 7		145,6
Lk	15, 10		145,6
Lk	15, 11	15, 24	61,3 | 75 | 92,2 | 144 | 154,4 | 287,4 | 315
Lk	15, 11	15, 32	232 | 353 | 354,3 | 355 | 360,1 | 392 | 400 | 414,3 | 503

Biblisches Buch	von Kapitel, Vers	bis Kapitel, Vers	Lied, Strophe (ggf.)
Lk	15, 17	15, 24	75 | 144,2
Lk	15, 18		315,1
Lk	15, 18	15, 19	475,5
Lk	15, 20		247,2 | 315,1 | 341,4 | 395,3
Lk	15, 24		102,1
Lk	15, 32		324,13
Lk	16, 1	16, 9	149 | 432,3 | 495 | 497 | 512,6
Lk	16, 2		513,6
Lk	16, 10	16, 13	365 | 495 | 497
Lk	16, 13		137,6 | 165,4 | 400
Lk	16, 15		10,3
Lk	16, 17		153
Lk	16, 18		231,7
Lk	16, 19	16, 31	124 | 149,4 | 234 | 309,3 | 369,4.5 | 397,3 | 408,5.6 | 415,3 | 532
Lk	16, 22		371,14.15 | 397,3 | 423,10 | 445,7 | 468,2 | 528,7
Lk	16, 23		149,4
Lk	16, 30		363,5.6
Lk	17, 1	17, 4	146 | 251 | 362 | 393,6–8
Lk	17, 3	17, 4	344,6 | 391,3
Lk	17, 4		96,3 | 186 | 187 | 188
Lk	17, 5	17, 6	59 | 128,6 | 138 | 155,2 | 158,4 | 164 | 166,5 | 178 | 343 | 344,9 | 345 | 351 | 356,2 | 357 | 358,6 | 369 | 381,4 | 404,4 | 414,2
Lk	17, 7	17, 10	342 | 409
Lk	17, 10		231,12 | 250,4 | 299,2 | 343,4
Lk	17, 11	17, 19	232 | 289 | 320 | 322 | 323,3 | 365 | 414,2
Lk	17, 13		146 | 178 | 190,1 | 192 | 299
Lk	17, 15	17, 19	302 | 303 | 326 | 400,5
Lk	17, 18		180
Lk	17, 19		104,2 | 195,3
Lk	17, 20	17, 21	182,2 | 267,5
Lk	17, 20	17, 30	5 | 6 | 10 | 149 | 152 | 361 | 518
Lk	17, 21		427,5
Lk	17, 21	17, 27	387
Lk	17, 31	17, 37	393
Lk	17, 33		98,1 | 385,5
Lk	18, 1	18, 8	152 | 344 | 366 | 371 | 387,4 | 487,3 | 518
Lk	18, 5	18, 8	353
Lk	18, 7		152
Lk	18, 7	18, 8	247,1.4 | 249,1 | 299,4 | 361,9.10 | 366 | 371,9.10 | 524,2
Lk	18, 8		370,6

Biblisches Buch	*von Kapitel, Vers*	*bis Kapitel, Vers*	*Lied, Strophe (ggf.)*
Lk	18, 9	18, 14	10,3 | 232 | 299 | 307 | 353 | 354
Lk	18, 10		182,3
Lk	18, 13		61,3 | 109,3 | 178 | 224,2 | 235,1
Lk	18, 14		10,3 | 15,3 | 165,1 | 234 | 355 | 369,6
Lk	18, 15		383,1
Lk	18, 15	18, 17	203,2.3 | 211,2 | 212 | 468,1
Lk	18, 16		169,1.5
Lk	18, 16	18, 17	182,2
Lk	18, 17		104,3 | 165,6.7 | 482,4.5
Lk	18, 18		96,6
Lk	18, 18	18, 27	59,1 | 346 | 385 | 386 | 400
Lk	18, 19		301,1
Lk	18, 22		170,2 | 393,3 | 426,3
Lk	18, 24	18, 25	182,2
Lk	18, 28	18, 30	345 | 346,5 | 369 | 384 | 386 | 416
Lk	18, 29		393,3
Lk	18, 30		167,4
Lk	18, 31		413
Lk	18, 31	18, 34	83 | 88 | 92 | 384 | 412
Lk	18, 32		86
Lk	18, 33		97 | 118
Lk	18, 34		194
Lk	18, 35	18, 43	72,1 | 302,6 | 303,6 | 404,1 | 414,2 | 440,4
Lk	18, 38		190
Lk	18, 38	18, 39	146 | 178 | 192
Lk	18, 42		104,2 | 195,3
Lk	18, 43		324 | 326,4
Lk	19, 1	19, 10	215 | 232 | 250 | 264 | 313,2 | 346 | 353 | 386,10 | 396 | 400,6 | 406
Lk	19, 1	19, 30	86
Lk	19, 5		428,4
Lk	19, 6		2
Lk	19, 9		234,7 | 355,3
Lk	19, 10		5,1 | 11,8 | 12 | 14 | 23 | 24,8 | 27,6 | 33,2 | 35,3 | 36,3 | 41,1 | 42,4 | 44,1 | 72 | 75,2 | 94,2 | 109,3 | 144,3 | 178,6 | 232 | 349,2 | 353 | 354,3 | 356,1 | 410,4 | 520,4
Lk	19, 11	19, 27	3,5 | 146,2 | 149,4 | 424,3
Lk	19, 12		123,1.2
Lk	19, 15		513,6
Lk	19, 20		384
Lk	19, 29	19, 40	1 | 2 | 9 | 11 | 12 | 13 | 14 | 71 | 87 | 88 | 314
Lk	19, 37		108,1

Biblisches Buch	von Kapitel, Vers	bis Kapitel, Vers	Lied, Strophe (ggf.)
Lk	19, 37	19, 38	97,4 | 444,2
Lk	19, 37	19, 40	243 | 341
Lk	19, 38		13,2 | 18 | 26 | 33,2 | 43,4 | 45 | 46 | 47,5 | 48,3 | 49 | 52,5 | 53 | 54,1 | 56 | 71,3 | 110,2 | 147,3 | 177 | 180 | 185 | 314,5 | 350,5 | 425 | 435 | 436
Lk	19, 41	19, 44	392,2
Lk	19, 41	19, 48	138 | 144 | 145 | 146 | 209 | 234 | 299 | 347 | 535
Lk	19, 45	19, 46	165,1 | 389,2
Lk	19, 46		166,1
Lk	19, 48		392,2
Lk	20, 1	20, 8	119
Lk	20, 2		123
Lk	20, 4	20, 19	392
Lk	20, 6		141,1
Lk	20, 9	20, 19	145 | 146,2.4 | 392
Lk	20, 10		149,1
Lk	20, 13		51
Lk	20, 17		351,3 | 354
Lk	20, 20	20, 26	193 | 297
Lk	20, 21		378,2
Lk	20, 27	20, 40	113 | 115 | 148 | 495,8 | 526
Lk	20, 35		399,6
Lk	20, 36		23,6 | 24,4 | 104,3 | 162,3 | 183 | 363,7 | 524,8
Lk	20, 37		133,13
Lk	20, 38		5 | 76,7 | 97,1 | 115 | 126,7 | 154,2 | 236,5 | 495,8 | 526
Lk	20, 41	20, 44	123
Lk	20, 45	20, 47	441,6
Lk	21, 1	21, 4	165,2–4 | 386 | 396,1.4 | 397 | 400
Lk	21, 3		15,1.2
Lk	21, 4		450,3
Lk	21, 5	21, 6	7
Lk	21, 5	21, 36	10 | 387
Lk	21, 7	21, 13	11,6–10 | 151 | 248
Lk	21, 9		5,6–9 | 16
Lk	21, 11		66,4
Lk	21, 12	21, 17	164
Lk	21, 12	21, 19	103 | 245,3 | 246 | 249 | 259 | 273 | 275 | 347 | 362 | 377 | 406
Lk	21, 12	21, 20	127,6
Lk	21, 14		378,5 | 427,3
Lk	21, 15		136,3.4
Lk	21, 19		6 | 151,6 | 152,2 | 157 | 361,12 | 402

Biblisches Buch	von Kapitel, Vers	bis Kapitel, Vers	Lied, Strophe (ggf.)
Lk	21, 20	21, 24	246 | 524
Lk	21, 25		145,6 | 153 | 373,5
Lk	21, 25	21, 33	3 | 5 | 6 | 7 | 11,10 | 149 | 358,6 | 518 | 526,7
Lk	21, 27		1,1 | 14,3 | 17 | 147 | 189 | 477,4
Lk	21, 27	21, 28	5,7.8 | 51,4 | 152,1.3 | 153,2 | 178,6 | 184,4 | 393,10 | 409,7
Lk	21, 28		6 | 20,1 | 21 | 51,4 | 531,1
Lk	21, 29	21, 32	15,3 | 17 | 18,1 | 19 | 52,3 | 95,1 | 151,4 | 152
Lk	21, 30	21, 31	212,3 | 239,5 | 282,1.5 | 379,2 | 486,9
Lk	21, 33		153 | 295,4 | 357
Lk	21, 34		62,4 | 148,4 | 149,4
Lk	21, 34	21, 36	145,5 | 152 | 196,3 | 224,1 | 235,2.3 | 239,3 | 303,7 | 318,1 | 322,5 | 324,15 | 334,1 | 344,5 | 351,7 | 352,3 | 359,4 | 361,2.7 | 368,2 | 369,2 | 371 | 378,5 | 427,3 | 438,3
Lk	21, 35		184,4
Lk	21, 35	21, 36	9,6
Lk	21, 36		147,1 | 151,1
Lk	22, 1	22, 6	78,1.2 | 83,1.2 | 88
Lk	22, 5		428,1
Lk	22, 14	22, 23	78,3 | 213 | 215 | 216 | 218 | 219 | 223 | 405
Lk	22, 17		65,3 | 229
Lk	22, 19	22, 20	101,7 | 418,1.2 | 464,2
Lk	22, 19		5,4 | 225,2 | 226,1 | 229,1 | 407,1
Lk	22, 20		158,3 | 226,3 | 325,3 | 341,8
Lk	22, 22	22, 23	410,3
Lk	22, 24		84,2.11 | 88,3.7.8
Lk	22, 24	22, 27	417
Lk	22, 24	22, 32	221 | 251 | 384
Lk	22, 26		393,7.8
Lk	22, 28	22, 30	384
Lk	22, 29		59 | 114,3 | 218,6 | 219,3 | 222,3 | 223,6 | 370,12
Lk	22, 30		115,2 | 151,6
Lk	22, 31		6,4 | 134,7 | 136,5 | 387 | 524,4
Lk	22, 31	22, 32	375,2 | 488,3
Lk	22, 31	22, 34	138 | 143,5–8 | 164 | 347 | 362,2 | 373,1.4 | 401,6 | 443,5 | 446,2 | 477,8
Lk	22, 32		195,3
Lk	22, 39		401,5
Lk	22, 39	22, 46	78,4 | 95,1
Lk	22, 40		343,5 | 373,4 | 387
Lk	22, 42		50,3 | 65,3 | 186 | 187 | 188 | 344,4 | 364,1.2 | 372,5 | 378,2 | 408,3 | 414,1

Biblisches Buch	von Kapitel, Vers	bis Kapitel, Vers	Lied, Strophe (ggf.)
Lk	22, 43		69,3 | 142,1 | 143,1
Lk	22, 44		87,5
Lk	22, 45		80,1
Lk	22, 46		151,4 | 343,5
Lk	22, 47		223,2
Lk	22, 47	22, 53	77,1 | 78,5 | 94,3 | 95,2
Lk	22, 48		410,3
Lk	22, 51		383,1
Lk	22, 53		14,6
Lk	22, 54	22, 62	233
Lk	22, 61		353 | 355 | 387,1.6
Lk	22, 62		76,1
Lk	22, 63	22, 71	85,1.2.5 | 86,2 | 87,1 | 95,3
Lk	22, 64		78,5 | 81,2
Lk	22, 69		121 | 180,1 | 191
Lk	23, 1	23, 2	77,2
Lk	23, 1	23, 5	95,4
Lk	23, 9		94,3
Lk	23, 13	23, 25	84,2
Lk	23, 21	23, 22	314,6
Lk	23, 22		88,3
Lk	23, 25		81,1
Lk	23, 26		111,4
Lk	23, 26	23, 31	82 | 83,1–3 | 84 | 88,6 | 89
Lk	23, 33	23, 34	415,1
Lk	23, 33	23, 46	104,2
Lk	23, 33	23, 48	85
Lk	23, 33	23, 49	83 | 84 | 90 | 92
Lk	23, 34		56,4.5 | 78,8 | 96,4 | 133,7 | 410,3 | 412,6 | 415,1
Lk	23, 35		77,4 | 84,1 | 91,7 | 381,3
Lk	23, 38		90
Lk	23, 39		77,4
Lk	23, 42		145,7 | 150,6
Lk	23, 42	23, 43	70,7 | 71,5 | 307
Lk	23, 43		27,6 | 69,3 | 96,1 | 100,4
Lk	23, 44	23, 46	77,4.5
Lk	23, 46		78,8 | 79 | 83,1 | 96,5 | 344,8 | 367,3 | 425,1 | 472,6 | 525 | 533,1
Lk	23, 47		71,5 | 75 | 90
Lk	23, 48		232 | 233
Lk	23, 52	23, 53	77,7 | 80

Biblisches Buch	*von Kapitel, Vers*	*bis Kapitel, Vers*	*Lied, Strophe (ggf.)*
Lk	24, 1		93,3 | 98,2 | 114,5
Lk	24, 1	24, 12	101 | 103 | 105 | 106 | 109 | 110 | 111 | 112,2 | 117 | 182,8
Lk	24, 1	24, 35	99
Lk	24, 2		105,6.7 | 117,1
Lk	24, 4		143,2
Lk	24, 6		102 | 103,4 | 108 | 116,1.5 | 118 | 128 | 133 | 182,8 | 189 | 243 | 274 | 341 | 344 | 409,6 | 515,8
Lk	24, 7		97 | 427,4
Lk	24, 11		106,1 | 162,2
Lk	24, 12		113
Lk	24, 13	24, 35	99 | 100 | 101 | 105 | 106 | 112 | 113
Lk	24, 21		42,1
Lk	24, 23		183,2 | 515,8
Lk	24, 25	24, 27	104,2
Lk	24, 26		75,2 | 97 | 111 | 532,3
Lk	24, 28	24, 31	457,3 | 458,3 | 462
Lk	24, 29		19,3 | 55,3 | 74,4 | 168,6 | 246,1 | 252,8.9 | 347,1 | 406,5.6 | 428,4 | 444,2 | 457,3 | 462 | 465 | 467,1 | 472,1 | 473,4 | 483 | 487,1 | 488,1 | 532,3 | 534,2
Lk	24, 30		407,1 | 418,1.2
Lk	24, 30	24, 32	223,1 | 224,3 | 225,2 | 226,1 | 229,1
Lk	24, 31		176 | 453,2
Lk	24, 32		126 | 130,5 | 156 | 178,8 | 386,3 | 426,3 | 431,3
Lk	24, 33		395,3
Lk	24, 34		99 | 100,2 | 101 | 102 | 106,1 | 108 | 109,1 | 114,1 | 116,1.5 | 118 | 128 | 133 | 189 | 243 | 274 | 341 | 344 | 409,6
Lk	24, 35		418,1.2 | 427,4 | 428,4
Lk	24, 36		98,3 | 117 | 118 | 425 | 485,6
Lk	24, 36	24, 45	105
Lk	24, 36	24, 49	100 | 103,4–6 | 109 | 113 | 116
Lk	24, 44		5,2 | 141
Lk	24, 44	24, 45	197
Lk	24, 44	24, 46	105
Lk	24, 44	24, 53	121
Lk	24, 45		155,1 | 161 | 194 | 197
Lk	24, 46		97 | 98,3 | 100,2 | 117
Lk	24, 46	24, 48	108,3
Lk	24, 47		5,2 | 62,2 | 71,1 | 145,6 | 150,1 | 257 | 262 | 263
Lk	24, 48		51,3 | 108,3 | 132
Lk	24, 48	24, 49	136,3 | 184,2
Lk	24, 49		3,6 | 128,1 | 131,1 | 134 | 135,3 | 136,3 | 139,3 | 140,4 |

Biblisches Buch	von Kapitel, Vers	bis Kapitel, Vers	Lied, Strophe (ggf.)
			200,2	210,3
Lk	24, 49	24, 53	120
Lk	24, 50	24, 51	485,6
Lk	24, 50	24, 53	58,11	119	123	163	170	171	174	203,5	214,3	239,1.2	252,7	281,3	294,4	311,2.3	316,4	317,4	330,5	347,4	348,8	352,1	361,4	369,7	374,3	394,2	395,2	446,9	451,5	457,4–10	494,1–3	496	497,1	503,13
Lk	24, 51		121	122
Joh	1, 1		45,2	47	94,1	184,1	198,2	223,1
Joh	1, 1	1, 2	49
Joh	1, 1	1, 3	199	431,1	454,2
Joh	1, 1	1, 5	56,1	331,1
Joh	1, 1	1, 14	4	23	27	51	74,1	183	253,2	364
Joh	1, 3		3,1	24,9	27,3	67,4	183
Joh	1, 4		10,1	33,1	37,3	65,5	72,1	97,4	402,1
Joh	1, 4	1, 5	469,1
Joh	1, 5		7,5	19,1	55,1	65,5	66,7	97,1	130,1	136,6	154,2	182,7	305,4	306,4	379,4	409,4	410,1	416	427,4	428,5	444,1	459,3	478,2	485,4
Joh	1, 6		312,1
Joh	1, 7		65,5
Joh	1, 8	1, 10	3,1	72,1
Joh	1, 9		4,4	7,5	17,2.3	18	19,1	20	23,4	30,3	40,1	55,1	56,1	63	70,1	72,1	125,2	130,1	161,2.3	182,4	192	347,3	404,1	427,4	442,6	459,1	467,1
Joh	1, 9	1, 11	136,6
Joh	1, 9	1, 12	73	441,3–5
Joh	1, 10		3,6	97,1	183	199
Joh	1, 10	1, 11	24,8.9
Joh	1, 11	1, 12	400,4.5
Joh	1, 12		25,6	36	104,3	109,4	162,3	328,4	353,4	378,4
Joh	1, 12	1, 13	200,1
Joh	1, 14		1,1	8,3	23	25,3	29	32,4	33,1	34	36,2	38,3	41,3.4	42,4.5	43,2	45,1.4	51	52,3	56,1	57,1	67,1.2	72	92,3	145,2	147,2	189	223,1	284,1.2	285,1	350,5	399,2	477,4	515,7
Joh	1, 14	1, 18	68
Joh	1, 15		141,3
Joh	1, 15	1, 18	66	67	68	70	71
Joh	1, 16		36,9	64,4	126,1	136,7	245,5	328,5	387,5	388,6	406,2	414,1	457
Joh	1, 16	1, 17	32,4
Joh	1, 17		5	145,2	231,12	284,1.2	285,1	398

Biblisches Buch	von Kapitel, Vers	bis Kapitel, Vers	Lied, Strophe (ggf.)
Joh	1, 18		27,2 | 42,7 | 67,1 | 76,1 | 84,13 | 144,5 | 350,5 | 369,5 | 399,1
Joh	1, 19		16 | 19,2
Joh	1, 19	1, 28	7 | 9 | 10 | 141
Joh	1, 19	1, 29	392 | 393
Joh	1, 23		9,1 | 12,4 | 14,2 | 15,3 | 17,1 | 312,2
Joh	1, 23	1, 34	66
Joh	1, 27		141,5
Joh	1, 28		426,3
Joh	1, 29		3,2 | 15,1 | 33,2.3 | 36,4 | 41,3 | 43,5.6 | 81,4 | 83,1 | 87,2 | 90,1 | 94 | 96,1 | 101,5 | 139,2 | 141,4 | 145,2 | 151,6 | 152,2 | 179,3 | 180,1 | 184,3 | 190 | 255,2.9 | 341,8 | 396,1 | 400,2
Joh	1, 29	1, 34	66,6 | 68 | 202 | 441
Joh	1, 30		141,3
Joh	1, 32	1, 42	70
Joh	1, 33		3,6
Joh	1, 34		403,1
Joh	1, 35	1, 39	38 | 39
Joh	1, 35	1, 42	190 | 241 | 245,1.2 | 256 | 346
Joh	1, 35	1, 51	66 | 313,1 | 346 | 384 | 406
Joh	1, 36		96,1 | 141,4 | 180,1 | 190,2 | 192
Joh	1, 37		311,3
Joh	1, 38		168,5
Joh	1, 39		401,5
Joh	1, 43		426,3
Joh	1, 43	1, 51	38,3 | 51 | 66 | 70 | 72 | 245,1.2 | 256 | 346 | 384 | 385 | 406
Joh	1, 45		7 | 12,2.3 | 16,3 | 354
Joh	1, 48b		37,2 | 457,10
Joh	1, 49		37,2 | 123,9 | 403,1
Joh	1, 50		252,1
Joh	1, 51		331,7
Joh	2, 1	2, 11	5 | 66 | 371 | 396 | 398
Joh	2, 2		116,1.5 | 455,1
Joh	2, 3		12,3
Joh	2, 4b		369,4
Joh	2, 9		3,3
Joh	2, 11		189
Joh	2, 13	2, 22	136 | 138 | 145 | 209 | 246 | 273 | 342
Joh	2, 15	2, 16	165,1 | 389,2
Joh	2, 17		137,2

Biblisches Buch	von Kapitel, Vers	bis Kapitel, Vers	Lied, Strophe (ggf.)
Joh	2, 19	2, 20	116,2
Joh	2, 19	2, 21	117 | 118
Joh	2, 22		116,1 | 189
Joh	2, 23		414,3
Joh	2, 24	2, 25	457,10
Joh	3, 1	3, 15	126 | 133 | 138 | 139 | 343,3 | 349,2 | 389 | 390 | 395,1 | 404 | 426,1
Joh	3, 3		41,7 | 68,4 | 114,2.7.9 | 127,3 | 133,1 | 160 | 164 | 182,2 | 206,2 | 212,4 | 244,5 | 297,5 | 318,5 | 343,3 | 349,2
Joh	3, 5		79 | 124,1 | 128 | 131 | 132 | 136 | 156 | 159,3 | 160 | 182,2 | 196,6
Joh	3, 5	3, 6	200 | 202,2.5 | 206,2 | 208 | 299,4
Joh	3, 6		161,2
Joh	3, 7		68,4 | 114,2.7.9 | 127,3 | 133,1 | 160 | 164 | 206,2 | 212,4 | 244,5 | 297,5 | 318,5 | 343,3 | 349,2
Joh	3, 8		184,2
Joh	3, 13		4,3 | 68,2.6 | 119,1 | 120 | 121 | 122 | 184,4 | 264,1 | 331,6 | 341,9 | 405,1
Joh	3, 14		78,10 | 278,1 | 415,1 | 509,2
Joh	3, 14	3, 15	87
Joh	3, 15	3, 16	313,3 | 416 | 520,3 | 531,2
Joh	3, 16		16,2–5 | 28 | 41,1.7 | 42,4 | 44,2 | 49,2 | 54 | 57,5 | 58,3.5 | 67,2 | 75 | 78,9 | 80,2 | 83,3 | 89 | 91,7 | 92 | 93 | 96,6 | 101 | 108,2 | 111,5 | 135,6 | 145,1.2 | 162,2 | 168,6 | 179,3 | 182,7 | 183,2 | 199,4 | 200,4 | 227,1 | 261 | 281,2 | 304,5 | 308,10 | 315,2 | 325,3 | 331,6.11 | 334,5 | 341,4 | 342,5 | 349,2 | 350,5 | 354,3 | 365,4 | 409,1 | 415,1 | 427,4 | 454,4
Joh	3, 16	3, 17	3,1.2
Joh	3, 16	3, 21	8 | 11,5 | 23 | 24,5.6 | 27,1 | 33,2 | 35,3 | 36,3 | 39,3 | 51 | 60,2 | 124 | 125 | 129 | 136,6 | 401,6
Joh	3, 17		410,4
Joh	3, 17	3, 18	5,5 | 144 | 518,3
Joh	3, 18		16,5 | 91,4 | 115,6 | 161,2 | 199,4 | 350,5
Joh	3, 19	3, 21	72 | 136,6 | 441,6
Joh	3, 21		154,1.5 | 162,1 | 172 | 278,8 | 358,3 | 416
Joh	3, 22	3, 30	10,1–3 | 141
Joh	3, 27		131,1
Joh	3, 27	3, 29	3,3
Joh	3, 28		141,3
Joh	3, 28	3, 30	400,7
Joh	3, 29		3,3 | 33,2 | 69,2 | 70,1.5.6 | 83,7 | 147,1 | 148,7 | 151 | 264 | 396 | 400,2 | 525,5

Biblisches Buch	von Kapitel, Vers	bis Kapitel, Vers	Lied, Strophe (ggf.)
Joh	3, 31	3, 36	3,1 | 23 | 38 | 39 | 51
Joh	3, 32	3, 36	136,7
Joh	3, 34		64,4 | 124,1 | 126,1 | 128 | 132 | 136 | 156 | 159,3 | 160 | 196,6 | 334,5
Joh	3, 34	3, 35	131
Joh	3, 35		123,4.6 | 124,2
Joh	3, 35	3, 36	424
Joh	3, 36		66,8 | 104,3 | 227,1 | 245,4 | 249,5 | 416 | 518 | 520,3
Joh	4, 5	4, 14	66 | 293 | 346 | 386 | 399
Joh	4, 6	4, 10	15,3
Joh	4, 10		135,4 | 140,1.5 | 166,6 | 171,1
Joh	4, 13		4,2 | 74,2
Joh	4, 13	4, 14	49,4 | 58,8 | 126,2 | 127,7 | 148,7 | 219,1 | 304,5 | 324,2 | 325,3 | 407,1 | 447,6 | 495,1
Joh	4, 14		96,6 | 126,2 | 135,4 | 140,5 | 166,6 | 171,1 | 217,2 | 277,5 | 370,11 | 389,3 | 399,2 | 407,1 | 424,1 | 462
Joh	4, 19	4, 26	66 | 125 | 126 | 129 | 131 | 165,4.7
Joh	4, 22c		12,3
Joh	4, 23	4, 24	136,1 | 328,3
Joh	4, 25		56,2
Joh	4, 29		73
Joh	4, 31	4, 38	241 | 256 | 502 | 513
Joh	4, 34		9,3 | 78,4 | 83,3 | 223,1 | 388,2.3 | 414,1
Joh	4, 35		513,1
Joh	4, 36		229,3
Joh	4, 39	4, 42	357
Joh	4, 40		347 | 462
Joh	4, 42		1,1 | 4,1 | 29,3 | 41,1.7 | 110,1.6 | 111 | 112 | 130,5 | 140,5 | 141,3 | 192 | 215,1 | 255,8 | 357,4 | 386,3 | 398,1 | 518
Joh	4, 46	4, 54	55,3 | 66 | 293 | 361 | 369 | 370 | 371,9
Joh	4, 50		196,1
Joh	5, 1	5, 9	236,3
Joh	5, 1	5, 16	320 | 361 | 366 | 371
Joh	5, 6		396,6 | 495,1
Joh	5, 9	5, 17	273 | 377 | 400,7
Joh	5, 13		531,2
Joh	5, 14		24,8
Joh	5, 15		195,3 | 239,2 | 357
Joh	5, 17	5, 29	67 | 123 | 138 | 183 | 184 | 518
Joh	5, 18		95,3
Joh	5, 19	5, 21	99 | 101 | 102 | 105 | 109 | 111 | 112

Biblisches Buch	von Kapitel, Vers	bis Kapitel, Vers	Lied, Strophe (ggf.)
Joh	5, 19	5, 29	123 | 138
Joh	5, 22		331,7
Joh	5, 23		3,4 | 39,1 | 90 | 271,8 | 346,3 | 490,4
Joh	5, 24		96,6 | 115,6 | 162,2 | 199,4 | 209,4 | 261 | 402,5 | 405,6 | 416 | 520,5
Joh	5, 24	5, 25	5,5.6 | 16,5 | 108,2 | 111,5 | 135,6 | 364,3.4 | 525
Joh	5, 27		331,7
Joh	5, 28	5, 29	38 | 113,5 | 183,3 | 195,3 | 199,3 | 401,7 | 412,8 | 476,6 | 495,8 | 526,7
Joh	5, 29		5,7.8 | 11,10 | 149,3 | 184,4
Joh	5, 30		408,3 | 414,1
Joh	5, 30	5, 33	34 | 38 | 51
Joh	5, 31		16
Joh	5, 31	5, 36	141
Joh	5, 31	5, 40	4,3 | 9 | 34 | 51
Joh	5, 35		72,1 | 236,5
Joh	5, 39		96,6
Joh	5, 39	5, 40	141
Joh	5, 39	5, 47	124 | 193 | 196 | 197 | 198 | 386
Joh	5, 41	5, 44	127,4 | 326 | 404,3
Joh	5, 42		98,2
Joh	5, 45		353,7
Joh	6, 1	6, 15	221 | 222 | 224 | 228 | 326 | 371,7–9 | 407,1 | 458 | 460 | 512,2
Joh	6, 7		371,9
Joh	6, 11		218,4
Joh	6, 13		325,4
Joh	6, 14		7
Joh	6, 15	6, 21	374 | 383,2 | 452,2 | 476,2
Joh	6, 22	6, 29	98 | 227,2 | 326 | 346 | 386 | 396
Joh	6, 22	6, 51	407,1
Joh	6, 22	6, 59	418,3
Joh	6, 26		512,2
Joh	6, 26	6, 27	458,2
Joh	6, 27		343,3
Joh	6, 29		194,2
Joh	6, 30	6, 35	5,4 | 166,6 | 197 | 221 | 273 | 326 | 458,3
Joh	6, 31		70,2 | 83,6 | 290,5
Joh	6, 31	6, 35	171,1
Joh	6, 32	6, 40	353 | 427,4
Joh	6, 33		213 | 427,4
Joh	6, 35		217,2 | 218,6 | 222,1 | 223 | 224,2 | 278,1 | 307,4 |

Biblisches Buch	von Kapitel, Vers	bis Kapitel, Vers	Lied, Strophe (ggf.)
			382,3 | 412,2 | 418,1–3 | 424,1.3 | 462
Joh	6, 37		123,4
Joh	6, 37	6, 40	59 | 70,7 | 232 | 353 | 414,1
Joh	6, 37	6, 44	388
Joh	6, 38		78,4 | 408,3
Joh	6, 39	6, 40	113,5 | 127,6 | 365,7–9 | 370,11.12 | 397,3 | 450,4 | 522,5 | 526
Joh	6, 40		50,5 | 75 | 76 | 96,6 | 520,3
Joh	6, 41		171,1 | 382,3
Joh	6, 41	6, 45	16 | 23
Joh	6, 41	6, 51	320
Joh	6, 42		56,1 | 86,4
Joh	6, 44		123,4 | 134,8 | 328,2
Joh	6, 44	6, 45	197
Joh	6, 45	6, 47	386,3
Joh	6, 47		50,5 | 75 | 96,6 | 261 | 520,3
Joh	6, 47	6, 51	83,6 | 98 | 101,7 | 396
Joh	6, 47	6, 57	213 | 216 | 217 | 218 | 219 | 223
Joh	6, 48		171,1 | 215 | 382,3 | 462
Joh	6, 50		70,2 | 171,1
Joh	6, 50	6, 51	462
Joh	6, 51		5,4 | 214,2 | 222,2 | 382,3 | 427,4
Joh	6, 53		195,2
Joh	6, 54		78,9 | 96,6
Joh	6, 55	6, 65	98 | 396 | 399,6
Joh	6, 56		204,4 | 254,3 | 341,7 | 530,6 | 532,3 | 534,2
Joh	6, 58		171,1 | 313,3
Joh	6, 60	6, 65	72
Joh	6, 63		126 | 128 | 129 | 134,1 | 161,2 | 171,4 | 255,3 | 386,4
Joh	6, 64	6, 69	71,6 | 125 | 136 | 346 | 374 | 386,4 | 400 | 402 | 406
Joh	6, 65		123,4
Joh	6, 67		75,1
Joh	6, 67	6, 99	123,9
Joh	6, 68		162,4 | 261 | 313,3
Joh	6, 68	6, 69	97
Joh	6, 69		23 | 36,2.3 | 51 | 103 | 109 | 139,2 | 154,6 | 183,2
Joh	7, 14	7, 18	51 | 66 | 67 | 72 | 73,4.5 | 196
Joh	7, 18		145,4 | 167,1
Joh	7, 25	7, 32	346 | 386
Joh	7, 28		27,2 | 36,2 | 38 | 41 | 51
Joh	7, 28	7, 29	8 | 23,2

Biblisches Buch	von Kapitel, Vers	bis Kapitel, Vers	Lied, Strophe (ggf.)
Joh	7, 34		105,5
Joh	7, 35		418,3
Joh	7, 37		36,9 | 363,1 | 424,1
Joh	7, 37	7, 38	140,1.5 | 166,6
Joh	7, 37	7, 39	66,7 | 128 | 135,2.4 | 136,1 | 346 | 399
Joh	7, 38		74,2 | 171,1
Joh	7, 39		129,1
Joh	7, 40		7
Joh	7, 40	7, 53	346
Joh	7, 42		12,3 | 25 | 30 | 32,1 | 55,1
Joh	7, 48		123,10
Joh	8, 3	8, 11	128 | 133,2 | 232 | 318 | 353 | 354 | 413,8 | 428 | 495
Joh	8, 11		24,8
Joh	8, 12		4,4 | 7,1.5 | 10,1 | 14,6 | 17,3 | 18 | 19,1 | 20,1.5.6 | 25,6 | 55,1 | 56 | 63 | 64 | 65,5 | 70,1 | 71,6 | 72,1 | 74,1.2 | 93,1 | 97,4 | 110,1.6 | 125,2 | 130,1 | 136,6 | 154,1.5 | 171,2 | 182,4 | 200,3 | 246,1 | 251,1 | 253,2 | 268,1 | 277,5 | 278,8 | 305,4 | 306,4 | 357,5 | 372,4 | 375,4 | 383,3 | 385,2 | 387,2 | 401,4 | 404,1 | 410,1 | 426,3 | 427,4 | 428,5 | 431,3 | 440,3.4 | 441,3 | 442,8 | 444,1 | 450 | 454,2 | 459,2 | 467,1 | 469,1 | 478,2 | 485,4 | 519,4 | 520,5 | 532,2 | 534,2
Joh	8, 12	8, 16	23,4 | 30,3 | 34 | 35,1 | 37,3 | 40
Joh	8, 16		123,4
Joh	8, 21		105,5
Joh	8, 21	8, 30	72 | 79 | 265,5 | 366 | 387
Joh	8, 24		398,2
Joh	8, 28		122,1 | 415,1
Joh	8, 29		410,1
Joh	8, 30	8, 32	277,2 | 428,5
Joh	8, 31	8, 32	19,3 | 261 | 320,8 | 404,4
Joh	8, 31	8, 36	5 | 59 | 64 | 136 | 145,3 | 155,1 | 313,3 | 331,6 | 373 | 396 | 400,5
Joh	8, 32		416 | 428,5
Joh	8, 34		20,2 | 349,2
Joh	8, 34	8, 36	19,2 | 66,2 | 86 | 87,3 | 477,5
Joh	8, 36		241,5 | 387,3
Joh	8, 37		74,3
Joh	8, 38		123,4
Joh	8, 42		3,1
Joh	8, 43		155,1.2 | 161,2 | 196,2 | 197
Joh	8, 44		138 | 143,4.5 | 146,5
Joh	8, 46		77,1

Biblisches Buch	von Kapitel, Vers	bis Kapitel, Vers	Lied, Strophe (ggf.)
Joh	8, 46	8, 59	75 | 76 | 88 | 366
Joh	8, 47		196,1 | 397,2
Joh	8, 51		24,4 | 50,5 | 501,3 | 520,3 | 533,3
Joh	8, 51	8, 52	378,1
Joh	8, 51	8, 59	334,6
Joh	8, 52		148,1
Joh	9, 1		236,2
Joh	9, 1	9, 7	72 | 318 | 365
Joh	9, 2		441,4.6
Joh	9, 5		65,5 | 268,1 | 305,4 | 306,4 | 410,1
Joh	9, 7		302,6 | 303,6
Joh	9, 13	9, 23	161,2
Joh	9, 24		180
Joh	9, 24	9, 31	109,3
Joh	9, 24	9, 41	302 | 303 | 325 | 400 | 404
Joh	9, 35	9, 41	346 | 357 | 400,5 | 404,1
Joh	9, 38		357
Joh	9, 39		331,7
Joh	10, 1		353,2
Joh	10, 1	10, 5	265,4 | 274 | 370,11.12 | 396 | 498
Joh	10, 3		199,2 | 210,1 | 211,1 | 242,2
Joh	10, 4		57,4
Joh	10, 7	10, 11	274
Joh	10, 7	10, 16	370,11.12 | 396
Joh	10, 9		16,3 | 36,7 | 41 | 57,4 | 69,3 | 102,3 | 131,5 | 151,3 | 155 | 325,6 | 353,2
Joh	10, 10		66,8 | 386,9 | 452,3
Joh	10, 11		20,5.6 | 42,6 | 67,4 | 72,3 | 81,4 | 82,1 | 232,2 | 353,3
Joh	10, 11	10, 30	274 | 370,11.12 | 396
Joh	10, 14		85,5 | 90,2 | 199,2 | 384,4
Joh	10, 14	10, 16	16
Joh	10, 14	10, 18	358,1
Joh	10, 16		22 | 72,5 | 127,4 | 262,3 | 263,3
Joh	10, 18		79,1
Joh	10, 22	10, 30	346 | 392
Joh	10, 24		95,3
Joh	10, 27		199,2
Joh	10, 27	10, 28	51,3 | 193,3 | 245,5 | 261 | 274,5 | 358,1 | 362,4 | 365,1 | 370 | 374,5
Joh	10, 28		24,4 | 81,4 | 96,6 | 99 | 102 | 113,5 | 127,5 | 207,2 | 227,1 | 249,5 | 416 | 520,3
Joh	10, 29a		411 | 469,5

Biblisches Buch	von Kapitel, Vers	bis Kapitel, Vers	Lied, Strophe (ggf.)
Joh	10, 30		74,3 | 123,4 | 410,1
Joh	10, 31	10, 42	78,1–3 | 404
Joh	10, 33		95,3
Joh	10, 38		123,4
Joh	10, 40		189
Joh	11, 1	11, 16	115 | 361 | 364 | 374 | 450 | 520 | 526
Joh	11, 1	11, 45	101,4
Joh	11, 4b		441,6
Joh	11, 10		165,6 | 488,1
Joh	11, 16		8,5.6 | 384
Joh	11, 17	11, 27	113 | 115 | 364 | 370,7.8 | 450 | 522 | 526
Joh	11, 21	11, 22	83,4–6 | 371,14.15 | 396,1.6
Joh	11, 22		328,7
Joh	11, 24	11, 26	90,2 | 113,5 | 195,3 | 245,3 | 397,3 | 406,5.6 | 520,4
Joh	11, 25		97
Joh	11, 25	11, 26	50,5 | 519,2 | 520,4
Joh	11, 26		24,4 | 236,5
Joh	11, 27		110,1.6 | 194,2 | 195,3 | 403,1 | 410,3
Joh	11, 32	11, 45	374 | 518 | 526
Joh	11, 40		189
Joh	11, 40	11, 45	115
Joh	11, 41		101,4 | 394,1.5
Joh	11, 46	11, 53	76 | 83,1.2 | 90
Joh	11, 50		50,2
Joh	11, 51		43,5.6 | 91 | 94,1 | 96,3 | 146,4 | 162,3
Joh	11, 51	11, 52	16,4 | 72,5 | 72,5 | 83 | 127,4 | 241,6 | 252,2 | 256 | 257 | 262,3 | 263,3
Joh	12, 1	12, 8	83 | 90 | 397,1.2
Joh	12, 12	12, 19	1 | 2 | 9,2.6 | 12 | 13 | 14 | 83 | 87 | 88 | 90
Joh	12, 13		11,2 | 13,2 | 100,1 | 103,1 | 109,1 | 181 | 185 | 314,5
Joh	12, 14	12, 15	9,2 | 14,1
Joh	12, 15		13,1
Joh	12, 15	12, 16	314,2
Joh	12, 16		155,1
Joh	12, 19		95,4 | 386,4
Joh	12, 20	12, 26	90 | 98 | 346 | 396
Joh	12, 24		78,9 | 87,3 | 396
Joh	12, 24	12, 26	98,1
Joh	12, 25		87 | 137,2 | 385,5 | 397,2
Joh	12, 25	12, 26	113,7
Joh	12, 26		5,3 | 11,2 | 67,3 | 69,3 | 84,7 | 93,4 | 107,2 | 112,6 | 114,7 | 122,2.3 | 123,4 | 125,3 | 133,2 | 135,7 | 154,1.5 |

Biblisches Buch	von Kapitel, Vers	bis Kapitel, Vers	Lied, Strophe (ggf.)
			159 | 198,2 | 205,4 | 207,2 | 217,4 | 239,5 | 269,5 | 288,1 | 290,5.7 | 337 | 341,7 | 370,11.12 | 384,4 | 404,3 | 406,1 | 417 | 426,3 | 473,2.3 | 490,4 | 499,3 | 503,15 | 506,6 | 522,4.5 | 523,1
Joh	12, 27		78,4 | 86,1 | 87,1 | 95,1
Joh	12, 27	12, 32	341
Joh	12, 27	12, 36	415,1
Joh	12, 28		290,3
Joh	12, 31		106,4 | 113,2 | 331,7 | 362,3
Joh	12, 31	12, 33	87
Joh	12, 32		35,2 | 78,10 | 112,8 | 113,5 | 121 | 122,1 | 123,8 | 331,6.8 | 335,2 | 379,5 | 522,3–5
Joh	12, 35		136,6 | 165,6 | 488,1
Joh	12, 35	12, 36	426,3
Joh	12, 35	12, 41	37,3 | 40 | 67 | 262 | 263 | 404
Joh	12, 36		23,4 | 97,4 | 121,2 | 135,2 | 145,6 | 182,4 | 200,3 | 459,3
Joh	12, 38		245,4
Joh	12, 42		243
Joh	12, 42	12, 46	136,1–4
Joh	12, 43		177 | 180
Joh	12, 44	12, 46	410,1
Joh	12, 44	12, 50	25 | 34 | 38 | 40 | 51 | 59 | 63 | 64 | 72 | 477
Joh	12, 45	12, 46	74
Joh	12, 46		14,6 | 65,5 | 72,1 | 171,2 | 268,1 | 305,4 | 306,4 | 331,6 | 375,4 | 383,3 | 410,1 | 427,4 | 428,5 | 459,2 | 528 | 534,2
Joh	12, 47		354,2 | 356,1
Joh	12, 48		3,5 | 149,4
Joh	12, 50		96,6
Joh	13, 1	13, 15	78,3 | 214 | 215 | 223 | 235,3.4 | 251
Joh	13, 5		78,3
Joh	13, 12	13, 17	82,7 | 221 | 417,3
Joh	13, 13		22 | 392,7
Joh	13, 15		215,8
Joh	13, 16		385,4
Joh	13, 18b		223,2
Joh	13, 20		10,3
Joh	13, 21	13, 30	233,1 | 234 | 410,3
Joh	13, 31	13, 32	92,6 | 208,1
Joh	13, 31	13, 35	76 | 82,7 | 221 | 251,6.7 | 413,1.2
Joh	13, 33		105,5
Joh	13, 34		130,6 | 186 | 187 | 188
Joh	13, 34	13, 35	194,2 | 229 | 253,4 | 410,2 | 417

Biblisches Buch	*von Kapitel, Vers*	*bis Kapitel, Vers*	*Lied, Strophe (ggf.)*
Joh	14, 1		170,3 | 194,1
Joh	14, 1	14, 3	409,7
Joh	14, 1	14, 4	426,3
Joh	14, 1	14, 6	58 | 59 | 64 | 65 | 112,6–8 | 115,3.6 | 122,2.3 | 150 | 385,2 | 406 | 522,4.5 | 529
Joh	14, 2		69,3 | 442,7
Joh	14, 2	14, 3	51,4 | 124,2 | 394,4 | 405,4.5
Joh	14, 3		341,7 | 384,4 | 425,1 | 516,2 | 526,2
Joh	14, 5	14, 6	130,3 | 207,3 | 426,3
Joh	14, 6		20,5 | 36,7 | 41,4 | 57,4 | 73,7.8 | 74,3 | 129,4 | 131,5 | 145,2 | 155,1 | 171,1 | 195,3 | 207,3 | 245,4 | 249,5 | 251,5 | 277,2 | 313,3 | 320,4 | 385,2 | 394,4 | 401,4 | 407,3 | 416 | 427,4 | 428,5 | 441,2 | 498,4 | 524,7
Joh	14, 7		126,5
Joh	14, 7	14, 14	328
Joh	14, 8		386,1 | 452,3
Joh	14, 9		74,3 | 227,1 | 410,1
Joh	14, 12		226,6
Joh	14, 13	14, 14	180,3 | 182,3 | 224,3 | 364,4 | 366,4 | 380,4 | 387,5 | 422,1 | 423,11
Joh	14, 13		186 | 187 | 188 | 290,3
Joh	14, 15	14, 19	128
Joh	14, 15	14, 27	2,3 | 124,4 | 125 | 126 | 130 | 131 | 133 | 134 | 136
Joh	14, 16		3,6 | 19,3 | 95,3 | 119,5 | 120 | 129,1 | 135,2 | 139,3 | 140,4 | 149,6 | 184,2 | 193,3 | 200,2 | 457,3 | 475,8 | 532,1
Joh	14, 17		277,2 | 341,9
Joh	14, 18		92,6 | 178,8
Joh	14, 19		117 | 341,5 | 531,2
Joh	14, 19	14, 20	115 | 182,8 | 526,2
Joh	14, 21		32,2.3
Joh	14, 23		129,3 | 130,1 | 131,2 | 138 | 147,2 | 151,1 | 165,8 | 166,2 | 344 | 389,2 | 457,3
Joh	14, 23	14, 27	125 | 126 | 135
Joh	14, 26		3,6 | 120 | 124,4 | 127,4 | 128 | 128,1 | 129,1.4 | 130,2 | 131,1 | 133,1 | 135 | 139,3 | 145,5.7 | 155,1 | 168,3 | 179,4 | 183,3 | 184,2 | 193,3 | 196,1 | 200,2 | 331,5 | 341,9 | 453,5 | 532,1
Joh	14, 26	14, 27	140,4
Joh	14, 27		14,5 | 18 | 58 | 63,6 | 71,4 | 97,2.4 | 106,5 | 111,13.14 | 112,3 | 114 | 115,1 | 122,1 | 190,1.3 | 222,1 | 226,3 | 239,4 | 248,7 | 328 | 359,5 | 382,3 | 421 | 425,1 | 426,3 | 427,2 | 430 | 435 | 436 | 486,6
Joh	14, 28		409,7

Biblisches Buch	von Kapitel, Vers	bis Kapitel, Vers	Lied, Strophe (ggf.)
Joh	14, 30		106,4 | 362,3
Joh	15, 1		228 | 349,1 | 396 | 398
Joh	15, 1	15, 8	108 | 157 | 227,5 | 254,3 | 328 | 341,7 | 386 | 400 | 406 | 414,2
Joh	15, 1	15, 17	532,3
Joh	15, 2	15, 3	133,3 | 229,3
Joh	15, 3		36,11
Joh	15, 4		124,2 | 196,4 | 206,4 | 219,3 | 251,7 | 530,6
Joh	15, 4	15, 7	406
Joh	15, 5		41,7 | 102,3 | 128,4 | 268 | 347 | 496
Joh	15, 7		182,3 | 186 | 187 | 188 | 261 | 328,5 | 380,4
Joh	15, 8		290,3
Joh	15, 9		83,4
Joh	15, 9	15, 17	124 | 125 | 126 | 133,6.7 | 196,2.5 | 256,1.2 | 358,1 | 400 | 406 | 417
Joh	15, 10	15, 11	168,6
Joh	15, 11		23 | 34 | 396 | 398 | 410,2 | 425,3
Joh	15, 12		82,7 | 130,6 | 186 | 187 | 188 | 194,2 | 251
Joh	15, 13		81,4 | 214,2 | 334,2 | 401,3
Joh	15, 13	15, 15	42,6 | 384,4
Joh	15, 14	15, 15	37,5 | 41,2 | 42,6 | 83,2 | 85,8 | 91,6 | 147,2 | 251,3.5 | 270,5 | 325,8 | 351,1.2 | 384,4 | 400,2 | 471,11 | 479,3 | 497,5
Joh	15, 15		270,5
Joh	15, 16		11,7 | 204 | 208,3 | 210 | 224,3 | 229,3 | 256,2
Joh	15, 17		130,6 | 186 | 187 | 188 | 194,2
Joh	15, 18	15, 25	193 | 247 | 248 | 249 | 259 | 275 | 347 | 351,1.11
Joh	15, 19		229,3
Joh	15, 26		3,6 | 123 | 126,6 | 129,1.4 | 131,1 | 135,2 | 139,3 | 140,4 | 168,3 | 184,2 | 200,2 | 328,3 | 331,5 | 341,9 | 475,8 | 532,1
Joh	15, 26	15, 27	351
Joh	15, 26	16, 4	120 | 128 | 130 | 132 | 134 | 136 | 249 | 318 | 351
Joh	15, 28		331,6
Joh	15, 20a		159,1
Joh	16, 1	16, 4	124,4 | 130,2 | 131,6 | 135,5.6
Joh	16, 2		344,4
Joh	16, 4	16, 15	125 | 130 | 136 | 341
Joh	16, 6		125
Joh	16, 6	16, 7	120 | 124,4 | 131,1 | 133,6 | 183,3
Joh	16, 7		3,6 | 120 | 126,2.6 | 128 | 129,1 | 131,1 | 132 | 134 | 135,2 | 140,4 | 184,2 | 200,2
Joh	16, 8		154

Biblisches Buch	von Kapitel, Vers	bis Kapitel, Vers	Lied, Strophe (ggf.)
Joh	16, 8	16, 11	179,4
Joh	16, 10		71,4
Joh	16, 11		106,4 | 149,5 | 362,3
Joh	16, 12	16, 15	126 | 129
Joh	16, 13		125 | 127,4 | 130,2 | 155,1 | 277,2 | 341,9 | 395,3
Joh	16, 15		199,5
Joh	16, 16	16, 23a	108 | 370 | 396 | 398 | 526
Joh	16, 20		9,6 | 80,1 | 275 | 276,1 | 334,4 | 370 | 398 | 403,2 | 430,3 | 531,1.2 | 532,3
Joh	16, 22		30,4 | 37,9 | 80,1 | 108,3 | 341,1 | 349,1
Joh	16, 23	16, 24	224,3 | 364,4 | 366,3.4 | 380,4 | 387,4.5 | 422,1 | 423,11
Joh	16, 23b	16, 33	133 | 318 | 328,5–7 | 344 | 374
Joh	16, 24		34,4 | 182,3 | 186 | 187 | 188 | 410,2 | 425,3
Joh	16, 27		32,2.3 | 167,2 | 318
Joh	16, 28		4,3 | 223,2
Joh	16, 31		71,4
Joh	16, 32	16, 33	58 | 64 | | 111,4259 | 374 | 377
Joh	16, 33		14,5 | 18 | 33,3 | 63,6 | 65,7 | 94 | 95,1 | 106 | 106,3.5 | 112,3 | 114,6.7 | 115,1 | 122,1 | 126,5 | 134,6 | 140,4 | 162,1 | 164 | 170,3 | 182,8 | 190 | 211,4 | 228,1 | 346,1 | 364,3 | 428,1 | 430,3 | 435 | 436 | 520,5 | 532,1
Joh	17, 1	17, 5	123
Joh	17, 1	17, 8	87 | 88 | 268 | 269
Joh	17, 2		3,4 | 96,6 | 112 | 124,2 | 131 | 520,3
Joh	17, 3		3,1 | 51 | 195,2 | 261
Joh	17, 4		223,1
Joh	17, 6		469,5
Joh	17, 6	17, 19	246 | 252 | 347
Joh	17, 9	17, 19	76 | 102 | 127,5 | 138
Joh	17, 10		115,1 | 165,8
Joh	17, 11		164 | 165,5 | 193 | 208,3 | 227,4 | 251,5 | 310,8
Joh	17, 12		104,2 | 113,5
Joh	17, 13		410,2 | 425,3
Joh	17, 14		196,1
Joh	17, 15		134,7 | 138 | 148,4 | 171,3 | 186 | 187 | 188 | 207,2
Joh	17, 17		74,3 | 166,3 | 196,1 | 198,1 | 199,2 | 251,5 | 265,2 | 277,5 | 295,4 | 473,3
Joh	17, 17	17, 19	165,8 | 260
Joh	17, 18		98
Joh	17, 19		33,3 | 64,1 | 76 | 86
Joh	17, 20		194 | 198,1
Joh	17, 20	17, 21	267,1

Biblisches Buch	von Kapitel, Vers	bis Kapitel, Vers	Lied, Strophe (ggf.)
Joh	17, 20	17, 23	221,2 | 251,5 | 252,9 | 262 | 263
Joh	17, 20	17, 26	120 | 121 | 122 | 265,2
Joh	17, 21		123,8 | 227,5
Joh	17, 22		189 | 193,3
Joh	17, 22	17, 23	41,4.7 | 115,1 | 165,5–8
Joh	17, 23		32,4 | 139,2
Joh	17, 24		50,5 | 69,3 | 108,2 | 111,10.12 | 112,6 | 189 | 341,8 | 384,4 | 405,4 | 516,2 | 522 | 524,8 | 526,2
Joh	18, 1	18, 11	76 | 77 | 78 | 83 | 88 | 95,1.2
Joh	18, 11		65,3 | 426,2
Joh	18, 12	18, 27	95,3
Joh	18, 21		372,4
Joh	18, 22		87,1
Joh	18, 28		77,2 | 78,6
Joh	18, 28	18, 40	95,4
Joh	18, 33	18, 38a	4 | 81,6.7 | 92,6 | 120 | 123
Joh	18, 36		111,7 | 113,5
Joh	18, 36	18, 38a	9,3 | 14,3 | 94
Joh	18, 37		74,3 | 92,1 | 155,1 | 193,2 | 251,5 | 267,4 | 277,2 | 331,6 | 441,2
Joh	18, 37	18, 45	45,1
Joh	18, 38		416
Joh	19, 1		87,1 | 89,3 | 95,3
Joh	19, 1	19, 5	77,1–3 | 78 | 81,2 | 86,2 | 96,2
Joh	19, 1	19, 16	84,2
Joh	19, 2		94,3
Joh	19, 5		85,1
Joh	19, 6		314,6
Joh	19, 6	19, 16	82 | 83,1–3 | 84,2 | 86 | 87
Joh	19, 7		95,3
Joh	19, 9		91,8
Joh	19, 14		77,4
Joh	19, 15		314,6
Joh	19, 16	19, 30	81 | 83 | 84 | 85 | 90 | 92
Joh	19, 17	19, 18	77,3.4 | 78,7 | 96,2
Joh	19, 18		427,5
Joh	19, 19		90
Joh	19, 24	19, 25	104,2.3
Joh	19, 25		50,2 | 85,6
Joh	19, 26		51
Joh	19, 26	19, 27	8,5.6 | 399
Joh	19, 28		97,3 | 104,2 | 331,8

Biblisches Buch	von Kapitel, Vers	bis Kapitel, Vers	Lied, Strophe (ggf.)
Joh	19, 28	19, 29	77,5 | 81,2
Joh	19, 30		9,3 | 79 | 85,6 | 93,1 | 97,3 | 104,2 | 190 | 223,5 | 331,8 | 992
Joh	19, 31		111,4
Joh	19, 31	19, 37	77,6
Joh	19, 31	19, 42	79 | 83 | 92
Joh	19, 34		88,2
Joh	19, 36		104,2
Joh	19, 37		79,2
Joh	19, 38	19, 42	80
Joh	19, 42		116,3
Joh	20, 1		93,3 | 103,2 | 105,6.7
Joh	20, 1	20, 2	98,2
Joh	20, 1	20, 10	99 | 101 | 106 | 112 | 113 | 114 | 117 | 182,8
Joh	20, 1	20, 18	100 | 110 | 111 | 162,2
Joh	20, 2		116,3
Joh	20, 11		20,5 | 117,2
Joh	20, 11	20, 18	99 | 101 | 105 | 106 | 109 | 112 | 114 | 115 | 118 | 184,4 | 346 | 405,3
Joh	20, 12	20, 15	105,8
Joh	20, 12	20, 18	114,4.5
Joh	20, 14		20,5
Joh	20, 17		57,3 | 121 | 122,3 | 341,9
Joh	20, 18		116,4
Joh	20, 19	20, 23	98,3 | 114,9 | 116
Joh	20, 19	20, 26	425
Joh	20, 19	20, 29	102
Joh	20, 19	20, 31	103 | 107 | 109 | 115 | 422,3
Joh	20, 22		120 | 129,1 | 171,4
Joh	20, 23		232 | 299 | 353,5 | 355
Joh	20, 24	20, 29	354 | 386 | 397
Joh	20, 25		88,2
Joh	20, 26		485,6
Joh	20, 27		523,4
Joh	20, 28		22 | 45 | 261 | 342,4 | 346,3 | 358,2 | 406,3
Joh	20, 29		152,3 | 376,2 | 382,2
Joh	20, 31		96,6 | 158,4 | 399,2
Joh	21, 1	21, 14	102 | 113 | 398 | 454 | 494
Joh	21, 14		103,4 | 107,1 | 117 | 118 | 189
Joh	21, 15	21, 19	274 | 397 | 400 | 402 | 410,3
Joh	21, 17c		401,5
Joh	21, 18	21, 19	166,5

Biblisches Buch	von Kapitel, Vers	bis Kapitel, Vers	Lied, Strophe (ggf.)
Joh	21, 18	21, 22	376,1 | 391 | 402 | 426,3
Joh	21, 18b		392,8
Joh	21, 19b	21, 24	38 | 51 | 98,3 | 274 | 374
Joh	21, 25		193,2
Apg	1, 1	1, 11	119 | 120 | 121 | 122 | 123
Apg	1, 2		68,6 | 171,4
Apg	1, 3		99
Apg	1, 4		127,1 | 129,1
Apg	1, 5		182,5 | 200,1
Apg	1, 8		51,3 | 132 | 136 | 184,2 | 241 | 256,2 | 277,6 | 328,1 | 428,3
Apg	1, 9	1, 14	119 | 120 | 123 | 126 | 128 | 134 | 341,8 | 409,7
Apg	1, 10		143,2
Apg	1, 10	1, 11	121 | 122
Apg	1, 10	1, 26	126 | 128 | 134,1.2
Apg	1, 11b		17 | 405,5 | 409,7
Apg	1, 14		221 | 403,1
Apg	1, 15	1, 26	126 | 128 | 134
Apg	1, 21	1, 22	132
Apg	2, 1	2, 4	3,6 | 135 | 183,3 | 184,2.5 | 241 | 262 | 263
Apg	2, 1	2, 18	125
Apg	2, 1	2, 36	124 | 126 | 127 | 128 | 129 | 130 | 131 | 133,6–8 | 134 | 156 | 182,9 | 250,3 | 255 | 264,2
Apg	2, 2		506,4
Apg	2, 3		200,1 | 431,1
Apg	2, 4		171,4
Apg	2, 11		301,1 | 334,5 | 429
Apg	2, 14	2, 36	130 | 136,4
Apg	2, 16	2, 21	193,3
Apg	2, 17		426,1
Apg	2, 17	2, 18	429,5
Apg	2, 17a		159,3
Apg	2, 19		149,1
Apg	2, 19	2, 20	373,5 | 476,7
Apg	2, 21		292,1 | 345,1 | 356,1
Apg	2, 22		168,2.5
Apg	2, 22	2, 28	426,3
Apg	2, 22	2, 32	107
Apg	2, 24		520,5
Apg	2, 25		296,1 | 302,2
Apg	2, 25	2, 28	112,6–8 | 113,4 | 520,6
Apg	2, 26		34 | 36,1 | 112,1 | 321,2 | 351,13 | 396,6 | 526,3.4

Biblisches Buch	von Kapitel, Vers	bis Kapitel, Vers	Lied, Strophe (ggf.)
Apg	2, 27		371,1 | 449,12 | 520,17 | 524,7
Apg	2, 28		371,1 | 449,12
Apg	2, 29		331,8
Apg	2, 29	2, 33	415,1
Apg	2, 29	2, 36	124
Apg	2, 31		520,1
Apg	2, 32	2, 33	132
Apg	2, 33		120 | 124,1 | 128 | 131 | 136 | 156 | 159,3 | 160 | 196,6 | 341,9
Apg	2, 33	2, 36	119 | 123
Apg	2, 35		464
Apg	2, 36	2, 41	124 | 125 | 127 | 136,7 | 232 | 234 | 392
Apg	2, 37		126,3
Apg	2, 37a		194,1 | 318,9
Apg	2, 38		5,2.4 | 16,2.4 | 62 | 63,3 | 127,2 | 145,6 | 200,1 | 201 | 208,2 | 260
Apg	2, 41	2, 47	124 | 125,3 | 127 | 131 | 221 | 250 | 251 | 326 | 347
Apg	2, 42		125,3 | 130,3.5 | 137,7 | 144,6 | 157 | 193,3 | 246,2 | 253,1 | 347,6 | 378,1
Apg	2, 42	2, 47	415,3 | 418,1.2
Apg	2, 46		161,1
Apg	2, 47		60,5 | 137,7
Apg	3, 1	3, 10	236,3 | 289
Apg	3, 1	3, 21	102 | 134 | 303 | 324 | 351
Apg	3, 2		236,3
Apg	3, 6		62 | 328,1
Apg	3, 12	3, 21	127,4
Apg	3, 15		5,7 | 76,1 | 97,1 | 99 | 108,2 | 115,1 | 126,7 | 132 | 154,2 | 236,5 | 373,1 | 495,8
Apg	3, 16		195,3
Apg	3, 17	3, 26	146
Apg	3, 18		342,4
Apg	3, 19		16,4 | 62 | 145,6 | 413,8
Apg	3, 19	3, 20	5,2 | 88,4 | 156,4 | 202,5
Apg	3, 20		97
Apg	3, 21		354,3
Apg	3, 22		4 | 7 | 9 | 10,1 | 12,2 | 16,3 | 141
Apg	3, 25		311,2 | 331,9 | 395,2
Apg	3, 26		3,1 | 133,1 | 234,1
Apg	4, 1	4, 4	247 | 248 | 249
Apg	4, 1	4, 12	232 | 259 | 377 | 386,10
Apg	4, 1	4, 22	137,7

Biblisches Buch	von Kapitel, Vers	bis Kapitel, Vers	Lied, Strophe (ggf.)
Apg	4, 4		60,5 | 166,4–6
Apg	4, 8	4, 14	134 | 136 | 357
Apg	4, 10		5,7 | 76,1 | 97 | 115,1 | 126,7 | 154,2 | 236,5 | 328,1 | 495,8
Apg	4, 10	4, 12	345,4
Apg	4, 10	4, 14	123
Apg	4, 10b		183,2
Apg	4, 11		75,1 | 351,3 | 354,1
Apg	4, 12		11,8 | 21 | 23 | 24,2–4 | 43,5.6 | 55,3 | 61,5 | 62 | 65,2 | 68 | 77,1 | 89,5 | 144 | 179,3 | 207,3 | 217,1 | 253,2 | 324,14 | 342,1 | 346,2 | 350 | 356 | 391,4 | 410,2
Apg	4, 13	4, 33	124 | 126 | 128 | 130 | 136 | 303,1.5.8 | 351,1–3 | 357
Apg	4, 18		95,4
Apg	4, 20		499,3
Apg	4, 21		332 | 448
Apg	4, 23	4, 31	11,9 | 14,2.4.5 | 193 | 247 | 248
Apg	4, 25		135,3 | 136,3.4
Apg	4, 29		130,4 | 135,3 | 136 | 166,5 | 196,1 | 198,1 | 262 | 263
Apg	4, 31		120 | 124,1 | 128 | 131 | 132 | 136 | 156 | 159,3 | 160 | 171,4 | 184,2 | 196,6
Apg	4, 31b		195,3
Apg	4, 32	4, 35	343
Apg	4, 32	4, 37	251 | 253,1 | 255 | 413
Apg	4, 33		134,8 | 137,7 | 262 | 263
Apg	5, 1	5, 11	124 | 128 | 233,4 | 255,3 | 373,5 | 439,5.6
Apg	5, 3		136,5
Apg	5, 12		432,3
Apg	5, 12	5, 16	262 | 263
Apg	5, 14		60,5 | 255
Apg	5, 16		256,4
Apg	5, 17	5, 29	143 | 194 | 259 | 377
Apg	5, 18		137,7
Apg	5, 19		142,3 | 445,7
Apg	5, 28		95,4
Apg	5, 28	5, 29	385
Apg	5, 29		144,6
Apg	5, 29	5, 33	415,1
Apg	5, 30		97,1.2
Apg	5, 30	5, 31	83,2 | 108,2 | 357,3.4
Apg	5, 32		132 | 155,1
Apg	5, 34		249
Apg	5, 34	5, 42	241 | 245 | 259 | 347 | 377

Biblisches Buch	von Kapitel, Vers	bis Kapitel, Vers	Lied, Strophe (ggf.)
Apg	5, 38	5, 39	497,2.8
Apg	5, 40		62 | 137,7 | 247,3
Apg	5, 41		289,1
Apg	5, 41	5, 42	195,3 | 243 | 303
Apg	6, 1	6, 7	82,7 | 245 | 251 | 300 | 343 | 413
Apg	6, 2		62,4
Apg	6, 7		60,5 | 194,3 | 196,5
Apg	6, 8	6, 15	193
Apg	6, 10		136,4
Apg	6, 13		77,1
Apg	7, 3		73,2 | 290,3 | 311
Apg	7, 6		297
Apg	7, 10		321,2
Apg	7, 17	7, 29	244 | 248
Apg	7, 19		279,4
Apg	7, 24		368,1
Apg	7, 33		165,1
Apg	7, 34		273
Apg	7, 35		380,4
Apg	7, 36		298,1 | 301,7
Apg	7, 37		4 | 7 | 10,1 | 12 | 16,3 | 141
Apg	7, 49		165,5 | 510,2
Apg	7, 51		196,2
Apg	7, 51	7, 53	30,7
Apg	7, 51	7, 59	25,4–6 | 38,3 | 51 | 136 | 191 | 241 | 243 | 246 | 247 | 249 | 259 | 262 | 263 | 297 | 377
Apg	7, 54	7, 59	8,5.6 | 137,8 | 248 | 351 | 398 | 402
Apg	7, 55		4 | 51,4.5 | 121 | 122 | 189 | 522,2
Apg	7, 55	7, 56	119 | 180,1
Apg	7, 56		123,2.9
Apg	7, 58		85,8–10 | 361,11.12 | 367,3 | 472,6
Apg	7, 59		157 | 165,3
Apg	7, 59	7, 60	59,5 | 79 | 85,8–10 | 96,4.5 | 361,11.12 | 367,3 | 472,6 | 495,7 | 516,4 | 525
Apg	7, 60		56,4 | 133,7 | 343
Apg	8, 1	8, 2	137,8
Apg	8, 1	8, 4	193 | 243 | 244 | 247 | 248 | 249 | 259 | 347 | 377
Apg	8, 4		241
Apg	8, 5	8, 13	66 | 136,5
Apg	8, 7		236,3
Apg	8, 12		62
Apg	8, 14	8, 25	124 | 125 | 126 | 128 | 130 | 133,2 | 134 | 136

Biblisches Buch	von Kapitel, Vers	bis Kapitel, Vers	Lied, Strophe (ggf.)
Apg	8, 15		120 | 169 | 171,4
Apg	8, 17		120
Apg	8, 20		428,1
Apg	8, 22		96,3
Apg	8, 24		233 | 234 | 355,1.2
Apg	8, 26	8, 40	124 | 135,3 | 200 | 256,4 | 354 | 357
Apg	8, 30		197
Apg	8, 30	8, 31	126,6 | 193 | 194 | 196,1.2
Apg	8, 32		19,2 | 33,2 | 36,4 | 66,5.6 | 82,2 | 83 | 87,2 | 141,4 | 151,6 | 179,3 | 190,2 | 192 | 201 | 255,2.9 | 296,1 | 400,2
Apg	8, 35	8, 40	115
Apg	8, 37		260 | 403,1
Apg	8, 38		202,5
Apg	8, 39		195,3 | 520,6
Apg	9, 1	9, 3	193 | 244 | 297
Apg	9, 1	9, 19	154,6
Apg	9, 1	9, 20	243 | 245 | 247 | 248 | 249 | 289 | 354 | 355 | 400,4–6
Apg	9, 3		131,1
Apg	9, 15		139,1 | 416
Apg	9, 16		384,2.3
Apg	9, 20	9, 25	361
Apg	9, 27		62
Apg	9, 31		128 | 138 | 178,4 | 243 | 245 | 247 | 248 | 347
Apg	9, 34		320,4
Apg	9, 36	9, 42	115 | 124 | 138 | 289 | 374 | 528
Apg	10, 1	10, 33	66 | 72 | 134 | 250 | 252 | 257 | 293
Apg	10, 3		143,1
Apg	10, 3	10, 22	142,1
Apg	10, 12	10, 15	325,6
Apg	10, 21	10, 35	293
Apg	10, 33b		161,1
Apg	10, 34	10, 48	100 | 101 | 105 | 109 | 111 | 112 | 113 | 115 | 124 | 125 | 126 | 128 | 130 | 136 | 183 | 184 | 255 | 256 | 257 | 262 | 263
Apg	10, 36		71,4 | 140,4
Apg	10, 40		103,2 | 111,3
Apg	10, 40	10, 42	3,5
Apg	10, 41		117 | 118 | 189
Apg	10, 42		3,4 | 5,7 | 11,10 | 149,3 | 149,7 | 405,5
Apg	10, 43		21 | 61,5 | 77,1 | 179,3 | 234 | 366,3.4 | 410,3
Apg	10, 44		120 | 137,1.9 | 155,1
Apg	10, 45		293 | 429,5

Biblisches Buch	von Kapitel, Vers	bis Kapitel, Vers	Lied, Strophe (ggf.)
Apg	10, 46		126,4 | 127,2 | 323,3
Apg	10, 48		328,1
Apg	11, 1	11, 18	245 | 257 | 259 | 262 | 263
Apg	11, 6	11, 9	325,6
Apg	11, 12a		134,6
Apg	11, 15		155,1
Apg	11, 16		182,5
Apg	11, 18		293 | 427,4
Apg	11, 19	11, 30	241
Apg	11, 21		60,5
Apg	11, 23		346,4
Apg	11, 24b		150,4 | 245 | 256
Apg	11, 29		221 | 251
Apg	12, 1	12, 2	191 | 244
Apg	12, 1	12, 11	113
Apg	12, 1	12, 17	143 | 246 | 247 | 248 | 249 | 259 | 262 | 263 | 347 | 362 | 364 | 477
Apg	12, 5		323,1
Apg	12, 5	12, 10	65,1
Apg	12, 6		474 | 478
Apg	12, 7		142,1.3 | 467,4 | 469,6 | 471,2
Apg	12, 9		374
Apg	12, 9	12, 11	142,1
Apg	12, 11		347 | 445,5–7
Apg	12, 18	12, 25	24,12 | 193 | 247
Apg	12, 24		194,3 | 196,5
Apg	12, 24	12, 25	241
Apg	13, 1	13, 12	262 | 263
Apg	13, 2		139,1
Apg	13, 6	13, 12	378,2
Apg	13, 7		161,1 | 169,2 | 194,1 | 195,1 | 360,6
Apg	13, 8		106,1
Apg	13, 10		146,5 | 312,2 | 347,1 | 378,2
Apg	13, 13	13, 26	4 | 7 | 12
Apg	13, 15	13, 26	136
Apg	13, 22b		30,1 | 31
Apg	13, 23	13, 42	452,5
Apg	13, 25		141,5
Apg	13, 26	13, 39	79 | 99 | 101 | 107 | 113 | 342
Apg	13, 28		76,2 | 77,2
Apg	13, 29		80

Biblisches Buch	von Kapitel, Vers	bis Kapitel, Vers	Lied, Strophe (ggf.)
Apg	13, 30		5,7 | 76,1 | 97 | 115,1 | 126,7 | 154,2 | 236,5 | 495,8
Apg	13, 30	13, 39	101 | 105
Apg	13, 31		132
Apg	13, 33b		161,3 | 184,1
Apg	13, 34		12,1–3 | 30,1 | 31
Apg	13, 34b		5,7 | 12 | 30,1 | 31 | 76,1 | 97 | 115,1 | 126,7 | 154,2 | 236,5 | 495,8
Apg	13, 37	13, 39	342
Apg	13, 42	13, 52	145 | 250,1.3 | 255 | 256 | 257 | 262 | 263
Apg	13, 44		161,1 | 169,2 | 194,1 | 195,1
Apg	13, 46		9,4
Apg	13, 47		17,2 | 20,1 | 55 | 65,2 | 72 | 73,5 | 130,1 | 135,1 | 322,8 | 324,14
Apg	13, 47	13, 48	66 | 69,3 | 293 | 519,4
Apg	13, 49		136,5 | 241,4.6
Apg	13, 52		133,6
Apg	14, 1		60,5 | 241,6
Apg	14, 1	14, 7	248 | 249 | 259 | 262 | 263 | 377
Apg	14, 3		62,5 | 430,4
Apg	14, 8	14, 10	236,3
Apg	14, 8	14, 18	138 | 139 | 140 | 179 | 183 | 289 | 502
Apg	14, 15	14, 17	455,2 | 506,3
Apg	14, 17		139,1 | 324,4.16 | 425,3 | 505,2 | 508,2
Apg	14, 21		262 | 263
Apg	14, 22b		63,2.3 | 68,4 | 79,4 | 243,1 | 249,4 | 298,2 | 325,9 | 371,13 | 384,2 | 391,2.4 | 524,3 | 529,3.6
Apg	14, 26	14, 28	249 | 250
Apg	15, 1	15, 12	250 | 341 | 342
Apg	15, 4	15, 21	416
Apg	15, 7	15, 21	193 | 246
Apg	15, 8		171,4
Apg	15, 9		133,8
Apg	15, 11		32,4 | 82,3 | 115,3 | 160 | 293,1 | 299,2 | 325,10 | 350 | 410,4 | 518,1 | 525,4 | 530,8
Apg	15, 13	15, 20	135,1
Apg	15, 16		13,1
Apg	15, 22	15, 29	245 | 433
Apg	15, 36		13,1 | 262 | 263
Apg	15, 41		164
Apg	16, 1	16, 8	245 | 250 | 293
Apg	16, 6		498
Apg	16, 9	16, 15	196 | 255 | 256,3–5 | 262 | 263 | 280 | 397

Biblisches Buch	von Kapitel, Vers	bis Kapitel, Vers	Lied, Strophe (ggf.)
Apg	16, 14		136,7 | 161,3 | 195,1 | 196,1–3 | 197
Apg	16, 16	16, 18	14 | 66,1–3.8 | 133 | 373 | 388
Apg	16, 16	16, 40	289 | 297 | 341 | 351 | 362
Apg	16, 18		275,7
Apg	16, 23	16, 34	243 | 341
Apg	16, 23	16, 40	138 | 193 | 279,4
Apg	16, 25		191 | 195,3 | 259 | 279,6 | 398
Apg	16, 26		66,3
Apg	16, 31		16,2 | 39,6 | 63,3 | 104,2 | 195,3 | 201 | 260 | 342,4 | 350 | 478,5
Apg	16, 33		260
Apg	16, 33b	16, 34	39,6
Apg	17, 1	17, 5	137,2
Apg	17, 1	17, 15	241 | 243 | 249 | 255 | 256 | 257 | 259 | 262 | 263 | 347 | 362 | 377
Apg	17, 3		97
Apg	17, 11		196 | 197
Apg	17, 16	17, 34	108 | 326 | 341 | 342 | 357
Apg	17, 20		145,6
Apg	17, 20	17, 21	246,5
Apg	17, 22		351
Apg	17, 22	17, 34	108
Apg	17, 23b		392
Apg	17, 24		183,1 | 408,1 | 409,1.2.8 | 410,3 | 445,1
Apg	17, 25		382,3 | 432,1
Apg	17, 27		176 | 346,3 | 371,5 | 379,2
Apg	17, 28		135,6.7 | 165,5.8 | 379,5 | 533,3
Apg	17, 28b	17, 29a	25,6
Apg	17, 29		371,5
Apg	17, 30	17, 31	5 | 11,10 | 184,4
Apg	17, 31		5,7 | 71,4 | 76,1 | 97 | 115,1 | 126,7 | 149,3 | 154,2 | 193,3 | 197 | 199,3 | 236,5 | 387,6 | 495,8
Apg	17, 34		197,2
Apg	18, 1	18, 17	193 | 241 | 246 | 249 | 256 | 262 | 263
Apg	18, 5		123
Apg	18, 21		372 | 378,2
Apg	18, 23		498
Apg	18, 23	18, 28	164
Apg	18, 28		123
Apg	19, 1	19, 2	136
Apg	19, 1	19, 7	124 | 125 | 126 | 130 | 141 | 202
Apg	19, 1	19, 8	128

Biblisches Buch	von Kapitel, Vers	bis Kapitel, Vers	Lied, Strophe (ggf.)
Apg	19, 5	19, 6	200
Apg	19, 6		127,2 | 155,1
Apg	19, 10		241
Apg	19, 13	19, 17	66 | 241,4
Apg	19, 17		103,1 | 109,1 | 448
Apg	19, 18	19, 20	136,5 | 232 | 233
Apg	19, 20		60,5 | 194,3 | 196,5
Apg	19, 21	19, 22	368
Apg	19, 23	19, 40	326 | 346 | 357
Apg	19, 35	19, 40	423,4
Apg	20, 1	20, 16	498
Apg	20, 1	20, 33	72
Apg	20, 17	20, 38	243 | 246 | 247 | 347 | 370 | 384 | 396
Apg	20, 18	20, 19	5,3 | 11,2 | 67,3 | 84,7 | 93,4 | 107,2 | 114,7 | 125,3 | 133,2 | 135,7 | 159 | 198,2 | 205,4 | 207,2 | 217,4 | 269,5 | 404,3 | 406,1 | 490,4 | 499,3 | 503,15 | 506,6
Apg	20, 21		160
Apg	20, 22	20, 24	367
Apg	20, 24		152,4
Apg	20, 28		91,9 | 96,6 | 178,7 | 195,2 | 325,3 | 520,7
Apg	20, 28	20, 32	130,3 | 245
Apg	20, 29		469,5
Apg	20, 30		193,2
Apg	20, 32		443,4
Apg	20, 35		393,8
Apg	21, 1	21, 14	164
Apg	21, 8	21, 14	367,4 | 384,4
Apg	21, 13	21, 14	231,4 | 364
Apg	21, 14		186 | 187 | 188 | 408,3
Apg	21, 26		82,7
Apg	21, 27	21, 40	247
Apg	21, 40		495,3
Apg	22, 1	22, 5	247 | 259
Apg	22, 6		20,1
Apg	22, 6	22, 22	354 | 355 | 400,4–6
Apg	22, 15		132
Apg	22, 18		137,1.9
Apg	22, 23	22, 30	370,4.7
Apg	22, 29		247
Apg	23, 1	23, 11	377
Apg	23, 1	23, 22	193 | 232 | 247 | 259 | 347,5
Apg	23, 12	23, 22	193,1

Biblisches Buch	von Kapitel, Vers	bis Kapitel, Vers	Lied, Strophe (ggf.)
Apg	23, 23	23, 35	368
Apg	24, 1	24, 21	247 | 347
Apg	24, 10	24, 21	195,3 | 396
Apg	24, 16		352,1 | 495
Apg	24, 22	24, 27	392
Apg	25, 1	25, 8	246 | 248 | 347 | 369
Apg	25, 9	25, 12	495,3
Apg	25, 19		115
Apg	26, 1	26, 11	354 | 355
Apg	26, 4	26, 20	195,3 | 404 | 495,3
Apg	26, 7		165,4
Apg	26, 8		15 | 115 | 526
Apg	26, 9		62
Apg	26, 12	26, 18	392 | 398
Apg	26, 12	26, 32	400,4–6 | 404
Apg	26, 13		135,2
Apg	26, 17	26, 18	241,4 | 344,3
Apg	26, 18		73,5 | 410,3 | 453,2
Apg	26, 19	26, 23	351 | 368 | 374
Apg	26, 22		324,14 | 329,3 | 419,1.5
Apg	26, 22	26, 33	409,6
Apg	26, 23		5,7 | 69,4 | 76,1 | 94 | 97 | 112 | 115,1 | 126,7 | 154,2 | 236,5 | 495,8 | 515,8 | 519,1
Apg	26, 24		444,5
Apg	26, 24	26, 29	392 | 398
Apg	26, 30	26, 32	196
Apg	27, 1	27, 12	345 | 368
Apg	27, 13	27, 44	396 | 518
Apg	27, 21	27, 44	370
Apg	27, 23		437,1
Apg	27, 33	27, 38	398 | 418,1.2 | 420
Apg	28, 1	28, 10	368 | 398
Apg	28, 11	28, 16	191 | 262 | 263 | 362
Apg	28, 17	28, 31	145 | 191 | 193 | 262 | 263
Apg	28, 23		198,2
Apg	28, 24		196,6
Apg	28, 26	28, 27	66,4 | 129,3 | 145,5 | 166,3.6 | 168,2.3 | 196,2 | 236,1 | 277,3.4 | 392 | 432,2
Apg	28, 27		196,2
Apg	28, 28		23 | 29 | 33,1 | 57,1 | 137 | 189 | 293
Apg	28, 30	28, 31	280

Biblisches Buch	von Kapitel, Vers	bis Kapitel, Vers	Lied, Strophe (ggf.)
Röm	1, 1		139,1
Röm	1, 1	1, 7	27 | 405
Röm	1, 3		19,3 | 20,3
Röm	1, 3	1, 4	4 | 8 | 12,3 | 57,1 | 403,1
Röm	1, 4		124,1 | 128 | 131 | 132 | 134,8 | 136 | 137,1.9 | 156 | 159,3 | 160 | 189 | 196,6
Röm	1, 5		437,3
Röm	1, 7		145,3 | 425,1 | 427,1
Röm	1, 8		110,1.6 | 325,1 | 451,1
Röm	1, 10		368
Röm	1, 11	1, 12	416
Röm	1, 14	1, 17	293 | 351 | 357 | 388
Röm	1, 16		5,3 | 11,10 | 79,4 | 96 | 136,4 | 305,4 | 306,4 | 341,8 | 410,4
Röm	1, 16	1, 17	428,3
Röm	1, 17		16,2 | 90,2 | 113,5 | 276,3 | 343,1 | 406,5
Röm	1, 18		9,4 | 76,2 | 428,5
Röm	1, 18	1, 25	145 | 262 | 263 | 293 | 326
Röm	1, 19	1, 20	271,1 | 301,11
Röm	1, 21	1, 22	161,2
Röm	1, 21		428,5
Röm	1, 24	1, 32	146 | 440,4 | 441,6
Röm	1, 25		325,10 | 331,1 | 428,5 | 430,1 | 506,6
Röm	1, 26	1, 27	37,5
Röm	1, 28	1, 32	161,2
Röm	2, 1	2, 12	144 | 145 | 146 | 299 | 392,8
Röm	2, 4	2, 11	75 | 82 | 341,3 | 379,4 | 384,3
Röm	2, 4		127,7 | 225,1 | 355,11 | 360,2 | 395,2 | 512,5
Röm	2, 5		149,4 | 234,4
Röm	2, 5	2, 8	76,2
Röm	2, 7		114,3 | 153 | 167,4 | 520,3
Röm	2, 8		76,2
Röm	2, 10		425,2 | 434
Röm	2, 11		203,3 | 308,7
Röm	2, 12	2, 16	342
Röm	2, 13		196,2 | 342,5 | 423,3
Röm	2, 15		512,5
Röm	2, 16		5,7 | 149,3 | 184,4 | 199,3 | 360,5
Röm	2, 19		459,3
Röm	2, 24		331,9
Röm	3, 1	3, 8	145
Röm	3, 2		231

Biblisches Buch	von Kapitel, Vers	bis Kapitel, Vers	Lied, Strophe (ggf.)
Röm	3, 3		452,2
Röm	3, 11	3, 12	136,3 | 297,2 | 404,7
Röm	3, 13		84,11 | 273,3
Röm	3, 19	3, 28	232 | 341 | 342 | 351 | 362
Röm	3, 20		231,12 | 341,3 | 343,4
Röm	3, 21	3, 28	341 | 346,2 | 351
Röm	3, 22		113,5 | 160 | 346,2
Röm	3, 22	3, 24	452,2
Röm	3, 23		91,2.6 | 109,3 | 179,1 | 404,7
Röm	3, 23	3, 24	10,1.3 | 75 | 115,3 | 155 | 299,2 | 343,2.4
Röm	3, 24		21 | 32,4 | 38,1 | 41,2 | 82,8 | 83 | 106,5 | 111,14 | 162,3 | 512,5 | 533,2
Röm	3, 24	3, 25	16,2 | 43,2 | 44,2 | 79 | 297,4 | 350 | 484,2 | 520,3.7
Röm	3, 25		89,3 | 94,1
Röm	3, 25	3, 26	415,2
Röm	3, 26		160
Röm	3, 28		145,2 | 250,4 | 289,4 | 341,3
Röm	3, 30		412,4
Röm	4, 1	4, 5	342 | 409
Röm	4, 1	4, 8	350
Röm	4, 3		12,3 | 351,2 | 357
Röm	4, 3	4, 5	137,3
Röm	4, 4		293,2
Röm	4, 5		102 | 195,3
Röm	4, 6	4, 8	96,3
Röm	4, 7		200,4 | 315,4 | 412,6
Röm	4, 7	4, 8	11,8 | 232 | 351,5 | 353 | 355 | 413,8 | 518
Röm	4, 8		341,8
Röm	4, 13	4, 18	342 | 354,6
Röm	4, 15		342,3
Röm	4, 16		137,3
Röm	4, 16	4, 25	113 | 232 | 357 | 364
Röm	4, 17		76,1 | 179,2 | 199,1 | 294,2 | 301,3 | 452,2 | 513,3
Röm	4, 17	4, 18	311,1
Röm	4, 18		198,1 | 354,6
Röm	4, 20		305,4 | 306,4 | 326,1 | 414,4 | 443,7
Röm	4, 20	4, 21	299,4
Röm	4, 21		382,1 | 452,5
Röm	4, 24		5,7 | 76,1 | 97 | 115,1 | 126,7 | 154,2 | 236,5 | 495,8
Röm	4, 25		3,2 | 43,5.6 | 50,1.4 | 61,5 | 68,5 | 76,1 | 89,2 | 91,2.3 | 101,1.3 | 106 | 114,6 | 152,2 | 179,3 | 232 | 401,3
Röm	5, 1		58 | 71,4 | 75 | 106,5 | 111,14 | 114 | 115,3 | 126,5 |

Biblisches Buch	von Kapitel, Vers	bis Kapitel, Vers	Lied, Strophe (ggf.)
			131,5 | 140,4 | 162,1 | 165,7 | 170,3 | 179,1 | 190,1.3 | 214,3 | 222 | 276,3 | 328,2.3 | 342,6 | 405,3 | 425 | 435 | 436
Röm	5, 1	5, 2	41 | 63 | 64 | 122 | 130,3 | 155,1 | 158,4 | 250,4
Röm	5, 1	5, 5	127,3–6 | 414,3
Röm	5, 1	5, 11	79 | 331,6 | 343 | 351 | 366 | 374 | 388,6.7 | 396 | 413,1 | 416 | 452,4
Röm	5, 2		1,1 | 2 | 34,3 | 129,1 | 189 | 331,6 | 395,3 | 477,4
Röm	5, 3		63,2.3
Röm	5, 3	5, 4	415,2
Röm	5, 3	5, 5	164 | 228,3 | 352,4 | 370,4 | 371,10 | 372,5 | 384,2 | 393,5.6 | 398
Röm	5, 4	5, 13	10
Röm	5, 5		41,6 | 70,3 | 115,1 | 124,1.3 | 125,1 | 126,2.3 | 127,4 | 128 | 130,5.6 | 131 | 132 | 133,7 | 136 | 156 | 159,3 | 160 | 164 | 196,6 | 213,4 | 250,5 | 404,6 | 412,8 | 428,5 | 431,2 | 452,3 | 526,3
Röm	5, 6		81,5 | 331,8 | 515
Röm	5, 6	5, 8	415
Röm	5, 6	5, 11	346,2
Röm	5, 8		8 | 11,5 | 23,7 | 28 | 36,3 | 57,5 | 75 | 80,2 | 82,1 | 93,2 | 108,2 | 109,3 | 145,2 | 162,2 | 168,6 | 179,3 | 183,2 | 261 | 331,8 | 366 | 454,4 | 515,8
Röm	5, 8	5, 9	83,2 | 342,3 | 346,2 | 521,3
Röm	5, 8	5, 11	51 | 79 | 85,4 | 102 | 215,1.4 | 325 | 401,3 | 478,4.5
Röm	5, 9		76,2 | 92,4 | 143,8 | 195,2 | 234,5 | 276,3 | 331,8 | 520,7 | 524,6
Röm	5, 10		3,2 | 91,6 | 117,2 | 415,2 | 454,5
Röm	5, 10	5, 11	116,5 | 179,3.4 | 226,4 | 290,4 | 355,5 | 402,5 | 475,5 | 495,7 | 516,3
Röm	5, 11		410,2 | 415,1
Röm	5, 12		16
Röm	5, 12	5, 14	202,7
Röm	5, 12	5, 18	116,5
Röm	5, 12	5, 21	5 | 9 | 15 | 42,7 | 60,2 | 75 | 92,2 | 101 | 232 | 233
Röm	5, 15	5, 16	476,3
Röm	5, 15	5, 17	32,4 | 347,4
Röm	5, 15	5, 21	342,8
Röm	5, 17		126,1
Röm	5, 18		42,7 | 192
Röm	5, 18	5, 21	27 | 341,2 | 518
Röm	5, 20	5, 21	422,4 | 475,5 | 533,2
Röm	5, 20b		144,3
Röm	5, 21		32,4 | 249,5

Biblisches Buch	von Kapitel, Vers	bis Kapitel, Vers	Lied, Strophe (ggf.)
Röm	5, 22	5, 23	299,5
Röm	6, 1	6, 2	88,4 | 127,4
Röm	6, 1	6, 4	67,5
Röm	6, 3	6, 4	78,10 | 114,7.9 | 200,2 | 202,1.7 | 205,2 | 210,2 | 365,6 | 395,1
Röm	6, 3	6, 5	164
Röm	6, 3	6, 11	99 | 133,3 | 384,3.4 | 388,4.7 | 404
Röm	6, 4		5,7 | 68,4 | 76,1 | 97 | 114,2.7.9 | 115,1 | 118 | 126,7 | 127,3 | 133,3.7 | 154,2 | 160 | 164 | 200 | 201 | 212,4 | 236,5 | 244,5 | 253,5 | 260 | 297,5 | 318,5 | 343,3 | 349,2 | 390,1 | 394,3 | 495,8
Röm	6, 5		134,8 | 200,1 | 264,3
Röm	6, 6		84,12
Röm	6, 8		89,2 | 114,7 | 152,2 | 341,5 | 495,8 | 531,2
Röm	6, 8	6, 11	75,1 | 107
Röm	6, 9		5,7 | 76,1 | 97 | 115,1 | 116,1.5 | 126,7 | 154,2 | 204,4 | 236,5 | 292,4
Röm	6, 11		3,2 | 50,4 | 67,5 | 79 | 101 | 152,2 | 184,3 | 495,8
Röm	6, 12		219,3
Röm	6, 12	6, 14	347 | 362
Röm	6, 12	6, 18	295 | 373 | 387 | 388 | 400,5
Röm	6, 13		32,2.3 | 68,2 | 401 | 473,3
Röm	6, 16		331,6
Röm	6, 17		325,1 | 437,3 | 477,5
Röm	6, 19		133,12 | 386,7
Röm	6, 19	6, 23	318 | 326 | 355 | 373 | 388
Röm	6, 21	6, 23	531,3
Röm	6, 22		5,9 | 77,8 | 87,3 | 227,1 | 232,3
Röm	6, 22	6, 23	96,6 | 416 | 520,3
Röm	6, 23		60,2 | 92,2 | 101,2 | 113,6 | 116,5 | 249,5 | 341,2.3 | 472,4 | 529,1
Röm	7, 4		5,7 | 76,1 | 97 | 115,1 | 126,7 | 145,4 | 154,2 | 159,3 | 196,2–4 | 208,3 | 215,8 | 236,5 | 280,3 | 414,2 | 495,8
Röm	7, 6		67,3 | 342,4 | 394,3
Röm	7, 7		231,11
Röm	7, 7	7, 13	75 | 342 | 388
Röm	7, 7	7, 25a	192
Röm	7, 12		295
Röm	7, 14	7, 25a	46 | 146 | 299 | 341 | 389 | 390 | 404,7 | 414,1
Röm	7, 18		135,5 | 373 | 388,4
Röm	7, 19		167,2 | 342,2
Röm	7, 23		3,2 | 154,4
Röm	7, 23	7, 25a	82,1 | 343

Biblisches Buch	von Kapitel, Vers	bis Kapitel, Vers	Lied, Strophe (ggf.)
Röm	7, 24		419,3
Röm	8, 1		134,1
Röm	8, 1	8, 2	353,7 | 386,8
Röm	8, 1	8, 13	66 | 124 | 125 | 129 | 195,3 | 271 | 342,2.3 | 351,6 | 354,4 | 355,2 | 375 | 394,3 | 396
Röm	8, 2		154,4 | 341,5
Röm	8, 3		25,4 | 41,4 | 51 | 76,2 | 101,1 | 328,2 | 341,4–6 | 422,1 | 515,7
Röm	8, 4		171,4 | 342,3
Röm	8, 5		378,2
Röm	8, 5	8, 9	127,4
Röm	8, 6		425 | 481,2
Röm	8, 8		164
Röm	8, 9		124,1.3 | 128 | 131 | 132 | 136 | 156 | 159,3 | 160 | 196,6
Röm	8, 10		127,3 | 134,1
Röm	8, 11		5,7 | 76,1 | 78,10 | 97 | 115,1 | 126,7 | 154,2 | 195,1 | 236,5 | 328,2 | 495,8
Röm	8, 12	8, 17	134 | 318 | 351,7 | 365 | 388 | 389
Röm	8, 13		134,1 | 384,3 | 481,2
Röm	8, 13	8, 14	331,7
Röm	8, 14		68 | 109,4 | 162,3 | 441 | 447,8
Röm	8, 14	8, 16	104,3
Röm	8, 14	8, 21	328,4
Röm	8, 15		125,2 | 127,6 | 130 | 331,9 | 351,7
Röm	8, 15	8, 17	11,8 | 162,3 | 183,1 | 303,8 | 328,4 | 386,8
Röm	8, 16		94,5 | 136,7 | 164 | 328,4
Röm	8, 16	8, 17	134,3 | 197,1 | 200,2
Röm	8, 17		1,1 | 2 | 8,5.6 | 23,5 | 41,3 | 51,1 | 111,10 | 114,10 | 123,8 | 133,13 | 159,2 | 163 | 169,3 | 189 | 197,1 | 200,2 | 253,5 | 328,4.5 | 385,6 | 394,2 | 409,5 | 460,4 | 477,4
Röm	8, 17	8, 18	108 | 127,6 | 151,6
Röm	8, 18		73,3 | 130,3 | 150 | 252,5 | 384,2 | 399,5
Röm	8, 18	8, 23	128 | 134 | 149 | 271,6 | 388,4 | 526,6
Röm	8, 18	8, 28	148
Röm	8, 19		97,3
Röm	8, 20	8, 30	375,3
Röm	8, 21		3 | 271,6 | 360 | 382,3 | 425,2
Röm	8, 21	8, 23	91,7 | 106,4
Röm	8, 23		136 | 375,3 | 520,3
Röm	8, 23	8, 25	152,2
Röm	8, 24		354,4 | 358,2
Röm	8, 24	8, 30	124

Biblisches Buch	von Kapitel, Vers	bis Kapitel, Vers	Lied, Strophe (ggf.)
Röm	8, 25		58,9 | 79,3 | 123,8 | 152,1
Röm	8, 26		95,3 | 125,3 | 126,3 | 129,4 | 130,4 | 133,5 | 134,4 | 184,2 | 330,5 | 373,5 | 382,3 | 414,4
Röm	8, 26	8, 27	328,4.5
Röm	8, 26	8, 30	128 | 178,8
Röm	8, 27		328,4
Röm	8, 28		325,1 | 365,4 | 368,3 | 371,2 | 374 | 396,6 | 413,7 | 414,3 | 446,8 | 486,9
Röm	8, 28	8, 30	37,2 | 346,2 | 428,5
Röm	8, 29		25,3 | 33,3 | 42,6 | 57,3 | 121,1.4 | 223,4 | 341,6 | 405,1 | 410,1 | 415,4 | 515,7 | 516,2
Röm	8, 30		2,3 | 199,2 | 399,5 | 401,7 | 477,4
Röm	8, 30	8, 33	452,4
Röm	8, 31	8, 32	25,4 | 27 | 36,2.3 | 51 | 249,3 | 341,4.5 | 365 | 371,11
Röm	8, 31	8, 34	93 | 427,4
Röm	8, 31		425,1
Röm	8, 31b	8, 39	19,3 | 58 | 59 | 64 | 88,5 | 232,2 | 325 | 341,7 | 351 | 355 | 358,3 | 406 | 474 | 520,5
Röm	8, 32		3 | 5,5 | 8 | 23,7 | 24,6 | 27,1 | 28 | 33,2 | 36,3 | 39,3 | 41 | 43,5.6 | 50 | 67,2 | 68,8 | 75 | 76,1 | 80,2 | 83,3 | 89 | 91,2.3 | 101,5 | 108,2 | 145,2 | 152,2 | 162,2 | 168,6 | 179,3 | 182,7 | 183,2 | 199,4 | 331,11 | 386,3 | 427,4
Röm	8, 33	8, 34	25,4.6 | 43,5.6 | 82 | 452,4 | 525,4
Röm	8, 33	8, 39	113,5
Röm	8, 34		42,7 | 68,6 | 89 | 91,2.3 | 92 | 119 | 121 | 149,6 | 152,2 | 158,2 | 178 | 180,1 | 328,4.7 | 331,8 | 373,4 | 401,6 | 515,8
Röm	8, 35		130,3
Röm	8, 35	8, 37	34 | 81,9 | 111,11–13 | 112,4–8 | 370,1.6–8 | 396,4 | 398,1
Röm	8, 35	8, 39	63,6 | 64,6 | 123,8 | 125,3 | 157 | 531,3
Röm	8, 37		114,7 | 428,1
Röm	8, 37	8, 39	346,1
Röm	8, 38		85,9 | 112 | 325,4 | 486,7
Röm	8, 38	8, 39	3 | 90,2 | 115,5.6 | 134,7 | 179,1 | 326,5 | 440,4 | 473,3
Röm	8, 39		168,6 | 323,2 | 533,1
Röm	9, 1	9, 5	72 | 133,8 | 138 | 145 | 209 | 234 | 241,5.6 | 248
Röm	9, 3		149,5
Röm	9, 5		12,3 | 13,1 | 19,3 | 199,5 | 240,3 | 323,2 | 325,10 | 499,3 | 507,7
Röm	9, 8		196,4 | 412,4
Röm	9, 12		32,4 | 341,3 | 533,2
Röm	9, 15	9, 16	192 | 376,2
Röm	9, 16		23,6 | 81,8 | 178 | 179,3 | 215,7 | 262 | 263

Biblisches Buch	von Kapitel, Vers	bis Kapitel, Vers	Lied, Strophe (ggf.)
Röm	9, 19		361,5 | 394,4
Röm	9, 20		378,2
Röm	9, 21		127,6
Röm	9, 22		414,3
Röm	9, 26		328,4
Röm	9, 30b	9, 33	248 | 293 | 299,2.3 | 342,6.7
Röm	9, 33		452,3
Röm	10, 1	10, 4	72 | 133,8 | 145 | 146 | 234 | 241,5.6 | 248 | 350 | 357
Röm	10, 1	10, 10	325
Röm	10, 4		91,10 | 145,2 | 342,5.6
Röm	10, 5		69,2
Röm	10, 6	10, 10	482,4.5
Röm	10, 8		73,4 | 379,2
Röm	10, 8	10, 13	346 | 363,6.7
Röm	10, 9		5,7 | 76,1 | 97 | 115,1 | 126,7 | 154,2 | 176 | 236,5 | 495,8
Röm	10, 9	10, 17	159 | 166 | 194 | 196 | 346 | 363 | 365,5 | 423
Röm	10, 10		39,6 | 136,4 | 215,7 | 321,1 | 325,4 | 342,6
Röm	10, 11		351 | 452,3
Röm	10, 12		133,8 | 136,4 | 182,5 | 321,2 | 347,4 | 355,5
Röm	10, 13		345,1 | 356,1
Röm	10, 15		210,5
Röm	10, 16		245,4
Röm	10, 17		195,3 | 198,1 | 245,2
Röm	10, 18		119,4 | 136,5 | 241,1.2 | 426,1
Röm	10, 21		392,2
Röm	11, 1	11, 11	241,5.6
Röm	11, 6		299,2.3
Röm	11, 8		66,4 | 129,3 | 145,5 | 161,3 | 166,3.6 | 168,2.3 | 196,2 | 236,1 | 277,3.4 | 392 | 432,2
Röm	11, 11	11, 16	293
Röm	11, 17	11, 20	354,7
Röm	11, 17	11, 24	133,2.3
Röm	11, 20		428,1
Röm	11, 21	11, 24	355,2
Röm	11, 22		127,7
Röm	11, 23		18
Röm	11, 25	11, 32	138 | 145 | 146 | 209 | 241,5.6 | 248
Röm	11, 26		11,1 | 68,1 | 79 | 107,2 | 147,2 | 180,1
Röm	11, 26	11, 27	35,3 | 60,2 | 144,1
Röm	11, 27		325,8
Röm	11, 29		243,5

Biblisches Buch	von Kapitel, Vers	bis Kapitel, Vers	Lied, Strophe (ggf.)
Röm	11, 30		293
Röm	11, 32		88,5 | 144,4 | 192 | 350,5
Röm	11, 32	11, 36	138 | 324 | 327
Röm	11, 33		42,3 | 251,4 | 287,2 | 324,3 | 361,7.8 | 382,1 | 426,3 | 449,8
Röm	11, 33	11, 36	126 | 139 | 140 | 428,5 | 506,1
Röm	11, 35		407,3
Röm	11, 36		53 | 54 | 119,5 | 148,1 | 173 | 174 | 175 | 177 | 180 | 197,3 | 410,1 | 470 | 514,7
Röm	12, 1		32,2.3 | 43,6 | 77,8 | 131 | 364,1 | 404,3 | 439,5.6 | 449,3
Röm	12, 1	12, 2	414,1
Röm	12, 1	12, 6	415,2
Röm	12, 1	12, 8	66 | 68 | 73,6 | 165 | 200,5 | 251 | 318 | 441
Röm	12, 2		141,2 | 153 | 344,4 | 352,5 | 364,1 | 365,8
Röm	12, 3		127,5 | 214,3
Röm	12, 3	12, 6	495,2
Röm	12, 4	12, 5	412,4
Röm	12, 4	12, 16	5 | 398
Röm	12, 5		227,3 | 268,5
Röm	12, 6	12, 16	66 | 67 | 251 | 252 | 389 | 390 | 398 | 413 | 495
Röm	12, 7		195
Röm	12, 7	12, 8	358,6 | 423,3.4
Röm	12, 9		145,5.7 | 167,2 | 378,1 | 385,3 | 413,3 | 414,3
Röm	12, 9	12, 10	417
Röm	12, 10		214,3 | 393,7.8
Röm	12, 10	12, 11	413,4.8
Röm	12, 12		25,6 | 79,2 | 88,6 | 169 | 228,3 | 239,2 | 324,18 | 358,6 | 369,3 | 374,3 | 380,4 | 391,3 | 500,4 | 501,3
Röm	12, 14		56,4 | 96,4 | 133,7 | 253,4 | 415,4 | 514,5 | 515,6
Röm	12, 14	12, 21	454,5
Röm	12, 15		393,6.7 | 414,3 | 531,1
Röm	12, 16	12, 21	66 | 67 | 251 | 373 | 389 | 390 | 428 | 495
Röm	12, 16		182,5 | 183,3
Röm	12, 17		334,2
Röm	12, 18		56,4 | 170,3 | 344,5 | 425,2 | 430 | 495,5
Röm	12, 19		91,8 | 231,6 | 249,2
Röm	12, 20		56,4 | 415,4 | 428,2 | 453,3 | 514,5 | 515,6
Röm	12, 21		56,5 | 167,2 | 273 | 328,1 | 377
Röm	13, 1	13, 3	133,10
Röm	13, 1	13, 7	275 | 423,1–4 | 495
Röm	13, 7		414,4
Röm	13, 8		56,5 | 231,10

Biblisches Buch	von Kapitel, Vers	bis Kapitel, Vers	Lied, Strophe (ggf.)
Röm	13, 8	13, 10	67 | 82,7 | 251 | 269,4 | 346 | 413 | 417
Röm	13, 8	13, 14	4 | 10 | 16 | 114,1.2 | 145
Röm	13, 9		130,6 | 186 | 187 | 188 | 412,1
Röm	13, 10		56,5 | 342,6 | 412,3 | 413,4 | 419,2
Röm	13, 11		2 | 21 | 135,1 | 359,1 | 432,1 | 437,1
Röm	13, 11	13, 12	5 | 15,3 | 17 | 18,2 | 19 | 33,1 | 50,1 | 51,4 | 62,3 | 95,1 | 101,6 | 136,3 | 152,3 | 154,1.5 | 212,3 | 239,5 | 282,1.5 | 373,4 | 379,2 | 441,4–6 | 443,6 | 445,3.4 | 452,4 | 476,7 | 486,9
Röm	13, 11	13, 14	4 | 10 | 16 | 97,4 | 114,1.2 | 145 | 387,3
Röm	13, 12		18 | 23,4 | 28,5 | 40 | 70,1 | 121,2 | 136,2 | 182,4 | 200,3 | 376,3 | 383,4 | 390,3 | 426,2 | 428,5
Röm	13, 12	13, 13	459,3
Röm	13, 13	13, 14	240,2 | 440,4 | 449,6
Röm	13, 14		350,1
Röm	14, 1		393,7.8
Röm	14, 1	14, 9	386
Röm	14, 1	14, 23	127,2
Röm	14, 6		463
Röm	14, 7		8,6 | 77,8 | 117 | 182,2
Röm	14, 7	14, 8	113,7
Röm	14, 7	14, 9	36,12 | 87,5.6 | 111 | 152 | 200,5.6 | 341,5 | 345,3 | 346,2 | 384,3.4 | 478,9 | 518 | 520,5 | 522,3 | 531,2
Röm	14, 7	14, 13	128 | 391 | 393 | 398
Röm	14, 7	14, 18	424,1
Röm	14, 8		5,6.7 | 32,4 | 66,9 | 368,6 | 406,4 | 408 | 478,9 | 530,8 | 533,3 | 534,1
Röm	14, 8	14, 9	410,3
Röm	14, 9		50,5 | 87 | 107,1 | 116 | 117 | 118 | 331,8 | 515,8
Röm	14, 10		5,7 | 11,10 | 149,3.4 | 184,4 | 199,3 | 286,4 | 371,11 | 387,6 | 405,5 | 412,1
Röm	14, 10	14, 13	193,3 | 413 | 428 | 444,5 | 495
Röm	14, 11		3,4 | 126,4 | 154 | 170,1.4
Röm	14, 15		221 | 515,8
Röm	14, 17		11,3 | 113,7 | 133,6 | 157 | 182,2 | 265,2 | 425 | 426,3 | 429,3 | 430,1 | 453,3 | 531,2
Röm	14, 17	14, 19	126,5 | 384,1 | 397 | 398 | 494
Röm	14, 17	14, 23	495
Röm	14, 19		126,5 | 137,3 | 170,3 | 425 | 435
Röm	15, 1	15, 3	221,2 | 393,7.8
Röm	15, 1	15, 6	343,1
Röm	15, 1	15, 13	251
Röm	15, 2		170,3 | 342,6 | 412,3 | 413,4 | 417 | 419,2

Biblisches Buch	von Kapitel, Vers	bis Kapitel, Vers	Lied, Strophe (ggf.)
Röm	15, 3		19 | 88,2
Röm	15, 4		126,6
Röm	15, 4	15, 5	414,3 | 415,2 | 487,4
Röm	15, 4	15, 13	4 | 5 | 6 | 10 | 12
Röm	15, 5		135,2 | 160 | 183,3 | 195,2 | 520,7 | 532,1
Röm	15, 5	15, 6	246,4 | 265,3 | 453,5
Röm	15, 6		332
Röm	15, 7		17,2 | 56,4 | 235,3.4 | 331,6 | 358,4
Röm	15, 8		452,5
Röm	15, 9		97,4 | 104,1 | 167 | 169,4 | 324,1 | 326,9
Röm	15, 9	15, 11	136 | 288 | 293 | 330 | 502,3
Röm	15, 11		119,3 | 181,6 | 337 | 426,1 | 448 | 489,2
Röm	15, 12		7,4 | 23 | 30,1 | 31 | 42,2.5 | 47,2
Röm	15, 13		127,3 | 128,6 | 135,1 | 140,4 | 170,3 | 228,3 | 343,2 | 349,1 | 410,2 | 425,3 | 430 | 431,2 | 433 | 434 | 435 | 436 | 498
Röm	15, 14	15, 21	195,2 | 241 | 252
Röm	15, 14	15, 29	262 | 263
Röm	15, 16		476,3
Röm	15, 18		512,6
Röm	15, 19		119,4 | 137,1.9 | 255
Röm	15, 20		155,2
Röm	15, 22		6
Röm	15, 22	15, 29	256,3.4
Röm	15, 30		135,3 | 375,4 | 414,4 | 417
Röm	15, 32		489,1
Röm	15, 33		43 | 170,3 | 382,3 | 425 | 429,3 | 430 | 434 | 435 | 436
Röm	16, 1	16, 16	159 | 221 | 251 | 393
Röm	16, 17		197,3 | 262,3 | 263,3 | 273,2
Röm	16, 17	16, 20	164 | 246 | 347
Röm	16, 20		136,5 | 245,5 | 344,3
Röm	16, 25		41,4
Röm	16, 25	16, 27	38 | 51 | 67,2 | 72 | 93,1 | 164 | 179,1
Röm	16, 27		26 | 119,5 | 177 | 180 | 262,7 | 263,7 | 333,4 | 386,5 | 514,7
1Kor	1, 3		145,3 | 425,1
1Kor	1, 4		323,3 | 454,3
1Kor	1, 4	1, 9	138 | 204,3 | 246 | 251,4 | 347 | 397 | 404
1Kor	1, 5		389,4
1Kor	1, 7		6,2 | 122,2 | 152,1
1Kor	1, 8		63,6 | 126,3 | 130,7 | 134,6 | 148,9 | 164 | 250,5 | 252,8 | 520,4

Biblisches Buch	von Kapitel, Vers	bis Kapitel, Vers	Lied, Strophe (ggf.)
1Kor	1, 9		58,7 | 212,5 | 253 | 324,8 | 325,1 | 329,2 | 361,3 | 371,4 | 378,1 | 410,2 | 440,1 | 451,4 | 452,2 | 454
1Kor	1, 10	1, 18	127,4 | 246 | 251 | 262,3 | 263,3 | 341 | 393 | 451
1Kor	1, 17		132 | 379,4
1Kor	1, 18		79,4 | 117,2 | 223,5 | 273,1 | 297,4 | 407,2 | 410,4 | 428,3 | 468,2.5
1Kor	1, 18	1, 25	82 | 91 | 94,1.4 | 96 | 195,1 | 241 | 245 | 355 | 384 | 386
1Kor	1, 19	1, 20	270,1.2 | 271,2 | 277,2
1Kor	1, 21		533,3
1Kor	1, 23	1, 24	77,8 | 87,3 | 91,5 | 92 | 388,3
1Kor	1, 24		96 | 130,2 | 136,4
1Kor	1, 25		428,2
1Kor	1, 26	1, 27	111,7 | 114,7.8 | 256,2 | 363,5
1Kor	1, 26	1, 31	24,12 | 68 | 299 | 324 | 355 | 398 | 441
1Kor	1, 27		376,2 | 428,2
1Kor	1, 27	1, 28	111,7
1Kor	1, 28		379,3
1Kor	1, 30		21 | 35,3 | 41 | 62,3 | 64,1 | 86 | 91,2 | 130,2 | 351,4 | 386,5–8
1Kor	1, 31		91,1 | 195,1 | 300 | 302,8 | 303,8 | 318,9
1Kor	2, 1	2, 12	5 | 68 | 346 | 354 | 386,5 | 398,6
1Kor	2, 2		87,5 | 91,1 | 195,2 | 346,3
1Kor	2, 4		134,8
1Kor	2, 5		195,3 | 198,1
1Kor	2, 6	2, 9	14 | 93,1 | 137,2
1Kor	2, 7		41,4
1Kor	2, 8		80,1.4
1Kor	2, 9		4 | 147,3 | 148,2 | 152,4 | 161,3 | 315,6 | 449,12 | 503,9–11 | 524,1 | 535
1Kor	2, 9	2, 16	134
1Kor	2, 10		96,3 | 325,3
1Kor	2, 10	2, 16	125 | 126 | 129,2
1Kor	2, 12		334,5 | 424,1 | 427,4
1Kor	2, 12	2, 16	127,4.5 | 134 | 161
1Kor	2, 14		92 | 155,1 | 196,1 | 501,3
1Kor	3, 1	3, 10	124
1Kor	3, 5		346
1Kor	3, 5	3, 17	351 | 354 | 357 | 362
1Kor	3, 6	3, 8	423,3
1Kor	3, 9		4 | 351,3.7 | 354
1Kor	3, 9	3, 15	289 | 378,3
1Kor	3, 11		62 | 70,7 | 94,1 | 183,2 | 185 | 264 | 295,4 | 341 | 346,1 | 351

Biblisches Buch	von Kapitel, Vers	bis Kapitel, Vers	Lied, Strophe (ggf.)
1Kor	3, 11	3, 17	255 | 431,1.3
1Kor	3, 13		331,7
1Kor	3, 13	3, 15	412,2
1Kor	3, 16		1,4 | 124,1 | 128 | 130 | 131 | 132 | 136 | 156 | 159,3 | 160 | 165,7.8 | 166,2 | 196,6 | 328,2 | 389,2
1Kor	3, 21b	3, 23	59 | 63 | 64 | 125 | 204 | 210 | 289,4 | 346
1Kor	3, 22		486,7
1Kor	3, 23		425,1
1Kor	4, 1	4, 2	159,2 | 512,6
1Kor	4, 1	4, 5	6 | 10 | 12 | 16 | 214,3
1Kor	4, 2		265,5 | 275,1 | 302,4 | 369,4 | 406,3
1Kor	4, 5		149,3 | 459,3
1Kor	4, 5b		149,3 | 246
1Kor	4, 6	4, 8	378,2
1Kor	4, 7		324 | 495,1
1Kor	4, 9	4, 20	76 | 84,10–12 | 88,6 | 384 | 385,5.6
1Kor	4, 10	4, 13	415,4 | 416
1Kor	4, 11		324,7 | 428,4
1Kor	4, 12		56,4 | 96,4 | 415,2
1Kor	4, 13		388,3
1Kor	4, 14	4, 21	128
1Kor	4, 20		186 | 187 | 188 | 341,10
1Kor	5, 1	5, 8	127,3.4
1Kor	5, 6	5, 8	101
1Kor	5, 7		19,2
1Kor	5, 7	5, 8	99 | 106 | 107 | 113 | 373
1Kor	5, 13a		149,4 | 281,1
1Kor	5, 15		36,2.12
1Kor	6, 1	6, 8	11,10 | 149,1 | 286,4 | 371,11 | 387,6 | 405,5
1Kor	6, 2		33,3 | 115,2
1Kor	6, 3		277,5
1Kor	6, 9	6, 20	252 | 318 | 326 | 388 | 389 | 397,2
1Kor	6, 11		67,5 | 124,1 | 128 | 131 | 132 | 136 | 156 | 159,3 | 160 | 164 | 196,6
1Kor	6, 14		98 | 105 | 108,2 | 115 | 116 | 118
1Kor	6, 15		412,4
1Kor	6, 17		139,2 | 165,5
1Kor	6, 19		1,4 | 165,7 | 166,2 | 328,2 | 408,1.2 | 445,6
1Kor	6, 20		79,1 | 82,5 | 83 | 87,2.3 | 94 | 100,4 | 195,3 | 216 | 256,1 | 301,2 | 325,3 | 341,1.4 | 412,5 | 515,9
1Kor	7, 1	7, 5	231,7
1Kor	7, 5		136,5

Biblisches Buch	von Kapitel, Vers	bis Kapitel, Vers	Lied, Strophe (ggf.)
1Kor	7, 10	7, 16	238,3
1Kor	7, 15		137,3 | 170,3 | 427,2 | 430
1Kor	7, 20	7, 24	452,4 | 495,2
1Kor	7, 23		79,1 | 82,5 | 83 | 87,2.3 | 94 | 100,4 | 252,8 | 341,1.4 | 388,6.7 | 412,5
1Kor	7, 29	7, 31	63,2 | 64 | 153,2 | 295 | 392,1 | 396,4 | 528
1Kor	7, 33		121,2
1Kor	8, 1		413,6
1Kor	8, 1	8, 12	123 | 138 | 357 | 400,6
1Kor	8, 2	8, 6	23
1Kor	8, 3		20,8 | 56,3 | 480,2
1Kor	8, 5	8, 6	3,4.5
1Kor	8, 6		24,9 | 183 | 184 | 193,1 | 199,1 | 326,1 | 427,1 | 454,2
1Kor	8, 7	8, 13	251 | 344,6 | 397,2 | 413
1Kor	8, 8		11,3
1Kor	9, 1		15,2 | 66,2 | 87,3 | 303,5 | 320,8 | 392,5
1Kor	9, 10		508,1
1Kor	9, 16		84,7 | 299,2
1Kor	9, 16	9, 23	241,5.6 | 250 | 255 | 262 | 263 | 323 | 363
1Kor	9, 22		289,2
1Kor	9, 24	9, 25	144,5
1Kor	9, 24	9, 27	159,2 | 164 | 342 | 346,1 | 361,11 | 373,6 | 375,4 | 385 | 407,1 | 409 | 414,2.4 | 420
1Kor	9, 25		152,4 | 401,7
1Kor	9, 25	9, 26	130,4 | 131,5
1Kor	9, 26		376,3
1Kor	9, 27		195,3
1Kor	9, 34		70,3.7
1Kor	10, 1		259,2 | 290,2
1Kor	10, 1	10, 13	138 | 145 | 209 | 343 | 392 | 495
1Kor	10, 3		70,2 | 83,6 | 290,5
1Kor	10, 4		407,1
1Kor	10, 6		83,6
1Kor	10, 10	10, 11	233,4
1Kor	10, 11		6
1Kor	10, 13		4 | 5 | 64,1 | 128,7 | 134,7 | 186 | 187 | 188 | 324,8 | 325,1 | 344,7 | 347,6 | 370,4.5 | 371,4.6 | 372,3 | 373 | 378,1 | 449,11 | 452,2 | 532,2
1Kor	10, 16		418,3 | 427,4
1Kor	10, 16	10, 17	221 | 223 | 227,3 | 264,3 | 268,5 | 407,1
1Kor	10, 16	10, 21	213,3 | 214 | 215 | 216 | 218,2 | 222 | 251
1Kor	10, 21		215,3 | 218,6

Biblisches Buch	*von Kapitel, Vers*	*bis Kapitel, Vers*	*Lied, Strophe (ggf.)*
1Kor	10, 23		495,2
1Kor	10, 24		417
1Kor	10, 26		179,2 | 408,1 | 409,1.8 | 464
1Kor	10, 29		72,3
1Kor	10, 31		29,4 | 61,2 | 62,3 | 91,7 | 108,3 | 145,3.4 | 301,2 | 322,1 | 326,1.8 | 372,1 | 414,4 | 437,3 | 502,5 | 505,7
1Kor	10, 33		417
1Kor	11, 1		385,6
1Kor	11, 2	11, 16	155 | 156 | 159 | 161 | 165 | 166
1Kor	11, 3		112,6
1Kor	11, 3c		123,6
1Kor	11, 13	11, 15	373,1
1Kor	11, 17	11, 26	219
1Kor	11, 18		273,2
1Kor	11, 23		5,4 | 407,1 | 410,3
1Kor	11, 23	11, 25	101,7
1Kor	11, 23	11, 26	223 | 226 | 464,2
1Kor	11, 23	11, 29	213 | 214 | 215 | 217 | 218,5.6 | 222 | 405
1Kor	11, 24		418,1.2
1Kor	11, 26		59,1 | 189 | 215,7 | 226,5 | 350,3
1Kor	11, 27		215,6.7 | 218,6
1Kor	11, 27	11, 32	233
1Kor	11, 29		219,2
1Kor	11, 32		134,3 | 388,1
1Kor	12, 1	12, 11	124
1Kor	12, 3		90,1 | 124 | 127,6 | 130,5 | 131,3 | 132 | 135 | 136 | 156 | 159,3
1Kor	12, 4	12, 6	179 | 183 | 184 | 195,3 | 264,2 | 265,4 | 268,3
1Kor	12, 4	12, 11	125 | 126 | 128 | 129 | 136 | 251 | 347
1Kor	12, 6		178 | 193,3 | 512,6
1Kor	12, 8		194,3
1Kor	12, 8	12, 11	124 | 130 | 131 | 134
1Kor	12, 11		378,2
1Kor	12, 12	12, 27	128 | 221 | 251 | 252 | 273 | 377 | 412,4
1Kor	12, 13		126,5 | 133,8 | 165,5 | 182,5 | 200 | 227,3
1Kor	12, 23		91,7
1Kor	12, 24		379,3
1Kor	12, 24	12, 25	70,3 | 221
1Kor	12, 25		148,4 | 170,2 | 196,3 | 224,1 | 235,2.3 | 239,3 | 303,7 | 318,1 | 322,5 | 324,15 | 334,1 | 344,5 | 351,7 | 352,3 | 359,4 | 361,2.7 | 368,2 | 369,2 | 371 | 378,5 | 427,3 | 438,5

Biblisches Buch	*von Kapitel, Vers*	*bis Kapitel, Vers*	*Lied, Strophe (ggf.)*
1Kor	12, 27		70,3 | 227,3
1Kor	12, 27	12, 31a	221 | 251 | 252
1Kor	12, 28		137,1.9 | 241,7 | 245,2 | 423,1 | 424,2
1Kor	13, 1		271,8 | 535
1Kor	13, 1	13, 3	67,3 | 145,4 | 222,3 | 404,6
1Kor	13, 1	13, 13	221 | 251 | 384 | 393,7 | 400 | 401 | 413 | 414,2 | 415,1 | 416 | 417 | 450,3
1Kor	13, 4	13, 7	11,5 | 41,3 | 81,6 | 83,3 | 294,1 | 301,1 | 405 | 451,9
1Kor	13, 8		42,3
1Kor	13, 12		6,5 | 20,8 | 50,5 | 56,3 | 94,4 | 142,6 | 154,3 | 155,3 | 259,3 | 268 | 379,1 | 390,3
1Kor	13, 13		194,2 | 245,2.3 | 262,5 | 263,5 | 343 | 356,2 | 407,2 | 473,2
1Kor	14, 1		334,5 | 531,2
1Kor	14, 1	14, 19	194
1Kor	14, 1	14, 25	126 | 156
1Kor	14, 2		127,2
1Kor	14, 3		136,1
1Kor	14, 15		11,2 | 35,4 | 104,1 | 167 | 288,4 | 304,2 | 325,8 | 328,3 | 503,11
1Kor	14, 19		330
1Kor	14, 25		52,4 | 154,3 | 170,1.4 | 427,5
1Kor	14, 26	14, 33	123,10 | 195,3
1Kor	14, 33		14,2 | 42,5 | 63,6 | 206,4 | 248,7 | 255,8 | 382,3 | 421 | 425,g | 426,3 | 427,2 | 429,3 | 430 | 435 | 436 | 485,6
1Kor	14, 40		63,6
1Kor	15, 1	15, 5	112
1Kor	15, 1	15, 11	101 | 102 | 103 | 106 | 107 | 109 | 354 | 355 | 357 | 405,3 | 419,1.5
1Kor	15, 1	15, 28	108
1Kor	15, 1	15, 58	5,7 | 76,1 | 126,7 | 129,4 | 134,8 | 154,2 | 236,5 | 495,8
1Kor	15, 2		117,3
1Kor	15, 3		43,5.6 | 50,1 | 276,5 | 331,8 | 346,2 | 515,8
1Kor	15, 3	15, 4	103,2 | 107,1 | 109 | 117 | 118
1Kor	15, 3	15, 5	111 | 116
1Kor	15, 4		50,3 | 98,3 | 100,1 | 108 | 111 | 112 | 115 | 116,1.5 | 123 | 189 | 515,8
1Kor	15, 4	15, 5	114,1
1Kor	15, 10		323,3 | 484,2 | 533,2
1Kor	15, 12		103,4 | 108 | 111 | 112 | 114 | 115 | 118 | 123
1Kor	15, 12	15, 14	515,8
1Kor	15, 12	15, 17	189
1Kor	15, 12	15, 20	101 | 105 | 106 | 107 | 113 | 116 | 117 | 155 | 191

Biblisches Buch	von Kapitel, Vers	bis Kapitel, Vers	Lied, Strophe (ggf.)
1Kor	15, 12	15, 28	99
1Kor	15, 13	15, 17	117,1
1Kor	15, 15	15, 16	133,13
1Kor	15, 16		93,3 | 97
1Kor	15, 17	15, 19	105,2 | 109
1Kor	15, 20		97 | 98,3 | 99 | 116 | 117 | 189 | 384,3.4 | 409,6 | 515,8 | 519,1 | 522,4
1Kor	15, 20	15, 25	108,2
1Kor	15, 20	15, 28	50,5 | 101 | 106 | 112 | 113 | 114 | 115 | 118 | 123 | 191 | 516 | 526
1Kor	15, 22		78,10
1Kor	15, 22	15, 23	92,2 | 113,5
1Kor	15, 23		93,3
1Kor	15, 24		248,7
1Kor	15, 24	15, 28	111,9
1Kor	15, 25		109,4 | 123,1 | 325,4 | 371,2 | 375,4
1Kor	15, 26		111,10 | 113,6 | 115 | 179,4
1Kor	15, 27		270,5
1Kor	15, 28		199,5 | 375,4 | 399,6
1Kor	15, 30	15, 31	513 | 518
1Kor	15, 35	15, 44a	99 | 100 | 101 | 108 | 112 | 113 | 370,12 | 384,3.4
1Kor	15, 36		20,4 | 98,1
1Kor	15, 37		160
1Kor	15, 38		378,2
1Kor	15, 41		403,3
1Kor	15, 42	15, 44	50,5 | 93,3 | 133,13 | 326,2.3 | 403 | 520,1 | 522,3 | 526,4–7
1Kor	15, 43a		123,9 | 253,5 | 401,7 | 428,2 | 477,4
1Kor	15, 45		370,2 | 432,1
1Kor	15, 47		289,3 | 432,1
1Kor	15, 49		140,4 | 401,1
1Kor	15, 50		388,7 | 497,6
1Kor	15, 50	15, 58	66,4 | 99 | 100,2 | 101 | 102 | 104 | 105 | 106 | 108 | 112,4 | 113 | 114,8 | 116 | 123 | 150 | 154,6 | 178,7 | 182,8 | 191 | 375,1 | 384,4 | 520,1
1Kor	15, 51	15, 52	149,2 | 363,6 | 431,3 | 526,7
1Kor	15, 51	15, 57	93,3.4
1Kor	15, 52		93,3 | 520,1.2
1Kor	15, 53	15, 54	401,7 | 477,4 | 520,5
1Kor	15, 54		85 | 162,2.4 | 179,4 | 195,2
1Kor	15, 54	15, 55	122,1
1Kor	15, 54	15, 57	113

Biblisches Buch	von Kapitel, Vers	bis Kapitel, Vers	Lied, Strophe (ggf.)
1Kor	15, 54	15, 58	341,8
1Kor	15, 55		39,2	42,6	66,8	74,2	86,1	93,4	101,3.4	106,3	107,1	108,2	111,9	112	114	116,1	118	123	189	204,4	292,4	325,4	354,4
1Kor	15, 55	15, 56	104
1Kor	15, 55	15, 57	20,4	25,4	38,2	54	87,3	97	359,6	364,3	409,6	488,4	489,2	515,8	525,4
1Kor	15, 56	15, 57	101,4
1Kor	15, 57		15,1	74,2	81,9	94,4	100,2	106,3	107,1	108,2	109,4–6	111,1.14	112,2	114,6	115,1	118	122,1	123	126,5	134,6	136,2	154,6	162,1	182,8	223,5.6
1Kor	15, 58		67,3	157	198,2	246,6	343,4	419	496
1Kor	16, 1	16, 4	82,7	251,3.5	252,3.4	413
1Kor	16, 9		135,3	256,4
1Kor	16, 13		114,10	133,12	151,1	154,1	164	244,4	391,2	414,4	440,4
1Kor	16, 14		76,2	82,7	215,8	393,7	413	417
1Kor	16, 18		252,3
1Kor	16, 22		1	2,3
1Kor	16, 23		145,3	347
2Kor	1, 2		145,3	425,2
2Kor	1, 3		2	4,5	100,4.5	139,5	160	195,2	240,3	323,2	327,4	341,4
2Kor	1, 3	1, 4	383,2	453,5	520,4.7
2Kor	1, 3	1, 5	135,2	415,2	416	418,2	532,1
2Kor	1, 3	1, 6	326,1.4
2Kor	1, 3	1, 7	98	364	396	414,3	523
2Kor	1, 4		117	487,4
2Kor	1, 4	1, 5	169,3
2Kor	1, 4	1, 7	416
2Kor	1, 5		276,4	297,4
2Kor	1, 8	1, 11	121,4	244	294,2	345	346	365
2Kor	1, 9		343,2
2Kor	1, 10		100,3	276,5	326,4	344,8
2Kor	1, 11		135,3
2Kor	1, 12		292,3	453,3
2Kor	1, 15	1, 17	368
2Kor	1, 18	1, 22	8	9	12
2Kor	1, 18	2, 4	196	280
2Kor	1, 20		55,3	115,3	167,1	328,7	345,5
2Kor	1, 21		125,2	126,2	130,2.4	133,4	157
2Kor	1, 21	1, 22	341,8	354,4

Biblisches Buch	von Kapitel, Vers	bis Kapitel, Vers	Lied, Strophe (ggf.)
2Kor	1, 22		136
2Kor	2, 4		170,3
2Kor	2, 5	2, 11	262 | 263 | 344,6 | 353
2Kor	2, 7		96,3
2Kor	2, 9		256,1
2Kor	2, 10		412,6
2Kor	2, 11		6,4 | 114,8 | 134,6.7 | 136,5 | 143,6 | 179,4
2Kor	2, 12	2, 17	188 | 195 | 262 | 263
2Kor	2, 14		94,4 | 123 | 154,6 | 182,8 | 325,1
2Kor	2, 17		193
2Kor	3, 3	3, 9	65,1 | 161 | 295 | 355
2Kor	3, 4		521,3
2Kor	3, 4	3, 6	345
2Kor	3, 5		256,2
2Kor	3, 5	3, 6	128,4
2Kor	3, 6		126 | 128
2Kor	3, 8		72 | 131,4
2Kor	3, 10	3, 11	38,3 | 147,3 | 150,6.7 | 300 | 535
2Kor	3, 12		328,6
2Kor	3, 12	3, 18	67 | 72 | 125 | 134,2 | 136,3 | 165,7.8 | 184,2 | 388,5
2Kor	3, 17		131 | 136,3 | 425,2
2Kor	3, 18		38,3 | 101,6 | 124,2 | 125,2 | 126,3 | 129,1 | 130,1 | 388,6 | 515,6
2Kor	4, 1		137,1.9 | 277 | 355
2Kor	4, 1	4, 6	416
2Kor	4, 3	4, 4	145,5
2Kor	4, 3	4, 6	70 | 71 | 72 | 389,3 | 441 | 442,5.6 | 450
2Kor	4, 3	4, 10	67 | 73,2.5
2Kor	4, 4		74,3 | 136,6
2Kor	4, 6		3,3 | 37,3 | 38,3 | 40,2.4 | 73,3–6 | 74,1 | 93,1 | 101,6 | 110,5 | 124,2 | 125,2 | 126,3 | 128,1–3 | 129,1 | 130,1 | 131,4 | 134,1 | 135,1 | 136,1.6 | 154 | 158,1 | 161,2 | 162,1 | 171,2 | 184,3 | 251,1.5.7 | 277,5 | 280,1 | 297,6 | 305,4 | 306,4 | 325,4 | 334,3 | 342,6 | 347,3 | 383,3 | 390,1 | 409,4 | 415,1 | 428,5 | 440,2.4 | 452,5 | 454,2 | 455 | 459,1 | 477,2 | 479,2 | 497,4 | 501,3
2Kor	4, 6	4, 10	67 | 95,2 | 346,5
2Kor	4, 7		127,6.7 | 324,14
2Kor	4, 7	4, 18	151,6–8 | 345,2 | 351 | 370,2 | 384 | 430,3
2Kor	4, 8		301,10 | 430,4
2Kor	4, 8	4, 10	58 | 254,1 | 414,3
2Kor	4, 9		427,2 | 531,3

Biblisches Buch	von Kapitel, Vers	bis Kapitel, Vers	Lied, Strophe (ggf.)
2Kor	4, 10		253,3
2Kor	4, 10	4, 11	135,5
2Kor	4, 11		200,6
2Kor	4, 13		137,1.9	195,3	292,4
2Kor	4, 14		108,2	115	116	522,4.5
2Kor	4, 15		321,3	323,3	328,6
2Kor	4, 16		67,5	404
2Kor	4, 16	4, 18	108	372,4	391,2
2Kor	4, 17		127,6	130,3	148	150
2Kor	4, 17	4, 18	73,9	343,1	394,2
2Kor	5, 1		133,13	167,4	320,6	324,12	449,2
2Kor	5, 1	5, 2	153
2Kor	5, 1	5, 10	63,4	149	150,2.4	481,4	529,6–11
2Kor	5, 1	5, 19	346
2Kor	5, 2		21	109,5
2Kor	5, 2	5, 4	375,3
2Kor	5, 5		136	220
2Kor	5, 6	5, 8	399,7
2Kor	5, 7		152,3	155,2.3	184,5	351,9	358,2	531,1
2Kor	5, 8		5,5	122	407,3
2Kor	5, 8	5, 9	35	517
2Kor	5, 9		165,4	232,4
2Kor	5, 10		5,7	11,10	184,4	193,3	199,3	371,11	387,6	405,5	478,5
2Kor	5, 12		103,4
2Kor	5, 14		331,8	409,6	415,1
2Kor	5, 14	5, 15	89
2Kor	5, 14	5, 21	79	85
2Kor	5, 14b	5, 21	83	84	92	232	351	354
2Kor	5, 15		8,6	32,4	66,6	75,1	77,8	111	113,7	117	118	189	215,8	402,1	408,6	457,1
2Kor	5, 16		405,5
2Kor	5, 17		61	96,3	106,4	108	110	127,3.6	133	134,6	160	164	230	253,2	318,5	343,3	383,1	390	404,5
2Kor	5, 18		3,2	117,2	245,2	366,3.4
2Kor	5, 18	5, 21	415,2	454,5
2Kor	5, 19		16,2	21	25,4	29	44,2	89,3	115,3	116,5	162,3	179,1.3	213,2	226,4	355,2	402,5	410,2	413,8	427,4	452,4.5
2Kor	5, 19	5, 20	43,2
2Kor	5, 20		127,2	201	260	262	263	343
2Kor	5, 20	5, 21	144,6

Biblisches Buch	von Kapitel, Vers	bis Kapitel, Vers	Lied, Strophe (ggf.)
2Kor	5, 21		23,7 | 50,3 | 62,3 | 77,1 | 83,2 | 84,2 | 86,3 | 91,3 | 102,2 | 190 | 192 | 350
2Kor	6, 1		419
2Kor	6, 1	6, 10	79 | 138 | 346 | 347,5 | 362 | 366,2 | 370 | 384 | 398,1 | 414,3 | 416
2Kor	6, 2		12,4 | 17,1 | 110 | 145,3 | 152 | 168,1 | 363,5.6 | 441,5 | 518
2Kor	6, 4	6, 5	107,2 | 345,1
2Kor	6, 6		194,3 | 413
2Kor	6, 7		136,2 | 426,2
2Kor	6, 9		113,4 | 413
2Kor	6, 9	6, 10	107,2 | 135,5.6 | 396,6
2Kor	6, 9a		294,2
2Kor	6, 10		169 | 420
2Kor	6, 11	6, 13	415,1 | 454,1.6
2Kor	6, 14		459,3
2Kor	6, 14	6, 16	51 | 60,2 | 62 | 72 | 138 | 389
2Kor	6, 14	7, 1	76 | 79 | 82 | 135,6 | 295 | 387
2Kor	6, 16		166,2 | 182,5
2Kor	6, 16	6, 17	165,7
2Kor	6, 16b		15,1 | 39,1 | 125,1 | 150,4 | 200,1.4 | 257,4 | 275,3 | 282,4 | 286,2 | 288,3 | 341,7 | 346,4 | 351,4 | 370,11.12 | 377,1 | 402 | 473,1 | 479 | 530
2Kor	6, 17		165,7 | 252,6 | 255,4 | 388,4 | 393,3 | 453,2
2Kor	7, 1		309,2 | 386,7
2Kor	7, 4		328,6 | 396,6 | 398 | 416
2Kor	7, 5		301,10
2Kor	7, 5	7, 7	275
2Kor	7, 6		309,3 | 326,4 | 382,3
2Kor	7, 6	7, 16	330,5 | 404
2Kor	7, 8	7, 13	75 | 80,1–4 | 82 | 85,4 | 113,6 | 384
2Kor	7, 9	7, 11	144,2.7 | 234 | 299 | 366 | 392
2Kor	7, 10		217,3 | 334,4
2Kor	7, 14		452,3
2Kor	8, 1	8, 2	311,3
2Kor	8, 1	8, 15	251
2Kor	8, 1	8, 24	165,1
2Kor	8, 2		27,5 | 398
2Kor	8, 5		404,6
2Kor	8, 9		11,4 | 23,6 | 24,11 | 27,5 | 37,6.8 | 38,2 | 41,7 | 42 | 51,3 | 57,2 | 93,2 | 94 | 158,2 | 251,3 | 405,1 | 428,2.4
2Kor	8, 11		495,2
2Kor	8, 14		428,2

Biblisches Buch	*von Kapitel, Vers*	*bis Kapitel, Vers*	*Lied, Strophe (ggf.)*
2Kor	9, 1	9, 5	221 | 397,2 | 413
2Kor	9, 6		411
2Kor	9, 6	9, 10	512,2
2Kor	9, 6	9, 15	302 | 322 | 323 | 324 | 326,7 | 342,6 | 413 | 414,2 | 463 | 465 | 502 | 505 | 513
2Kor	9, 7		43,6
2Kor	9, 8		170,2 | 347,4 | 443 | 452,3
2Kor	9, 8	9, 9	266,4
2Kor	9, 9		158,2 | 231,8 | 309,3
2Kor	9, 10		461
2Kor	9, 10	9, 11	365
2Kor	9, 10	9, 15	76,2 | 163
2Kor	9, 13		69,4 | 136,4 | 464
2Kor	9, 15		12,1 | 75,3 | 76,2 | 77,8 | 160 | 458
2Kor	10, 1	10, 6	134 | 138 | 426,2
2Kor	10, 3	10, 6	125,3 | 130,4 | 131,5 | 133,12 | 275,3 | 297,5
2Kor	10, 4		136,2 | 318,9
2Kor	10, 5	10, 6	437,3
2Kor	10, 7		221
2Kor	10, 12b		273
2Kor	10, 13		495,2
2Kor	10, 15		36,11 | 66,2 | 195,3 | 282,6 | 316,5 | 317,5 | 445,6
2Kor	10, 16		241,2.6 | 255
2Kor	10, 17		24,12 | 195,1
2Kor	11, 1	11, 6	246 | 275 | 378,2
2Kor	11, 3		106,2
2Kor	11, 13	11, 15	193 | 246,4 | 249,3 | 273,2 | 373,1 | 387,1
2Kor	11, 14		375,2
2Kor	11, 22	11, 23	243 | 259 | 529
2Kor	11, 22	11, 33	351 | 377
2Kor	11, 23	11, 25	117,3
2Kor	11, 26	11, 33	330,5
2Kor	11, 31		325,10 | 507,7
2Kor	12, 1		96,4
2Kor	12, 1	12, 10	325 | 351 | 355 | 370 | 372,3.4
2Kor	12, 4		96,1 | 148,2 | 347,1.4
2Kor	12, 7		375
2Kor	12, 9		94,4 | 111,13 | 114,6 | 115,4.5 | 145,2.3 | 210,4 | 256 | 262,6 | 263,6 | 299,4 | 323,3 | 325,5.10 | 342,8 | 343,5 | 347,1 | 372,2 | 376,2 | 407,2 | 428,2.3 | 447,8 | 452,3
2Kor	12, 9	12, 10	358,3 | 430,3
2Kor	12, 10		135,5 | 211,5 | 324,13 | 370,7

Biblisches Buch	von Kapitel, Vers	bis Kapitel, Vers	Lied, Strophe (ggf.)
2Kor	12, 11	12, 18	221 | 251,6 | 416
2Kor	12, 12		137,1.9
2Kor	12, 19	12, 21	368
2Kor	12, 20		428,5
2Kor	13, 3	13, 6	366
2Kor	13, 4		67,4 | 85,3 | 94,4 | 102,3 | 108,2
2Kor	13, 5		114,2
2Kor	13, 11		1 | 2 | 6 | 17,2 | 19 | 20 | 34 | 43 | 99 | 129,1 | 170,3 | 382,3 | 425 | 427,2 | 429,3 | 434
2Kor	13, 11	13, 13	114 | 126 | 139 | 239,1 | 265,4 | 347 | 430 | 435 | 436
2Kor	13, 13		145,3 | 168,6 | 177 | 180 | 214,3 | 252,2 | 253,1 | 264,3 | 417 | 475,8
Gal	1, 1		5,7 | 76,1 | 97 | 115,1 | 126,7 | 154,2 | 236,5 | 495,8
Gal	1, 1	1, 5	355
Gal	1, 3		145,3
Gal	1, 3	1, 4	94,2
Gal	1, 4		8,4 | 21 | 28 | 32,4 | 34,2 | 51,1.5 | 82,2 | 94,1.2 | 98 | 139,2 | 276,5 | 341,7 | 472,3.4 | 476,3
Gal	1, 5		53 | 54 | 177 | 180
Gal	1, 6		343,4
Gal	1, 8		341,10
Gal	1, 11	1, 12	193 | 195 | 196,1
Gal	1, 11	1, 24	241 | 245 | 354 | 355 | 400,4–6
Gal	1, 15		37,2 | 139,1 | 325,2
Gal	1, 15	1, 16	131,3
Gal	2, 1	2, 10	320
Gal	2, 2		414,4 | 419,1.5
Gal	2, 10		36,10 | 41,7 | 415,3
Gal	2, 11	2, 16	342 | 346
Gal	2, 16		75 | 179,1 | 250,4 | 343,4 | 384,3
Gal	2, 16	2, 21	299 | 341 | 342 | 346 | 406
Gal	2, 17		109,3
Gal	2, 20		21 | 32,4 | 34,2 | 36,10 | 41,7 | 51,1 | 61 | 66,6.9 | 77,8 | 83 | 86,1 | 88,5 | 94,2 | 98,1 | 117 | 127,3 | 150,2 | 165,5.8 | 344 | 351,10 | 402,1 | 408,6 | 427,4 | 477,2
Gal	2, 20b		8,4 | 139,2
Gal	3, 1		392,1
Gal	3, 1	3, 5	124,2 | 125
Gal	3, 1	3, 18	342
Gal	3, 5		334,5
Gal	3, 6		137,3 | 351,2
Gal	3, 8	3, 9	137,3 | 331,9

Biblisches Buch	*von Kapitel, Vers*	*bis Kapitel, Vers*	*Lied, Strophe (ggf.)*
Gal	3, 8b		308,9.10 | 311,2 | 395,2
Gal	3, 9		311,2
Gal	3, 10		343,2
Gal	3, 11		16,2 | 91,3 | 113,5 | 406,5
Gal	3, 13		68,1 | 75,1 | 83,2 | 85,3 | 86,3 | 91,3 | 97,1 | 152,2 | 184,3
Gal	3, 13	3, 14	66,2.3 | 84,5
Gal	3, 14		58,11 | 160 | 163 | 170 | 171 | 174 | 203,5 | 214,3 | 239,1.2 | 252,7 | 281,3 | 294,4 | 311,2.3 | 316,4 | 317,4 | 330,5 | 347,4 | 348 | 352,1 | 361,4 | 369,7 | 374,3 | 394,2 | 395,2 | 446,9 | 451,5 | 457,4–10 | 494,1–3 | 496 | 497,1 | 503,13
Gal	3, 15	3, 22	343
Gal	3, 15	3, 29	342,1 | 452
Gal	3, 18		343,4
Gal	3, 20		412,4
Gal	3, 22		144,4
Gal	3, 23	3, 29	351 | 372
Gal	3, 24		342,6
Gal	3, 26		25,6 | 104,3 | 109,4 | 162,3 | 183 | 328,4 | 412,4
Gal	3, 26	3, 27	114,10 | 200,1 | 205,2 | 353,4 | 442,8 | 530,5
Gal	3, 28		133,8 | 165,5 | 182,5 | 251,5
Gal	3, 29		409,5
Gal	4, 1		235,4
Gal	4, 1	4, 7	12 | 23 | 25 | 28 | 30,2 | 38 | 42 | 51 | 56 | 342,4
Gal	4, 2		341,5
Gal	4, 3	4, 5	3,1.2
Gal	4, 4		54,3 | 56,1 | 57,1 | 73 | 403,1 | 419,3 | 452,5
Gal	4, 4	4, 5	8 | 16,2 | 23,3 | 24,3 | 42,2 | 67,2 | 191 | 223,1 | 341,5 | 342,3 | 379,3 | 409,4 | 425
Gal	4, 5		130 | 183,1
Gal	4, 6		169,1.5 | 207,2
Gal	4, 6	4, 7	70,3 | 125 | 126,3 | 328,4.5 | 351,7
Gal	4, 7		8,5.6 | 23,5 | 51,1 | 94,5 | 134,3 | 159,2 | 162,3 | 163 | 197,1 | 200 | 409,5
Gal	4, 9		135,7 | 400,4 | 457,10
Gal	4, 12	4, 20	275
Gal	4, 16		429,2
Gal	4, 22	4, 31	75 | 396
Gal	4, 26		122,2 | 147,3 | 150 | 535
Gal	5, 1		3,2 | 19,2 | 94,5 | 103,5.6 | 109 | 116,5 | 144,5 | 150,5 | 154,4 | 254,4 | 363,2 | 386,1 | 401,5 | 419,3 | 425,2 | 520,4

Biblisches Buch	von Kapitel, Vers	bis Kapitel, Vers	Lied, Strophe (ggf.)
Gal	5, 1	5, 6	341 | 351
Gal	5, 1	5, 11	246 | 342 | 346 | 388
Gal	5, 5		58,9 | 123,8 | 137,1.9
Gal	5, 6		134,2 | 194,2 | 297,6 | 343,1 | 414,2 | 417
Gal	5, 9		101,7
Gal	5, 11	5, 23	240,2
Gal	5, 13		82,7 | 251,3 | 425,2
Gal	5, 13	5, 15	417
Gal	5, 14		56,5 | 186 | 187 | 188 | 412,1 | 417
Gal	5, 16		171,4
Gal	5, 16	5, 17	195,3
Gal	5, 16	5, 25	130,6.7 | 133,6.7 | 343 | 351,7 | 365 | 367,2 | 388 | 389 | 396 | 438,3.4
Gal	5, 17		78,10 | 343,5
Gal	5, 18		81,10 | 325,4 | 328,2 | 494,5
Gal	5, 22		113,7 | 134,2 | 159,3 | 166,4 | 195,3 | 196,5.6 | 231,6 | 250,5 | 265,2 | 358,4 | 414,2 | 425 | 430,3 | 501,4
Gal	5, 22	5, 23	145,4
Gal	5, 24		82,5 | 84,12 | 87,5 | 373,2 | 388,7 | 404,5
Gal	5, 25		81,10 | 134,1 | 171,4
Gal	5, 25	6, 10	345 | 369
Gal	5, 26		449,6
Gal	6, 1		344,6
Gal	6, 1	6, 10	128 | 251 | 252
Gal	6, 2		240,2 | 253,4 | 254,3 | 368,4 | 393,7.8 | 428 | 495
Gal	6, 2	6, 5	418,1.2
Gal	6, 7	6, 8	76,2 | 344,4 | 373,2
Gal	6, 8		96,6 | 134,1 | 520,3
Gal	6, 9	6, 10	161,2 | 413,3.7
Gal	6, 14		87,5 | 91 | 111,4.13 | 195,2 | 345,4 | 346,3 | 350 | 488,5
Gal	6, 14	6, 15	404,5
Gal	6, 15		127,3.6 | 134,6 | 160 | 164 | 194,2 | 230 | 318,5 | 390,2 | 404,1
Gal	6, 17		253,3
Gal	6, 18		135,1 | 145,3 | 347
Eph	1, 2		145,3
Eph	1, 3		58,11 | 103,1 | 109,1 | 140,1.5 | 163 | 170 | 171 | 174 | 186 | 187 | 188 | 203,5 | 214,3 | 239,1.2 | 252,7 | 281,3 | 294,4 | 311,2.3 | 316,4 | 317,4 | 330,5 | 347,4 | 348 | 352,1 | 361,4 | 369,7 | 374,3 | 389,4 | 394,2 | 395,2 | 398,1 | 446,9 | 451,5 | 457,4–10 | 466 | 485,6 | 494,1–3 | 496 | 497,1
Eph	1, 3	1, 6	414,4

Biblisches Buch	von Kapitel, Vers	bis Kapitel, Vers	Lied, Strophe (ggf.)
Eph	1, 3	1, 14	126 | 138 | 139 | 191 | 250,1 | 289 | 302 | 321 | 325
Eph	1, 4		30,2 | 37,2 | 199,2 | 409,5
Eph	1, 4	1, 5	70,5 | 204,1 | 211,3 | 354,1 | 401,2
Eph	1, 6		471,4
Eph	1, 6	1, 7	350,3
Eph	1, 7		21 | 34,2 | 102 | 114,10 | 123,5 | 158,3 | 164 | 189 | 195,2 | 226,3 | 325,3 | 329,3 | 331,8 | 397,1 | 410,3 | 484,2 | 485,5 | 520,3.7 | 524,6
Eph	1, 7	1, 8	476,3
Eph	1, 7	1, 10	24,3
Eph	1, 9		41,4 | 66,1
Eph	1, 9	1, 10	30,2 | 93,1 | 154,3
Eph	1, 10		3 | 8,3 | 16,2 | 24,3 | 30,2 | 42,2 | 54,3 | 56 | 57 | 73 | 153 | 427,4 | 454,5 | 531,2
Eph	1, 11		163 | 328,5 | 486,5
Eph	1, 11	1, 12	145
Eph	1, 11	1, 14	200,1.2 | 389 | 409,5 | 443,1
Eph	1, 13		2,3 | 62,1 | 171,4 | 197,2 | 277,2.5
Eph	1, 13	1, 14	136
Eph	1, 14		21 | 32,1 | 34,3 | 37,2 | 83,4 | 133,4 | 145,1 | 165,3 | 200,3 | 204 | 220 | 256,1 | 290,1 | 309,4 | 389,5 | 408,2 | 445,6 | 469,6 | 485,2.3
Eph	1, 15	1, 23	67 | 68 | 72 | 123 | 344 | 346 | 395,3
Eph	1, 17		3,1 | 334,5 | 427,1
Eph	1, 17	1, 19	130 | 131 | 166,4 | 404,4
Eph	1, 18		3,1 | 414,2
Eph	1, 18	1, 20a	415,1
Eph	1, 19		128,6
Eph	1, 20		5,7 | 23,3 | 76,1 | 97 | 121 | 126,7 | 154,2 | 180,1.3 | 236,5 | 495,8
Eph	1, 20b	1, 21	119,2 | 189
Eph	1, 20b	1, 23	112,5–7 | 115,1.2 | 121 | 123 | 396,2.3
Eph	1, 22		123,6.7
Eph	1, 22	1, 23	91,8 | 227,3.4 | 250,3 | 252,1.2
Eph	2, 1		68,2 | 96,3 | 102,1 | 114,6 | 116
Eph	2, 1	2, 10	75 | 293 | 354 | 355 | 388 | 450
Eph	2, 3		342,3
Eph	2, 4		115,3 | 213,4 | 251,4 | 325,8 | 334,5 | 355,5 | 376,2 | 415,3
Eph	2, 4	2, 10	75 | 135 | 160 | 164 | 299 | 342 | 343 | 354 | 388 | 450
Eph	2, 5		68,2 | 96,3 | 102 | 116 | 331,10 | 533,2
Eph	2, 5	2, 7	115 | 328,6 | 427,5 | 450 | 526
Eph	2, 5	2, 8	410,4

Biblisches Buch	von Kapitel, Vers	bis Kapitel, Vers	Lied, Strophe (ggf.)
Eph	2, 6		113,7 | 122,2 | 152 | 153 | 219,2
Eph	2, 7		107,2 | 123,5 | 342,8
Eph	2, 8		10,1 | 16,2 | 23,6 | 79 | 89 | 150 | 155 | 179,1 | 241 | 245 | 343,4 | 452,4
Eph	2, 8	2, 9	378
Eph	2, 10		32,4 | 447,8
Eph	2, 11		133,2
Eph	2, 13		15,3 | 17 | 18,1 | 19 | 52,3 | 79 | 95,1 | 152,3 | 212,3 | 239,5 | 282,1.5 | 350 | 379,2 | 486,9 | 520,7 | 530
Eph	2, 13	2, 14	41,1.2 | 179
Eph	2, 14		26 | 33,1 | 43,4 | 45 | 46,3 | 47,4 | 48,3 | 54,1 | 56 | 130,6 | 170,3 | 206,4 | 248,7 | 422,3 | 435 | 436 | 485,6
Eph	2, 14	2, 16	345,4 | 415,4
Eph	2, 14	2, 18	7 | 12 | 18 | 190 | 354 | 414,1 | 425 | 430
Eph	2, 14a		179,1
Eph	2, 15	2, 16	123,5 | 386,2
Eph	2, 16		94 | 96,2 | 454,5
Eph	2, 17		18 | 26 | 33,1 | 43,4 | 45 | 46,3 | 47,4 | 48,3 | 49 | 52 | 53 | 54,1 | 56 | 71,4 | 179,1 | 430,1
Eph	2, 17	2, 22	124 | 125 | 127 | 130 | 250 | 363 | 529
Eph	2, 19		168,1 | 221 | 326
Eph	2, 19	2, 22	124 | 125,1 | 133,13 | 245 | 254 | 354 | 357
Eph	2, 20		137,1.9 | 144,6
Eph	2, 21	2, 22	255,7
Eph	2, 22		124,1 | 128 | 131 | 132 | 136 | 156 | 159,3 | 160 | 196,6
Eph	3, 1	3, 7	293
Eph	3, 2	3, 6	66,1 | 70 | 71
Eph	3, 3	3, 6	135,3
Eph	3, 4	3, 9	41,4
Eph	3, 7		305,4 | 306,4 | 428,3
Eph	3, 8		123,5
Eph	3, 8	3, 12	66 | 67 | 71 | 257 | 262 | 263
Eph	3, 9		119,5 | 301,4
Eph	3, 12		223,5 | 343,2
Eph	3, 13		430,4
Eph	3, 14		93,2
Eph	3, 14	3, 17	3,4 | 407,2 | 427,1
Eph	3, 14	3, 21	124 | 125 | 126 | 128 | 130 | 139 | 251,4 | 264,1 | 325 | 328 | 399
Eph	3, 15		186 | 187 | 188 | 206,3 | 227,5 | 423,8
Eph	3, 16		67,5 | 114,10 | 123,5 | 133,12 | 164 | 305,4 | 306,4 | 428,3
Eph	3, 16	3, 17	24,3 | 41,7 | 132 | 134,6 | 137,2 | 210,3 | 211,5 | 252 |

Biblisches Buch	von Kapitel, Vers	bis Kapitel, Vers	Lied, Strophe (ggf.)
			404,7
Eph	3, 17		1,3–5	10,4	11,6	24,13	51,2	55,3	62,2	70,1	83,4	84,8	93,1.2	122,4	126,1	130,1	131,2	133,1	138	159,3	165,8	166,2	218,3	256,1	276,1	289,1	328,2	336,11	351,7	390,2	399,4	414,1	428,5	446,9	496
Eph	3, 18	3, 19	325,3.4
Eph	3, 19		354,2	386,3.5	400,3	401
Eph	3, 20		224,3	328,6	467,7	512,6
Eph	3, 20	3, 21	241,8	275,7	343,2	408,3
Eph	3, 21		53	54	119,5
Eph	4, 1		5,5	495,2.5
Eph	4, 1	4, 6	124	129,2	130,2.6	133,7.8	156	183,3	184,5	193,3	214,3	251	252	255,5.7	346	417
Eph	4, 2		17,2	413,3.8	414,2
Eph	4, 3		265,2	427,2	454,5
Eph	4, 3	4, 4	126,5
Eph	4, 3	4, 6	253	264,2
Eph	4, 4	4, 6	184,4	265
Eph	4, 5		210,1	212,4	227,5
Eph	4, 6		3,1	178	199,1
Eph	4, 7		131	323,3
Eph	4, 8		106,1	113,3	120	121	341,6
Eph	4, 8	4, 10	4,3	69,3	102,1	119	122,2.3	184,4	264,1
Eph	4, 9		116,2	117	118
Eph	4, 10		119,1	120
Eph	4, 11		137,1.9
Eph	4, 11	4, 16	124	125	127,4	128	129	136	241	245	250	268,4
Eph	4, 12		342,7
Eph	4, 14		125,2	133,11	157	344,2
Eph	4, 14	4, 15	134,6.7
Eph	4, 15		112,6	123,6.9	160	168,6	413,6
Eph	4, 15	4, 16	251	252	256,1	412,4
Eph	4, 17	4, 19	165,3	265,2	388,5
Eph	4, 18		161,2	424,1
Eph	4, 22	4, 24	343,4
Eph	4, 22	4, 32	130	133	320	373	387	388	389	390,1	404	440
Eph	4, 23		141,2	153,5	251,2	395,1	412,6	515,6
Eph	4, 23	4, 24	96
Eph	4, 24		130,7
Eph	4, 25		412,4	416	428,5	430,4

Biblisches Buch	von Kapitel, Vers	bis Kapitel, Vers	Lied, Strophe (ggf.)
Eph	4, 25	4, 32	419,2
Eph	4, 27		109,2 | 273,2
Eph	4, 28		231,8 | 494,3 | 513,5
Eph	4, 29		127,3.4 | 430,4 | 495,3
Eph	4, 30		2,3 | 21 | 62,4 | 124,1 | 128 | 129,3 | 131 | 132 | 136,1 | 156 | 159,3 | 160 | 171,4 | 196,6 | 240,2 | 242,3 | 251,3 | 252,8.9 | 322,4
Eph	4, 32		17,2 | 50,1 | 96,3 | 124,3 | 170,2 | 186 | 187 | 188 | 211,4 | 235,3 | 240,3 | 344,6 | 412,6
Eph	5, 1		162
Eph	5, 1	5, 2	417
Eph	5, 1	5, 4	76
Eph	5, 1	5, 9	79 | 82 | 96 | 318 | 355 | 385 | 387,1.2 | 389
Eph	5, 1	5, 20	97,4
Eph	5, 2		94,2 | 98,1 | 101,7 | 341,7 | 413,2
Eph	5, 3		115,4
Eph	5, 8		23,4 | 72,1 | 121,2 | 136,6 | 162 | 200,3 | 375,4 | 383,3 | 444,1 | 454,2 | 459,2
Eph	5, 8	5, 9	17,3 | 40,4 | 56 | 71,5.6 | 133,2 | 154,1.2.5 | 182,4 | 495,3
Eph	5, 8b	5, 14	145 | 318 | 441 | 495
Eph	5, 9		97,4 | 113,7 | 134,2 | 159,3 | 166,4 | 195,3 | 215,8 | 414,2 | 428,5 | 486,9
Eph	5, 9	5, 14	145
Eph	5, 10		141,2
Eph	5, 11		138 | 154,2 | 182,4 | 200,3 | 441,6
Eph	5, 13		114,1 | 161,3
Eph	5, 14		3,1 | 5,7 | 50,1 | 51,4 | 76,1 | 97 | 114,7 | 115,1 | 126,7 | 136,3.6 | 145,1 | 154,1.2.5 | 236,5 | 387,2 | 450,3 | 495,8
Eph	5, 15	5, 16	49 | 393
Eph	5, 15	5, 21	323 | 397 | 447 | 448 | 494 | 495 | 502
Eph	5, 16		9,5 | 344,8 | 387,1
Eph	5, 17		3,5 | 334,5 | 414,1
Eph	5, 18		104,1 | 325,4
Eph	5, 19		58,1 | 66 | 93,1 | 167 | 170 | 305 | 306 | 349,1 | 383,3 | 455,1 | 514,7
Eph	5, 19	5, 20	11,2 | 35,4 | 60 | 229,1 | 288,4 | 302 | 303,1.8 | 304,2 | 316 | 317 | 322 | 324,13 | 325 | 326,9 | 328,2 | 332 | 341,1 | 449,3 | 530,8.11
Eph	5, 20		160 | 239,3 | 349,4 | 427,1 | 463
Eph	5, 21		10,3
Eph	5, 22	6, 9	61,2
Eph	5, 23		112,6 | 113,5 | 123,6
Eph	5, 23	5, 30	384,4 | 526,5

Biblisches Buch	*von Kapitel, Vers*	*bis Kapitel, Vers*	*Lied, Strophe (ggf.)*
Eph	5, 24	5, 27	202 | 245,1.5 | 250
Eph	5, 25		341,7
Eph	5, 25	5, 30	112,6 | 113,5 | 206,4 | 251 | 252 | 295
Eph	5, 26		133,3 | 200,3
Eph	5, 29		464
Eph	5, 30		70,3 | 112,6 | 113,5 | 412,4 | 522,3
Eph	6, 1	6, 9	10,3 | 133,10 | 328 | 397,2 | 495 | 496 | 497
Eph	6, 2		231,5
Eph	6, 5		93,4 | 292,3
Eph	6, 5	6, 9	397,2 | 423,4
Eph	6, 7		11,2 | 52,3 | 67,3 | 84,7 | 93,4 | 107,2 | 114,7 | 125,3 | 133,2 | 135,7 | 159 | 198,2 | 205,4 | 207,2 | 217,4 | 269,5 | 404,3 | 406,1 | 490,4 | 499,3 | 503,15 | 506,6
Eph	6, 8		184,4 | 193,3 | 199,3
Eph	6, 10		41,7 | 67,5 | 114,10 | 164
Eph	6, 10	6, 11	347,1
Eph	6, 10	6, 18	133,12 | 134,6.7 | 138 | 154,1.5 | 246 | 273 | 318,2.9 | 362 | 373 | 377 | 385 | 387,1 | 488,3
Eph	6, 10	6, 20	375,2.4 | 378,2
Eph	6, 11		126,5 | 143,4 | 316 | 317 | 445,2 | 469,4
Eph	6, 12		112 | 115,5 | 351,11 | 488,1 | 524,4
Eph	6, 13	6, 17	375
Eph	6, 14		66,6.9
Eph	6, 14	6, 17	136,2
Eph	6, 15		430,1
Eph	6, 16	6, 17	250,5
Eph	6, 16	6, 20	344,7
Eph	6, 17		324,14 | 358,2
Eph	6, 18		96,4 | 125,3 | 151,1 | 266 | 328,5 | 414,4 | 480,1
Eph	6, 18	6, 20	344 | 384 | 387 | 413
Eph	6, 19		135,3 | 166,5 | 193 | 196,1 | 198,1
Eph	6, 19	6, 20	288,5 | 389,5
Eph	6, 22		326,4
Eph	6, 24		347 | 402,4
Phil	1, 2		145,3
Phil	1, 3	1, 11	164 | 243 | 252 | 384 | 388 | 404,4
Phil	1, 6		63,6 | 134,6 | 148,9 | 217,4 | 241,8 | 269,5 | 318,7 | 342,8 | 347,4 | 388,3 | 446,7
Phil	1, 9	1, 11	414,2
Phil	1, 9	1, 10	67,3 | 497,6
Phil	1, 10		141,2
Phil	1, 10	1, 11	89,4 | 148

Biblisches Buch	von Kapitel, Vers	bis Kapitel, Vers	Lied, Strophe (ggf.)
Phil	1, 11		113,7 | 119,3 | 159,3 | 166,4 | 177 | 180
Phil	1, 12	1, 21	112,4–8 | 246 | 351 | 368 | 374 | 386,10 | 406
Phil	1, 15	1, 21	98 | 112,4–8 | 396
Phil	1, 18	1, 21	452,3
Phil	1, 19		128 | 135,3
Phil	1, 19	1, 26	56 | 115 | 150 | 345 | 346 | 516 | 518 | 521 | 529
Phil	1, 20		290,3
Phil	1, 21		66,9 | 403,4 | 516,1 | 519,2 | 520,5 | 521,2 | 534,1
Phil	1, 21	1, 26	115 | 150,2 | 370
Phil	1, 23		5,5 | 35 | 122,3 | 195,3 | 301,10 | 367,3 | 402,3 | 493 | 517 | 519 | 523,1 | 531,3
Phil	1, 27		5,5 | 67,3 | 124,3 | 137,1.9
Phil	1, 27	1, 30	259 | 346,1 | 373 | 385
Phil	1, 28		11,10 | 197,2
Phil	2, 1		168,6 | 193,3 | 195,2
Phil	2, 1	2, 4	124,3 | 221 | 251 | 326 | 393
Phil	2, 1	2, 11	4 | 5 | 23 | 28 | 38,2 | 42,4 | 51,5 | 71,1.2 | 75,1.3 | 78,2 | 87 | 90 | 184 | 191 | 346,4 | 384 | 424
Phil	2, 2		126,5 | 160 | 182,5 | 183,3 | 253,1 | 255,7 | 265,3 | 413,4
Phil	2, 4		417
Phil	2, 5	2, 11	50,2 | 87 | 122 | 271,7.8 | 325,3 | 379,3 | 407,1 | 415,1 | 515,7
Phil	2, 5	2, 8	9,3 | 16,2 | 24,9 | 27 | 34,2 | 51,3 | 66 | 76,1 | 77,8 | 82,2 | 89,3 | 91 | 92 | 341,6 | 405,1.2
Phil	2, 6		419,1.5
Phil	2, 6	2, 7	56,1 | 75,2 | 94
Phil	2, 7		5,1 | 23,6 | 24,11 | 27,5 | 38,2 | 51,3 | 57,1 | 68,3 | 78,2 | 350,4 | 401,2
Phil	2, 7	2, 8	42 | 93,2
Phil	2, 8		57,2 | 81,6 | 83,1 | 89,1 | 95 | 96,2 | 178,7 | 341,6
Phil	2, 8	2, 11	121
Phil	2, 9		112 | 114 | 115,2 | 119,1 | 131 | 267,3 | 269,1
Phil	2, 9	2, 10	148,8 | 345,5
Phil	2, 9	2, 11	120 | 122 | 123 | 356,1
Phil	2, 10		39,1 | 89,1 | 327,2
Phil	2, 10	2, 11	3,4 | 126,4 | 257,1.2 | 375,4 | 490,4
Phil	2, 11		22 | 45,1 | 154 | 170,1.4 | 177 | 180 | 197,3 | 322,1 | 326,8 | 403,1
Phil	2, 11	2, 13	43 | 44
Phil	2, 12		166,3
Phil	2, 12	2, 13	445,4 | 447,9
Phil	2, 12	2, 18	76 | 341 | 351 | 386 | 388 | 390 | 396 | 404
Phil	2, 13		32,3 | 135,5 | 164 | 227,1 | 414,1 | 494 | 512,6

Biblisches Buch	von Kapitel, Vers	bis Kapitel, Vers	Lied, Strophe (ggf.)
Phil	2, 14		154,1.5
Phil	2, 14	2, 16	182,4
Phil	2, 14	2, 18	318 | 459,3
Phil	2, 15		17,3 | 162 | 182,4 | 396,2.3 | 459,2
Phil	2, 16		414,4
Phil	2, 17	2, 18	398
Phil	2, 18		17,2 | 19 | 44,1 | 129,1 | 167,1 | 171,2
Phil	2, 19	2, 30	252 | 368 | 414,1
Phil	2, 21		346,3
Phil	3, 1		1,1 | 2 | 17,2 | 19 | 44,1 | 99 | 239,1
Phil	3, 1	3, 11	341 | 342
Phil	3, 4		24,2.6
Phil	3, 7	3, 8	389,5 | 517,7.8
Phil	3, 7	3, 14	346 | 354 | 386 | 497 | 523
Phil	3, 10		134,8
Phil	3, 10	3, 11	112,6–8 | 150,4.5 | 253,3 | 384 | 531,2
Phil	3, 12	3, 21	346,1
Phil	3, 13		393,3 | 394,2 | 396,5
Phil	3, 13	3, 14	70 | 114,3 | 131,5 | 349,2
Phil	3, 14		144,5 | 152,4 | 166,5 | 199,5 | 361,11 | 373,6 | 376,3 | 407,1 | 414,2 | 420
Phil	3, 17	3, 21	150 | 275 | 384
Phil	3, 20		1,5 | 4,1 | 7 | 29,3 | 34,2 | 53,2 | 63,3 | 68 | 102 | 115 | 130,5 | 141,3 | 153 | 192 | 255,8 | 353,5 | 441,7 | 514,6 | 518 | 519,2 | 526,5 | 532,2
Phil	3, 20	3, 21	6 | 113,7 | 122 | 152 | 365,6 | 442,2.7.8 | 450 | 529,7
Phil	3, 21		115,1 | 123,9 | 495,8 | 520,1
Phil	4, 1		403,1
Phil	4, 2		182,5 | 183,3
Phil	4, 3		149,5 | 207
Phil	4, 4		99 | 100 | 120 | 129,1 | 170 | 341 | 351,13 | 396,6 | 398 | 410 | 425,3
Phil	4, 4	4, 5	6 | 8 | 17 | 19 | 20 | 21 | 24 | 43,1 | 44 | 47 | 48,3 | 49 | 50,2 | 51,2.4 | 57 | 349,1.4
Phil	4, 4	4, 7	18 | 182,7 | 239 | 359
Phil	4, 4	4, 8	9
Phil	4, 4	4, 9	1 | 2 | 34 | 430
Phil	4, 5		17,3 | 130,6 | 359,3 | 379,2 | 452,4 | 488,3
Phil	4, 5	4, 7	18
Phil	4, 6		114,4 | 183,1 | 345,3 | 359,4 | 361,2.7 | 369,2.7 | 378,5 | 387,5
Phil	4, 7		14,5 | 58 | 63,6 | 97,2 | 111,14 | 112,3 | 122,1 | 126,5 | 134,6 | 140,4.5 | 170,3 | 214 | 218,4 | 222 | 239,4 |

Biblisches Buch	von Kapitel, Vers	bis Kapitel, Vers	Lied, Strophe (ggf.)
			359,5 | 427,2 | 433 | 434 | 435 | 445 | 485,6
Phil	4, 7	4, 9	382,3
Phil	4, 8	4, 9	61,5 | 130,7 | 231 | 367,2 | 425 | 471
Phil	4, 9		434 | 435 | 436
Phil	4, 9	4, 10	367,2
Phil	4, 10		349,1 | 403,2
Phil	4, 10	4, 20	58 | 64 | 65 | 318 | 368 | 370 | 374
Phil	4, 13		135,5 | 343,5
Phil	4, 19		324,12
Phil	4, 19	4, 20	368
Phil	4, 20		26 | 177,1–3 | 180 | 427,1
Phil	4, 23		135,1 | 145,3 | 342 | 347
Kol	1, 3		114,6 | 160
Kol	1, 3	1, 8	245 | 406
Kol	1, 3	1, 11	135,4–7
Kol	1, 5		130,7 | 153
Kol	1, 5	1, 6	159,3 | 277,5 | 284,1.2 | 285,1
Kol	1, 6		145,3 | 193,1
Kol	1, 9		68 | 179,2 | 334,5
Kol	1, 9	1, 11	407,2 | 414,2
Kol	1, 9	1, 14	250,5 | 289 | 325 | 354 | 355 | 388,1
Kol	1, 9	1, 20	518
Kol	1, 10		124,3 | 358,4.5 | 413,2 | 497,7
Kol	1, 10	1, 11	67,3 | 344,2
Kol	1, 11		194,3 | 305,4 | 306,4 | 428,3 | 506,1
Kol	1, 12		130,7 | 133,3 | 145,2.3 | 159,3 | 409,5 | 463 | 518
Kol	1, 13		4,3 | 113,3 | 122,2 | 375,3.4
Kol	1, 13	1, 14	102,3 | 341,5
Kol	1, 14		21 | 123,5 | 164 | 350 | 410,3 | 520,3 | 524,6
Kol	1, 15		74,3 | 388,3 | 415,4
Kol	1, 15	1, 16	67 | 357
Kol	1, 15	1, 20	23 | 27 | 92,1 | 102 | 123,6 | 251,4.7
Kol	1, 16		5,7 | 24,9 | 43,2 | 44,2 | 76,1 | 97 | 98 | 115,1 | 123,6 | 126,7 | 154,4 | 183 | 227 | 236,5 | 301,4 | 407,1 | 495,8 | 515,1 | 519,1
Kol	1, 16	1, 17	3 | 56,1 | 94 | 199,1 | 454,2
Kol	1, 18		43,2 | 44,2 | 94 | 98 | 112
Kol	1, 18b		108,2
Kol	1, 19		16,2 | 25,4 | 67,1 | 89 | 386,2.5 | 388,2
Kol	1, 19	1, 20	29 | 44,2 | 83 | 415,2 | 452,4 | 454,5 | 530
Kol	1, 19	1, 29	162,3
Kol	1, 20		16,4 | 43,5.6 | 44,2 | 89,3 | 91,9.10 | 94,1 | 96,3.6 | 102 |

Biblisches Buch	von Kapitel, Vers	bis Kapitel, Vers	Lied, Strophe (ggf.)
			115,3 | 117,2 | 146,4 | 158,3 | 178 | 195,2 | 248,7 | 405,3 | 488,5
Kol	1, 20	1, 21	454,5
Kol	1, 21		91,5
Kol	1, 21	1, 22	116,5 | 290,4
Kol	1, 21	1, 23	346,1
Kol	1, 22		341,7
Kol	1, 23		138 | 198 | 244,4 | 344,7 | 346,4 | 358,6
Kol	1, 24		384,1–3 | 391,3
Kol	1, 24	1, 27	66 | 70 | 71
Kol	1, 24	1, 29	343,2 | 396 | 407,2 | 512,6
Kol	1, 25		323,1
Kol	1, 26		66
Kol	1, 26	1, 27	41,4 | 135,3
Kol	1, 29		125,3 | 305,4 | 306,4 | 375,4
Kol	2, 1	2, 3	415,1
Kol	2, 2	2, 3	93,1
Kol	2, 3		130,2 | 486,6
Kol	2, 3	2, 9	388,2
Kol	2, 3	2, 10	23 | 27 | 38 | 41 | 346 | 383 | 386
Kol	2, 5		137,3
Kol	2, 6		531,2
Kol	2, 6	2, 7	195,1 | 346,1 | 406 | 425
Kol	2, 7		84,8 | 165,8 | 166,2 | 425,3
Kol	2, 8		246 | 273,2 | 341,10 | 378,2 | 482,4
Kol	2, 8	2, 15	67 | 71 | 346 | 386 | 388
Kol	2, 9		90,1 | 386,2
Kol	2, 10		112,6 | 121
Kol	2, 12		5,7 | 76,1 | 97 | 99 | 115,1 | 116,1.5 | 118 | 126,7 | 154,2 | 189 | 236,5 | 394,3 | 495,8 | 515,8
Kol	2, 12	2, 14	117
Kol	2, 12	2, 15	102,1 | 106 | 114,6 | 210,2
Kol	2, 13		116 | 200,4 | 349,3
Kol	2, 13	2, 14	96,2.3
Kol	2, 14		144,6 | 149,6 | 232,2 | 351,5.6
Kol	2, 15		4,3 | 102,1 | 106,1 | 109 | 113,3 | 114,6 | 122
Kol	2, 16	2, 23	342 | 373 | 386
Kol	2, 18		325 | 346 | 407,1 | 420
Kol	2, 19		376,3
Kol	2, 20		341,10
Kol	3, 1		113,7 | 116,1.5 | 117 | 118 | 119 | 180,1 | 189 | 328,7
Kol	3, 1	3, 2	121 | 130,7 | 161,1 | 346,3 | 386,2 | 390,3 | 517,7

Biblisches Buch	von Kapitel, Vers	bis Kapitel, Vers	Lied, Strophe (ggf.)
Kol	3, 1	3, 4	70,5 | 99 | 114
Kol	3, 1	3, 11	120 | 122 | 123 | 526,4
Kol	3, 2		393,9
Kol	3, 3	3, 10	415,4
Kol	3, 4		5,6 | 23 | 36 | 93,3 | 111,10 | 123,9 | 253,5 | 520,1
Kol	3, 5		58 | 115,4
Kol	3, 9	3, 10	37,3 | 390 | 404,3
Kol	3, 10		515,6
Kol	3, 12		192 | 414,3 | 415,3 | 425,3 | 454,5
Kol	3, 12	2, 13	17,2 | 124,3
Kol	3, 12	3, 17	56,4 | 66 | 70 | 108 | 243 | 246 | 251 | 302 | 324 | 328,1–3 | 341 | 393,6–8 | 412,6 | 417
Kol	3, 13		50,1 | 96,3 | 170,2 | 186 | 187 | 188 | 240,3 | 404,2 | 412,6 | 413,8
Kol	3, 14		269,4 | 417 | 425
Kol	3, 15		18 | 63,6 | 97,2 | 122,1 | 126,5 | 140,4 | 239,4 | 253,1 | 328,2 | 359,5 | 404,2 | 425,1.3 | 426,3 | 427,2 | 434 | 435 | 436
Kol	3, 16		11,2 | 35,4 | 58,1 | 60,1 | 89,4 | 93,1 | 104,1 | 116 | 167 | 170 | 229,1 | 288,4 | 304,2 | 305 | 306,6 | 323,3 | 324,13 | 326,9 | 328,3 | 342,8 | 349,1 | 363,6 | 449,3 | 503,11 | 514,7 | 533,2
Kol	3, 17		62,3 | 64 | 65 | 89,4 | 91,7 | 108,3 | 145,4 | 320 | 325,1 | 342,7 | 427,1 | 437,3 | 443,7 | 471,3 | 494,4.6
Kol	3, 17	3, 23	61,2
Kol	3, 18	3, 25	10,3 | 61 | 423,4 | 443 | 495
Kol	3, 19		433 | 434
Kol	3, 23		5,3 | 11,2 | 67,3 | 84,7 | 93,4 | 107,2 | 114,7 | 125,3 | 133,2 | 135,7 | 159 | 198,2 | 205,4 | 207,2 | 217,4 | 269,5 | 404,3 | 406,1 | 490,4 | 499,3 | 503,15 | 506,6
Kol	4, 2		239,2 | 387,3 | 414,4 | 480,2
Kol	4, 2	4, 6	133 | 344
Kol	4, 3		135,3 | 193 | 196,1 | 198,1 | 262 | 263
Kol	4, 5		495,3
Kol	4, 7	4, 18	252
Kol	4, 12		414,1
Kol	4, 18		347
1Thess	1, 2	1, 10	149 | 152 | 365
1Thess	1, 3		194,2 | 196,5.6 | 413,6
1Thess	1, 5		132 | 137,2 | 198,1 | 400
1Thess	1, 6		196,1
1Thess	1, 9		135,7
1Thess	1, 10		5,7 | 6,1.2 | 76,1 | 91,4 | 98 | 115,1 | 116 | 126,7 | 152,1 | 154,2 | 195,2 | 236,5 | 342,3 | 375,3 | 397,1 |

Biblisches Buch	von Kapitel, Vers	bis Kapitel, Vers	Lied, Strophe (ggf.)
			413,1 | 495,8 | 520,3.7
1Thess	2, 1	2, 12	154,1 | 196,5.6 | 298,2
1Thess	2, 2		137,2 | 358,3 | 407,2 | 414,2
1Thess	2, 4		428,5
1Thess	2, 9	2, 12	494
1Thess	2, 12		5,5 | 124,3
1Thess	2, 13		195,1 | 196,1.5.6 | 409,7
1Thess	2, 14	2, 16	248 | 297
1Thess	3, 3		63,2.3 | 79,4
1Thess	3, 7		414,3
1Thess	3, 9		425,3 | 430,3
1Thess	3, 12		417
1Thess	3, 13		121,4 | 130,7 | 148,9 | 164 | 427,1 | 428,5
1Thess	4, 1	4, 8	82 | 83,4–7 | 386,7 | 389 | 390
1Thess	4, 3		166,3 | 344
1Thess	4, 6b		91,4
1Thess	4, 9		82,7 | 221 | 251 | 341,10 | 413 | 414,2
1Thess	4, 10		309,1
1Thess	4, 13		115
1Thess	4, 13	4, 14	99
1Thess	4, 13	4, 18	50,5 | 59,5 | 113 | 150 | 152 | 516 | 519,1 | 522,3–5 | 523
1Thess	4, 14		5,6 | 107,1 | 116,1.5 | 117 | 118 | 189 | 450,5 | 495,7 | 514,6 | 515,8 | 531,3
1Thess	4, 15	4, 17	93,3.4
1Thess	4, 16		97 | 129,4 | 133,13 | 149,1.2 | 154,6 | 409,6
1Thess	4, 17		6,2
1Thess	5, 1	5, 11	5 | 6 | 11,10 | 152 | 373 | 518
1Thess	5, 2		9,6 | 147,1
1Thess	5, 3		59,1
1Thess	5, 5		23,4 | 40,4 | 73 | 97,4 | 121,2 | 154,1.5 | 182,4 | 200,3 | 441,4 | 485,4
1Thess	5, 5	5, 8	50,1
1Thess	5, 5	5, 11	164 | 469
1Thess	5, 6		6,4 | 114,8 | 115,4 | 136,3 | 387,2 | 519,1
1Thess	5, 6	5, 8	21 | 145,1
1Thess	5, 8		136,2 | 295 | 343,2 | 414,4
1Thess	5, 9		80,2 | 100,1 | 108,1 | 309,1 | 345,4
1Thess	5, 9	5, 10	47,1 | 61,2 | 85,9 | 89,4.5 | 115 | 415,1 | 526
1Thess	5, 10		331,8 | 346,2 | 531,2 | 534,1
1Thess	5, 12		147,1
1Thess	5, 13		427,2
1Thess	5, 14		412,6

Biblisches Buch	*von Kapitel, Vers*	*bis Kapitel, Vers*	*Lied, Strophe (ggf.)*
1Thess	5, 14	5, 24	5 | 10 | 16 | 138 | 365 | 393,2.7.8
1Thess	5, 16		2 | 17,2 | 20 | 34 | 43 | 44,1 | 99 | 100,1 | 120 | 129,1 | 169 | 272 | 324,18
1Thess	5, 16	5, 18	19
1Thess	5, 16	5, 22	414,3
1Thess	5, 16	5, 24	239,1.3
1Thess	5, 17		497,10
1Thess	5, 18		160 | 425,3 | 491,3
1Thess	5, 22		517,10
1Thess	5, 23		60,4 | 155,1 | 166,3 | 171 | 197,2 | 302,8 | 400,6 | 409,7 | 414,1 | 419,4 | 425 | 429,3 | 522,1
1Thess	5, 24		58,7 | 199,2 | 324,8 | 325,1 | 392,1–4 | 452,2 | 454
1Thess	5, 28		347
2Thess	1, 2		145,3
2Thess	1, 3		194,2 | 195,3
2Thess	1, 3	1, 10	11,10 | 149 | 150
2Thess	1, 10		290,3
2Thess	1, 11		252,7
2Thess	2, 1		96,4 | 409,7
2Thess	2, 1	2, 2	531,2
2Thess	2, 1	2, 12	10 | 152 | 223,5 | 259,3 | 275 | 387
2Thess	2, 3		6,4 | 143,6 | 193
2Thess	2, 3	2, 4	72,2
2Thess	2, 8	2, 9	2,3 | 72,2
2Thess	2, 9	2, 12	375,2
2Thess	2, 11	2, 12	145
2Thess	2, 13		2,3 | 136,1 | 197,2 | 349,4
2Thess	2, 13	2, 14	134,7.8 | 199,2 | 204,1 | 220 | 229,3
2Thess	2, 13	2, 17	200
2Thess	2, 14		32,1 | 34,3 | 37,2 | 83,4 | 133,4 | 189 | 200,3 | 256,1 | 290,1 | 309,4 | 389,5 | 408,2 | 445,6 | 469,6 | 485,3
2Thess	2, 15		126,6 | 342,10 | 428,5
2Thess	2, 16		145,3 | 164 | 195,2 | 343,2 | 356,2 | 414,3 | 487,4
2Thess	2, 16	2, 17	341,1 | 453,5 | 520,7
2Thess	2, 17		93,1 | 327,1 | 381,4 | 428,5
2Thess	3, 1		124,1 | 135,3 | 196,1 | 198,1 | 515,9
2Thess	3, 1	3, 5	5 | 6 | 16 | 138 | 241 | 245 | 248
2Thess	3, 2	3, 3	124,1
2Thess	3, 3		58,7 | 59,2 | 134,7 | 138 | 148,4 | 164 | 171,3 | 207,2 | 212,5 | 324,8 | 325,1 | 381,4 | 452,2
2Thess	3, 5		73,2 | 345,4 | 412,8 | 415,2 | 417 | 428,5
2Thess	3, 6	3, 13	345 | 365 | 369 | 494 | 495

Biblisches Buch	von Kapitel, Vers	bis Kapitel, Vers	Lied, Strophe (ggf.)
2Thess	3, 10		91,4 | 116 | 195,2 | 397,1 | 520,3.7
2Thess	3, 11		494,5
2Thess	3, 16		421 | 425 | 430,1 | 433 | 434 | 435 | 436
2Thess	3, 18		145,3 | 347
1Tim	1, 1		66
1Tim	1, 5		56,5 | 231,2 | 259,3 | 396 | 400 | 401 | 413
1Tim	1, 5	1, 8	197,2
1Tim	1, 5	1, 9a	397 | 494
1Tim	1, 10		122,1
1Tim	1, 12		343,5
1Tim	1, 12	1, 17	232 | 289
1Tim	1, 12	1, 20	353 | 354 | 355
1Tim	1, 13		11,8 | 146,4
1Tim	1, 14		158,4 | 168,6 | 342,8 | 347,4
1Tim	1, 15		5,1 | 11,8 | 12 | 14 | 23 | 24,8.9 | 27,6 | 36,3 | 41,1 | 42,4 | 75,2 | 109,3 | 144,3 | 195,2 | 203,1 | 331,6.9.10 | 410,4 | 454,4 | 520,4
1Tim	1, 16		57,1 | 146,4
1Tim	1, 17		1,1 | 33,2 | 53 | 54 | 92,1 | 119,5 | 139 | 177 | 178,7 | 179 | 180 | 197,3 | 269,1 | 321,3 | 327,1 | 358,2 | 532,3
1Tim	1, 17	1, 18	262,6.7
1Tim	1, 18		125,3 | 130,4 | 131,5 | 133,12 | 375,4
1Tim	1, 18	1, 20	414,2
1Tim	1, 18b		318,9
1Tim	1, 19		189
1Tim	2, 1	2, 2	133,10 | 412
1Tim	2, 1	2, 7	312 | 344 | 423 | 495
1Tim	2, 3	2, 7	342,1
1Tim	2, 4		5,1.2 | 18 | 115,3 | 144,4 | 354,3
1Tim	2, 4	2, 6	42,7 | 76,1 | 88,5 | 94,2 | 178,3 | 231,12 | 320,4 | 341 | 475,5 | 521,3
1Tim	2, 5		57,1 | 62,1 | 144,7 | 412,4
1Tim	2, 5	2, 6	94,1
1Tim	2, 6		8,4 | 21 | 28 | 32,4 | 34,2 | 51,1 | 82,2 | 86,1 | 139,2 | 341,7 | 375,3 | 520,3
1Tim	2, 8		134,4
1Tim	2, 8	2, 12	133 | 166,3
1Tim	3, 1	3, 13	245
1Tim	3, 9		189
1Tim	3, 16		8 | 23 | 25,3 | 29 | 33,1 | 36 | 37 | 41,4 | 42,3 | 45 | 92,3 | 123,10.11 | 137,1.9 | 154 | 184 | 189 | 442
1Tim	4, 1		143,6
1Tim	4, 4		301,1.4 | 512,1

Biblisches Buch	von Kapitel, Vers	bis Kapitel, Vers	Lied, Strophe (ggf.)
1Tim	4, 4	4, 5	324 | 502
1Tim	4, 4	4, 11	393
1Tim	4, 6	4, 19	375,4
1Tim	4, 7b		145,4 | 166,3
1Tim	4, 7b	4, 8	395,3
1Tim	4, 8		157
1Tim	4, 10		62,5 | 102,1 | 532,2
1Tim	4, 12	4, 16	59,3 | 357 | 417
1Tim	4, 14		130,4
1Tim	4, 16		130,3 | 378,1
1Tim	5, 3	5, 16	423,7
1Tim	5, 5		414,4
1Tim	6, 2		161,2
1Tim	6, 3		160
1Tim	6, 3	6, 4	453,2
1Tim	6, 3	6, 5	165,7.8
1Tim	6, 6		25,5 | 157 | 372,2 | 452,3
1Tim	6, 6	6, 7	407,3
1Tim	6, 6	6, 10	393 | 460,3.5
1Tim	6, 6	6, 11	324 | 344,4.5 | 369 | 371 | 502
1Tim	6, 7		370,2 | 527,4
1Tim	6, 9		148,4 | 170,2 | 196,3 | 224,1 | 235,2.3 | 239,3 | 303,7 | 318,1 | 322,5 | 324,15 | 334,1 | 344,5 | 351,7 | 352,3 | 358,2 | 359,4 | 361,2.7 | 369,2 | 371 | 378,5 | 427,3 | 438,5
1Tim	6, 9	6, 10	149,4
1Tim	6, 9	6, 12	373
1Tim	6, 11		412,6
1Tim	6, 11	6, 12	130,4.6 | 375,4
1Tim	6, 12		96,6 | 125,3 | 131,5 | 133,12 | 144,5 | 152,4 | 227,1 | 249,5 | 378,4.5 | 414,2 | 520,3
1Tim	6, 12	6, 13	136,4
1Tim	6, 12	6, 16	5 | 6 | 11,10 | 204 | 210 | 342 | 346 | 373 | 410,3
1Tim	6, 13		94 | 95,4 | 155 | 195
1Tim	6, 15		1,1 | 9,1 | 123 | 193,2 | 248,4 | 269,1 | 300,3 | 327,1 | 350,5
1Tim	6, 15	6, 16	147,2.3 | 179 | 180,2.4 | 275 | 379,1 | 535
1Tim	6, 16		139,4 | 177 | 197,3 | 333,3 | 431,3 | 490,4 | 506,6
1Tim	6, 17		170,2
1Tim	6, 17	6, 19	428 | 513,6
1Tim	6, 18		161,2
1Tim	6, 21b		347

Biblisches Buch	von Kapitel, Vers	bis Kapitel, Vers	Lied, Strophe (ggf.)
2Tim	1, 2		155,4 | 438,4
2Tim	1, 3		252,7 | 266,1
2Tim	1, 7		134,1.2.6 | 136,3 | 137,1 | 164 | 182,9 | 183,1 | 210,3 | 262,5 | 263,5 | 305,4 | 306,4 | 328,1 | 334,5 | 367,2 | 412,8 | 438,4
2Tim	1, 7	1, 10	66 | 67,2 | 70 | 113 | 130 | 133,5–7 | 364
2Tim	1, 7	1, 13	346 | 407,2
2Tim	1, 8		11,10 | 136,4
2Tim	1, 9		37,2 | 135 | 331,6 | 341,3 | 354,1 | 410,4 | 452,2
2Tim	1, 10		20,4 | 23,2 | 27,4 | 42,6 | 85 | 86,1 | 87,3 | 97,4 | 100,2 | 101,4 | 106,3 | 107,1 | 108,2 | 111,1.9 | 112,4 | 113,6 | 114,6 | 115 | 162,1 | 178,7 | 179,4 | 191 | 204,4 | 257,1 | 268,1 | 325,4 | 359,6 | 362,3 | 364,3 | 370,8 | 405,3 | 427,5 | 485,4 | 489,2 | 522
2Tim	1, 12		138 | 357,1 | 370,1
2Tim	1, 12	1, 13	343,1.2
2Tim	1, 13		160
2Tim	1, 14		134,7 | 328,2
2Tim	2, 1		133,12 | 145,3 | 164 | 211,5 | 331,6
2Tim	2, 1	2, 5	259
2Tim	2, 3		393,4.5
2Tim	2, 5		159,2 | 361,11 | 373,6 | 378,5 | 385,6 | 414,2
2Tim	2, 6		98,3
2Tim	2, 7		155,2 | 161,2 | 166,4 | 328,2 | 497,5
2Tim	2, 8		98,3 | 102,1 | 105 | 109 | 116 | 117 | 118 | 409,6 | 473,1 | 515,8
2Tim	2, 8	2, 13	25 | 99 | 107 | 112,8 | 370 | 374 | 384 | 405 | 406
2Tim	2, 10		68,8 | 189 | 346,1 | 410,4
2Tim	2, 11		408,5.6
2Tim	2, 11	2, 13	112,8 | 115,2 | 151,6 | 200,6 | 359,6 | 393,3
2Tim	2, 12		157 | 415,2
2Tim	2, 13		200,4 | 212,5
2Tim	2, 14		357,6
2Tim	2, 14	2, 21	416
2Tim	2, 15		168,2 | 277,5
2Tim	2, 16		334,5
2Tim	2, 19		199,2 | 209 | 248,5 | 252,2.7 | 273 | 326,5.8 | 327,4 | 346,1 | 357,5 | 358,1 | 367,2 | 472,2 | 511,3
2Tim	2, 22		56,4 | 130,6 | 170,3 | 292,1 | 430
2Tim	2, 22	2, 26	341,2 | 373 | 394,3 | 495
2Tim	3, 1	3, 12	72 | 246 | 343,4 | 373,3 | 414,2
2Tim	3, 5		82,7 | 318,8
2Tim	3, 10	3, 13	247 | 248 | 249

Biblisches Buch	von Kapitel, Vers	bis Kapitel, Vers	Lied, Strophe (ggf.)
2Tim	3, 11		243,2 | 323,3
2Tim	3, 13	3, 17	124 | 129,3 | 196 | 197 | 295 | 386
2Tim	3, 14	3, 17	129,3
2Tim	3, 15		410,4
2Tim	3, 16		322,6
2Tim	4, 1		149,1 | 405,5
2Tim	4, 1	4, 8	243 | 409,7
2Tim	4, 2		114,2
2Tim	4, 3	4, 4	273
2Tim	4, 4		342
2Tim	4, 5	4, 8	6 | 7 | 12 | 38 | 414,4
2Tim	4, 6		86,4 | 361,11 | 373,6 | 468,2 | 522,1
2Tim	4, 6	4, 7	378,4.5 | 414,2
2Tim	4, 7		114,2 | 125,3 | 130,4 | 131,5 | 133,12 | 331,8 | 375,4 | 391,4 | 448 | 451,10
2Tim	4, 7	4, 8	144,5.7 | 152,4 | 318,3 | 377,2 | 385,6 | 476,7 | 515,7
2Tim	4, 8		86,4 | 149 | 151,5 | 159,2
2Tim	4, 16		344,6
2Tim	4, 17		331,8 | 333,3 | 381,4 | 396,2
2Tim	4, 17	4, 18	375,3
2Tim	4, 18		5,6 | 53 | 54 | 91,4 | 116 | 149,7 | 167,2 | 173 | 174 | 175 | 177 | 180 | 195,2 | 344,8 | 371,14 | 397,2 | 520,3.7
2Tim	4, 22		135,1 | 145,3
Tit	1, 2		96,6 | 382,1
Tit	1, 3		159,1
Tit	1, 4b		1,2 | 37,7.9 | 41,7 | 111 | 112 | 200,2 | 292,4 | 309,1 | 310 | 351,6 | 353,5 | 355,5 | 373,6 | 386,7 | 397,3 | 410,2 | 526,1.2.5
Tit	1, 5	1, 9	245,2
Tit	1, 7		512,6
Tit	1, 9		343,1
Tit	1, 10	1, 16	193 | 273
Tit	1, 15		414,4
Tit	2, 1		160
Tit	2, 1	2, 10	423 | 451,5–10
Tit	2, 6		23
Tit	2, 6	2, 8	415,2
Tit	2, 10		414,4
Tit	2, 11		1 | 2 | 4 | 41,1 | 67,2 | 145,3 | 347,1 | 410,4 | 476,3 | 533,2
Tit	2, 11	2, 14	23 | 28 | 38 | 40 | 43 | 44 | 51 | 200,3 | 394,3
Tit	2, 12		396,5 | 451,8

Biblisches Buch	*von Kapitel, Vers*	*bis Kapitel, Vers*	*Lied, Strophe (ggf.)*
Tit	2, 13		1,1 | 6,2 | 115 | 122,2 | 150 | 152,1 | 189 | 333,4
Tit	2, 14		8,4 | 28 | 32,4 | 35,3 | 37,2 | 51,1 | 82,2 | 83,4 | 88,5 | 94,1.2 | 123,5.6 | 133,4 | 139,2 | 165,3 | 182,5 | 200,3 | 204 | 256,1 | 264,2 | 290,1 | 309,4 | 341,7 | 389,5 | 445,6 | 469,6
Tit	2, 14	2, 15	485,2
Tit	3, 1		133,10
Tit	3, 1	3, 5	412
Tit	3, 2		17,3 | 239,2
Tit	3, 4		1,5 | 2 | 67,2 | 123,5
Tit	3, 4	3, 7	200 | 202 | 205 | 429,5
Tit	3, 4	3, 8a	23 | 40 | 41 | 42 | 51
Tit	3, 5		33,2 | 68,4 | 128 | 133,1 | 341,4
Tit	3, 5	3, 6	126 | 135
Tit	3, 6		1,1.2.5 | 4,4 | 7 | 24,3 | 25,2 | 29,3 | 48,1 | 49,1 | 51,5 | 53,2 | 105,14 | 111 | 141,3 | 192 | 222,1 | 309,1 | 398,1 | 526,5
Tit	3, 6	3, 7	130,4.7 | 164
Tit	3, 7		8,6 | 163 | 227,1 | 409,5
Tit	3, 8		231,11
Tit	3, 8	3, 9	344,9
Tit	3, 9		133,7
Tit	3, 15		145,3 | 347
Phlm	V 6		67,3 | 194,2
Phlm	V 22		295
Phlm	V 25		135,1 | 145,3 | 250 | 252 | 347
1Petr	1, 2		322,6 | 421 | 425 | 430 | 433 | 434 | 435 | 436 | 486,6 | 520,7
1Petr	1, 2	1, 6	159
1Petr	1, 3		103,1 | 134,8 | 204,3 | 343,2
1Petr	1, 3	1, 4	159,3 | 374
1Petr	1, 3	1, 5	112 | 130,7 | 351,10 | 355,5 | 442,8.9
1Petr	1, 3	1, 9	99 | 100 | 102 | 109,1 | 345,2 | 365 | 371 | 409
1Petr	1, 5		24,4 | 195,3 | 197,2 | 207,2
1Petr	1, 6		64,1.6 | 148 | 151,6 | 394,2
1Petr	1, 6	1, 7	127,6 | 378,3
1Petr	1, 6	1, 9	123,8
1Petr	1, 6	1, 12	108 | 109,5 | 159 | 399,5.7
1Petr	1, 7		68,7 | 104 | 167,1 | 194,2 | 252,5
1Petr	1, 8		155,2 | 349,1 | 358,2
1Petr	1, 8	1, 9	75,1 | 150,6 | 152,3 | 346,1 | 397,3
1Petr	1, 8	1, 12	204,4

Biblisches Buch	von Kapitel, Vers	bis Kapitel, Vers	Lied, Strophe (ggf.)
1Petr	1, 9		376,3 | 407,1
1Petr	1, 9	1, 10	2,3 | 197,2
1Petr	1, 12		131,1 | 341,9
1Petr	1, 13		299,3 | 392,7 | 431,2 | 518,3 | 527,9
1Petr	1, 13	1, 21	35 | 82,3–5 | 83 | 90 | 96 | 345 | 387 | 388,8.9 | 389 | 414,4 | 533,2
1Petr	1, 14		437,3
1Petr	1, 15	1, 16	344,2 | 390
1Petr	1, 15	1, 19	77,8
1Petr	1, 17		166,3 | 318,7
1Petr	1, 17	1, 25	190
1Petr	1, 18		81,4 | 121,2 | 146,4
1Petr	1, 18	1, 19	9,2 | 68,1 | 79,1 | 87,2.3 | 89,2 | 91,4 | 94,1 | 116 | 139,2 | 191 | 195,2 | 256,1 | 325,3 | 341,8 | 350 | 397,1 | 406,3 | 520,3.7
1Petr	1, 19		19,1.2 | 325,3 | 329,3 | 331,8 | 341,1.4 | 386,6 | 484,2 | 520,7 | 530
1Petr	1, 20		37,2 | 67,2 | 199,3 | 409,5
1Petr	1, 21		76,1 | 97 | 115,1 | 126,7 | 154,2 | 236,5 | 343,2 | 495,8
1Petr	1, 22		104,3 | 124,3 | 127,4 | 250,5 | 251 | 413
1Petr	1, 23		68,4 | 200,1
1Petr	1, 24		15,5 | 276,4 | 363,3 | 472,1.3 | 527 | 528 | 534,1
1Petr	1, 25		64,6 | 119,5 | 249,3 | 295,4 | 357 | 473,3 | 490,4
1Petr	2, 1		61,4 | 130,6 | 133,11 | 161 | 240,2
1Petr	2, 1	2, 10	200 | 243 | 245 | 250 | 264,1 | 341 | 351
1Petr	2, 3		67,3 | 70,4 | 228,2 | 324,14 | 328,2
1Petr	2, 4	2, 6	137,1.9 | 183,2
1Petr	2, 4	2, 8	75,1
1Petr	2, 5		32,2 | 121,2 | 133,4 | 414,1 | 449,3
1Petr	2, 6		351,3 | 357,4 | 452,3
1Petr	2, 7		354,1
1Petr	2, 9		23,4 | 25,6 | 32,1 | 34,3 | 37,2 | 40,5 | 51,3 | 83,4 | 121,2 | 129,1 | 133,4 | 136,6 | 157 | 165,3 | 182,4.5 | 200,3 | 204 | 220 | 256,1.2 | 290,1 | 305,4 | 306,4 | 375,4 | 389,5 | 408,2 | 414,4 | 416 | 427,4 | 428,5 | 445,6 | 454,2 | 459,3 | 485,3 | 486,2–4
1Petr	2, 11	2, 17	108 | 252 | 275 | 393,2.3 | 414,2 | 495
1Petr	2, 12		82,7 | 301,2 | 323,3 | 515,9
1Petr	2, 13		133,10
1Petr	2, 13	2, 17	423
1Petr	2, 14		3,2 | 66,6 | 76,1 | 79,2 | 82,1 | 85,1 | 89,2 | 90,1 | 92,2 | 97,1 | 101,5
1Petr	2, 17		76,2 | 82,7 | 413

Biblisches Buch	von Kapitel, Vers	bis Kapitel, Vers	Lied, Strophe (ggf.)
1Petr	2, 18	2, 20	25 | 63 | 64
1Petr	2, 19		84,11
1Petr	2, 21		78,1 | 168,5 | 341,8 | 405,2 | 426,3 | 430,3
1Petr	2, 21	2, 25	94,1 | 112
1Petr	2, 21b	2, 23	77,1 | 87,2 | 88 | 391,1
1Petr	2, 21b	2, 25	50 | 81 | 84 | 112 | 274 | 370,11.12 | 384,1.2 | 400,3.4
1Petr	2, 23	2, 24	190,1
1Petr	2, 24		3,2 | 50,3.4 | 66,5 | 68,5 | 75,1 | 76,1 | 79,2 | 82,1 | 85,1 | 89,2 | 90,1 | 91,2 | 92,2 | 97,1 | 101,5 | 106 | 152,2 | 179,3 | 184,3 | 329,3 | 342,4 | 349,2 | 350,2 | 386,6 | 391 | 445,3 | 520,3.7 | 532,2
1Petr	2, 25		67,4 | 72,3 | 262,3 | 263,3 | 353,3
1Petr	3, 1	3, 6	374 | 495
1Petr	3, 3	3, 4	350,1 | 393,4
1Petr	3, 4		84,10 | 165,7 | 252,6
1Petr	3, 8		412,8
1Petr	3, 8	3, 17	428 | 495
1Petr	3, 8	3, 15a	245 | 251 | 370 | 404 | 413 | 415,4
1Petr	3, 9		58,11 | 163 | 170 | 171 | 174 | 203,5 | 214,3 | 239,1.2 | 252,7 | 281,3 | 294,4 | 311,2.3 | 316,4 | 317,4 | 330,5 | 347,4 | 348 | 352,1 | 358,4 | 361,4 | 368,5 | 369,7 | 374,3 | 394,2 | 395,2 | 446,9 | 451,5 | 457,4–10 | 485,6 | 494,1–3 | 496 | 497,1 | 503,13
1Petr	3, 10		430,4
1Petr	3, 11		262,6 | 430 | 431,3
1Petr	3, 12		457,11.12
1Petr	3, 13	3, 14	109,4 | 297,2 | 307,8 | 351 | 396,3 | 398,2
1Petr	3, 13	3, 15	374
1Petr	3, 15		93,1
1Petr	3, 18		77,1 | 78,1 | 84,6 | 94,1 | 223,5 | 257,1 | 331,8 | 341,8 | 346,2 | 407,1 | 430,3 | 514,6 | 531,3
1Petr	3, 18	3, 22	79 | 81,8–11 | 82,2 | 184,4
1Petr	3, 19		4,3 | 184,4
1Petr	3, 20		245,3
1Petr	3, 21		133,3 | 200,1 | 202 | 210,2 | 512,5
1Petr	3, 22		68,6 | 119,1.2 | 121 | 122 | 123,2 | 142,1 | 180,1.3 | 379,1
1Petr	4, 1		32,4 | 81 | 84 | 341,8 | 430,3
1Petr	4, 1	4, 6	145 | 320 | 384 | 388 | 495
1Petr	4, 2		343,4
1Petr	4, 5		405,5
1Petr	4, 6		134,1
1Petr	4, 7		6 | 15,3 | 16 | 17 | 18,1 | 19 | 52,3 | 95,1 | 152,3 | 193 | 239,5 | 282,1.5 | 379,2 | 486,9

Biblisches Buch	von Kapitel, Vers	bis Kapitel, Vers	Lied, Strophe (ggf.)
1Petr	4, 7	4, 11	124 | 251 | 387 | 392 | 494,2.6 | 495 | 497
1Petr	4, 8		349,3 | 413,4.8 | 454,4
1Petr	4, 8	4, 10	417
1Petr	4, 9	4, 11	108,3
1Petr	4, 10		5,3 | 11,2 | 33,3 | 67,3 | 82,7 | 84,7 | 93,4 | 107,2 | 114,7 | 125,3 | 133,2 | 135,7 | 159 | 198,2 | 205,4 | 207,2 | 217,4 | 235,3 | 268,4 | 269,5 | 288,1 | 290,5.7 | 303,5 | 337 | 344,6 | 404,3 | 406,1 | 490,4 | 499,3 | 503,15 | 506,6 | 512,6 | 523,1
1Petr	4, 10	4, 11	347,4 | 407,2
1Petr	4, 11		119,5 | 195,1 | 301,2 | 305,4 | 306,4 | 345,5 | 489,2 | 515,9
1Petr	4, 12		127,6 | 279,5 | 431,3
1Petr	4, 12	4, 13	384,2
1Petr	4, 12	4, 19	146
1Petr	4, 13		2,1 | 79 | 129,1 | 531,2
1Petr	4, 14		124,1 | 128 | 131 | 132 | 133,6 | 136 | 156 | 159,3 | 160 | 196,6
1Petr	4, 17		351
1Petr	4, 19		3,3 | 140,2 | 142,1 | 161,2 | 397,2 | 485,2
1Petr	5, 1	5, 5	107 | 245 | 274 | 413
1Petr	5, 2	5, 4	130,3
1Petr	5, 4		81,11 | 151,5 | 159,2 | 346,4 | 378,4 | 401,7 | 468,2 | 500,4
1Petr	5, 5		165,1 | 414,3 | 453,3
1Petr	5, 5	5, 6	10,3 | 15,3 | 299 | 308,5.7
1Petr	5, 5	5, 11	138 | 232 | 345 | 361,2.7 | 368 | 369 | 371 | 387
1Petr	5, 6		33,2 | 36,4 | 66,6 | 87,2 | 93 | 141,4 | 151,6 | 179,3 | 180,1.3 | 190 | 255,2.9 | 344,7 | 379,1 | 400,2 | 533,1
1Petr	5, 7		18 | 114,4 | 148,4 | 170,2 | 183,1 | 196,3 | 224,1 | 235,2.3 | 239,3 | 303,7 | 318,1 | 322,5 | 324,15 | 334,1 | 344,5 | 345,3 | 351,7 | 352,3 | 359,3.4 | 378,5 | 407,2 | 427,3 | 438,5 | 491,2 | 492 | 497,11
1Petr	5, 8		109,2 | 134,6.7 | 143,6 | 179,4
1Petr	5, 8	5, 9	6,4 | 114,8 | 115,4 | 198 | 341,2.4 | 346,4 | 362,1.3 | 414,2.4 | 439,4 | 469,4 | 477,8
1Petr	5, 10		64,1.6 | 127,6 | 148 | 151,6 | 189 | 220 | 323 | 325,10 | 327,1 | 356,2 | 373,1 | 381,4 | 388 | 404,7.8
1Petr	5, 11		38,1 | 67,4 | 123,4 | 177 | 180 | 183,2 | 279,3 | 281,5 | 302,3 | 326,8 | 333,3 | 396,3 | 406,2 | 431,1 | 451,4 | 454,3 | 506,3
1Petr	5, 12		447,7
1Petr	5, 14		496
2Petr	1, 2		137,3 | 170,3 | 430 | 435 | 436
2Petr	1, 2	1, 11	10 | 145,5 | 157 | 297 | 343 | 384,1.2 | 393 | 414,2 |

Biblisches Buch	von Kapitel, Vers	bis Kapitel, Vers	Lied, Strophe (ggf.)
			451,7–10
2Petr	1, 3		367,2 | 407,2
2Petr	1, 3	1, 4	386,7.10 | 427,4
2Petr	1, 3	1, 16	424,1
2Petr	1, 4b		517,10
2Petr	1, 5		318,7
2Petr	1, 5	1, 8	134,2
2Petr	1, 10	1, 11	6 | 400,6 | 520,3
2Petr	1, 14		167,4.5 | 198
2Petr	1, 16		33,1 | 38,3 | 189 | 409,7
2Petr	1, 16	1, 17	4,5 | 45,4
2Petr	1, 16	1, 18	85,2
2Petr	1, 16	1, 21	67 | 196 | 346
2Petr	1, 18		153 | 262,6 | 263,6
2Petr	1, 19		16,1.4 | 19,1 | 20,1 | 51,4 | 69,1 | 70,1.4 | 71,6 | 73,4.5 | 74,1 | 76,2 | 93,1 | 125,2 | 129,1.2 | 136,6 | 158,1 | 166,5 | 172 | 241,6 | 246,1 | 253,2 | 256,4 | 273,5 | 305,4 | 306,4 | 318,8 | 325,4 | 347,3 | 357,4.5 | 441,2 | 442,4 | 452,5 | 473,4 | 486,10 | 524,6
2Petr	1, 19	1, 21	4
2Petr	1, 21		124,1 | 128 | 131 | 132 | 136 | 156 | 159,3 | 160 | 196,6
2Petr	2, 1		412,5
2Petr	2, 1	2, 16	347 | 362
2Petr	2, 1	2, 22	157 | 246 | 248 | 259 | 262 | 263 | 273 | 297
2Petr	2, 3		379,4
2Petr	2, 9		128,7 | 134,8 | 145,7 | 323,1 | 331,7 | 488,3
2Petr	2, 19		16,1 | 19,1 | 67,1.4 | 70,1 | 73,2 | 74,1 | 159,1 | 428,1 | 440,2 | 442,4 | 524,6
2Petr	3, 2		137,1.9
2Petr	3, 3	3, 13	16 | 145 | 147 | 149 | 150 | 387,1.6 | 416 | 449,8.12 | 523 | 527
2Petr	3, 4		9,6 | 152,1.2
2Petr	3, 7		149,1 | 363,3.4
2Petr	3, 8		17,4 | 379,2 | 507,7 | 515,2 | 517,6
2Petr	3, 9		6,2 | 17,4 | 144,4–6
2Petr	3, 9b		5,1.2 | 18 | 33,2 | 41,1.7 | 44,1 | 49,1 | 53,1 | 67,2 | 78,9 | 82,2 | 96,6 | 179,3 | 183,2 | 190 | 200,4 | 203,1 | 225,1 | 281,2 | 308,10 | 331,11 | 341,2 | 342,2.5 | 349,2 | 354,3 | 368,5 | 413,6 | 454,4
2Petr	3, 9	3, 13	16
2Petr	3, 10		153 | 449,7
2Petr	3, 11	3, 14	10 | 148 | 152 | 517
2Petr	3, 13		51,4 | 93,4 | 148,1 | 153 | 271,6.8 | 360 | 380,4 | 382,2 |

Biblisches Buch	von Kapitel, Vers	bis Kapitel, Vers	Lied, Strophe (ggf.)
			409,5 | 429,1
2Petr	3, 14	3, 15	360,2
2Petr	3, 15		324,9
2Petr	3, 18		53 | 54 | 67,3 | 134,2 | 145,3 | 177 | 180 | 194,3 | 328,7 | 497,5
1Joh	1, 1	1, 2	45,2 | 56,1
1Joh	1, 1	1, 4	23 | 24,9–12 | 25 | 27 | 33,1 | 34 | 36,2 | 38 | 41,3.4 | 42,3 | 51,3
1Joh	1, 2		123,5 | 167,4 | 199,1 | 239,2 | 520,3
1Joh	1, 3		155,4
1Joh	1, 3	1, 6	410,2
1Joh	1, 4		349,1 | 396
1Joh	1, 5		20,1 | 54 | 97,3.4 | 139,1 | 162,1 | 416 | 427,4 | 431,3 | 454,2 | 459,2 | 485,4
1Joh	1, 5	1, 10	5 | 38 | 40,4.5 | 51 | 66 | 68 | 70 | 232 | 353
1Joh	1, 6		278,8
1Joh	1, 7		36,11 | 43,5.6 | 72,1 | 79 | 82,3 | 83,7.8 | 94 | 136,6 | 139 | 144,5 | 146,4 | 162,1 | 202,7 | 214,2 | 325,3 | 329,3 | 331,8 | 350,1–3 | 353,6 | 355,2 | 414,4 | 484,2 | 520,7 | 530
1Joh	1, 8		5,3 | 144,2 | 154,4
1Joh	1, 8	1, 9	233 | 472 | 475,5
1Joh	1, 9		154,2.4 | 211,4 | 216 | 353,5 | 485,2.5
1Joh	2, 1		42,7 | 68,6 | 92 | 95,3 | 121 | 149,6 | 401,6
1Joh	2, 1	2, 2	178 | 345,2.4 | 522
1Joh	2, 1	2, 6	16,4 | 29 | 158,2 | 200,4 | 350,5 | 366,3.4 | 373,4 | 422,2
1Joh	2, 2		43,5.6 | 46,4 | 83 | 89 | 91,10 | 94,1 | 96,3 | 102 | 115,3 | 117,2 | 127,4 | 146,4 | 162,3 | 415,2
1Joh	2, 4		345,2.4 | 373,3
1Joh	2, 5		98 | 159,1
1Joh	2, 6		384
1Joh	2, 7	2, 11	14,6 | 385,2 | 412,5 | 450
1Joh	2, 7	2, 17	404
1Joh	2, 8		4,4 | 18 | 23,4 | 33,1 | 40,2 | 56 | 70 | 71 | 72,1 | 93,1 | 121,2 | 136,6 | 154,2 | 182,4.9 | 200,3 | 305,4 | 306,4 | 375,4 | 379,4 | 383,3 | 409,4 | 416 | 444,1 | 459,2 | 467,1 | 488,5
1Joh	2, 9		412,1.5
1Joh	2, 10		413 | 417
1Joh	2, 11		412,1
1Joh	2, 12		200,4 | 351,11
1Joh	2, 12	2, 17	351 | 365 | 370,9.10 | 384 | 396 | 404 | 528
1Joh	2, 14		114,10 | 164

Biblisches Buch	von Kapitel, Vers	bis Kapitel, Vers	Lied, Strophe (ggf.)
1Joh	2, 15	2, 17	36,5 | 76,2 | 352,3 | 386,2 | 517 | 523,1 | 525,5 | 527,9.10 | 529,8
1Joh	2, 17		64 | 119,5 | 365,6 | 485,5 | 488,2
1Joh	2, 18		6 | 18,2 | 143,6 | 193 | 246
1Joh	2, 20		126,2
1Joh	2, 21	2, 25	25 | 34 | 183 | 184 | 249,5
1Joh	2, 23		179,3 | 184
1Joh	2, 24		168,6
1Joh	2, 24	2, 29	90 | 396 | 406
1Joh	2, 25		520,3
1Joh	2, 27		126,2 | 130,2 | 133,4 | 274,4
1Joh	2, 28		157 | 409,7 | 447,9
1Joh	2, 29		133,1 | 342,6 | 413,8
1Joh	3, 1		81,6 | 104,3 | 162,3 | 183,1 | 204 | 328,4 | 353,4
1Joh	3, 1	3, 2	109,4 | 200,2 | 206,3 | 223,6 | 497,13
1Joh	3, 1	3, 6	23 | 25,6 | 35 | 36 | 37 | 39 | 41,3 | 42 | 51,1
1Joh	3, 1	3, 10	412,4
1Joh	3, 2		20,8 | 104,3 | 111,10 | 134,3
1Joh	3, 3		115,4 | 307,6
1Joh	3, 3	3, 6	55,3
1Joh	3, 4		342
1Joh	3, 5		3,2 | 50,4 | 66,5 | 91,2 | 98 | 101 | 106 | 152,2 | 184,3 | 190 | 205,1
1Joh	3, 7	3, 8	9,1 | 39,5
1Joh	3, 7	3, 12	128 | 138
1Joh	3, 8		15,1 | 19,2 | 100,3 | 104,2 | 106,1.3 | 107,1 | 109,2 | 112,4 | 113,3 | 114,6 | 146,5 | 149,3 | 179,4 | 347 | 362
1Joh	3, 9		328,4 | 341,7 | 396,5
1Joh	3, 9	3, 10	342,6
1Joh	3, 11		235,3
1Joh	3, 13	3, 18	250 | 363 | 397 | 401 | 413 | 415,3
1Joh	3, 14		292,4 | 405,6
1Joh	3, 15		231,6 | 412,1.5
1Joh	3, 16		42,6 | 251,3
1Joh	3, 17		41,6 | 82,7 | 84,7 | 126,3 | 149,4 | 412,2
1Joh	3, 18		155,1 | 229,2 | 267,4 | 417 | 457,11
1Joh	3, 18	3, 24	104,3
1Joh	3, 19	3, 20	354,4.5
1Joh	3, 19	3, 24	226,6 | 229,2 | 236,6 | 251 | 343 | 351 | 404 | 413
1Joh	3, 20		411
1Joh	3, 21		404,2
1Joh	3, 24		124,3 | 129,1 | 334,5 | 341,7 | 462 | 532,3 | 534,2

Biblisches Buch	von Kapitel, Vers	bis Kapitel, Vers	Lied, Strophe (ggf.)
1Joh	4, 1		373,3
1Joh	4, 1	4, 8	246 | 255 | 273 | 347
1Joh	4, 2		131,3
1Joh	4, 2	4, 3	130,5
1Joh	4, 4		362
1Joh	4, 6		252,3 | 416
1Joh	4, 7	4, 9	480,2
1Joh	4, 7	4, 12	168,6 | 235,3 | 388,6.7 | 397 | 400 | 401 | 410,2 | 413
1Joh	4, 7	4, 16	251 | 343
1Joh	4, 8		167,2 | 261 | 408,5.6
1Joh	4, 9		5,5 | 8 | 11,5 | 16,2 | 23,7 | 24,5 | 27,1 | 36,3 | 39,3 | 51 | 75 | 83,3 | 98 | 101 | 111,5 | 115,6 | 123,5 | 168,6 | 199,4 | 325,3 | 331,11 | 350,5
1Joh	4, 9	4, 10	3,1.2 | 28 | 33,2 | 37 | 41 | 42 | 57,5 | 60 | 80,2 | 89 | 91,4 | 93,2 | 108,2.3 | 145,2 | 156 | 179,3 | 182,7 | 183,2 | 318,2
1Joh	4, 10		16,4 | 43,5.6 | 91 | 94,1 | 96,3 | 115,3 | 117,2 | 162,2.3 | 178 | 315,2
1Joh	4, 10	4, 11	415,2.3
1Joh	4, 11		76,2 | 82,7
1Joh	4, 13		124,3 | 129,1 | 334,5 | 341,9 | 534,2
1Joh	4, 14		1,1 | 29,3 | 51,5 | 107,3 | 109,6 | 111 | 155 | 192 | 309,1 | 410,3
1Joh	4, 15	4, 16	532,3
1Joh	4, 16		194,2 | 409
1Joh	4, 16	4, 17	315,2
1Joh	4, 16a		32,2.3 | 163 | 168,4 | 173 | 174 | 258 | 408,5.6
1Joh	4, 16b	4, 21	43,6 | 57,5 | 91,4 | 124 | 221 | 325 | 397 | 400 | 401 | 413 | 431
1Joh	4, 17		157 | 331,7 | 351,5.6 | 445,4
1Joh	4, 19		410,2
1Joh	4, 19	4, 20	417
1Joh	4, 19	4, 21	36,6 | 41,6 | 54,5 | 83,4 | 84,7 | 88,6 | 167,2 | 214,3 | 242,2 | 251,2.6 | 404,6 | 479,2
1Joh	4, 20		149,4
1Joh	4, 20	4, 21	412,1
1Joh	4, 21		397 | 412,5 | 494
1Joh	5, 1		327,4
1Joh	5, 1	5, 4	108
1Joh	5, 1	5, 5	102 | 104 | 254,4 | 351 | 357 | 373 | 405
1Joh	5, 2		162 | 328,4
1Joh	5, 3		32,2.3
1Joh	5, 4		33,3 | 58 | 64 | 81,9 | 87,3 | 93,3 | 106,3.5 | 109 |

Biblisches Buch	von Kapitel, Vers	bis Kapitel, Vers	Lied, Strophe (ggf.)
			111,14 | 112,3.4 | 113,3 | 114,6 | 115,1 | 122,1 | 126,5 | 136,2 | 154,6 | 162,1 | 164 | 182,8 | 195,3 | 204,3 | 259,3 | 346 | 367,4 | 387,4 | 409,6 | 414,2 | 417 | 427,4 | 428,1 | 430,4 | 515,8.9
1Joh	5, 4	5, 5	134,6
1Joh	5, 6		124,1 | 128 | 131 | 132 | 136 | 156 | 159,3 | 160 | 196,6 | 328,4
1Joh	5, 6	5, 7	202,7
1Joh	5, 8		262,7 | 263,7
1Joh	5, 9	5, 13	67 | 68 | 72 | 73 | 341
1Joh	5, 10		136,7
1Joh	5, 11		96,6 | 202,7
1Joh	5, 11	5, 13	51
1Joh	5, 12		418,3.4
1Joh	5, 13		23 | 96,6 | 158,4
1Joh	5, 14	5, 15	182,3 | 186 | 187 | 188
1Joh	5, 15		328,7
1Joh	5, 18		134,7 | 138 | 139,1 | 183,1 | 296 | 460,2 | 474
1Joh	5, 19		523,1 | 525,5
1Joh	5, 20		3,1 | 51 | 67,2.3 | 96,6 | 195,2 | 259,5 | 404,4
1Joh	5, 21		326,8
2Joh	V 1		23 | 38 | 127,4 | 144,7 | 165,7 | 404,4
2Joh	V 3		145,3 | 155,4 | 284,1.2 | 285,1 | 293,2
2Joh	V 4		137,1.9
2Joh	V 6		414,2 | 417
2Joh	V 7		72,2 | 350,4 | 362 | 373,3
2Joh	V 9		126,6
2Joh	V 12		349,1
2Joh	V 13		107,3 | 109,6
3Joh	V 3		137,1.9
3Joh	V 4		104,3 | 320,8
3Joh	V 11		169,3 | 342,6
Hebr	1, 1	1, 2	452,2
Hebr	1, 1	1, 6	16,2.3.5 | 23 | 24,3 | 27 | 36 | 37 | 42 | 123 | 223,1.4
Hebr	1, 2		3,5.6 | 27,3 | 56,1 | 183 | 199,1 | 305 | 306 | 454,2
Hebr	1, 3		74,3 | 92,6 | 94 | 97,3 | 112 | 119,1.2 | 121 | 139 | 161,3 | 184,4 | 190 | 192 | 232,2 | 341,5 | 410,1 | 441 | 469,1
Hebr	1, 5		427,1
Hebr	1, 5	1, 6	142,1
Hebr	1, 5a		184,1
Hebr	1, 6		40,1 | 52,4
Hebr	1, 7		143,2 | 504,4 | 506,3

Biblisches Buch	*von Kapitel, Vers*	*bis Kapitel, Vers*	*Lied, Strophe (ggf.)*
Hebr	1, 7	1, 14	123,2.3
Hebr	1, 8		71,1
Hebr	1, 10		297,6 | 324,4 | 504,1
Hebr	1, 10	1, 12	153
Hebr	1, 11	1, 14	331,1 | 351
Hebr	1, 12b		64
Hebr	1, 13	1, 14	123 | 351 | 417
Hebr	1, 14		143,1.3 | 165,3 | 443,5 | 445,7 | 467 | 469,6.7 | 474 | 502,2
Hebr	1, 16		57
Hebr	1, 18b		342,5
Hebr	2, 1		161,1 | 169,2 | 194,1 | 195,1 | 376,3 | 407,1
Hebr	2, 1	2, 3	379,4 | 452,2
Hebr	2, 1	2, 4	196 | 420 | 430,4
Hebr	2, 2		142,1
Hebr	2, 4		113,1.3.8 | 120 | 136,7 | 137,1.9
Hebr	2, 5	2, 18	341,5 | 410,1
Hebr	2, 6		41 | 325,8
Hebr	2, 6	2, 8	270,3–5 | 271
Hebr	2, 6b	2, 14	145 | 234 | 344,7–9 | 387 | 388 | 392
Hebr	2, 7		123
Hebr	2, 8		14,3 | 432
Hebr	2, 9b		114,8 | 342,1
Hebr	2, 10	2, 18	34 | 42,6 | 71 | 75 | 78 | 79 | 90,2 | 92 | 215 | 223 | 405,1.2
Hebr	2, 10		109,3.4 | 111,9 | 531,3
Hebr	2, 11		6,1 | 33,3 | 341,6 | 384,4 | 414,4 | 516,1
Hebr	2, 11	2, 12	57,3 | 122,3
Hebr	2, 12		13,1 | 60,1 | 89,4 | 105 | 109 | 116 | 162,4 | 180 | 181,6 | 242,3 | 243,6 | 271,1 | 285 | 288,5 | 291 | 300,1 | 303,1 | 330,1 | 331,2 | 332,3 | 333,6 | 377,4 | 448 | 451,1 | 497,14 | 514,3
Hebr	2, 13		343
Hebr	2, 14		15,1 | 20,4 | 23,2 | 27,4 | 36,2 | 42,6 | 106,3 | 107,1 | 112,4 | 114,6 | 122,1 | 162,4 | 329,3 | 341,6 | 359,6
Hebr	2, 14	2, 15	56,1 | 100,3 | 101,2.3 | 113 | 155,1 | 179,4
Hebr	2, 14	2, 18	25,3.4 | 253,4 | 388 | 401,2
Hebr	2, 17		57,2.3 | 76,2 | 89,3 | 341,6
Hebr	2, 18		37,8 | 78,1 | 95,1
Hebr	3, 1	3, 6	346,2
Hebr	3, 1		96,6 | 130,3.4 | 131,5 | 145 | 154 | 170,1.4 | 531,1
Hebr	3, 3		504,1
Hebr	3, 5		277,4

Biblisches Buch	von Kapitel, Vers	bis Kapitel, Vers	Lied, Strophe (ggf.)
Hebr	3, 6	3, 14	145
Hebr	3, 7	3, 8	5,2 | 137,4 | 234,6 | 392
Hebr	3, 8		123,3 | 186 | 187 | 188 | 255,3 | 355,1 | 428,5 | 501,3
Hebr	3, 10		382,1
Hebr	3, 11		508,4
Hebr	3, 12		126,3 | 233,4
Hebr	3, 13		234,6
Hebr	3, 14		63,6 | 148,9 | 346,2
Hebr	3, 15		196 | 280
Hebr	4, 1	4, 5	326,6
Hebr	4, 1	4, 9	517
Hebr	4, 4		492
Hebr	4, 7		5,2 | 233,4 | 234,6 | 392
Hebr	4, 7b	4, 8a	392
Hebr	4, 9		73,10 | 315,22 | 351,9 | 371,14 | 428,3 | 489
Hebr	4, 9	4, 10	84,13 | 492 | 505,6 | 513,7
Hebr	4, 9	4, 13	150 | 234 | 246
Hebr	4, 10		480,3 | 492 | 493
Hebr	4, 11		322,9 | 384
Hebr	4, 12		3,5 | 136,2.5 | 194,1 | 195,1 | 197,2 | 199 | 358,2 | 426,2
Hebr	4, 12	4, 13	196 | 280,2
Hebr	4, 13		37,8 | 484,1
Hebr	4, 14		96 | 130,3 | 136,4 | 145,3 | 157 | 378,1
Hebr	4, 14	4, 16	34,3 | 76 | 84,2–5 | 232 | 347 | 355 | 362
Hebr	4, 15		81,1 | 95,1 | 376,2
Hebr	4, 15	4, 16	104,2 | 343,1
Hebr	4, 16		2 | 34,3 | 38 | 44,2 | 353,2 | 397,3 | 531,3
Hebr	5, 1		94,1
Hebr	5, 1	5, 10	78,3 | 82 | 83 | 84 | 91 | 184,1 | 232 | 384
Hebr	5, 1	5, 14	75,1
Hebr	5, 5		78,3 | 184,1 | 258,3
Hebr	5, 6		87,3.5.6
Hebr	5, 7		75,1 | 95,1 | 162,2
Hebr	5, 7	5, 9	76 | 84,13
Hebr	5, 8		94 | 96,2
Hebr	5, 9		34,3 | 64,2 | 66,8 | 87,3.5.6 | 89,1.5 | 121 | 346,3 | 356,1 | 401,3 | 437,3
Hebr	5, 11		392,4
Hebr	5, 14		166,6 | 214,1 | 343,3 | 346,4 | 399,6 | 446,9
Hebr	6, 4	6, 8	234 | 387
Hebr	6, 6		85,1 | 88,4 | 381,3

Biblisches Buch	von Kapitel, Vers	bis Kapitel, Vers	Lied, Strophe (ggf.)
Hebr	6, 10		194,2
Hebr	6, 11		63,6 | 148,9 | 334,6 | 391,2
Hebr	6, 14		58,11 | 163 | 170 | 171 | 174 | 203,5 | 214,3 | 239,1.2 | 252,7 | 281,3 | 294,4 | 311,2.3 | 316,4 | 317,4 | 330,5 | 347,4 | 348 | 352,1 | 361,4 | 369,3 | 374,2 | 394,2 | 395,9 | 446,5 | 451,4–10 | 494,1–3 | 496 | 497,1 | 503,13
Hebr	6, 18		127,5 | 130,5 | 473,3
Hebr	6, 19		354
Hebr	6, 20		87,3.5.6
Hebr	7, 11		342,2.3
Hebr	7, 14		39,5 | 114,6
Hebr	7, 22		14,4 | 42,7 | 76,1 | 84,6 | 178
Hebr	7, 23	7, 28	76 | 90 | 92 | 341,8
Hebr	7, 25		42,7 | 77,1 | 84,6 | 89,4 | 121 | 149,6 | 158,2 | 178 | 200,4 | 328,4 | 349,4 | 353,8 | 366,4 | 401,6 | 530
Hebr	7, 26		185
Hebr	7, 27		94,1.2
Hebr	8, 1		75,1 | 119,2 | 375,1
Hebr	8, 1	8, 6	123 | 250 | 264
Hebr	8, 6		42,7 | 76,1 | 178,4 | 231,12 | 342,1 | 521,3
Hebr	8, 6	8, 13	12 | 14,4 | 62,1 | 127,6 | 144,5 | 250 | 264
Hebr	8, 8		12,2
Hebr	8, 10		182,5 | 197,1 | 504,6
Hebr	8, 12		410,3
Hebr	8, 13		15,3 | 17,13 | 18,1 | 19 | 52,3 | 95,1 | 152,3 | 212,3 | 239,3 | 282,1.5 | 379,2 | 486,9
Hebr	9, 1	9, 8	38,1 | 331,8
Hebr	9, 1	9, 10	346
Hebr	9, 9	9, 10	342,2
Hebr	9, 11		395,3
Hebr	9, 11	9, 12	79
Hebr	9, 11	9, 15	9,2 | 76 | 83 | 346 | 350 | 386,8 | 484,2
Hebr	9, 12		21 | 66,9 | 91,9 | 96,6 | 123,5 | 195,2 | 345,4 | 349,2 | 375,3 | 520,3.7
Hebr	9, 14		43,5.6 | 77,8 | 81,4 | 94,2 | 130,7 | 139,2 | 146,4 | 190 | 325,3
Hebr	9, 14	9, 15	88,5 | 520,3.7 | 530
Hebr	9, 15		21 | 42,7 | 62,1 | 76,1 | 83 | 92 | 94,1 | 144,7 | 150,3 | 158,3 | 231,12 | 318,5 | 342,1 | 452,5 | 475,5 | 520,3 | 521,3
Hebr	9, 19	9, 22	158,3
Hebr	9, 24		112,1 | 341,9 | 379,1
Hebr	9, 24	9, 28	75 | 76 | 82,5 | 83 | 85 | 190

Biblisches Buch	von Kapitel, Vers	bis Kapitel, Vers	Lied, Strophe (ggf.)
Hebr	9, 26		94,1 | 123,5 | 141,4 | 192 | 341,5
Hebr	9, 26b	9, 28	83 | 92
Hebr	9, 27		234,5–7 | 363,4.5 | 403,4 | 527,6
Hebr	9, 27	9, 28	346,3
Hebr	9, 28		6,2 | 84,8 | 152 | 353,7 | 410,2
Hebr	10, 1	10, 14	141,4
Hebr	10, 1	10, 18	76 | 79 | 81,4–6 | 83 | 85 | 89,3.4
Hebr	10, 2	10, 3	353,7
Hebr	10, 5	10, 14	141,4
Hebr	10, 7	10, 9	414,1
Hebr	10, 10		64,1 | 122,3 | 190
Hebr	10, 10	10, 14	414,1
Hebr	10, 11	10, 14	9,2 | 66,6
Hebr	10, 11	10, 18	76
Hebr	10, 12		94,1 | 119,2 | 121 | 122 | 180,1 | 190
Hebr	10, 13		94,1
Hebr	10, 14		152,1 | 345,4
Hebr	10, 14	10, 18	410,3
Hebr	10, 16		133,9 | 160 | 197,1 | 504,6
Hebr	10, 19	10, 25	1 | 2 | 4 | 5 | 12 | 16 | 394,4 | 426,3
Hebr	10, 20		73,7 | 122 | 395,1
Hebr	10, 22		133,3 | 200,1 | 351,5 | 353,7 | 512,5
Hebr	10, 22	10, 23	144,5–7
Hebr	10, 23		34,3 | 130,3 | 136,4 | 145,3 | 157 | 212,5 | 299,3 | 324,8 | 325,1 | 343,5 | 352,1.4 | 357 | 378,1 | 382,1 | 452,2 | 526,3
Hebr	10, 24		251,3 | 342,7 | 413,2 | 414,2 | 417
Hebr	10, 25		16 | 21 | 145,3
Hebr	10, 26	10, 31	234 | 392,4 | 518
Hebr	10, 27	10, 28	345,4
Hebr	10, 29	10, 30	223,5
Hebr	10, 30		249,2
Hebr	10, 31		396 | 533,1
Hebr	10, 31	10, 39	115,1
Hebr	10, 32	10, 34	5,3 | 377 | 398
Hebr	10, 32	10, 39	25 | 367 | 369 | 380,5 | 414,2
Hebr	10, 35		345,2
Hebr	10, 35	10, 36	415,2
Hebr	10, 35	10, 39	5 | 25 | 113 | 125,2 | 364 | 369 | 374 | 377 | 398 | 406 | 494
Hebr	10, 36		5,6–9 | 6 | 10 | 11,10 | 16 | 152,2
Hebr	10, 36	10, 37	151,6–8

Biblisches Buch	von Kapitel, Vers	bis Kapitel, Vers	Lied, Strophe (ggf.)
Hebr	10, 38		16,2 | 113,5 | 406,5
Hebr	10, 38	10, 39	430,2
Hebr	10, 39		241 | 243 | 249 | 259
Hebr	11, 1		152,3 | 195,3 | 210,4 | 346,4 | 358,2 | 382,2 | 414,2
Hebr	11, 1	11, 3	346 | 452,2
Hebr	11, 1	11, 10	42,4.5 | 150,4.5 | 351 | 354 | 357 | 366 | 402,4 | 529,4
Hebr	11, 2		137,1.9
Hebr	11, 3		184,3 | 199,1 | 305 | 306 | 454,2
Hebr	11, 6		114,2 | 176 | 346,3
Hebr	11, 8		73,2 | 137,3 | 311,1
Hebr	11, 8	11, 10	366
Hebr	11, 8	11, 12	342,5
Hebr	11, 10		63,3 | 137,1.9
Hebr	11, 11		324,8 | 325,1 | 382,1 | 452,2
Hebr	11, 12		3,1 | 480,3 | 507,1 | 511,1
Hebr	11, 13		7,6
Hebr	11, 13	11, 14	529
Hebr	11, 13	11, 16	63 | 123,10 | 124,2 | 150,2 | 223,6 | 391 | 393 | 481,4 | 498,4 | 521,1
Hebr	11, 16b		351,9
Hebr	11, 17		137,3
Hebr	11, 17	11, 19	102,3 | 374,2
Hebr	11, 19		5,7 | 76,1 | 97 | 115,1 | 126,7 | 154,2 | 236,5 | 294,2 | 495,8
Hebr	11, 23	11, 31	279,2–4 | 374
Hebr	11, 26		256,2
Hebr	11, 27b		164
Hebr	11, 29		301,7
Hebr	11, 30	11, 31	378,1
Hebr	11, 32b	11, 39	249 | 279 | 297 | 323 | 357 | 364 | 374
Hebr	11, 32b	12, 3	82,5.6 | 87 | 88,1.2 | 89 | 90
Hebr	11, 36		117,3
Hebr	12, 1	12, 3	87 | 164 | 223,4–6 | 325,8 | 377,1 | 414,2–4 | 415,2 | 523 | 529,4
Hebr	12, 2		37,6.8 | 76,1 | 80 | 81,9 | 93,2 | 95 | 96,2 | 117,2 | 119,2 | 121 | 180,1 | 271,7.8 | 375,1 | 394,1.5
Hebr	12, 2	12, 3	63,5 | 64,2 | 83,3 | 84 | 89,1 | 227,6 | 342,1 | 401,3 | 404,3
Hebr	12, 3		112,3 | 137,2 | 393,1.8
Hebr	12, 4		377,4
Hebr	12, 4	12, 11	325 | 343 | 361 | 374,4
Hebr	12, 5	12, 6	399,7
Hebr	12, 6		134,3 | 325,8

Biblisches Buch	von Kapitel, Vers	bis Kapitel, Vers	Lied, Strophe (ggf.)
Hebr	12, 7		415,2
Hebr	12, 9		357,4 | 427,1
Hebr	12, 10		324,14 | 346,2
Hebr	12, 11		363
Hebr	12, 12		151 | 261,7 | 381,4
Hebr	12, 12	12, 17	144 | 234 | 432,3
Hebr	12, 13		400,6
Hebr	12, 14		56,4 | 130,6 | 170,3 | 307,7 | 425,2 | 430 | 431,3 | 495,5
Hebr	12, 16		392
Hebr	12, 18	12, 25a	5 | 281 | 398
Hebr	12, 22		63,3 | 142 | 330,8
Hebr	12, 22	12, 23	147,3 | 150 | 264,3 | 441,7 | 535
Hebr	12, 22	12, 24	426,3
Hebr	12, 22	12, 29	245,1
Hebr	12, 23		123,9.10
Hebr	12, 24		42,7 | 76,1 | 158,3 | 354,4
Hebr	12, 25		153
Hebr	12, 26		149,1
Hebr	12, 28		104,3 | 133,2 | 135,7 | 165,4 | 166,3 | 205,4 | 217,4 | 425,3
Hebr	12, 29		431,3
Hebr	13, 1		414,2 | 417
Hebr	13, 1	13, 9b	252 | 365 | 413
Hebr	13, 4		231,7
Hebr	13, 5		25,5 | 154 | 428,1 | 452,3 | 531,3
Hebr	13, 5	13, 6	329 | 346,4 | 444,3 | 491,2 | 495,5 | 513,5
Hebr	13, 6		93 | 312,6 | 331,3 | 351 | 419,4 | 486,6
Hebr	13, 7		241,7 | 245,2
Hebr	13, 8		62 | 119,5 | 183,2 | 185 | 331,1 | 346 | 351 | 374 | 403,4
Hebr	13, 8	13, 9b	59 | 63,6 | 64 | 70,7 | 157 | 367 | 391
Hebr	13, 9		11,3 | 58,9 | 125,2 | 134,6 | 182,2 | 198,2 | 325,10 | 344,2 | 397,2 | 428,5
Hebr	13, 12		195,2
Hebr	13, 12	13, 14	51,5 | 76 | 77,8 | 81,9 | 82,6 | 358,4
Hebr	13, 13		51,5 | 82,6 | 256,2
Hebr	13, 14		63,3 | 150 | 393,4 | 395,3 | 428,4 | 481,5 | 517 | 521,2 | 529 | 534,2
Hebr	13, 14	13, 16	191 | 288 | 302 | 303 | 321 | 325 | 447 | 449 | 502
Hebr	13, 15		43,6 | 166,3 | 170,1.4 | 349,4
Hebr	13, 15	13, 16	324
Hebr	13, 16		161,2 | 342,6 | 420 | 464
Hebr	13, 17		147,1

Biblisches Buch	von Kapitel, Vers	bis Kapitel, Vers	Lied, Strophe (ggf.)
Hebr	13, 20		20 | 81,4 | 425 | 427,2 | 429,3
Hebr	13, 20	13, 21	200 | 217,1 | 274 | 370,10–12 | 399,4 | 404,7.8 | 414,1
Hebr	13, 21		3,5 | 119,5
Hebr	13, 25		145,3 | 347
Jak	1, 2	1, 12	243 | 341 | 343,2 | 345,2 | 371 | 374 | 388 | 497,9–12
Jak	1, 3		195,3
Jak	1, 5		134,2 | 497,5
Jak	1, 6		133,11 | 134,6 | 157 | 382,2
Jak	1, 6	1, 7	210,4 | 328,7 | 344,9
Jak	1, 7		139,1 | 182,4
Jak	1, 8		62,1
Jak	1, 10	1, 11	15,5 | 303,2 | 449,7 | 527,4 | 528,4 | 534,1
Jak	1, 11		431,1
Jak	1, 12		104,3 | 151,5 | 159,2 | 164 | 318,9 | 325,8.9 | 345,2 | 361,10 | 364,4 | 377,2 | 385,6
Jak	1, 12	1, 18	79,3.4 | 81 | 138 | 178 | 347 | 362 | 373,2.6
Jak	1, 13	1, 15	388,5
Jak	1, 14		373,2
Jak	1, 15		101,2 | 113,6 | 341,3
Jak	1, 17		18 | 20,1 | 58,8 | 97,4 | 125,2 | 162,1 | 178,4 | 186 | 187 | 188 | 305,4 | 306,4 | 320 | 378,2 | 388,5 | 411 | 416 | 427,1.4 | 431,3 | 447,6 | 454,2 | 457,9 | 460 | 463 | 465 | 466 | 497 | 508 | 513,2 | 520,7 | 531,2
Jak	1, 17	1, 21	324 | 328 | 341 | 443 | 495
Jak	1, 18		68,4 | 200,1 | 277,5
Jak	1, 19	1, 25	428 | 452,3 | 495
Jak	1, 20		231,6
Jak	1, 21		61,4 | 130,6 | 133,11 | 161
Jak	1, 21	1, 22	196,1.2
Jak	1, 22		129,3
Jak	1, 22	1, 27	196 | 295 | 344 | 373 | 423,3
Jak	1, 26	1, 27	415,3
Jak	1, 27		169
Jak	2, 1		1,1 | 80,4
Jak	2, 1	2, 10	165 | 252 | 255
Jak	2, 1	2, 13	363,4.5 | 397 | 413 | 415,3 | 494
Jak	2, 2		308,7 | 369,6
Jak	2, 5		9,5 | 111,7 | 121,3 | 123,7 | 158,2 | 163 | 384,2 | 428,2
Jak	2, 5	2, 10	412,7
Jak	2, 8		82,7 | 130,6 | 186 | 187 | 188 | 397,2 | 412,1 | 413
Jak	2, 12		495,2.3
Jak	2, 13		149,3 | 307,5 | 412,8

Biblisches Buch	von Kapitel, Vers	bis Kapitel, Vers	Lied, Strophe (ggf.)
Jak	2, 14		194,2
Jak	2, 14	2, 24	318,7 | 342,1.7 | 384,1 | 413,2
Jak	2, 19		412,4
Jak	2, 21		137,3
Jak	2, 23		137,3 | 325,8 | 342 | 351 | 357
Jak	2, 24		342,6
Jak	3, 1	3, 12	134,1.2 | 326 | 395 | 397,2 | 427,1
Jak	3, 5		84,11
Jak	3, 8	3, 12	344,1.2
Jak	3, 9		240,3 | 515,6
Jak	3, 13	3, 14	428,5
Jak	3, 13	3, 18	386,5 | 389,4 | 390 | 413,2 | 414,2 | 428 | 495 | 497
Jak	3, 15		134,2
Jak	3, 16		393,6
Jak	3, 17		91,5
Jak	4, 1	4, 12	343,5 | 387,4
Jak	4, 2b	4, 3	387,4
Jak	4, 4		91,6 | 137,6
Jak	4, 5		328,2
Jak	4, 6		165,1 | 323,3 | 325,10 | 453,3
Jak	4, 6b		10,3
Jak	4, 6b	4, 10	138 | 145 | 373 | 447,8–10
Jak	4, 7		109,2 | 469,4.6
Jak	4, 8		5,2 | 144,4 | 157 | 218 | 219 | 233
Jak	4, 10		165,1
Jak	4, 11		412,3.4
Jak	4, 11	4, 12	393
Jak	4, 13	4, 15	58 | 61 | 64
Jak	4, 13	4, 17	60 | 62 | 65 | 352 | 361 | 368 | 374 | 497 | 516
Jak	4, 13		328,3
Jak	4, 14		64,2
Jak	4, 15		341,5 | 378,2
Jak	4, 16		527,2
Jak	4, 17		161,2
Jak	5, 1	5, 6	149 | 149,4 | 527 | 528
Jak	5, 7		5,6–9 | 7 | 9,6 | 10 | 11,10 | 16
Jak	5, 7	5, 8	6 | 502 | 505,4 | 513
Jak	5, 7	5, 12	151 | 152 | 409,7 | 414,3 | 523
Jak	5, 8		3,5 | 15,3 | 17 | 18,1 | 19 | 52,3 | 95,1 | 96,4 | 152,3 | 212,3 | 239,5 | 282,1.5 | 379,2 | 486,9
Jak	5, 9		3,5

Biblisches Buch	von Kapitel, Vers	bis Kapitel, Vers	Lied, Strophe (ggf.)
Jak	5, 10		150,5
Jak	5, 10	5, 11	415,2
Jak	5, 11		69,4 | 309,2 | 376,2 | 415,3
Jak	5, 11c		81,8 | 355
Jak	5, 13		11,2 | 35,4 | 58,1 | 288,4 | 304,2 | 324,13 | 328,3 | 369,7 | 503,11
Jak	5, 13	5, 18	320 | 387,3–6
Jak	5, 13	5, 20	289 | 302
Jak	5, 14		72,5
Jak	5, 15		96,3 | 114,4 | 116 | 200,4 | 324,9–12 | 412,6 | 449,11.12
Jak	5, 16		61,3 | 353,5
Jak	5, 18		455,2 | 508,2 | 515,3
Jak	5, 19	5, 20	72,5 | 353 | 413,8
Jud	V 2		137,3 | 170,3 | 322,6 | 414,2 | 421 | 425 | 430 | 434 | 435
Jud	V 3		130,4 | 131,5 | 144,5 | 375,4
Jud	V 5		177 | 180 | 301,6
Jud	V 9		142 | 143,4
Jud	V 17		25 | 38 | 246 | 387
Jud	V 18		259,2 | 370,6 | 371,11
Jud	V 20		195,1 | 357 | 357 | 414,4
Jud	V 21		98 | 393,10.11
Jud	V 22		72,5 | 97,5 | 344,9 | 382,2 | 416 | 431,1
Jud	V 24		60,4 | 75,3 | 93,1 | 109,6 | 289,5 | 437,2 | 453,1 | 502,5
Jud	V 25		26 | 38,1 | 67,4 | 100,5 | 119,5 | 123,4 | 183,2 | 197,3 | 279,3 | 281,5 | 302,3 | 326,8 | 333,3 | 396,3 | 406,2 | 412,4 | 513
Offb	1, 1	1, 8	90 | 92 | 123 | 147,2 | 149
Offb	1, 2		136,7
Offb	1, 3		15,1 | 17 | 18,1 | 19 | 52,3 | 95,1 | 152,3 | 212,3 | 239,5 | 282,1.5 | 379,2 | 486,9
Offb	1, 4		264,3 | 430
Offb	1, 4	1, 8	121
Offb	1, 5		43,5.6 | 75,1 | 79 | 83,7 | 91,9 | 94,5 | 108,2 | 116 | 139 | 146,4 | 164 | 193,2 | 195,2 | 325,3 | 329,3 | 331,8 | 346,2 | 484,2 | 519,1 | 520,3.7
Offb	1, 5	1, 6	121,2
Offb	1, 6		133,4
Offb	1, 7		7 | 198,2
Offb	1, 7	1, 8	184,5
Offb	1, 8		35,1 | 66,1 | 70,7 | 139 | 163 | 173 | 175 | 177 | 185 | 199,5 | 204,1.4 | 232,1 | 237 | 239,5 | 273,6 | 321,3 | 446,8 | 493 | 506,6 | 515,9
Offb	1, 9	1, 18	67 | 70 | 148,3

Biblisches Buch	von Kapitel, Vers	bis Kapitel, Vers	Lied, Strophe (ggf.)
Offb	1, 10		111,5 | 162
Offb	1, 11		35,1 | 66,1 | 70,7 | 163 | 173 | 175 | 177 | 199,5 | 204,1 | 232,1 | 237 | 273,6 | 321,3 | 446,8
Offb	1, 16	1, 18	2,1
Offb	1, 16b		351,4 | 469,1 | 531,2
Offb	1, 17	1, 18	35,1 | 62 | 64 | 70,7 | 73,5 | 83,7 | 93,3 | 115 | 519,1
Offb	1, 18		100,2.3 | 101,4 | 105 | 106 | 113,3–5 | 148,1 | 292,4 | 325,4 | 383,4 | 403,4
Offb	2, 1	2, 7	6 | 16 | 241 | 251 | 400
Offb	2, 5		136,6
Offb	2, 7		69,3 | 96,1 | 97,1.5.6 | 124,1 | 131 | 132 | 136 | 148,2 | 156 | 159,3 | 196,2 | 236,1 | 428,1 | 432,2
Offb	2, 8	2, 11	149 | 406,4
Offb	2, 10		66,4.5 | 86 | 104,3 | 109,2 | 151,5 | 159,2 | 164 | 222,3 | 227,1 | 361,10–12 | 364 | 377,2 | 378,4 | 385,6 | 387,1 | 400,7 | 468,2 | 500,4 | 529,12
Offb	2, 11		113,5.6 | 384,3 | 428,1
Offb	2, 12		3,5
Offb	2, 12	2, 17	232
Offb	2, 13		11,1 | 351,8–12
Offb	2, 17		11,1 | 70,2 | 164 | 428,1
Offb	2, 18	2, 29	234 | 246 | 400,4–6 | 405
Offb	2, 21		145,6
Offb	2, 23		56,2 | 386,10 | 497,6
Offb	2, 26		428,1
Offb	2, 28		158,1
Offb	3, 1		251,6 | 255,3
Offb	3, 1	3, 3	262,2 | 263,2 | 378,1
Offb	3, 1	3, 6	7 | 10 | 11,9.10 | 75 | 386,6
Offb	3, 1	3, 13	6
Offb	3, 2		259,3
Offb	3, 3		147,1 | 234,7
Offb	3, 4	3, 5	207,1 | 477,4
Offb	3, 4	3, 6	350,1
Offb	3, 5		149 | 154 | 206,5 | 233,5 | 351,5 | 353,5 | 523,5
Offb	3, 6		432,2
Offb	3, 7		67,2
Offb	3, 7	3, 13	5,6–9 | 6 | 9,5.6 | 11,10 | 402 | 406
Offb	3, 8		133,2 | 225,1 | 249,5 | 256,4 | 262,4–6 | 263,4–6 | 297,5
Offb	3, 9	3, 12	362,3.4
Offb	3, 10		488,3
Offb	3, 11		149 | 151,5 | 159,2 | 164 | 166,5 | 378,4 | 387,6 | 468,2

Biblisches Buch	von Kapitel, Vers	bis Kapitel, Vers	Lied, Strophe (ggf.)
Offb	3, 11	3, 12	426,3
Offb	3, 12		150,1 | 153
Offb	3, 13		432,2
Offb	3, 14		12 | 370,5
Offb	3, 14	3, 22	144 | 146 | 232 | 233 | 234 | 392,4
Offb	3, 16		325,8
Offb	3, 17	3, 18	36,9
Offb	3, 19		128,5 | 134,3 | 325,8 | 370,5
Offb	3, 20		11,6 | 73,1 | 129,3 | 147,2 | 148,7 | 151,1 | 218,1.2 | 220 | 354,3 | 389,2
Offb	3, 21		114,7 | 115,2 | 151,6
Offb	3, 22		432,2
Offb	4, 1	4, 11	123 | 147 | 148 | 165,2 | 300
Offb	4, 2		131,1 | 158,1
Offb	4, 2	4, 8	143,2
Offb	4, 3		70,3
Offb	4, 3	4, 4	395,1
Offb	4, 4		81,11 | 150,5
Offb	4, 8		44,3 | 139,4.5 | 142,1.4 | 155,3 | 164 | 177 | 180 | 181,6 | 185 | 270,1 | 331,2 | 333,4 | 357,3.4 | 514,7 | 515,9
Offb	4, 8	4, 9	406,3
Offb	4, 8	4, 11	121,2 | 143,1.3 | 165,4 | 179 | 191 | 535
Offb	4, 9		375,1
Offb	4, 10		485,2
Offb	4, 10	4, 11	480,1
Offb	4, 11		1,5 | 27,6 | 29,3.4 | 45,4 | 50,5 | 104,1 | 107,3 | 109,6 | 116,2 | 119,5 | 141,1 | 155,4 | 159,3 | 179,1.2 | 180,2 | 197,3 | 199,1 | 245,1 | 250,1 | 275,7 | 289,5 | 300,2 | 301,4 | 308,11 | 321,3 | 329,2 | 342,8 | 356,1 | 365,2 | 429,4 | 431,1 | 437,4 | 443,1 | 447,1 | 506,6 | 515,1 | 519,4
Offb	5, 1	5, 14	4 | 5,7–9 | 6 | 7 | 9,6 | 16 | 47,2 | 70,1 | 75,1 | 83,7 | 90 | 123
Offb	5, 5		13,1 | 30,1 | 31 | 47,2 | 50,5
Offb	5, 5	5, 6	114,6
Offb	5, 6		33,2 | 36,4 | 83 | 87,2 | 141,4 | 151,6 | 179,3 | 180,1.3 | 190 | 255,2.9 | 396,1 | 400,2
Offb	5, 8	5, 9	331,4 | 406,3 | 469,5
Offb	5, 8	5, 10	133,4.5
Offb	5, 8	5, 14	288
Offb	5, 9		42,8 | 63,3 | 148,6.8 | 164 | 226,3 | 256,1 | 286,1 | 287 | 294,2 | 325,3 | 349,1 | 407,3 | 412,5
Offb	5, 11	5, 14	33,2.3 | 35,4 | 68,8 | 81,11 | 111,15 | 114,10 | 142,2 | 147,3 | 148,6.8 | 150,6.7 | 191 | 255,9 | 332,4 | 357,3.4 |

Biblisches Buch	von Kapitel, Vers	bis Kapitel, Vers	Lied, Strophe (ggf.)
			503,10 | 535
Offb	5, 12	5, 13	1,5 | 3,4.5 | 27,6 | 29,3.4 | 39,7 | 45,4 | 66,6 | 68,7 | 87,2 | 104,1 | 107,3 | 109,6 | 116,2 | 119,5 | 121 | 141,1.4 | 148,5.8 | 151,6 | 155,4 | 159,3 | 179,3 | 180,1.2 | 190 | 197,3 | 245,1 | 250,1 | 255,2.9 | 271,8 | 275,7 | 289,5 | 300,2 | 308,11 | 321,3 | 329,2 | 346,5 | 356,1 | 365,2 | 396,1 | 400,2 | 437,4 | 443,1 | 447,1 | 480,1 | 519,5
Offb	5, 13		2 | 65,6 | 106,4 | 177 | 180,2 | 181 | 327,4 | 330,6 | 375,1 | 403,1 | 453,5 | 490,4 | 514,11 | 515 | 532,3
Offb	6, 1	6, 17	244 | 246 | 248 | 249 | 345 | 347 | 373
Offb	6, 2		378,4
Offb	6, 9	6, 11	152
Offb	6, 11		315,5
Offb	6, 12		66,4
Offb	6, 12	6, 13	153
Offb	6, 14	6, 17	92,5
Offb	6, 16	6, 17	351,4
Offb	6, 17		64,3 | 149,4 | 405,5 | 445,4 | 534,2
Offb	7, 4		19,3 | 20,3
Offb	7, 9		150,4 | 165,7
Offb	7, 9	7, 10	43,3 | 44,3 | 71,6 | 255,9 | 361,11
Offb	7, 9	7, 12	147,3 | 503,11 | 535
Offb	7, 9	7, 17	23 | 38 | 123,9.10 | 148 | 181,6 | 191 | 252,9 | 331,4 | 371,15 | 399,2.4–7 | 478,8 | 502
Offb	7, 10	7, 12	100,1 | 375,1
Offb	7, 11	7, 12	39,7 | 142,2 | 447,10 | 529,7
Offb	7, 11	7, 17	357,3.4
Offb	7, 12		26 | 50,5 | 53 | 54 | 68,7 | 104,1 | 107,3 | 109,6 | 148,8 | 160 | 167,1 | 177 | 180 | 232,4 | 288,7 | 308,11 | 321,3 | 327,4 | 332,4 | 506,1
Offb	7, 12	7, 17	480,1
Offb	7, 13	7, 14	150,3.5
Offb	7, 13	7, 17	38
Offb	7, 14		5,6 | 83,7 | 371,15 | 530,7
Offb	7, 14	7, 15	252,9 | 327,4 | 350,1 | 524,1 | 525,5
Offb	7, 14	7, 17	345,5
Offb	7, 15	7, 16	300,1.5.6
Offb	7, 16	7, 17	407,1 | 418,1.2
Offb	7, 17		2,2 | 7,6.7 | 9,6 | 20,3 | 63,4 | 114,8 | 122,1 | 148,5 | 151,7 | 153,3 | 154,3 | 170,3 | 190 | 252,6 | 298,3 | 307,2 | 324,11 | 331,9 | 370,10 | 384,4 | 395,2 | 402,6 | 427,5 | 449,12 | 484,4 | 486,11 | 529,7 | 532,3
Offb	8, 1		480,3

Biblisches Buch	von Kapitel, Vers	bis Kapitel, Vers	Lied, Strophe (ggf.)
Offb	8, 2		149,2 | 520,2
Offb	8, 3		142
Offb	8, 4		133,5
Offb	8, 6		149,2
Offb	9, 1	9, 21	138 | 246 | 347 | 366
Offb	9, 2		396,4
Offb	9, 13	9, 18	149
Offb	9, 15		272
Offb	10, 1	10, 11	143,2 | 318
Offb	10, 6		148,1 | 515,1
Offb	10, 8	10, 10	196,5 | 343,3 | 446,9 | 458,2
Offb	10, 10		70,2
Offb	11, 1	11, 19	164 | 373
Offb	11, 7		396,3
Offb	11, 13		326,1
Offb	11, 15		14,2.3 | 67,4 | 109,1 | 115,2 | 123,3 | 124,4 | 148,1 | 153 | 179,2 | 181,6 | 255,8 | 332,4 | 403,4 | 408,1.2 | 410,3 | 502,2
Offb	11, 15	11, 19	300
Offb	11, 17		86 | 160 | 179,2 | 325,1 | 334,6
Offb	12, 1	12, 6	14,2 | 23 | 38
Offb	12, 1	12, 12	143,5.6
Offb	12, 3		6,4 | 396,3
Offb	12, 4		106,2
Offb	12, 7		142
Offb	12, 7	12, 12	113 | 143 | 148 | 164 | 351,11 | 362 | 396,3 | 518
Offb	12, 9		106,4 | 113,2 | 362,3
Offb	12, 9	12, 12	114,8.10
Offb	12, 10		38,1 | 65,2 | 67,4 | 100,1.2 | 109,2 | 123,4 | 124,4 | 137,2 | 143,5.6 | 183,2 | 186 | 187 | 188 | 279,3 | 281,5 | 302,3 | 326,8 | 332,4 | 333,3 | 373,1 | 396,3 | 398,2 | 404,2 | 431,1 | 451,4 | 454,3 | 506,3
Offb	12, 10	12, 11	530
Offb	12, 11		83,7 | 98 | 329,3
Offb	12, 12		25,4 | 109,4.5 | 344,3 | 387
Offb	12, 13	12, 17	33 | 143,5–7
Offb	13, 1	13, 3	362
Offb	13, 1	13, 8	246 | 248 | 249 | 343 | 347
Offb	13, 8		179,2
Offb	13, 9		432,2
Offb	13, 10		136,3
Offb	14, 1		515,7

Biblisches Buch	von Kapitel, Vers	bis Kapitel, Vers	Lied, Strophe (ggf.)
Offb	14, 1	14, 5	147,3 | 313,4 | 332,3 | 535
Offb	14, 3		42,8 | 148,8 | 286,1 | 287 | 294,2 | 331,4 | 349,1 | 407,3
Offb	14, 6	14, 7	145 | 193 | 387,6 | 392
Offb	14, 7		29,3 | 179,1 | 301,2 | 326 | 410,5 | 485,2 | 504,5 | 505,7 | 520,7
Offb	14, 12		136,3
Offb	14, 13		63,4 | 109,5 | 115,6 | 150 | 405,6 | 460,4.5 | 484,4 | 493 | 505,6 | 513,7 | 529,1.12
Offb	14, 14	14, 15	503,14.15
Offb	14, 14	14, 20	11,10 | 149 | 513
Offb	15, 1	15, 4	147,3 | 148 | 325 | 327 | 332,4 | 535
Offb	15, 2	15, 3	35 | 123,9.10
Offb	15, 2	15, 4	148,6 | 243 | 316,1 | 317,1 | 341
Offb	15, 3		269,1 | 301,4 | 429 | 529,12
Offb	15, 4		179 | 180 | 331,10 | 345,5 | 506,6
Offb	15, 5		153
Offb	16, 1	16, 21	149 | 151,1
Offb	16, 15		147,1 | 414,4
Offb	16, 17		147,3
Offb	17, 8		207,1 | 396,3
Offb	17, 14		1,1 | 9,1 | 193,2 | 248,4 | 269,1 | 300,3 | 379,1
Offb	17, 17		182,5
Offb	18, 1	18, 20	281
Offb	18, 4	18, 8	378,3
Offb	18, 9	18, 19	523
Offb	18, 20		331,4
Offb	19, 1		65,2 | 150,6.7 | 159,6.7 | 330,4 | 503,10
Offb	19, 1	19, 6	181
Offb	19, 1	19, 9	514
Offb	19, 4	19, 6	327,4
Offb	19, 4	19, 9	150
Offb	19, 4	19, 10	535
Offb	19, 5		300 | 305,3 | 306,3 | 447,1 | 448
Offb	19, 6		109,5
Offb	19, 6	19, 9	147 | 221 | 326 | 332,4
Offb	19, 7		9,6 | 26 | 33,2 | 69,2 | 70,6.7 | 148,5 | 167,1 | 169 | 264 | 324,18 | 341,1 | 414,3
Offb	19, 8		224,1 | 349,4 | 525,5
Offb	19, 9		148,5.9 | 151,7 | 213,5 | 218,2 | 219 | 220,3 | 222,3 | 256,3 | 257,4
Offb	19, 10		136,7
Offb	19, 11	19, 16	14 | 90 | 147 | 149 | 213

Biblisches Buch	von Kapitel, Vers	bis Kapitel, Vers	Lied, Strophe (ggf.)
Offb	19, 13		195
Offb	19, 16		1,1 | 9,1 | 193,2 | 248,4 | 300,3 | 379,1
Offb	19, 17		200
Offb	19, 20		111,10
Offb	20, 1	20, 6	138
Offb	20, 2		113,2 | 136,5
Offb	20, 3		396,3
Offb	20, 4		151,6
Offb	20, 6		81,11 | 134,8 | 155,3
Offb	20, 7	20, 10	273
Offb	20, 10		109,2 | 111,10
Offb	20, 11		153
Offb	20, 11	20, 13	20,1.8 | 184,4 | 199,3
Offb	20, 11	20, 15	17,4 | 149,3–6
Offb	20, 12		207,1 | 523,5
Offb	20, 12	20, 13	384,3
Offb	20, 14		20,4 | 111,10 | 113,1.6.8
Offb	20, 15		207,1
Offb	21, 1		51,3 | 93,4 | 382,2 | 409,5
Offb	21, 1	21, 5	429
Offb	21, 1	21, 7	66,1 | 108,3 | 147,3 | 148 | 150 | 153 | 153 | 191 | 245 | 266,5 | 302 | 449,12
Offb	21, 1	21, 5a	259 | 264
Offb	21, 2		3,3 | 33,2 | 63,3 | 69,2 | 70,1.5.6 | 83,7 | 151,7 | 351,9 | 396,1 | 400,2 | 495,1 | 525,5
Offb	21, 3		182,5
vOffb	21, 3	21, 4	402,4
Offb	21, 4		1 | 2,1 | 7,5–7 | 9,6 | 11,10 | 20,3 | 35,4 | 36,7.12 | 63,4 | 66,8 | 85 | 93,4 | 101,4 | 105 | 109 | 111,9 | 115 | 122,1 | 128,2 | 135,5 | 148,4 | 151,7 | 154,3 | 162,4 | 170,3 | 171,2 | 324,11 | 346,4.5 | 379,8.10 | 484,4 | 489,2 | 517,5 | 520,5 | 524,1 | 527 | 531,2 | 532,3
Offb	21, 5		51,3 | 61 | 93,4 | 110 | 127,3 | 148,1.5 | 151,5 | 253,2 | 382,2 | 399,5–7 | 409,5 | 432,3
Offb	21, 6		35,1 | 49,4 | 58,8 | 70,7 | 126,2 | 127,6.7 | 139 | 140,1.5 | 148,7 | 163 | 166,6 | 171,1 | 173 | 175 | 177 | 185 | 199,5 | 204,1 | 219,1 | 232,1 | 237 | 239,5 | 273,6 | 304,5 | 321,3 | 324,2 | 325,3 | 343,4 | 370,11 | 389,3 | 399,2 | 407,1 | 446,8 | 447,6 | 493 | 515
Offb	21, 7		8,5.6 | 83,7 | 114,10 | 123,8 | 134,3 | 151,5 | 159,2 | 197,1 | 200 | 387,4 | 428,1
Offb	21, 9		3,3 | 33,2 | 69,2 | 83,7 | 148,5 | 151 | 264,1 | 396,1 | 400,2 | 525,5
Offb	21, 9	21, 27	147 | 150

Biblisches Buch	von Kapitel, Vers	bis Kapitel, Vers	Lied, Strophe (ggf.)
Offb	21, 18		63,3 | 503,9
Offb	21, 19	21, 20	357
Offb	21, 21		147,3 | 151,7 | 180,1 | 535
Offb	21, 23		11,10 | 96,1 | 441,7 | 503,10 | 531,2
Offb	21, 23	21, 24	40,1.3
Offb	21, 24	21, 27	70,7 | 476,7
Offb	21, 24		16,4 | 426
Offb	21, 27		148 | 149,6
Offb	22, 1		127,6 | 304,5 | 399,2.3
Offb	22, 1	22, 2	148,7
Offb	22, 1	22, 15	426,3
Offb	22, 2		151,7
Offb	22, 3	22, 4	402,4
Offb	22, 4		6,5 | 82,8 | 322,9 | 521,3 | 529,11
Offb	22, 4	22, 5	113,6 | 155,3
Offb	22, 5		40 | 148,1 | 199,4 | 399,6 | 441,7 | 450,5 | 476,7 | 490,4 | 531,2
Offb	22, 6	22, 15	259 | 347
Offb	22, 6		142,1
Offb	22, 9		165,3
Offb	22, 10		151,7
Offb	22, 11		414,4
Offb	22, 12	22, 17	250 | 363
Offb	22, 12	22, 21	147 | 149 | 151 | 152
Offb	22, 13		35,1 | 66,1 | 70,7 | 125 | 163 | 173 | 175 | 177 | 185 | 199,5 | 239,5 | 273,6 | 321,3 | 446,8 | 493
Offb	22, 14		97,1 | 346,2
Offb	22, 16		7,5 | 30,1 | 31 | 51,4 | 67,1 | 69,1 | 73,2 | 74,1 | 142,1 | 158,1 | 159,1 | 204,1 | 232,1 | 237 | 253,2 | 256,4 | 440,2 | 442,1.2 | 524,6
Offb	22, 16	22, 17	70,1.5.6
Offb	22, 16	22, 20	19,1
Offb	22, 17		2,3 | 3,3 | 33,2 | 36,9 | 66,7 | 69,2 | 83,7 | 135,4 | 136,1 | 140,1.5 | 166,6 | 208,2 | 264,1 | 343,4 | 396,1 | 400,2 | 525,5
Offb	22, 19		96,1
Offb	22, 20		2,3 | 6,2.3.5 | 11,10 | 178,6 | 191 | 198,2 | 256,4 | 328,7
Offb	22, 20	22, 21	1,5 | 70,7 | 186 | 187 | 188 | 442,7
Offb	22, 21		145,3 | 347

„... die nach glatten Dingen suchen"!
Verkürzte Psalmen und Liedern im EG[30]

Einsichten

Der Psalm 1 ist das Eingangstor zu dem Psalter: „Er umfasst nur sechs Verse und entwirft doch ein Gesamtbild des menschlichen Lebens. Jedenfalls ist das sein Anspruch, wie schon der von A bis Z oder hebräisch von *Alef* ... bis *Taw* ... reichende Gedankengang zeigt."[31] Er ist weder ein Gebet noch ein Hymnus, sondern eine Seligpreisung und verbindet „das Abstrakte, nämlich die Antithese von Gerechten und Frevlern, mit dem Konkreten, nämlich den Bildern von Baum und Spreu".[32]

Aschre, das erste Wort, übersetzen Janowski und andere mit „glücklich". Gemeint sei das wahre Glück im Sinne von ‚glücklich sein' und nicht von ‚Glück haben', also eine Qualität für das „Leben als Ganzes"[33]. In unserer Sprache jedoch ist bei Glück immer auch die Vorläufigkeit mitzuhören („Glück und Glas – wie leicht bricht das"), aber auch die Meinung: „Jeder ist seines Glückes Schmied!" In den Worten eines Schlagers heißt es gar: „Glücklich ist, wer vergisst, was nicht mehr zu ändern ist"! Deshalb betont Janowski, dass der in die *aschre*–Formel gefasste Glückwunsch nicht auf dieser oder jener erfolgreichen Einzeltat beruht, „sondern auf einer Qualität, die ein Mensch für sein Leben als ganzes gewinnt und die all sein Tun umgreift und bestimmt (vgl. V.3b!)".[34] Diese Qualität bezeichnet Ps 1 als „Freude an der Tora". Francis Bacon hat es so zusammengefasst. „Nicht die Glücklichen sind dankbar. Es sind die Dankbaren, die glücklich sind!"

Martin Luther übersetzte die ersten drei Worte *aschre ha isch* wörtlich: „Wohl dem Manne ...!" Für mich klingt das, als würde mir an dem Tor zur Lebenswelt des Psalters ein Becher in die Hand gedrückt mit den Worten: „Zum Wohlsein", oder „Auf dein Wohl"! Und in diesen Becher des Wohlseins wird auf dem Weg durch den Psalter das Süße und Mundende eingeschenkt, aber auch das Bittere und selbst das, was „mir im Munde wächst", an dem ich zu schlucken habe (D. Bonhoeffer: „Und reichst du mir den schweren Kelch, den bittern ..."). Alles

---

[30] Zuerst erschienen in: Homiletische Monatshefte 2015/3, S. 143ff., hier überarbeitet und ergänzt. Der Titel ist aus dem Pescher Nahum (s.u.).
[31] Bernd Janowski, EvTh 2007/1, S. 19.
[32] Ebd., S. 18.
[33] Ebd., S. 18.
[34] Ebd., S. 21.

gehört zum ‚Wohlsein' und für alles finden die Psalmen Worte: für das Aufbauende und das Einreißende, für das Unglück und das Glück, für das Bittere und das Süße (dazu aber die Warnung des Propheten Jesaja 5,20c). Und das macht die Welt der Psalmen so einzigartig: Sie reden mir oft genug nicht nach dem Munde und verschweigen nichts.

Genau das Verschweigen aber finde ich wieder in manchem Psalm, der in unser Evangelisches Gesangbuch bearbeitet aufgenommen wurde. Hier wird geglättet und beschönigt, und beim Lesen ist es so, als sollten wir uns denen angleichen, „die nach glatten Dingen suchen" (Pescher Nahum 4QpNah 3–4 iii, 6–8), oder wie es im Buch der Sprüche 26,28 warnend heißt: „… und glatte Lippen richten Verderben an!" In den Worten des Psalms 5,10 klingt das dann so: „Denn nicht ist Verlässliches in ihrem Mund, ihr Inneres ist Verderben, ein offenes Grab ist ihre Kehle, sie glätten ihre Zunge", so die Übersetzung von Ute Neumann–Gorsolke, die zusammenfasst: „An dem, was der Mund ausspricht, erweist sich ‚wer oder was die sprechende Person ist' und wie ihr Verhältnis zu Gott und seinen Weisungen aussieht."[35]

Das gilt allemal auch für die Bereiche, die wir ausklammern und damit verschweigen wollen, doch das geglättete Gottesbild verliert an Kontur und damit unsere Kirche an Profil. Aber profillose Reifen sind für „rauhe Wege" (EG 391,4; 372,6) nicht.

(Her-)Ausschnitte

Bernd Janowski[36] beklagt zu Recht, dass bei den Feindpsalmen die Texte zwar liturgisch beibehalten, aber um die härtesten Passagen gekürzt werden. Er bezieht sich dabei ausdrücklich auf das EG und nennt als Beispiele Ps 22, bei dem die Feindklage V. 13–19 weggelassen wird,[37] und Ps 69, der um die V. 5–13.19b–30a.31–37 gekürzt ist;[38] und „dies, obwohl Ps 22,19 und Ps 69,22 in den synoptischen Passionsgeschichten breit rezipiert"[39] werden.[40] Auch Michael Lichten-

---

[35] Ute Neumann–Gorsolke, Aus dem Mund von Kindern und Säuglingen …", in: A. Grund u.a. (Hg.): Ich will dir danken unter den Völkern, S. 18.
[36] Bernd Janowski, Ein Gott, der straft und tötet, S. 175.323.
[37] Siehe EG 709 und 710. Wie läse sich der Ps 23 wohl ohne V. 5a?
[38] Siehe EG 731. „Im EG […] werden die folgenden *Feindaussagen weggelassen*: Ps 8,3b; 18,8–16.19a.21–46.48f.51; 22,13–19 und 139,19–22"; Zitat bei Bernd Janowski a.a.O., S. 175 Anm. 3.
[39] Janowski, Ein Gott, S. 175.
[40] Siehe dazu Dietrich Bonhoeffer, Gemeinsames Leben S. 39: „(Wer die Psalmen betet,) versucht zunächst, sie persönlich als sein eigenes Gebet nachzusprechen. Bald stößt er dabei auf Stellen, die er von sich aus, als sein persönliches Gebet, nicht glaubt beten zu können. Wir denken etwa an die Unschuldspsalmen. An die Rachepsalmen, teilweise auch an die Leidenspsalmen. Dennoch sind diese Gebete Worte der Heiligen Schrift, die er als gläubiger Christ nicht mit den bil-

stein[41] merkt zu Ps 36 an: „Erwähnenswert ist die Tatsache, dass im EG genau die Verse nicht abgedruckt sind, die für die Gewissensmotivik des Psalms von Bedeutung sind: Vv. 1–5 und Vv. 11–13".

Dieser Umgang im EG mit den Feindaussagen und Feindbildern ist nach Bernd Janowski eine Form der Problemverdrängung durch Weglassen, Abändern und Umschreiben sowie der „Abwertung der schwierigen Gottesbilder."[42] Sein Fazit:

„Statt Verdrängung also Auseinandersetzung mit dem Gottesbild des Alten Testaments und seinen komplexen, positiven wie negativen Zügen, um jenseits des schlichten Duals ‚lieber Gott' versus ‚böser Gott' ein tragfähiges Verhältnis zur religiösen Tradition wie zu sich selbst zu gewinnen."[43]

Das bei den Psalmen aufgewiesene ‚Herausschnittsverfahren'[44] finden wir im EG auch bei den Liedern. Als Beispiel nehmen wir die Lieder des Paul Gerhardt, dessen Wirkung für die Geschichte des Kirchenliedes „kaum zu überschätzen"[45] ist. Von seinen 139 Lieddichtungen[46] stehen im EG 26 Lieder. Von diesen sind 12 vollständig,[47] bei den übrigen 14 fehlen bis zu sechs Strophen.[48] Wie plausibel ein solches Auswahlverfahren ist, wird jeder feststellen, der die Lieder im Zusammenhang liest. Wenn nicht alles täuscht, ist ein Kriterium, die Lieder von „schwer zugänglichen" Aussagen zu befreien, sie dadurch (angeblich) leichter zugänglich zu machen.[49] Es ist ein Jammer, dass durch dieses Verfahren Texte auseinander-

---

ligen Ausreden als überholt, veraltet, als ‚religiöse Vorstufe' abtun kann." Zitat bei Bernd Janowski, Ein Gott, S. 175.

[41] M. Lichtenstein, Das innere Chaos. Beobachtungen zu Ps 36, in: FS B. Janowski, S. 55 Anm. 31.

[42] Bernd Janowski, Ein Gott, S. 323.

[43] A.a.O., S. 324.

[44] Es findet sich leider auch wieder in der *Neuordnung der gottesdienstlichen Lesungen und Predigttexte*, die zur Erprobung freigegeben ist. ‚Verschnittene' Psalmen jedoch verlieren ihre Potenz!

[45] Christian Bunners, Art. Gerhardt, Paul in: RGG 4. A. Bd. 3, Sp. 730.

[46] Siehe dazu: Paul Gerhardt, Geh aus mein Herz.

[47] EG 11, 58, 85, 322, 324, 361, 370, 371, 447, 449, 477 und 503.

[48] EG 36 (3 Strophen), EG 37 (6 Strophen), EG 39 (1 Strophe), EG 83 (3 Strophen), EG 84 (3 Strophen, die Strophe 12 ist geändert), EG 112 (3 Strophen), EG 133 (3 Strophen, die Strophe 10 ist verändert), EG 283 (2 Strophen), EG 325 (2 Strophen), EG 351 (2 Strophen), EG 446 (3 Strophen), EG 497 (5 Strophen), EG 529 (2 Strophen).

[49] Corinna Dahlgrün, Ethik statt Eschaton?, S. 436: „Es drängt sich der Eindruck auf, daß die Bibel vor allem als leicht verstehbar, ohne große Härten und drastische Aussagen dargestellt werden soll und das Gottesreich infolgedessen allein als freundlich einladend und leicht zugänglich." Ihre Erkenntnis trifft auch auf den Umgang mit den meisten Liedern von Paul Gerhardt im EG zu und leider auch wieder auf die „Neuordnung der gottesdienstliche Lesungen und Predigttexte". Ein Beispiel für mehrere: Jer 23,16–29, die Rede vom nahen und fernen Gott und von Gottes Wort, das wie Feuer und Hammer ist, bisher Predigttext in der Perikopenreihe IV am 1. Sonntag nach Trinitatis, wurde gestrichen. Jörg Jeremias jedoch erklärt in seiner jüngst erschienenen *Theologie des AT* den gewichtigen und bedeutungsvollen Text auf den Seiten 182–187 tiefgehend. Was bewegt den Arbeitskreis zur Streichung dieses theologisch so wichtigen Textes?

gerissen werden. Zudem wird dem Leser und Sänger der Lieder die Auseinandersetzung mit den Texten Paul Gerhardts genommen.

Von Autoren und Auctoren

Neben solchem willkürlichen (?) Ausschnittsverfahren fallen beispielsweise andere Eingriffe in Texte nicht so sehr auf. So wird etwa das Lied EG 84 (*O Welt, sieh hier dein Leben*) von Paul Gerhardt in der Strophe 12 (im Original Strophe 15) geändert. Es heißt jetzt: „Ich will ans Kreuz mich schlagen mit dir und dem absagen", anstatt „Ich will mich mit dir schlagen ans Kreuz und dem absagen." Bei Lied EG 133 etwa wird die Strophe 10 (im Original 13) so geändert: „Beschirm die Obrigkeiten, richt auf des Rechtes Thron, steh treulich uns zur Seiten"; im Original: „Beschütz die Polizeien, bau unsers Fürsten Thron, dass er und wir gedeihen." Es entfallen Strophen wie die folgenden (9, 10 und 11 im Original):

Ach, edle Freudenquelle,
Schleuß deinen Abgrund auf
Und gib dem Frieden schnelle
Hier wieder seinen Lauf.
Halt ein die große Flut,
Die Flut, die eingerissen
So, daß man siehet fließen
Wie Wasser, Menschenblut.

Laß deinem Volk erkennen
Die Vielheit seiner Sünd,
Auch Gottes Grimm so brennen,
Daß er bei uns entzünd
Den ernsten bittern Schmerz
Und Buße, die bereuet,
Des sich zuerst gefreuet
Ein weltergebnes Herz.

Auf Buße folgt der Gnaden,
Auf Reu der Freuden Blick,
Sich bessern heilt den Schaden,
Fromm werden bringet Glück.
Herr, tus zu deiner Ehr,
Erweiche Stahl und Steine,

Auf dass das Herze weine,
Das Böse sich bekehr.[50]

Aus dem wunderschönen Lied von Bartholomäus Crasellius aus dem Jahre 1695: *Dir, dir, Jehova, will ich singen* (EKG 237) wird im EG 328: *Dir, dir, o Höchster, will ich singen.*[51] Der Text des Liedes *Nun danket alle Gott* von Martin Rinckart (um 1630) erfährt folgende Veränderung (vgl. EKG 228,1 mit EG 321,1): aus „... unzählig viel zugut und noch jetztund getan" wird: „... unzählig viel zugut bis hierher hat getan."

Nun kann man ja bei diesen Änderungen sagen, es ginge nur um sprachlich bessere Verständigung für uns Heutige, damit wir uns diese zunächst fremden Texte leichter aneignen können, ist doch das „Singen eines Kirchenliedes immer ein Singen mit Worten und Tönen anderer".[52] Aber wäre es nicht hilfreich, wenn die Auctoren dieser Änderungen unter den Autorennamen wenigstens vermerkten: Text geändert (mit Strophenangabe)?

Wie aber verhält es sich beispielsweise mit dem sehr bekannten Lied von Julie Hausmann *So nimm denn meine Hände*[53] aus dem Jahre 1862?[54] Es ist im EG unter der Nummer 376 aufgenommen, nachdem es im EKG Kurhessen–Waldeck (1962) auf der S. 78 (im Inhaltsverzeichnis fälschlicherweise S. 903) ohne Nennung des Namens der Dichterin bei den Gebeten aufgeführt wurde. Ursprünglich besteht es aus sechs Versen, die zu drei Versen zusammengefasst wurden, um es der Melodie von Friedrich Silcher anzupassen.

Die älteren Menschen, die das Lied noch auswendig konnten und bei Hochzeiten und Beerdigungen sich wünschten, sangen aber in der dritten Strophe ein Wort anders (und singen dieses andere Wort bis auf den heutigen Tag). Steht im EKG und im EG 376,3: „Wenn ich auch gleich nichts fühle von deiner Macht", so singen sie: „Wenn ich auch gar nichts fühle von deiner Macht". Und tatsächlich: Im Evangelischen Gesangbuch für den Konsistorialbezirk Kassel aus dem Jahre 1901 steht diese Version unter der Liednummer 495,3.

Die hier stehende Wortwahl des Verses 3 entspricht dem Original von Julie Hausmann. Wir sehen, dass in der Rezeption aus dem „gar nichts" ein abmilderndes „gleich nichts" wurde: Der religiöse Sinn und die theologische Deutung sind

---

[50] Man beachte zu dieser Strophe die Jahreslosung 2014! Text bei Paul Gerhardt, Geh aus, mein Herz, S. 261 (Nr. 138). Was ist der Grund, diese immer aktuell bleibenden Strophen zu streichen?
[51] Sieht man an der Änderung den Einfluss, den eine Sekte auf die Wortwahl eines Evangelischen Gesangbuchliedes hat?
[52] Andreas Marti, Kirchenlied, Sp. 1222.
[53] Originaltitel: *Ich will Dir folgen, wo Du hingehst*. Als Hinführung zu diesem Lied vgl. die *Freiburger Anthologie – Lyrik und Lied* (www.lyrik–und–lied.de). Diesen Hinweis verdanke ich Hans–Gerrit Auel.
[54] Nach Meinung von Martin Rößler, Liedermacher im Gesangbuch, S. 167, ist das gesamte 19. Jahrhundert die Epoche des Privatliedes.

mindestens nivelliert. Und spätestens da wird sichtbar und hörbar, wessen Lieder wir auch in unserer Kirche singen.[55]

Ausblicke

Die Worte der Lieder und ihre Melodien gehen beim Singen in uns ein und bringen unsere Seele zum Klingen. Der Psalm 1 gibt uns eine Hilfestellung, wie wir die Weisungen Gottes buchstäblich in uns aufnehmen sollen (V. 2b): „... sondern hat Lust an den Weisungen des Herrn und *murmelt* seine Weisungen am Tag und in der Nacht!" Es ist nicht das stille „Sinnen" über den Weisungen gemeint, sondern das hörbare Murmeln. Die Augen erkennen die Worte, der Mund spricht sie aus, die Ohren vernehmen die Worte und das Herz nimmt sie auf. Es ist dieses „meditierende, halblaute Lesen, das nur dem eigenen Herzen das Wort zu Gehör bringen möchte" (H.W. Wolff), eine Form von „Heißhunger" (H.W. Wolff), die man als eine „Art der ‚Einverleibung'" (J. Ebach)[56] verstehen kann. Das Bild von den Wasserbächen (V. 3a) macht das Murmeln für uns im wahrsten Sinne hörbar, und diese manchmal aufgewühlt rauschenden, oft aber still dahinfließenden und dabei murmelnden Wasserbäche erzählen gleichzeitig vom tiefen Geheimnis des Lebens. Alles fließt (*panta rhei* – Heraklit): Es ist stets das Gleiche, doch nie dasselbe! Und das gilt gerade auch für die gesungenen und gemurmelten und dabei ins Leben einverleibten Worte Gottes, für die süßen (EG 161,1) und die bitteren (EG 65,3).

---

[55] Noch zwei weitere Änderungen gegenüber dem Originaltext fallen auf: Im Vers 2 heißt es richtig: „...und mach es *endlich* stille..." gegenüber jetzt: „...und mach es *gänzlich* stille..."; und wiederum im Vers 2: „...du *bringst* mich doch zum Ziele..." gegenüber jetzt: „...du *führst* mich doch zum Ziele...". Auch diese Texteingriffe ändern die Aussageintention von Julie Hausmann. Zu der Vorstellung, dass Gott uns *bringt*, ist beispielsweise der Text des Liedes EG 329,1 (Bis hierher hat mich Gott *gebracht*) von Ämilie Juliane von Schwarzburg–Rudolfstadt zu vergleichen.

[56] Zitate bei Janowski, EvTh 2007/1, S. 22.

Literatur

Dahlgrün, Corinna: Ethik statt Eschaton? Überlegungen zur Reduktion der Worte von Apokalypse und Jüngstem Gericht in den Perikopenrevisionen, in: Pastoraltheologie 86/1997

Gerhardt, Paul: Geh aus, mein Herz. Sämtliche deutsche Lieder, hrsg. von Reinhard Mawich, Leipzig 2006

Gräb, Wilhelm: Predigtlehre. Über religiöse Rede, Göttingen 2013

Grund, Alexandra u.a. (Hg.): Ich will dir danken unter den Völkern. Studien zur israelitischen und altorientalischen Gebetsliteratur, FS f. Bernd Janowski zum 70. Geburtstag, Gütersloh 2013

Henkys, Jürgen: Art. Kirchenlied II/III, in: Müller, Gerhard (Hg.): Theologische Realenzyklopädie Bd. XVIII, Berlin und New York 1989, S. 629ff.

Janowski, Bernd: Freude an der Tora. Psalm 1 als Tor zum Psalter, in: EvTh 2007/1, S. 18ff.

Janowski, Bernd: Ein Gott, der straft und tötet? Zwölf Fragen zum Gottesbild des Alten Testaments, Neukirchen-Vluyn 2013

Jenny, Markus: Art. Kirchenlied I, in: Müller, Gerhard (Hg.): Theologische Realenzyklopädie Bd. XVIII, Berlin und New York 1989 S. 603ff.

Jeremias, Jörg: Theologie des Alten Testaments, GAT 6, Göttingen 2015

Klek, Konrad: Art. Gesangbuch, in: Betz, Hans Dieter u.a. (Hg.): Religion in Geschichte und Gegenwart Bd. 3, Tübingen 2000, Sp.764ff.

Körber, Berthold W.: Art. Die Elemente des Gottesdienstes, III Das Kirchenlied in: Schmidt-Lauber, Hans-Christoph und Bieritz, Karl-Heinrich: Handbuch der Liturgik. Göttingen 1995, S. 705ff.

Körtner, Ulrich H.J.: Die letzten Dinge, Theologische Bibliothek Bd.1, Neukirchen 2014

Krüger, Thomas: Wahrnehmungen und Deutungen der Zeit im Buch Kohelet, in: JBTh 28, Neukirchen 2013

Marti, Andreas: Art. Kirchenlied, in: Betz, Hans Dieter u.a. (Hg.): Religion in Geschichte und Gegenwart Bd. 4, Sp. 1209ff.

Möller, Christian (Hg.): Kirchenlied und Gesangbuch. Quellen zu ihrer Geschichte, Tübingen und Basel 2000

Rößler, Martin: Liedermacher im Gesangbuch. Liedgeschichte in Lebensbildern, Stuttgart 2001

Völker, Alexander: Art. Gesangbuch, in: Krause, Gerhard / Müller, Gerhard (Hg.): Theologische Realenzyklopädie Bd. XII, Berlin und New York 1984 S. 547ff.

Download des elektronischen Additum unter:
www.v-r.de/Bibel–Gesangbuch–Konkordanz
Code: N8L3X#6K

ntige Luthertexte für jeden lesbar oder hörbar

Luther lesen
Die zentralen Texte

Auf der Grundlage von Kurt Alands »Luther deutsch« bearbeitet und kommentiert von Martin H. Jung, herausgegeben vom Amt der Vereinigten Evangelisch-Lutherischen Kirche Deutschlands (VELKD).
2., verbesserte und um ein Bibelstellenregister erweiterte Auflage 2016.
217 Seiten, mit 10 Abb., gebunden
ISBN 978-3-525-69003-1

Auch als Hörbuch beziehbar:
Luther lesen
Das Hörbuch, gelesen von Peter Bieringer
2017. Audio-CD inkl. Booklet;
Laufzeit 08:37:06
ISBN 978-3-525-69004-8

Luthers Schriften liegen in nur für Fachleute geeigneten, modernen Editionen vor. Ferner gibt es für jeden lesbare modernisierte Luthertexte in verschiedenen Bänden und Sammelbänden. Nicht auf dem Markt ist momentan eine Sammlung wichtiger und interessanter Luthertexte in einem Band, der einen Eindruck vom „ganzen Luther" vermittelt. Martin H. Jung schließt diese Lücke mit seiner kommentierten Textsammlung. Bekannte Texte wie die Thesen stehen neben dogmatischen und erbaulichen sowie problematischen und schwierigen Texten Luthers. Das Ergebnis ist ein sowohl authentischer als auch leicht lesbarer und gut verständlicher Luther.

Wie das Buch bietet auch das von Peter Bieringer gelesene **Hörbuch** nahezu alle wichtigen Luthertexte in Auszügen.

Verlagsgruppe Vandenhoeck & Ruprecht | V&R **unipress**

www.v-r.de

Handbuch zum Evangelischen Gesangbuch

Die »Liederkunde« ist das Herzstück des »Handbuchs zum Evangelischen Gesangbuch«. Herausgegeben im Auftrag der Evangelischen Kirche in Deutschland widmen sich die BeiträgerInnen einzelnen Liedern des Evangelischen Gesangbuchs und kommentieren sowohl Text als auch Melodie. Die Liederkunde adressiert v.a. PfarrerInnen, VikarInnen, KirchenmusikerInnen und Gemeindekreise, die sich mit dem Liedgut der evangelischen Tradition näher auseinandersetzen wollen.

Zuletzt erschienen:

Martin Evang / Ilsabe Alpermann (Hg.)
Liederkunde zum Evangelischen Gesangbuch. Heft 22
Handbuch zum Evangelischen Gesangbuch, Band 3,22
2016. 96 Seiten mit zahlreichen Notenbeispielen, Paperback
ISBN 978-3-525-50345-4

Bei Abnahme der Reihe »Handbuch zum Evangelischen Gesangbuch« erhalten Sie ca. 15% Rabatt

In Heft 22 werden u.a. diese Lieder aus dem Evangelischen Gesangbuch kommentiert: EG 171 Bewahre uns Gott, behüte uns Gott / EG 211 Gott, der du alles Leben schufst / EG 219 Herr Jesu Christ, du höchstes Gut / EG 224 Du hast zu deinem Abendmahl / EG 233 Ach Gott und Herr / EG 246 Ach bleib bei uns, Herr Jesu Christ / EG 271 Wie herrlich gibst du, Herr, dich zu erkennen / EG 331 Großer Gott, wir loben dich / EG 338 Alte mit dem Jungen sollen loben / EG 359 In dem Herren freuet euch / EG 369 Wer nur den lieben Gott lässt walten / EG 377 Zieh an die Macht, du Arm des Herrn / EG 402 Meinen Jesus lass ich nicht / EG 500 Lobt Gott in allen Landen / EG 525 Mach's mit mir, Gott, nach deiner Güt / EG 535 Gloria sei dir gesungen

Verlagsgruppe Vandenhoeck & Ruprecht | V&R **unipress**

www.v-r.de